ESCUTA OCUPAÇÃO

ESCUTA OCUPAÇÃO
uma etnografia

Adriana Fernandes

alameda

Grafia atualizada segundo o Acordo Ortográfico da Língua Portuguesa de 1990, que entrou em vigor no Brasil em 2009.

Edição: Haroldo Ceravolo Sereza/ Joana Monteleone
Editora assistente: Danielly de Jesus Teles
Projeto gráfico, diagramação e capa: Danielly de Jesus Teles
Assistente acadêmica: Tamara Santos
Revisão: Alexandra Collontini
Imagem da capa: "Burro sem rabo", Rua Barão de São Félix (próximo à Central), Rio de Janeiro/ foto da autora

CIP-BRASIL. CATALOGAÇÃO-NA-FONTE
SINDICATO NACIONAL DOS EDITORES DE LIVROS, RJ

F398E

Fernandes, Adriana
Escuta ocupação : uma etnografia / Adriana Fernandes. - 1. ed. - São Paulo : Alameda, 2020.
23 cm.

Inclui bibliografia
ISBN 978-65-86081-21-3

1. Antropologia - Brasil. 2. Etnologia. 3. Sociologia urbana - Rio de Janeiro (RJ). 4. Habitações - Aspectos sociais - Brasil. I. Título.

20-66176 CDD: 307.76098153
CDU: 365.262.6(815.3)

Alameda Casa Editorial
Rua 13 de Maio, 353 – Bela Vista
CEP 01327-000 – São Paulo, SP
Tel. (11) 3012-2403
www.alamedaeditorial.com.br

Dedicado a Grazie e a Bola-preta,
danadas que se foram antes do tempo.
Aos infames, de ontem e de hoje.
A Mari, com amor.

Não nos afaga, pois, levemente, um sopro de ar que envolveu os que nos precederam? Não ressoa nas vozes a que damos ouvido um eco das que estão, agora, caladas?

Walter Benjamin, *Sobre o conceito de história*

Eu percebi que a etnografia poderia ser simultaneamente um modo de habitar com, e um modo de luta contra o mundo social, como se nossas formas de pertencimento também implicassem a possibilidade de dúvida e decepção com o mundo em que vivemos.

Veena Das, *Affliction*

Sumário

Apresentação coletânea SAGEMM: "Social activities, gender, markets and mobilites from below (Latin America)"

Cibele Saliba Rizek e *Isabel Georges*

A coletânea organizada a partir da rede de pesquisa SAGEMM - *Social activities, gender, markets and mobilities from below (Latin America)* é dedicada à publicação de obras de pesquisadores que estabeleceram interlocuções a partir do Laboratório Misto Internacional, fomentado entre 2016 e 2018 pelo Institut de Recherche pour le Développement – IRD, sediado na França e co-coordenado por Isabel P.H. Georges (IRD) e Cibele S. Rizek (USP).

As temáticas desta coletânea se debruçam sobre um conjunto de processos de transformação no âmbito do trabalho, família e políticas sociais e de assistência, bem como suas ancoragens urbanas. Suas dimensões de análise abarcam questões de gênero, estruturas familiares, processos de concepção, implementação e operacionalização de políticas sociais, problematizando a dinâmica dessas interconexões com relação aos desafios impostos pela mundialização. Toma-se como objetos de pesquisa e análise tanto as políticas voltadas ao mercado de trabalho, à família e às questões de gênero, como as políticas urbanas, também em transformação desde os anos 1990, nos cruzamentos entre o horizonte de direitos e as formas de governo e de controle. A análise dessas políticas sociais e daquelas voltadas para o mercado de trabalho tem ainda como desdobramento o desafio de compreender como os atores que as implementam bem como seus beneficiários acabam por experimentá-las. A articulação entre objetos e programas de pesquisa que compõem a rede se assenta: na constatação de uma relação paradoxal entre a tendência mundial de desregulação por um lado, e os modos de ativação, por outro; nas dinâmicas da formalização/informalização no âmbito da América Latina, da experimentação de políticas sociais – inclusive as do trabalho – e de sua circulação, configurando a região como um laboratório de experimentações. Trata-se de investigar como políticas sociais e urbanas, bem como políticas de (des)regulação do mercado de trabalho são adaptadas a configurações nacionais específicas, por meio de um processo de pesquisa multi-escalar e multi-situado que pretende iluminar processos sociais e históricos por sua justaposição e, quando possível, sua comparação.

Escuta Ocupação: um convite

Patrícia Birman

Os filmes do gênero Disney não oferecem as três dimensões que alguns prometem. Bem ao contrário: os personagens não têm profundidade, as situações são achatadas, posto que são configuradas pelas lentes de um binarismo mal disfarçado. O leitor deve estar estranhando este introito. Por que a menção a filmes em três dimensões que, ainda por cima, são medíocres? Para afirmar, respondo, o quanto é difícil uma escrita baseada na complexidade, do começo ao fim que sequer esgota as dimensões que analisa. É disso que se trata.

As situações de vida daqueles que moram em ocupações no centro do Rio de Janeiro conjugam não três, mas várias dimensões da vida vivida em condições de precariedade, de *exceção ordinária*, conforme deixa claro a narrativa de Adriana Fernandes.

Para isso, foi essencial fazer o que esses filmes nunca fizeram ou farão: recusar todo e qualquer princípio de causalidade, de externalidade abstrata que esvaziariam as muitas dimensões da vida dos moradores das Ocupações que ela busca compreender. Talvez seja injusto, aliás, certamente é, comparar esses filmes com o trabalho de Adriana. Mas sempre é bom afirmar que as imagens só revelam as muitas dimensões que nelas estariam contidas mediante um trabalho minucioso de montagem e de reflexão além de um engajamento efetivo com seus interlocutores de vida e de pesquisa.

Com efeito, o fio condutor da sua narrativa nos leva a enredamentos que escapam das interrogações acadêmicas e ficcionais mais conhecidas e banalizadas.

Por não ter se preservado dos impactos das situações ao viver e acompanhar os moradores das ocupações, e também por escolhas teóricas que a afastaram de qualquer dedução da ordem das causalidades e de suas generalizações, o trabalho etnográfico de Adriana Fernandes é maravilhosamente raro. E é gostoso de ler.

Não que suas escolhas teóricas e epistemológicas sejam inteiramente novas. Mas porque foi capaz de renová-las em seu texto. Criou um equilíbrio fino entre descrições, ao mesmo tempo próximas e bem-humoradas, às vezes exasperadas, indignadas, desanimadas diante das situações que compartilhou e a compreensão antropológica que permite o diálogo comparativo com seus pares.

Assim, foi de corpo presente, com suas vísceras, afetos e hesitações que forjou uma narrativa que associa reflexões teóricas e descrições da sua experiência vivida. Pensar sobre as *exceções ordinárias*, presentes nos lugares pouco frequentados e pouco visíveis para os que residem social e moralmente longe de seus dramas significou, entre outras coisas, acolher e descrever um cotidiano cujas condições são espantosamente desconhecidas para nós.

É assim que as teorias se renovam. Quando se insiste em dobrá-las, obrigá-las a enfrentar o incômodo das situações dramáticas e mesmo trágicas e as reações, ao mesmo tempo individuais e coletivas que engendram. E como o que, às vezes, o trágico e dramático de certas circunstâncias é desfeito e refeito por intermédio de práticas de contornamento das dificuldades. Como se aproveita e se cria minúsculas oportunidades diante dos desperdícios da cidade abastada? Como a viração obrigatória de todo dia investe no saber que assim se acumula e forja pequenas espertezas, pequenos jogos identitários? Por que a miséria não é feita simplesmente das ausências e os que a habitam se veem distantes das faltas morais que querem imputá-los e sempre desqualificá-los? Como entender as formas de *viração* que incluem ameaças de morte, desfechos trágicos e imprevistos, sentimentos de perda e de abandono que não excluem o riso e a ironia cética diante das lentes da comiseração das pessoas e/ou agentes do estado que querem "salvá-los"? Aprendemos que explorar como oportunidades as ínfimas situações da vida urbana e seus dispositivos não significa, para os moradores, se submeterem aos julgamentos morais daqueles que os desprezam. Ao contrário, Adriana nos leva a perceber como se vive um embate subterrâneo aos enquadramentos em regimes diversos de aprisionamentos identitários. Não é preciso afirmar a dignidade. Esta conforma e existe em cada um, ponto. Não está em questão para ninguém, ainda que todos tenham que lidar com acusações estereotipadas e preconceituosas que afloram sem cessar.

Os sujeitos e as sujeições se entrelaçam. Conhecem bem e vivem na pele as hierarquias sociais. Sabem como excluir, acolher, expulsar, usar os dispositivos estatais que estão sempre ali, à espreita. Enfim, sabem contorná-los. Lidam com o lixo, reciclam como trabalho e meio de vida o que a desordem do capitalismo não para de produzir como desperdício das coisas e do humano: restos e ruinas onde vive e do que vive a população de *indesejáveis*. Seu comércio, suas trocas, seus amores, suas dívidas, suas trajetórias, suas famílias. Tudo pulsa e abre para nós pequenas janelas para conhecermos as modalidades quase infinitas de se inventar um coletivo precário. Seriam *enxames de abelhas*, segundo Deleuze e Guatari? Seria a *história dos vencidos*, as memórias que se busca apagar, circundadas pelo valor que Benjamin lhes acordou frente a outras tragi-cidades? Seria próximo do que Michel Foucault nomeou como a vida dos *infames*, que chegariam a nós somente por intermédio de encontros fugazes com o estado?

Refletir teoricamente sobre as muitas experiências vividas com pessoas, cujas singularidades foram tão valorizadas, levou Adriana Fernandes a se debruçar sobre os elos frágeis e contraditórios forjados entre indivíduos que, ainda assim e apesar de tudo, formam coletivos. Foi preciso mergulhar com olhos abertos em águas pouco límpidas e sentimentos confusos se desafiando a cada espanto, a cada desejo seu e dos outros de escapar, de reclamar e de fugir de um sentimento de opressão fabricado pelas próprias circunstâncias de intimidade forçada, de autoridades e autorizações dúbias. Foi essa matéria vivida por ela e pelos seus companheiros daqueles tempos, nos idos de 2006, até 2013, que adquiriu uma forma narrativa. Algumas vezes por flashes curtos, quase instantâneos, ela mergulha e nos traz uma pequena pérola. Quem imaginaria uma *mulher de rua* lendo Baudelaire, na entrada de um túnel fumacento, na beira de uma favela que formiga, com enxames de gente e de transações?

Apresentação

Antes de chegar na ocupação de moradia Machado de Assis, foco principal aqui, será preciso destacar algumas passagens que ajudam a situar a pesquisa e seus desdobramentos. A ideia inicial do projeto de doutorado era acompanhar os travestis do bairro da Lapa, contíguo à área central do Rio de Janeiro, e o processo de "revitalização" em curso. Desde o final dos anos 90 e início do decênio seguinte, esse processo tornou-se responsável por mais um ciclo de expulsão dos "indesejáveis" da vez, provocando uma série de mudanças quanto ao uso e à ocupação do espaço.

Residia na época no bairro de Santa Teresa, bairro contíguo à Lapa e havia conhecido Grazie/Júlio César, fazendo ponto na rua do Lavradio. Grazie tinha por volta de 30 anos e havia migrado para o Rio há cerca de 10 anos. Era original de Presidente Prudente, cidade localizada na região oeste do estado de São Paulo. Travamos amizade, o que significou a sorte de ter um interlocutor muito especial quanto ao modo de percorrer a cidade: com destaque para a rede de parcerias locais, a ligação com o bairro (repetindo sempre de maneira efusiva: "Como amo a Lapa"), a moradia em um prédio peculiar, com travestis e prostitutas, na rua Taylor, no bairro da Glória, e as mudanças decorrentes em seu cotidiano quando se descobriu portador do vírus HIV. Além das viagens pelo território nacional e de duas idas à Europa (França, Itália) e à Guiana Francesa, assim como as extradições destes dois últimos países.

Já no doutorado do PPCIS/UERJ, eu propus estudar as diversas modalidades de nomadismos em funcionamento para uma parte expressiva da população instalada na região central do Rio de Janeiro, em contraposição às políticas que objetivavam sua retirada dali. O que tinha alguma semelhança com o interesse em relação aos travestis: em ambos os casos me interessava investir nos circuitos estabelecidos, nas amizades e nos modos de circulação, e igualmente nas formas de escapar deste maquinário de *exceção*, de extermínio e de segregação.[1] Nas duas propostas de estudo, a preocupação comum era acompanhar os *pontos de resistência*, entender o papel das práticas do estado[2] e sua relação com o *biopoder*[3] e como elas se inscreviam na composição da cidade. Em especial, o modo como elas estão inseridas na produção de informalidade, precariedade e desigualdade numa metrópole como o Rio de Janeiro.

Reitero minhas ideias, associando à cena os processos de expulsão das camadas pobres da área central, também a retirada dos camelôs, da "população-de-rua", a mercantilização do bairro da Lapa e, mais pontualmente, as intervenções realizadas na cidade durante os preparativos para os Jogos Pan-Americanos de 2007. A investida contra os ambulantes da área central, com o recolhimento de mercadorias, carrinhos e barracas, restringiu os ganhos

---

1 A noção de segregação será utilizada em vários momentos do texto, mas não em seu sentido usual: como algo que se encontra apartado ou separado do restante da cidade. Observações sobre o tema serão exploradas no decorrer do trabalho.

2 Estado aparecerá sempre grafado em minúscula, seguindo as pistas de Veena Das e Deborah Poole, no volume *Anthropology in the Margins of the State* (2004), qual seja, de pensá-lo em movimento, ressaltando suas práticas, seus repertórios, os conflitos que os circundam, os rearranjos e as rupturas, desta forma para ressaltar o caráter produtivo do poder e das formas de dominação.

3 Segundo Michel Foucault, em *História da Sexualidade*, a partir do final do século XVII, o Estado e a Igreja não mais exerciam o poder através da repressão, mas sim do *biopoder*. Algo que se caracteriza tanto pela produção quanto pelo controle da "vida": "[...] as sociedades ocidentais modernas, a partir do século XVIII, voltaram a levar em conta o fato biológico fundamental de que o ser humano constitui uma espécie humana". O *biopoder* consiste em mecanismos de normatização e de controle, mais do que em mecanismos punitivos, mas também de "forças imanentes". Estas forças se constituem de modo positivo: através de práticas (discursivas e não discursivas) sobre o que seja este corpo (criando uma "verdade" e um saber sobre ele), e sobre o que deve (de forma ampla) perfazê-lo. O funcionamento destes componentes resulta no que Foucault chamou de *micropoderes*. Fundamental a este dispositivo é a noção de *população*, e os saberes e as práticas constituídos a partir dela, como a demografia, a epidemiologia, a estatística etc. (FOUCAULT, Michel. *História da Sexualidade I. A vontade de Saber.* Trad. Thereza Albuquerque e J. Guillon Albuquerque. Rio de Janeiro: Graal, 1985. p. 131; FOUCAULT, Michel. "Aula 11 de janeiro, 1978". *Segurança, território e população*. Eds. Alessandro Fontana e François Ewald. Trad. Eduardo Brandão. São Paulo: Martins Fontes, 2008).

da viração desse grupo, já sensível às pequenas turbulências cotidianas e, em alguns casos, gerou endividamentos.

Dois dos interlocutores-ocupantes tiveram seu trabalho coibido durante os preparativos dos Jogos do Pan. Um deles vendia marmitas para ambulantes e camelôs, instalados principalmente no centro e na Lapa, mas a expulsão de sua clientela das ruas fez com que suas vendas despencassem, causando-lhes enorme desânimo e prejuízo. A outra interlocutora colocava uma barraca na Rodoviária Novo Rio, na zona portuária, e, num período antes de os Jogos começarem, seus produtos e carrinho de trabalho foram apreendidos. Lembremos que em ambos os casos o dinheiro para a compra de mercadorias é oriundo do montante obtido em um curto intervalo das vendas, formando uma cadeia na qual a soma obtida e a reposição do material dependem um do outro.

No mesmo período, tive um contato mais estreito com os movimentos de mães e familiares da Rede de Comunidades contra a Violência[4] e Frente de Luta Popular, responsável pela organização de ocupações na área central da cidade. Participei também de algumas reuniões para a constituição de atos e manifestações em relação aos Jogos, contra a expulsão de camelôs e da população de rua do centro e zona sul da cidade.

Nesse período ocorriam também várias manifestações na cidade contra a violência estatal, particularmente a policial. Dessa feita, acabei, em 2007, participando da intensa articulação de vários microgrupos contra as ocupações policiais e do Exército ocorridas na Maré e no Alemão e as mortes resultantes destas ações (tais ocupações eram justificadas como parte dos preparativos para a realização dos Jogos na cidade). Participei também de atos e manifestações contra a política de retirada abusiva de mendigos, população de rua e camelôs antes deste evento.

4 A Rede de Comunidades e Movimentos contra a Violência surgiu depois da Chacina do Borel, zona norte da cidade, em 2004, e do movimento "Posso me identificar?". Conforme o seu site: "A Rede é fruto da luta mais organizada das comunidades e dos movimentos sociais contra a violência de Estado, a arbitrariedade policial e a impunidade". Disponível em: http://www.redecontraviolencia.org (Acesso em: outubro de 2012).

Acrescentou-se a tal quadro, o acirramento da ideia de "perigo", localizada especialmente na figura do traficante/tráfico, e que, paulatinamente, tem se estendido às camadas de baixa renda e a alguns movimentos sociais. Isso resultou (e permanece resultando) numa mudança importante em termos políticos, consequentemente tendo sido fundamental para a mudança de perspectiva de meu campo.

Tanto no projeto para estudar os travestis quanto na pesquisa sobre a população nômade presente nas ruas da cidade, eu terminava por me associar, em alguma medida, à ideia de Antônio Candido, em seu *Dialética da Malandragem,* sobre o "nosso universo cultural"[5] (e a cidade do Rio de Janeiro) como "uma espécie de terra-de-ninguém moral",[6] onde "ordem e desordem",[7] "bonomia e cinismo"[8] se misturavam – embora nesses dois projetos de pesquisa eu não deixasse de remeter aos processos de mercantilização/gentrificação e ao uso, à delimitação e à ocupação do espaço, absolutamente conflituosos e desiguais, operantes na metrópole carioca.

Com o passar do tempo, entretanto, a proximidade com algumas das formas de extermínio e com situações de *exceção* incorporadas e banalizadas no cotidiano da cidade, mais a percepção de conivência de uma parte expressiva das camadas médias da população frustraram sobremaneira o horizonte que Candido chamou de "formas espontâneas da sociabilidade".[9]

Por fim, a curta e inesquecível experiência vivida na ocupação Machado de Assis, aliada às inúmeras estórias, aos interlocutores e ou militantes das outras ocupações do centro[10] mostrou-se fundamental para embaralhar essa

---

5 CANDIDO, Antônio. Dialética da Malandragem. In: *O discurso e a cidade*. São Paulo: Duas Cidades, 1993, p. 53.

6 *Ibidem,* p. 51.

7 *Ibidem,* p. 39.

8 *Ibidem,* p. 39.

9 *Ibidem,* p. 51.

10 As "ocupações do centro" se referem tanto as que foram organizadas pela Frente de Luta Popular ou por alguns de seus membros, como também às ocupações autogestionárias que mantiveram, ou mantêm, laços com participantes da Frente. No primeiro caso estão as ocupações: Dandara, surgida em 2004, localizada no bairro da Saúde, próxima à Estação Ferroviária Central do Brasil; a Zumbi dos Palmares, que existiu de

perspectiva de neutralidade moral e sociabilidade espontânea, sugerindo outros horizontes. O questionamento desses dualismos normativos terminou por impregnar a cena e desenhar passagens mais nuançadas quanto ao papel do estado/*governamentalidade* na produção de desigualdade e sofrimento no cotidiano do Rio de Janeiro. É preciso notar ainda que o repertório concernente aos direitos sociais e ao direito à cidade não é exterior, mas constituinte desta produção. Ou, noutras palavras, não se trata de reclamar a inoperância ou a vacuidade de tais direitos ou a ausência do estado, mas de positivar a sua presença, cartografando as práticas, as apropriações, as recomposições, as obstruções e os impedimentos que lhe dão consistência.

Sobre os capítulos

O livro é dividido em 7 capítulos, uma conclusão e um *post-scriptum*.

Na *Abertura* (capítulo 1), apresento as questões norteadoras do trabalho, algumas inquietações e a proposição metodológica, referências e conceitos fundamentais. Situo o contexto da pesquisa, os contatos iniciais do campo e a *chegada* na ocupação Machado de Assis, foco principal e ponto de partida deste estudo, além de outros momentos do trabalho de campo.

No capítulo 2, *Composição e perspectivas*, pontuo alguns de meus interlocutores de terreno, suas expectativas, fragmentos de percursos, limites e anseios em relação à ocupação. Localizo a região onde as ocupações estão inseridas. Também as perspectivas para pensar as ocupações urbanas de moradia hoje, assim como o processo de gentrificação ou "revitalização" da zona portuária e alguns dos enunciados em disputa.

2005 a 2011, próxima à Praça Mauá, na zona portuária; e a Machado de Assis, iniciada em 2008 e encerrada em 2012, também na zona portuária. No segundo caso: a ocupação Flor do Asfalto (2006-2011), conhecida como "a ocupação dos punks"; por último, a Quilombo das Guerreiras (2006-2014); ambas (Flor e Quilombo) existiram na zona portuária. A ocupação Manoel Congo, ligada ao MNLM e ao PSOL, não entrou na pesquisa porque era conduzida de forma mais centralizada; em 2019, ela obteve na justiça a regularização dos apartamentos por uso social. Sobre os primeiros anos da Manoel Congo, ver o trabalho de OSTROWER (2012).

O terceiro capítulo, *Composição, ameaças e paranoias*, explora o que chamo de forças usurpadoras e as ameaças relativas à ocupação, procurando dialogar com os processos em curso na cidade, bem como demarcando um possível modo de funcionamento da segregação referente à população precarizada do centro, procurando sempre fazê-lo "em situação". Nesta parte, continuo a apresentação recortando algumas trajetórias, tendo em vista os interlocutores próximos, estórias mais pontuais, lembranças, rememorações e, novamente, projetos e tensões.

O quarto capítulo, *Cotidiano*, enfoca situações que aconteceram na Machado de Assis, interlocutores, passagens do dia a dia, bem como a forma de organização da ocupação e o que resultou desta orientação, conflitos e questionamentos. Apresento também um fragmento da trajetória de uma ocupante, suas apropriações, percepções sobre a convivência nas ocupações e sua relação com o budismo.

O capítulo 5, *Agenciamentos ou como manter uma ocupação*, refere-se aos diferentes agenciamentos e dispositivos apropriados por ocupantes e militantes, visando especialmente à permanência dos prédios, mas não apenas. Tais modalidades dialogam diretamente com os elementos de barganha associados pelo estado aos pobres, tidos como "desassistidos", ou ao termo que utilizo aqui, "necessitados". Trato também da relação entre etnicização e ocupação, a partir de duas cenas, buscando ressaltar as apropriações decorrentes e, igualmente, acompanhar os signos, os enunciados e as práticas associados à produção dos *agenciamentos cultura, socialização, coletivo, afro* e *necessitados*.

O capítulo 6, *Despejo* ou *A Transição*, trata do desalojo da ocupação Zumbi dos Palmares, mostrando os termos deste acontecido, as linhas de força, as práticas da governamentalidade e as perspectivas dos moradores. A narrativa privilegia as anotações de campo realizadas durante as últimas semanas dessa ocupação.

O capítulo 7, *Biografema Dora*, traz a trajetória de Dora, seus deslocamentos e a construção de uma ética de si a partir da experiência de vida e na ocupação onde morava.

Na conclusão, *Ocupação como viração*, destaco os possíveis achados da pesquisa, discutindo em que medida a ocupação transpassa as questões inscritas na ideia de *luta por moradia*. Dessa maneira, proponho uma outra visada quanto à sua inserção e ao seu papel no contexto do Rio de Janeiro, assim como as ligações entre viração, precarização, ocupação, direito à moradia e *governamentalidade* nesta configuração.

O *Post-Scriptum* é uma breve síntese das últimas transformações na região pesquisada e na cena das ocupações (atualizações mais pontuais depois do encerramento da escrita da tese foram incluídas no corpo desta nova versão).

Instruções para a leitura

Frases e expressões em aspas referem-se a registros que escutei nas próprias situações ou durante o trabalho de campo e a trechos de entrevistas gravadas em mídia digital (ao todo, somaram 7). Termos que ouvi repetidas vezes no transcorrer da pesquisa, e que considero com significados particulares e importantes, estão grafados em itálico.

Passagens relativas aos acontecimentos na Machado de Assis foram realizadas a partir de anotações dispersas em cadernos e cadernetas que eu guardava sempre comigo e reescritas durante os meses seguintes à minha estadia na ocupação; quando se referem a outros momentos da pesquisa, foram reunidos, em geral, nos dias ou nas semanas seguintes de quando ocorreram.

Os nomes dos ocupantes e dos apoios/militantes são fictícios. Todas as falas transcritas e as informações presentes são de minha exclusiva responsabilidade.

Os conceitos aparecem em itálico, sendo definidos a maior parte das vezes em notas de rodapé, não necessariamente no primeiro momento em que despontam no texto.

1. Abertura

1.1 Percurso

Contatei pela primeira vez uma ocupação de moradia situada no centro do Rio de Janeiro quando propus a meus alunos de Serviço Social da Universidade Estácio de Sá que conhecêssemos alguma experiência relacionada a movimentos políticos contemporâneos. Estávamos em 2006, muitas notícias eram veiculadas na mídia impressa e televisiva sobre "invasões de sem-teto" a prédios abandonados na cidade. Roberto, um colega de trabalho e militante do PSTU, me passou o telefone de Antunes, membro da FLP, a Frente de Luta Popular. As ocupações ligadas à Frente eram constituídas como coletivos não representativos, que funcionavam através de assembleias e por voto individual, e não por família ou apartamento. Embora com orientação política distinta, os dois colegas (Roberto e Antunes) se conheciam da militância em grupos e movimentos da esquerda carioca. Antunes se dispôs a nos apresentar a alguns moradores das ocupações Zumbi dos Palmares, próximo à Praça Mauá, e Dandara, vizinha à Estação Ferroviária Central do Brasil.

Na disciplina Ciência Política II, que eu lecionava naquele semestre, o último tópico do programa enfocava a democratização do país e os movimentos sociais recentes; os alunos revelavam-se céticos e manifestavam a impressão de que o vazio político institucional exemplificado em casos de corrupção/impunidade e/ou ineficiência do estado e vivenciado após a democratização do país era algo quase incurável. A respeito deste "vazio político" duas observações de Vera Telles nos ajudam a colocar essa impressão-problema de outra forma, para ela: "[...] as desigualdades abissais, a pobreza urbana, o desemprego, o 'trabalho sem forma' das multidões de ambulantes que ocupam os espaços da cidade, bem, tudo isso está aí para ficar".

Todavia, isto não deve ser encarado como um juízo imobilizante ou niilista – muito pelo contrário, e era nesta direção que funcionava minha contra argumentação em sala de aula. Outro comentário de Vera Telles me parece instigante a essa discussão:

> Pois o que estamos testemunhando (e, talvez, protagonizando) é justamente a construção de outro social e, sendo assim, então será importante perscrutar esse social em construção: nos desvencilhar dessa ficção "virtuosa" e prospectar os sinais das relações de poder, dos pontos de fricção, campos de disputa, linhas de fuga, de resistência etc.[1]

Desta forma, se desejamos "nos desvencilhar dessa 'ficção virtuosa'", a nosso ver, de um social como esfera pública, sociedade civil, estado representativo dos interesses da maior parte da população, direitos sociais, direitos trabalhistas, direito à cidade, precisamos nos deparar com o que efetivamente é produzido em termos políticos e sociais no país e, a partir disso, traçar modalidades de direitos e de políticas públicas próximas aos dilemas e impasses presentes, assim como pensar os modos como tais direitos e políticas são exercidos e/ou obstruídos no país.

Retomando a narrativa sobre as considerações de meus alunos sobre a democracia brasileira, eu insistia numa fala pedagógica (no mau sentido) opondo-me ao niilismo manifesto por eles, citando exemplos de movimentos políticos e sociais pós-década de 60, especialmente os movimentos feminista, gay, o movimento negro, os hippies, os movimentos religiosos, o MST, entre outros. Os estudantes replicaram contando estórias sinistras de seu cotidiano: situações de violência nos bairros em que moravam (em referência à polícia e ao tráfico de drogas); colegas de trabalho, amigos, parentes ou eles mesmos, que vivenciavam jornadas insanas, com horas extras na maior parte das vezes não remuneradas. Outra estudante ainda, estagiária no Conselho Tutelar, arcava com uma série de responsabilidades como se ela fosse uma

1 YASBEK, Maria Carmelita; RAICHELIS, Raquel. "Cidades, trajetórias urbanas, políticas públicas e proteção social. Questões em debate. Entrevista especial com Vera Telles". *Revista Políticas Públicas*, São Luís, v. 13, n. 1, p. 65-76, jan./jun. 2009.

assistente social já formada, enfrentando muitas vezes tarefas para as quais não possuía conhecimento e instrumental suficientes, o que lhe causava grande angústia, problemas de saúde, além de expô-la a situações de risco.

Assim que consegui o telefone de Antunes com Roberto, contatei-o. Antunes foi receptivo e marcamos um encontro na ocupação Dandara (situada nos arredores da Estação Central do Brasil). Dias depois desse primeiro encontro, ele me ligou, querendo me apresentar à sua namorada Louise. Ela era psicóloga e mestranda da UFF (Universidade Federal Fluminense). Logo que começou a namorar Antunes, cerca de um ano antes de nosso primeiro encontro, em 2006, deu aulas de inglês para crianças na ocupação Zumbi dos Palmares e desejava propor uma outra atividade, que seria parte de sua pesquisa de mestrado e na qual, se eu quisesse, poderia me agregar. Concomitante a isso, combinei com Antunes a ida a alguma assembleia das ocupações – Dandara ou Zumbi dos Palmares (ele era um assíduo frequentador de ambas) – com os alunos da turma de Serviço Social interessados em visitar um espaço autogestionário.

Na assembleia da Zumbi dos Palmares nos perguntaram, e não esperávamos, o que pretendíamos ali. Éramos um grupo de sete pessoas (seis alunos e eu). A recepção não foi calorosa, os estudantes, entretanto, não se abalaram. Uma aluna não tão jovem, de origem popular, moradora do bairro do Rio Comprido, bastante experiente em trabalhos assistenciais os mais diversos e muito perspicaz quando o assunto se referia ao *humano, demasiado humano*, tomou felizmente a frente do grupo universitário, justificando a sua presença com a seguinte "deixa": gostariam de prestar algum tipo de serviço ou ajuda, e isto seria um dos motivos que justificavam a visita (embora não tivéssemos combinado nada a respeito). Os estudantes em questão estavam, nessa ocasião, com problemas quanto à disciplina Estágio e supunham que dali surgiria alguma atividade que contaria como parte das horas que precisavam obter.[2]

2 Se há um embaralhamento entre "favela" e "cidade", "morro" e "asfalto", "legalismos" e "ilegalismos", como referido antes, por outro lado, nesta ida dos estudantes à Zumbi dos Palmares, a diferença entre a sua posição, de pessoas que transitavam por áreas em situação de exceção, mas caracterizados como universitários, e a posição dos ocupan-

Em seguida, mães e mulheres na assembleia comentaram sobre a insatisfação com a figura do assistente social, como sugeriu a fala da moradora Jussara (uma das lideranças da ocupação Zumbi dos Palmares). Ela disse saber quando a pessoa era assistente social porque sempre que assistentes compareciam ao prédio era para tirar a criança da mãe (via Conselho Tutelar), ou para acompanhar o oficial de justiça na entrega da ordem de reintegração de posse, de despejo, ou algo nesse sentido. Outras falas, porém, na mesma assembleia, indicavam significados divergentes: primeiro, aludiam a uma familiaridade e proximidade com a figura do assistente social e, segundo, demonstravam um interesse que parecia genuíno sobre o que poderia surgir desta conversa. Os universitários perguntaram quais seriam as demandas mais urgentes da ocupação, os moradores responderam que precisavam de uma creche, já que faltava vaga nos equipamentos da região. As crianças acabavam ficando com um parente ou então era preciso pedir a uma vizinha para olhar, e isto muitas vezes significava arcar com algum custo financeiro ou se comprometer com contrapartida semelhante.

O morador Jordão pediu a palavra e fez uma longa digressão, em colorido epopeico, sobre os negros e as condições vivenciadas desde a vinda forçada para o Brasil, até chegar ao seu caso: "Eu não saio daqui da Praça Mauá, eu não volto para lugar de bala. A gente sabe que as ocupações são o quilombo do século XXI".[3] Sua narrativa tinha um acento dramático, encorajado, muito provavelmente, pelo fato de que as visitas, nesse caso, eram em sua maioria

---

tes, pobres e em situação de exceção, mas caracterizados como precarizados, acabava por destacar as variações e as nuances que operavam na área central da cidade. Remetemo-nos tanto à observação de Lícia Valladares a respeito da "enorme complexidade" das favelas, dada a sua heterogeneidade, quanto à de Walter Benjamin, de que "apenas na aparência a cidade é homogênea" (VALLADARES, Lícia. *A invenção da favela. Do mito de origem a favela.com*. Rio de Janeiro: Ed. FGV, 2005; BENJAMIN, Walter. *Passagens*. Ed. de Rolf Tiedemann; org. ed. brasileira de Willi Bolle e Olgária C. Matos. Trad. do alemão, Irene Aron. Trad. do francês, Cleonice B. Mourão. Belo Horizonte: Ed. UFMG; São Paulo: Imprensa Oficial de São Paulo, 2006. p. 127).

3 A imagem da ocupação como um quilombo contemporâneo apareceu com força tanto na zona portuária carioca, quanto na cena das ocupações do centro da cidade de São Paulo (ver fotos na próxima página).

do sexo feminino. De qualquer forma, a assembleia em círculo lembrava um teatro de arena, onde ocupantes e visitantes se dispunham face a face.

Alguns estudantes da turma retornaram três ou quatro vezes à Zumbi dos Palmares, buscando pensar alguma atividade para propor aos moradores. Uma delas listou uma série de serviços e cursos gratuitos, disponíveis nos arredores. A aluna perspicaz quanto ao *humano, demasiado humano,* regressou outras vezes e se envolveu de modo a ajudar nas oficinas propostas por uma mãe de santo, ligada ao movimento negro local e à associação das baianas de acarajé. A mãe de santo, nesta fase, estava engajada no reconhecimento e na regularização de tal ofício.

Figura 1.a. Ocupação Prestes Maia, no centro de São Paulo (foto de 2002). Retirada do blog: http://tuliotavares.wordpress.com/prestes-maia-acoes-culturais/

Figura 1.b. Fachada da Ocupação Zumbi dos Palmares. Av. Venezuela, 53, Pça. Mauá, zona portuária do Rio de Janeiro. Retirada do blog: http://pelamoradia.wordpress.com/2011/01/28/urgente-ocupacao-zumbi-dos-palmares-rj-ameacada-neste-momento/imagem//

A ideia da creche num primeiro momento animou as alunas, mas, após o esvaziamento do grupo, acabou descartada. Contribuiu para isso o fato da UNESA (Universidade Estácio de Sá) ter finalmente deliberado sobre quais os lugares que contariam para o estágio. Num segundo momento, Bianca [estudante] fez uma lista das creches existentes no entorno da ocupação, o período de inscrições, os endereços respectivos e, embora o número de vagas fosse insuficiente, inclusive na região central, grupos considerados em situação de vulnerabilidade, e moradores de ocupação entram neste caso, deveriam ter prioridade. Bianca também levantou espaços com internet franqueados a moradores, bem como cursos, capacitações e oportunidades de trabalho propagadas através de ONGs que operavam na região.

Num segundo momento, como mencionei, conheci Louise, mestranda em psicologia, interessada em estudar a relação entre trabalho e adoecimento nas ocupações. Nessa época, ela e Antunes estavam casados. Como campo empírico, Louise propunha uma pesquisa-intervenção em grupo nas ocupações Zumbi dos Palmares e Dandara. A intervenção baseava-se em noções da psicologia do trabalho e institucional, assunto que me interessava, mas a coisa ganhou pé porque uma empatia imediata ocorreu entre a gente, provocando o início dos encontros num espaço nomeado pelos moradores, na Zumbi dos Palmares, de "sala das crianças".

Combinamos colocar um cartaz nos andares da ocupação e irmos à assembleia da semana para propor uma roda de conversa sobre os conflitos aludidos: moradores queixavam-se das frequentes brigas ocorridas entre vizinhos ou entre parentes e afins. Subimos pelo edifício colando cartazes nas áreas comuns. E começamos a ir à Zumbi sempre aos sábados, a partir das 15h. Na semana seguinte àquela em que expusemos a proposta em assembleia, o clima era de ansiedade, particularmente porque nos sentíamos um tanto cruas neste tipo de proposta. Mesmo assim, a atividade se estendeu por cerca de três semestres, sempre aos sábados, com algumas interferências/pausas e exaustões.

De fundamental nessa incursão, além de um primeiro contato com o cotidiano da Zumbi dos Palmares, foram algumas relações estabelecidas com ocupantes, militantes, e a participação em acontecimentos e temáticas que, reunidos, como julguei tempos depois, formaram um repertório próprio às ocupações do centro. Estas eram marcadas, como assinalei, pela organização em coletivos não representativos e horizontalizados, nos quais as decisões eram tomadas por voto igualitário, individual ou por apartamento, dependendo da situação, bem como, por modos de socialidade peculiares.

Um terceiro momento do trabalho de campo foi a estadia, por cerca de dois meses, na ocupação Machado de Assis, situada na rua da Gamboa, zona portuária carioca, a no final de 2008. Essa imersão foi alimentada tanto por um desejo de ordem pessoal de vivenciar uma moradia autogestionária, quanto pelo engajamento na luta por moradia digna e *heterotópica.*[4] Essa experiência tornou-se, posteriormente, o ponto de partida do trabalho de campo, algo que resultou, por seu turno, numa mudança de recorte: ao invés de privilegiar o espaço da rua e as mudanças nas políticas urbanas concernentes a presença das camadas pobres no cotidiano e nos trabalhos mais precarizados da cidade, as categorias morais sobre "os indesejáveis" da vez, optei por acompanhar a teia de relações, movimentos sociais, agentes estatais, políticas de gentrificação e pobreza urbana no espaço da ocupação Machado de Assis. Muitas vezes, as condições e os personagens despontados ali me pareceram ressoar as imagens de nômades, estrangeiros, fugitivos e/ou andarilhos cunhadas em textos marcantes ao repertório das ciências humanas e da literatura, embora o contexto e a inserção, em nosso caso, envolvessem problemas e perspectivas de outra ordem.[5]

Uma primeira mudança se referia à construção do espaço na interface ocupação/moradia, através de interlocutores que possuíam uma trajetória na viração (trabalhos exercidos a maior parte das vezes no mercado informal) e nos diversos tipos de nomadismos que integram o seguinte conjunto:

4 A *heterotopia* ou a ideia de um *espaço heterotópico* foi explorada por Michel Foucault como a possibilidade de composição de um espaço diferente, um outro lugar, onde aconteceria "[...] uma espécie de contestação tanto mítica, quanto real, do espaço onde vivemos" (FOUCAULT, Michel. Des Espaces Autres. *Dits et Ecrits IV.* Paris: Gallimard, 1994. p. 756.

5 Nômades ou andarilhos não são utilizadas aqui como categorias identitárias, dada a enorme variedade de personagens e situações, restringindo-se a pessoas de baixa renda e em condições de precariedade que, de maneira diversa, ocupam a rua. Apenas a título de exemplo mencionamos os seguintes escritos: de Friederich Nietzsche, O andarilho, em *Assim falou Zaratustra*; de Georg Simmel, *O estrangeiro*; de Gilles Deleuze, Cinco proposições sobre a psicanálise (1973), em *A ilha deserta e outros textos.*

formas de circular, modos de "fazer dinheiro" [expressão nativa], maneiras de encarar os despejos e as realocações subsequentes. E circular seguindo os apontamentos de Michel Foucault em *Segurança, território e população* (2008), segundo este autor, a noção de circular compreende tanto a ideia de deslocamento quanto as de:

> [...] troca, contato, [...] forma de dispersão, [...] forma de distribuição também [...]. [...] como é que as coisas devem circular ou não circular? Se o problema do soberano era conquistar e demarcar o território, a partir do biopoder, o problema será o de deixar as circulações se fazerem, controlar as circulações, separar as boas das ruins, fazer com que as coisas se mexam, [...] mas de uma maneira tal que os perigos inerentes a essa circulação sejam anulados. [...] segurança da população e, por conseguinte, dos que a governam (p.84-85).

Mas um outro personagem, que não havia no projeto dos nômades/andarilhos, apareceu na pesquisa das ocupações. Eram os militantes dos movimentos locais e de inúmeros grupos libertários, envolvidos diretamente no engendramento dessas ocupações autogestionárias. Em nosso caso, com uma especificidade importante, como perceberemos no decorrer do trabalho. A Frente de Luta Popular, a FLP, inscreve-se nas ocupações buscando suscitar, tal como outros grupos com orientação política semelhante, o que chamam de *poder popular*, o que significa, num médio prazo, a capacidade de fomentar modos de apoderamento entre os precarizados desse segmento da cidade.

Essa mudança quanto ao foco da pesquisa, as políticas em relação à população de rua e os conflitos na cidade em torno disso, para uma experiência numa ocupação autogestionária, embora eles não se excluam, muito pelo contrário, trouxe ganhos e também problemas. Os ganhos são mais ou menos óbvios: poder conviver de maneira intensa numa situação transpassada por inúmeras ameaças, com uma quantidade expressiva de grupos e pessoas, com origens e trajetórias diferentes, em contextos diversos, participando de seu cotidiano, conflitos, disputas e negociações. O problema mais usual, mas não menos importante: cria-se uma proximidade muitas vezes excessiva com o "objeto", as questões que o atravessavam, os interlocutores envolvidos, assim como com os afetos e os desafetos presentes.

Em meu primeiro texto, apresentado para o exame de qualificação de tese, eu estava ainda "colada" aos acontecimentos da época da experiência na Machado de Assis, o que fez com que terminasse por exagerar alguns dos juízos negativos direcionados aos militantes que viabilizaram a ocupação. Baseava essas críticas tanto na fragilidade do movimento quanto nas doses de autoritarismo que o acompanhavam, e também nas práticas e em sua organização. Havia, sem dúvida, uma boa dose de ressentimento em tais juízos: de alguma maneira, nesse período, eles (o grupo de militantes chamado de *operativo*) tinham ficado, para mim, como os responsáveis pela "perda" da Machado de Assis e pela impossibilidade de continuarmos no prédio (vários outros ocupantes deixaram o imóvel durante o semestre da invasão e no semestre posterior). Felizmente, outros interlocutores e o tempo transcorrido propiciaram o distanciamento desta perspectiva lamurienta.

No ano seguinte, em 2009, participei de uma cooperativa de educação, também de inspiração libertária, chamada Movemente, o que fez com que eu restabelecesse o contato com as ocupações do centro. Um dos membros da Movemente, Gustavo, era morador da ocupação Dandara, militante dos movimentos de moradia, ex-membro da FLP, além de ter participado do grupo que engendrou a Machado de Assis. Como não tínhamos um lugar específico para os encontros da Cooperativa, ele sugeriu que estes ocorressem no salão de reuniões da Dandara, e foi isso que aconteceu de maneira intercalada, durante alguns meses. Um dos fundadores da Movemente havia feito uma monografia sobre ocupações.[6] Desse modo, as reuniões no salão desta mesma ocupação, a presença de Gustavo e sua amizade com Fernando acabaram por influenciar uma parte considerável dos projetos da Cooperativa.

Resolvemos, como atividade da Movemente, montar um festival de cinema, e, dentre os locais escolhidos, e que conseguiu um bom público externo, estava a Dandara. Além do festival, outra ideia sugerida por Gustavo, era que propuséssemos em assembleia o uso de um espaço anexo ao prédio da Dandara, que permanecia abandonado desde o início da ocupação, em

6 MAMARI, Fernando. *Se morar é um direito, ocupar é um dever*. As ocupações de sem-teto na metrópole do Rio de Janeiro. Monografia em Geografia (bacharelado) – Instituto de Geociências, Universidade Federal do Rio de Janeiro, 2008.

2004, até aquele momento. Gustavo desejava que tocássemos um projeto de educação popular no local, ou que este funcionasse como sede emprestada (palavras dele) à Cooperativa. Tal proposta, no entanto, gerou inúmeros rumores e desentendimentos entre ocupantes da Dandara e cooperados. Esses conflitos são, por sua vez, muito interessantes para pensarmos a *zona cinzenta* dos conflitos entre classes (e interclasses) em funcionamento neste contexto (comentarei a respeito no capítulo sobre os agenciamentos).

Um ano depois, insatisfeita com os rumos da Cooperativa, eu me desfiliei e comecei a frequentar as reuniões puxadas pela Rede de Movimentos e Comunidades contra a Violência e pelo Conselho Popular, retomadas diante das novas ameaças de remoção e de despejo de comunidades pobres na cidade, causadas pelas obras relativas aos preparativos da Copa de futebol e da Olimpíada.[7] O Conselho Popular havia se organizado na época dos Jogos Pan-Americanos e procurava se recompor, sendo formado principalmente por moradores de favelas ameaçadas de remoção, ou por conta de outros tipos de usurpação, como obras relativas ao PAC (Programa de Aceleração de Crescimento, do governo federal), ou anunciadas após as intensas chuvas de abril de 2010,[8] ou ainda pelas pressões associadas aos megaeventos citados.

Curiosamente, no Conselho Popular não havia participação de moradores das ocupações do centro, passíveis de sofrerem ameaças de despejo: Dandara, Zumbi dos Palmares, Quilombo das Guerreiras, Flor do Asfalto, Machado de Assis e Manoel Congo. Um morador de Manguinhos, muito

7 MAGALHÃES, Alexandre. *A gramática da ordem na cidade*. A reatualização da remoção de favelas no Rio de Janeiro. E-metropolis. Revista de estudos urbanos e regionais, ano 3, n. 8, p. 44-51, março 2008. http://www.emetropolis.net/index.php?option=com_edicoes&task=artigos&id=23&lang=pt

8 As chuvas foram consideradas as responsáveis por vários desmoronamentos de encostas (em áreas de favelas), dando ensejo para que a prefeitura e o governo anunciassem a retirada, por exemplo, de toda a população residente no morro dos Prazeres, no bairro de Santa Teresa (bairro de classe média, que se destaca por atividades/serviços ligados ao turismo), onde 20 moradores tinham morrido soterrados. Sobre o impacto das chuvas e algumas indicações sobre a mudança de paradigma das políticas em relação aos pobres na cidade, ver: L'ESTOILE, Benoit de. Quand la pluie enterre les pauvres. Faut-il déplacer les favelas de Rio de Janeiro? In: *La Vie des idées*, 2010. Disponível em: http://www.laviedesidees.fr/Quand-la-pluie-enterre-les-pauvres.html. Acesso em: agosto de 2010.

combativo e respeitado no Conselho Popular, diante do pedido de ajuda de um militante da ocupação Zumbi dos Palmares, comentou em voz alta mais ou menos nesses termos: "Realmente é curioso como é que a gente aqui no Conselho não se sente parte da luta das ocupações, talvez porque a gente considere favela ou comunidade algo diferente das ocupações". André de Paula, advogado da FIST (Frente Internacional dos Sem-Teto), sempre presente nas inúmeras contendas em prol das ocupações e dos ocupantes, levantou-se e disparou:

> Companheiro, o que eu posso te dizer é que isso é um preconceito de vocês, porque todo mundo aqui tem sido nomeado pelo IBGE e pelo governo pelo palavrão 'aglomerado subnormal', ninguém tem escritura definitiva, ninguém tem *habite-se*[9], por que vocês não podem apoiar as ocupações?! [Pausa]. Eu não entendo isso, realmente, eu não entendo!.

Nesse período das reuniões do Conselho Popular (em 2010), acompanhei vários encontros e passeatas contra as remoções, além de uma reunião pública, em julho de 2011, na OAB, com a urbanista, professora da Universidade de São Paulo e relatora especial da ONU para o direito à moradia adequada, Raquel Rolnik. Foi nessa ocasião, e graças a seu cargo na Relatoria, que ela escutou e registrou as narrativas dos moradores de áreas ameaçadas de remoção na cidade em razão dos megaeventos. Um fato, entretanto, desconcertou sobremaneira o tom do encontro e serviu como pano de fundo para pensar a diversidade e a complexidade existentes entre os precarizados de baixa renda e, consequentemente, entre os ocupantes do centro.

O acontecido se deu quando uma moradora, justo da ocupação Machado de Assis, agradeceu imensamente à militância local – segundo ela, a principal responsável – pela realização de um sonho que nutria há muito tempo e nunca achou que ocorreria: "o sonho de ter uma casa própria", o que queria dizer - e ela mesmo anunciou - um imóvel no bairro de Cosmos,

9 "Documento fornecido pelo poder municipal, e no qual se autoriza a ocupação e o uso de edifício recém-concluído ou reformado" (HOLANDA, Aurélio. *Dicionário Aurélio Eletrônico*, século XXI (versão 3.0). Rio de Janeiro: Editora Nova Fronteira, 1999).

zona oeste da cidade, situada a cerca de 60 quilômetros do centro. A impressão que tive, corroborada pelo silêncio que tomou o auditório por alguns segundos (mas pareceram uma eternidade) e pela expressão boquiaberta da relatora, é de que tal "estrangeirice" provocou incômodo entre os presentes.

Esse depoimento, num momento mais avançado da pesquisa, acabou por se somar a outras falas que também não se contrapunham diretamente à política de remoção levada a cabo pelo governo do estado e pela Prefeitura do Rio de Janeiro. Todavia, não estou com isso sugerindo que ocupantes e moradores de áreas ameaçadas sejam alienados ou ignorantes, mas sim assinalar que a "luta por moradia" ou o "problema de moradia no país" transita sempre numa zona mais polissêmica.

Um quarto momento do meu trabalho de campo refere-se à participação em alguns encontros e eventos de um grupo socialista/libertário chamado Reunindo Retalhos. O grupo interessava-se em viabilizar outras ocupações autogestionárias na cidade. No entanto, o cenário era agora muito mais difícil: os megaeventos, as obras relativas ao projeto Porto Maravilha e os vários financiamentos por parte do governo federal tornaram o Rio de Janeiro (e, em especial, a região central e portuária) objeto de intensa especulação e de fortes interesses, o que incluía uma escala muito diferenciada da escala vista até então.[10] O início da ocupação Guerreiros Urbanos, realizada por membros do Reunindo Retalhos e de outros microgrupos, num casarão abandonado em Santa Teresa, da Ordem das Ursulinas, significou novos interlocutores, informações e questões. Na época, acontecia o movimento que

10 A ideia de uma "requalificação" da área portuária já acontecera durante o mandato do prefeito César Maia, com um projeto nomeado de Porto do Rio. Nesse âmbito, em 2002, foi anunciado a construção de um Museu Guggenheim na zona portuária. O museu acabou comprometido por pressões sociais e inviabilizado juridicamente. O Porto do Rio incluía uma ampla "revitalização" da av. Rodrigues Alves, avenida principal da zona portuária, e de seus armazéns, entre outras intervenções. Efetivamente, o que se construiu e permanece funcionando são a Vila Olímpica da Gamboa, de 2005, e a Cidade do Samba, de 2006 (Ver GUIMARÃES, Roberta. *A Utopia da Pequena África.* Os espaços do patrimônio da zona portuária carioca. Tese de Doutorado – Programa de Pós-graduação em Sociologia e Antropologia, Universidade Federal do Rio de Janeiro, 2011. p. 20).

ficou conhecido como Ocupa Rio, na Pça. da Cinelândia, e seus eventos (e desdobramentos) ressoavam até a ocupação de Santa Teresa.

Por outro lado, a existência desta nova ocupação em frente de onde Mariana e eu residíamos intensificou as tensões com alguns de nossos vizinhos que não aceitavam que pessoas da ocupação entrassem no prédio, logo, que frequentassem a nossa casa. Isso terminou por desencadear uma série de desentendimentos funestos, que culminaram na ida de uma ocupante à delegacia para denunciá-los por racismo. A ocupação, por sua vez, duas semanas após o seu início, teve a sentença de reintegração anunciada e cumprida.

Paralelo a isso, Patricia, minha orientadora, se interessou em estabelecer pesquisa e trabalho de campo com as ocupações do centro, significando para mim uma nova chance para rediscutir as questões do terreno, outras proposições a respeito da experiência na Machado de Assis, mas, principalmente, uma perspectiva ampliada quanto aos lugares e às posições dos interlocutores implicados. Este diálogo constante, com informações do campo, leituras e discussões bibliográficas, foi fundamental para a ideia principal defendida neste trabalho, que é a de mostrar e entender, como as ocupações, neste caso, extrapolam a questão de "luta por moradia", no sentido exato dado pela militância e pelos movimentos sociais, ou seja, de pressupor a política como algo atrelado e submetido direta e estritamente ao estado. Para tanto, começamos a perceber que ocupações e ocupantes se constituem e percorrem o espaço para além dos efeitos gerados pelo desmanche do trabalho fordista e formal (ou da falta dele), também para além das condições de vida desta *nova pobreza,* nem tampouco eles, ocupantes e ocupações, podem ser avaliados como meras respostas à ampliação da precarização do trabalho implementada no neoliberalismo vigente.

Não podemos deixar de destacar, todavia, a melancolia que tomou a cena das ocupações e a militância diante da iminência dos despejos dos prédios da Zumbi dos Palmares, Flor do Asfalto e Machado de Assis, nesta ordem. Além disso, ou por conta disso, lideranças e interlocutores-moradores que se destacavam nesse cotidiano deixaram as ocupações, desfazendo algumas das forças e dos territórios caros ao contexto da pesquisa. Mas se a etnografia possui diferentes entradas, ou diferentes formas de estar em campo, ela se desenhou através de três ocupações associadas direta ou indiretamente à Frente de Luta Popular:

a) a Machado de Assis, na qual estive inserida como moradora, por um curto período, cerca de dois meses, no final de 2008 e início de 2009;

b) a Dandara, graças principalmente à interlocução com Gustavo, morador e militante da FLP e, por tabela, com sua rede de engajamento e os desdobramentos surgidos daí (esta interlocução manteve-se intensificada em alguns períodos e esmaecida em outros, perpassando todo o período do doutorado);

c) e a Zumbi dos Palmares, num primeiro contato, como apoio, em oficinas com crianças da ocupação, em 2006 e 2007; e, num outro momento, acompanhando os últimos meses de sua existência, as negociações e as pressões em relação a seu despejo, ocorrido entre novembro e março de 2011.

1.2 Escuta bibliográfica e proposição

A partir da leitura bibliográfica sobre ocupações para *fins de moradia* (os diferentes usos e maneiras do morar serão apontados no decorrer do livro), gostaria de destacar pelo menos quatro perspectivas presentes e com as quais dialogamos. Vale observar que não se trata de um enquadramento bibliográfico exaustivo das questões ou algo do tipo. O painel a seguir busca reunir estudos sobre ocupações para *fins de moradia*, estabelecendo um diálogo entre algumas das questões desenvolvidas nas pesquisas citadas e as questões deste trabalho.

Uma observação prévia se faz necessário. O recorte de leitura se baseou quase que totalmente em pesquisas sobre ocupações em São Paulo e Rio de Janeiro. Primeiramente, porque há uma quantidade significativa de trabalhos sobre o assunto disponibilizados na internet, até onde pude verificar na Universidade de São Paulo, nos Programas de Pós-Graduação em Sociologia, em Arquitetura e Urbanismo e na Universidade Federal do Rio de Janeiro, em especial, nos programa de Pós-Graduação em Geografia e em Planejamento e Urbanismo (IPPUR/UFRJ). Segundo, porque os movimentos e as ocupações na área central de São Paulo tiveram direta e indiretamente impacto nos movimentos que aconteceram, na sequência, no centro do Rio de Janeiro. Como observou Edson Miagusko em comunicação pessoal, as experiências paulistas e cariocas possuem traços em comum, mas também diferenças significativas. A ideia de dialogar com pesquisas realizadas nessas duas capitais diz mais da preocupação em acompanhar as práticas do estado e/ou da *governamentalidade* em relação às ocupações e às políticas associadas à cidade, que não se limitam, porém, a tais metrópoles. Vamos às quatro perspectivas:

1. um primeiro grupo de estudos situa as ocupações como uma tentativa para mobilizar algum tipo de garantia, dentro da ideia de *desmanche do estado*, em relação ao trabalho e aos direitos, em suas especificidades. As ocupações são vistas, com efeito, como um componente do mundo pós-industrial, onde o desemprego e a política social rarefeita criam um horizonte de exceção ou de intensificação do estado de exceção na cidade. Nessa perspectiva, opera-se a ideia de que a ocupação é um exemplo de movimento social num mundo "precarizado", onde o trabalho fordista e as lutas elencadas neste conjunto não são passíveis de serem retomados – numa concepção de que as ocupações são parte de uma agenda mínima em termos de direitos, políticas sociais e, principalmente, de "reinvenção da política";[11]
2. os trabalhos que situo num segundo conjunto inscrevem a ocupação nas lutas urbanas e a pesquisa/pesquisador como um elemento em prol destas numa aposta identitária. Apontam dilemas e disputas vigentes, superpondo práticas discursivas e não discursivas do pesquisador e dos interlocutores de campo, terminando por comprovarem, neste caso, a tese de que as ocupações são um exemplo de ação insurreta de uma população até então oprimida e que, portanto, a organização em coletivos resulta na exigência dos direitos sociais e das políticas públicas

11 ANDRADE, Inácio Carvalho Dias de. *Movimento social, cotidiano e política*: uma etnografia da questão identitária dos sem-teto. Dissertação de Mestrado – Programa de Pós-graduação em Antropologia, Universidade de São Paulo, 2010; BOUILLON, Florence. *Squats, un autre point de vue sur les migrants*. Paris: Editions Alternatives, 2009; MIAGUSKO, Edson. *Movimentos de moradia e sem-teto em São Paulo*. Experiências no contexto do desmanche. Tese de Doutorado – Programa de Pós-graduação em Sociologia, Universidade de São Paulo, 2008; NEUHOLD, Roberta dos Reis. *Os movimentos de moradia e sem-teto e as ocupações de imóveis ociosos*. A luta por políticas públicas na área central da cidade de São Paulo. Dissertação de Mestrado – Programa de Pós-graduação em Sociologia, Universidade de São Paulo, 2009.

que lhes são devidos. Tal perspectiva é provocativa de muitas questões presentes nesta tese e suscitou inúmeros contrapontos e inquietações que procurei explorar;[12]

3. uma terceira perspectiva, na qual este trabalho se inclui, refere-se à "política em movimento", em interface com os modos de socialidade (ou sociabilidade): o que a ocupação produz em termos de relações e práticas sociais, sua intervenção, seus efeitos e significados num contexto maior, e tudo isto enquanto produção de política e de direitos;[13]

---

12 ALMEIDA, Rafael. *A microfísica do poder instituinte e sua espacialidade*: Campos, territórios e redes. Dissertação de Mestrado – Programa de Pós-graduação em Geografia, Universidade Federal do Rio de Janeiro, 2011; AQUINO, Carlos. *A coletivização como processo de construção de um movimento de moradia*: uma etnografia do Movimento Sem-teto no centro. Dissertação de Mestrado – Programa de Pós-graduação em Antropologia, 2009; GRANDI, Matheus. "Espacialidade cotidiana e processos de negociação no movimento dos sem-teto carioca: Reflexões sobre um caso da variante por coletivo". *Revista Território Autônomo*, n. 1, 2012; MOREIRA, Marianna. "Um Palacete Assobradado": Da reconstrução do lar (materialmente) à reconstrução da ideia de "lar" em uma ocupação de sem-teto no Rio de Janeiro. Dissertação de Mestrado – Programa de Pós-graduação em Geografia, Universidade Federal do Rio de Janeiro, 2011; OLIVEIRA, Elaine. *Revitalização dos centros urbanos*: A luta pelo direito à cidade. Dissertação de Mestrado – Programa de Pós-graduação em Políticas Públicas e Formação Humana, Universidade do Rio de Janeiro, 2009; OSTROWER, Isabel. *Cuidar da 'casa' e lutar pela 'moradia'*: a política vivida em uma ocupação urbana. Tese de Doutorado – Programa de Pós-graduação de Antropologia/ Museu Nacional, Universidade Federal do Rio de Janeiro, 2012; VANZAN, Luciana. *Tramas urbanas de uma cidade ocupada*: análise possível de uma experiência com ocupações no Rio de Janeiro. Dissertação de Mestrado – Programa de Pós-graduação em Psicologia, Instituto de Ciências Humanas e Filosofia, Universidade Federal Fluminense.

13 Ver: AFFONSO, Elenira. *Teia de relações do edifício da Prestes Maia*. Dissertação de Mestrado – Programa de Pós-graduação em Arquitetura e Urbanismo, Universidade de São Paulo, 2009; TOMIMURA, Patricia. *Ocupações de Sem-Tetos e psicologia do Trabalho*: Como construir origamis interventivos? Dissertação de Mestrado – Programa de Pós-graduação em Psicologia, Universidade Federal Fluminense, 2007. RAMOS, Diane Helene. *A Guerra dos lugares nas ocupações de edifícios abandonados do centro*. Dissertação de Mestrado – Programa de Pós-graduação em Arquitetura e Urbanismo, Universidade de São Paulo, 2009; SILVA, Eliane Alves da. Ocupação irregular e disputas pelo espaço na periferia de São Paulo. In: CABANES, R.; GEORGES, Isabel; RIZEK, Cibele; TELLES, Vera (orgs.). *Saídas de Emergência*. Ganhar e perder a vida na periferia de São Paulo. São

4. um quarto e último conjunto de pesquisas, segundo esse recorte, reúne trabalhos realizados por artistas de orientação anarquista e/ou anarcopunk que tematizam formas de engajamento direto: as ocupações ou *squats* são considerados, em sua eventualidade, como espaços de construção para uma *cultura libertária*.

É preciso ressaltar que os trabalhos mencionados não estão circunscritos a uma única perspectiva, mas transitam entre um ou outro enfoque, e são fundamentais para o que apresentarei. Em especial, transitam por questões relativas ao cotidiano das ocupações, às relações entre ocupantes e a *governamentalidade*, formas de positivar a ocupação, enunciados, *agenciamentos*, enfim, formas de *resistência* ao processo de gentrificação, formas de *heterotopia* e *modos de contornar* a *exceção ordinária*. Da mesma maneira, as práticas da *governamentalidade* relativas aos ocupantes e aos squats, tanto na cidade do Rio de Janeiro como em São Paulo ou em Paris, resultam, cada qual, numa organização do espaço na cidade e, por parte dos ocupantes e das ocupações, em diferentes estratégias para produzir interlocutores, mediadores e parcerias, o que tem gerado, desta feita, uma série de conflitos, rupturas e também heterogeneidade em termos dos projetos existentes.

O presente trabalho se propõe a indagar, a partir das ocupações do centro, sobre a noção do *comum*, conforme assinalado por Antonio Negri: "O projeto não é coletivizar, mas sim reconhecer e organizar o comum. Um *comum* feito de um patrimônio riquíssimo de estilos de vida, [...], do excedente da expressão comum da vida nos espaços metropolitanos".[14] Ou, em outras palavras: de que maneira e em quais situações este *comum* é capaz de deslocar a centralidade das questões associadas à moradia, à precarização e aos direitos sociais? E é este deslocamento, inclusive, o que parece ser uma das principais novidades (e originalidade) que os movimentos dos desempregados, o movimento das *Occupy*, dos sem-teto e das ocupações de moradia nos colocam.

Paulo: Boitempo, 2011. p. 359-376; SILVA, Eliane Alves da. *Nas tramas da cidade ilegal*: atores e conflitos em ocupações de terra urbana. Dissertação de Mestrado – Programa de Pós-graduação em Sociologia, Universidade de São Paulo, 2006.

14 NEGRI, Antonio. "Dispositivo Metrópole. A multidão e a metrópole". *Lugar Comum*, n. 25-26, 2008. p. 203.

Se não há maneiras de ganhar dinheiro suficiente para viver via trabalho, se não é possível morar em locais da cidade com condições razoáveis de existência, logo, não é possível que perdure esta forma de organização e de exploração das pessoas. Ao mesmo tempo, se esses personagens procuram escapar da *vida nua* e de seus dispositivos ou contorná-los, isto demonstra que outros *territórios*[15] são possíveis.

Trata-se de todo um questionamento, conforme assinala Giorgio Agamben, em relação ao paradigma da política ocidental que tem operado nesses tempos de *exceção*, e não apenas uma perspectiva niilista por parte da sociedade civil, ou da administração da *exceção* por parte do estado.[16] Ou, nos termos mais uma vez de Antonio Negri, que as metrópoles expressam a hierarquia global, em seus pontos individuais e articulações, compondo

---

15 Conforme Deleuze: "Precisamente, há território a partir do momento em que componentes de meios param de ser direcionais para se tornarem dimensionais, quando eles param de ser funcionais para se tornarem expressivos. [...]. É a emergência de matérias de expressão (qualidades) que vai definir o território. [...]. [...] na emergência de qualidades próprias (cor, odor, som, silhueta...). [...]. Não no sentido em que essas qualidades pertenceriam a um sujeito, mas no sentido de que elas desenham um território que pertencerá ao sujeito que as traz consigo ou que as produz. Essas qualidades são assinaturas, mas a assinatura, o nome próprio, não é a marca constituída de um sujeito, é a marca constituinte de um domínio, de uma morada" (DELEUZE, Gilles; GUATTARI, Felix. 1837 – Acerca do Ritornelo. In: ____. *Mil Platôs*. Vol. 4. Trad. Suely Rolnik. São Paulo: Ed. 34, 1997. p. 120-123).

16 O termo *exceção* ou *estado de exceção* utilizado por Giorgio Agamben advém da noção homônima (e célebre) de Walter Benjamin, que diz: "A tradição dos oprimidos nos ensina que o <estado de exceção> no qual vivemos é a regra. Precisamos chegar a um conceito de história que dê conta disso. Então surgirá, diante de nós, nossa tarefa, a de instaurar o real estado de exceção; e, graças a isso, nossa posição na luta contra o fascismo tornar-se-á melhor". O conceito ampliou-se graças à obra Homo Sacer, do filósofo italiano. Para ele, a *exceção* ou *estado de exceção* está presente nas situações em que a fronteira entre a lei e a não lei são incertas, compondo o que ele chamou de *zonas de indeterminação*. Em que as figuras do *homo sacer*, de uma *vida matável*, uma *vida nua* ou uma *vida indigna de ser vivida* podem despontar. Nas palavras do autor: "O sistema político não ordena mais formas de vida e normas jurídicas em um espaço determinado, mas contém em seu interior uma localização deslocante que o excede, na qual toda forma de vida e toda norma podem virtualmente ser capturadas. AGAMBEN, Giorgio. *Homo Sacer: o poder soberano e a vida nua I*. Trad. Henrique Burigo. Belo Horizonte: UFMG, 2002 (2004, 1ª

um "complexo de formas e de exercícios de comando". E, desse modo, as diferenças de classe, a partir da divisão do trabalho nas grandes cidades, não conformam mais um problema com traços particulares e restritos a cada grupo de nações e suas condições econômicas e de desenvolvimento, ou ainda relações estritas de dependência e de subordinação. Formas de resistência surgidas em diferentes contextos podem estar mais próximas e capazes de manter um diálogo de maneira mais consistente. Na palavras de Antonio Negri: "Por isso temos que atravessar os espaços possíveis da metrópole, se quisermos reatar as fileiras da luta, para descobrir os canais e as formas de ligação, os modos nos quais os sujeitos ficam juntos".[17]

Da mesma maneira, não se trata de evocarmos o *fim da história* ou sua *redenção* (no sentido salvacionista). Segundo a leitura de Jeanne-Marie Gagnebin sobre o tema da origem na filosofia da história de Walter Benjamin, é o caso de pensarmos uma *origem* ou *redenção* inscrita na temporalidade, daí, a importância da rememoração:

> [...] a exigência da rememoração do passado não implica simplesmente a restauração do passado, mas também uma transformação do presente tal que, se o passado perdido aí for reencontrado, ele não fique o mesmo, mas seja retomado e transformado.

Conforme as *Teses sobre a história* – continua Jeanne-Marie – devemos pensar mais na temporalidade da *redenção*:

> [...] Benjamin ressalta que a narração da historiografia dominante, sob sua aparente universalidade, remete à dominação de uma

reimpressão). p. 182. A citação de Benjamin encontra-se em LOWY, Michael. Walter *Benjamin: aviso de incêndio.* Uma leitura das teses "Sobre o conceito de história" (tese IX [1940]). Trad. Jeanne-Marie Gagnebin e Marco Lutz Muller. São Paulo: Boitempo, 2005. p. 87. Sobre o termo *vida nua*, utilizado primeiramente por Walter Benjamin, em Destino e Caráter, consultar o verbete Animal, escrito por Leland de la Durantye em CASSIN, Barbara (ed.). *Dictionary of Untranslatables.* A Philosophical Lexicon. New Jersey: Princinton University, 2014 (versão e-book).

17 NEGRI, Antonio. "Dispositivo Metrópole. A multidão e a metrópole". *Lugar Comum,* n. 25-26, p. 203-204, 2008 (grifos meus).

> classe e às suas estratégias discursivas. Esta narração por demais coerente deve ser interrompida, desmontada, recortada e entrecortada. A obra de salvação do Ursprung (origem) é, portanto, ao mesmo tempo e inseparavelmente, obra de destituição e de restituição, de dispersão e de reunião, de destruição e de construção.[18]

Para esta proposição, a filósofa alude à figura do narrador evocada por Benjamin como um *lumpensammler* (um catador de sucatas):[19] aquele que é interessado não em "recolher os grandes feitos", ou o que foi "deixado de lado como algo que não tem significação, algo que parece não ter nem importância, nem sentido [...]". E ainda: "[...] o narrador e o historiador deveriam transmitir o que a tradição, oficial ou dominante, justamente não recorda". Esta imagem, de um *narrador sucateiro*, um *lumpensammler*, serve como uma figura-chave que sintetiza belamente o que o autor das *Passagens* estabelece como a tarefa do narrador e da narração, em oposição a uma certa visão por muito tempo hegemônica por parte de historiadores, filósofos, e também de antropólogos e de sociólogos, que estabelecem relações muito mecanicistas entre passado e presente. "Os objetos dessa coleta não são anteriormente submetidos aos imperativos de um encadeamento lógico exterior, mas são apresentados na sua unicidade [...]".[20] Trata-se de pensar, remetendo à ideia de uma antropologia benjaminiana,[21] os fragmentos e as imagens não para compor "um espelhão" ilusório, mas sim para pensar através de seus estilhaços, com seus "efeitos caleidoscópicos, produzindo uma imensa variedade de cambiantes, irrequietas e luminosas imagens".[22]

Para o nosso caso, não se trata de reunir o que aconteceu durante o trabalho de campo e as reflexões da pesquisa, dando a eles um "encadeamento

---

18 GAGNEBIN, Jeanne-Marie. *História e Narração em Walter Benjamin*. São Paulo: Editora Perspectiva, 1999. p. 16-17.

19 _____. Memória, história e testemunho. In: ____. *Lembrar, escrever, esquecer.* São Paulo: Ed. 34, 2006. p.54.

20 _____. *História e Narração em Walter Benjamin*. p. 10.

21 DAWSEY, John. *Por uma antropologia benjaminiana*: Repensando paradigmas do teatro dramático. Mana, 15 (2), p.349-376, 2009.

22 DAWSEY, J. *Por uma antropologia benjaminiana*: Repensando paradigmas do teatro dramático. p. 359.

lógico exterior", sequencial, numa narrativa descritiva, realista ou naturalista, "[...] como se a cronologia, não fosse, ela também, fruto de uma construção historiográfica".[23] Trata-se de *rememorar* o que foi silenciado pelo correr da história sobre as ocupações de moradia, tentando escutar, nos fragmentos das vozes que foram silenciadas, fragmentos das vozes da atualidade. Não num sentido de que aquele acontecimento passado é importante porque diz alguma coisa sobre o presente e, por isso, deve ser valorizado e "utilizado". Seguindo a ideia benjaminiana é justo o oposto: ao rememorarmos passagens do trabalho de campo numa ocupação da zona portuária, retomaremos a história das ocupações de outra forma, revolvendo o presentes com as vozes silenciadas ou apagadas pela narrativa dos vencedores.

Isto significa dizer que precisamos reconhecer a escrita como um engajamento, ou seja, mesmo que se ignore esta dimensão, toda a pesquisa sobre ocupações, por exemplo, consiste necessariamente numa intervenção sobre a questão da moradia, do uso da cidade, das formas de segregação e desigualdade nas metrópoles. E o que a pesquisa possibilitou-nos questionar em relação aos saberes sobre moradia popular numa metrópole localizada num país periférico?

Em termos gerais: a noção de que ocupações significam um modo exemplar de luta por moradia; a qualificação dos precarizados ou da vida na precariedade como destituídos de iniciativa e de vontade política, ou como se constituíssem uma tábua no meio do oceano, à mercê das marés. Nesse quadro, o maquinário estatal dos serviços de assistência social é julgado muitas vezes como um *dispositivo de controle*. Por fim, a ideia de uma "sociabilidade espontânea" extensiva aos pobres, numa conjectura que os têm como opacos à subjetividade capitalista, o que não parece caber nem entre os pobres (mesmo levando em conta a sua heterogeneidade), muito menos na cena das ocupações.

1.3 Sobre as entrevistas

Após o campo na Machado de Assis, realizei sete entrevistas durante a pesquisa. Pelo menos outras seis foram frustradas por motivos diferentes, mas que dialogam e são significativas (comentarei adiante).

23 GAGNEBIN, Jeanne-Marie. *História e Narração em Walter Benjamin*. p. 17.

Em 2010, após a qualificação, uma das propostas de uma segunda parte do trabalho de campo era retomar o contato com algumas pessoas e propor uma entrevista. O tempo passava sem que eu conseguisse fazê-lo. Tendo a crer que a dificuldade em viabilizar as entrevistas foi um componente fundamental tanto para criar um intervalo, quanto um distanciamento da experiência na Machado de Assis e das ressonâncias consequentes. Intervalo e distanciamento do ressentimento a respeito da "impossibilidade" (e que eu julgava até pouco tempo um "fracasso") de continuar como sua moradora. Também a raiva suscitada por me defrontar com as desigualdades e a miséria, em vários momentos avassaladoras. O extermínio menor e os silenciamentos cotidianos.

A "imobilidade", a "inércia" ou a "reação catatônica" quanto as ir atrás das entrevistas, além de ajudarem a compor um intervalo e um deslocamento, da mesma forma propiciou a chance de esquecimento da história, algo fundamental para o trabalho de escrita. Mas é uma composição não no sentido da mnemosia historicista: de reunir as camadas do passado e de elaboração da passagem do tempo. Mas uma "arte-cartografia" que repousa sobre as *coisas do esquecimento* e os *lugares de passagem.*[24]

Por outro lado, não significa dizer que pretendemos fazer um inventário das mazelas, nem de negar que elas sejam atuantes, mas pensar a inércia e seus estados também como um elemento do terreno, passível de suscitar brechas, abertura e esquecimento em relação à experiência na Machado de Assis.

Tendo em vista a perspectiva de esquecer ou refazer uma experiência de fracasso em termos de possibilidade de convivência entre diferentes, um dos caminhos que podemos destacar de forma positiva na experiência da Frente de Luta Popular (FLP), nas três ocupações referidas, foi a desinstrumentalização da relação com os precarizados ou ocupantes. Isso propiciou uma distância a respeito da ideia de que a luta era apenas por moradia, e possibilitou pensá-la como a construção de um *comum*. Aproximando essas mesmas lutas e movimentos sociais aos modos de existência da vida ordinária, comezinha, da vida menor, na medida em que *uma outra história se agita neles.*[25] Dessa maneira,

24 DELEUZE, Gilles. *Crítica e Clínica*. Trad. Peter Pál Pelbart. São Paulo: Ed. 34, 1997. p. 78.

25 O termo menor é uma apropriação um pouco livre das observações de Deleuze sobre Kafka e sua obra. DELEUZE, G. Kafka. *Para uma literatura menor.* Trad. Júlio Castañon Guimarães. Rio de Janeiro: Editora Imago Ltda., 1977. p. 26.

talvez pudesse surgir uma perspectiva da ordem da imanência que minimizaria os efeitos da busca por uma ordem normativa ou representacional, ou da política num sentido normativo. Isto, por sua vez, não impossibilitou que as questões da ordem do viver comezinho acentuassem, conforme as situações, uma dimensão referente à agenda de lutas e de exigência por direitos.

Sobre tal tensão, entre a "autonomia" e a "eficácia política", particularmente quanto aos movimentos de moradia e sua relação com as instituições políticas e estatais, Luciana Tatagiba, referindo-se ao contexto da cidade de São Paulo, sugere um meio-termo. Os movimentos (de moradia) teriam que evitar, ao se burocratizarem e se profissionalizarem, perder a proximidade com as bases sociais, como tem acontecido quando governos de esquerda são eleitos. E ainda: "Ao adotarmos uma perspectiva de análise dinâmica e relacional, levamos mais longe a tese da heterogeneidade interna ao estado e à sociedade e dos múltiplos e complexos processos pelos quais essas relações se engendram".[26] Seguindo essa pista, nossa proposição será de buscar se ater tanto à "heterogeneidade da sociedade civil", quanto às experiências sociais decorrentes desse conjunto. Por outro lado, trata-se de perguntar: o que há na precariedade dos movimentos, na miséria, no movimento paulatino e intermitente de despejos e, ainda, ressoando a provocação de Francisco de Oliveira: o que há nas mazelas da "ralé"?[27]

Em particular, quanto à Machado de Assis e às ocupações organizadas majoritariamente pela FLP, Zumbi dos Palmares e Dandara, destaco alguns elementos marcantes que busquei levar a sério: a composição muito diferenciada dos ocupantes; o engendramento de um *comum* e como este significou a afirmação de formas de convivência e socialidade; os *afetos alegres*[28], ou

---

26 TATAGIBA, Luciana. *Desafios da relação entre movimentos sociais e instituições políticas.* O caso do movimento de moradia da cidade de São Paulo – Primeiras Reflexões. Colômbia Internacional, n. 71, p. 63-83, 2010.

27 Essas e outras "mazelas" estão registradas no prefácio de *Contos kafkianos,* escrito pelo autor para o volume Saídas de Emergência. Ganhar e perder a vida na periferia de São Paulo, organizado por Robert Cabanes, Isabel Georges, Cibele Rizek e Vera Telles (2011, p. 7-10).

28 Segundo Baruch Spinoza: "[...] o corpo humano pode ser afetado por muitas maneiras que acrescem ou diminuem seu poder de agir [...]. Os afetos alegres aumentam o

seja, afetos da ordem da ação e que nos animam a agir; assim como o gesto de evitar morar num lugar "fim-de-mundo" (nas palavras de Gustavo).

Por outro lado, se não obtive sucesso para conseguir as outras seis entrevistas que gostaria (obtive sete depoimentos), aponto justificativas de outra ordem, que creio serem interessantes retomar porque de alguma forma funcionam como tentativas para reencontrar os rumos que se seguiram após o acontecimento ocupação.

Uma ocupante da Machado de Assis se mudara para uma outra ocupação circunvizinha porque havia reatado com seu antigo companheiro. Era uma situação delicada. Beth trabalhava o dia inteiro e poderia me encontrar em algum momento do fim de semana, mas possuía uma relação conturbada com seu parceiro, inclusive envolvendo violência física. Paralelo a isto, a ocupação fora cadastrada pela prefeitura para ser despejada brevemente, e Beth não conseguiu ser incluída na listagem, pois foi classificada como agregada pelas duas moradoras responsáveis em reunir os nomes que seriam apresentados ao agente da prefeitura. Na época em que a reencontrei não estava bem, tomava remédio para depressão e repetiu algumas vezes que "só pensava em reorganizar a vida". Perguntei sobre seu filho, pré-adolescente: "Ele está agora com a minha mãe, em Belo Horizonte".

Outra entrevista seria com Anderson, que revi trabalhando num balcão de um bar e lanchonete situado na esquina das ruas Barão de Teffé e Sacadura Cabral, na região portuária. Tinha uma jornada de trabalho bastante dura, mas se dispôs a me encontrar em alguma tarde de domingo, dia de sua folga. Desde que saíra da Machado de Assis, passou a dividir com o irmão um quarto na rua do Livramento. Em um outro dia, apareci no bar e o dono, de sotaque italiano, me falou que Anderson desaparecera havia alguns dias, talvez tivesse viajado para o Piauí, já que antes comentara que sua mãe estava com problemas de saúde. Perguntei se alguém tinha lhe passado tal informação, ele respondeu que não, que estava supondo isso e, de forma a encerrar o assunto, estendeu a palma da mão em minha direção e disse que não sabia nada mais sobre o rapaz.

---

poder de agir" (SPINOZA, Baruch. *Parte III – Da origem e da natureza das paixões*. In: ____. *Ética*. 4. ed. Trad. Lívio Xavier. São Paulo: Atena editora, 1960. p. 139).

Reencontrei Giane muitas outras vezes e, num desses encontros, ofereci-lhe uma cesta básica em troca de uma entrevista. A proposta não foi feita tão grosseiramente como pode parecer, o fato é que havia antes me deparado com ela num supermercado comprando leite em pó, ela tinha duas filhas pequenas e estava para ganhar um menino. Marcamos no restaurante popular da Central, conhecido como Garotinho, às 15h30, horário de encerramento do almoço. Na época, ela morava num "barraco" [expressão sua], na parte alta do morro da Mangueira, mas continuava circulando pelo centro, sempre com um carrinho de bebê vazio e acompanhada das filhas. Perguntei como é que faziam o itinerário Central-Mangueira todo dia, com o carrinho e as meninas e ela: "É perto, Adriana, a gente vem andando".

Noutra ocasião, esbarrei com Giane e filhos pela rua e me queixei, tentando conter o estardalhaço, meio brincando, que ela havia se esquecido de mim, afinal, tínhamos combinado naquele dia e hora e ela não aparecera... Ela respondeu que não tinha esquecido, mas que havia chegado pouco tempo depois do encerramento do restaurante e eu não estava por lá. A seguir, sua situação material tornou-se mais delicada: ganhara novo bebê, rompera em definitivo com o parceiro com quem se relacionava na Machado de Assis e, por fim, continuava no mesmo local, no alto do morro da Mangueira.

Fui mais uma vez mal sucedida quando tentei uma entrevista com um funcionário do ITERJ (Instituto de Terras e Habitação do Estado do Rio de Janeiro) que trabalhava justo com a regularização das ocupações. Apareci duas vezes no Instituto e liguei outras duas. Na primeira vez, quando falei para um funcionário, que se encontrava numa mesa localizada na entrada das salas do Instituto, que estudava as ocupações do centro, ele mostrou-se apreensivo. Fez um breve comentário dizendo que a "situação atual era especial", "já que havia uma preocupação em requalificar toda a área do centro e muitos projetos e investimentos estavam sendo liberados". Depois escreveu (de forma ininteligível) o nome da mulher que acompanhava os processos das ocupações e, de forma mais clara, o telefone celular dela. Solicitei para que repetisse e soletrasse o nome, mas ele saiu em disparada me pedindo um minuto, explicando que tinha que resolver algo numa sala. Sentei e esperei por um bom tempo, até que um rapaz que ficava na porta de entrada sugeriu que eu voltasse num outro dia, pois eles tinham começado uma reunião naquele momento.

Nesse período, o processo de esvaziamento das ocupações do centro ganhava impulso e a fala a respeito da requalificação do representante do ITERJ endossava tal sentido. E "esvaziamento das ocupações" se referia à escassez de movimentações por parte dos moradores e da militância, tanto para promover eventos (festas de aniversários ou outras comemorações) ou atividades nos prédios ocupados, quanto em termos políticos, em seu sentido mais estrito (envolvimento em alguma manifestação sindical ou partidária) ou institucional (contatos com órgãos governamentais ou jurídicos, assessores de vereadores e de secretarias). No caso da ocupação Dandara, contrapor-se ao esvaziamento das ocupações e à fala a respeito da *requalificação* da zona portuária dizia respeito, nesta fase, à sua capacidade de exercer pressão para que o montante financeiro, disponibilizado pelo governo federal para a realização de uma reforma no prédio, via Caixa Econômica, fosse liberado.

Mas um acontecimento foi essencial para que esse processo de desmanche ou de desmantelamento dos movimentos sociais e políticos ganhasse terreno. Isso se deu nos meses anteriores, em maio de 2011, quando o Núcleo de Terras e Habitação da Defensoria Pública do Estado, que dava importante apoio e consultoria às favelas e às comunidades ameaçadas de remoção e despejo na cidade, acabou desmembrado. Cada defensor público foi transferido para regiões diferentes do estado do Rio, e os estagiários do Núcleo foram dispensados.[29]

Sobre outro depoimento malogrado: um participante do *operativo* da Machado de Assis e morador da Dandara, muito considerado e com quem eu tinha afinidade, não queria falar sobre sua experiência na ocupação. Havia brigado com outros moradores da Dandara e também com participantes do movimento, até que num dado período "sumiu do mapa" da pior forma (segundo a militância): vendendo seu apartamento na ocupação. O fato suscitou um grande mal-estar entre seus pares e comentários os mais diversos entre moradores não-militantes.

29 BRITTO, Adriana; MENDES, Alexandre. A defensoria pública e o direito à moradia no contexto dos megaeventos esportivos (Comunicação). *1º Seminário de Direito Urbanístico,* Campos, Rio de Janeiro. Disponível em: http://www.sfdu.com.br/oficinas/A_defensoria_publica_e_o_direito_a_moradia_no_contexto.pdf

Perpassando estas investidas frustradas, havia alguns elementos que devemos assinalar nessa cena das ocupações do centro: as ameaças de despejo das ocupações Zumbi dos Palmares e Flor do Asfalto, a entrada do tráfico na Machado de Assis e os três despejos sofridos pelo grupo Guerreiros Urbanos tornaram-se motivo de muitas discussões entre moradores e militantes, tendo resultado no afastamento de vários destes últimos e na diminuição das atividades oferecidas pelos membros dos chamados grupos de apoio.

Um morador da Dandara chamado Zeca, participante da FLP, próximo a Antunes, foi alvo também de minhas investidas: após reencontrá-lo numa festa de despedida da ocupação Flor do Asfalto ("a ocupação punk" – situada na zona portuária), começamos a conversar. Ele, de maneira catártica, pôs-se a falar, revelando as inúmeras dificuldades pelas quais passara nos dois últimos anos, culminando com sua saída da ocupação. Terminei por interpelá-lo sobre o fato de que a ocupação estava para obter a regularização dos apartamentos, sendo assim, seria melhor ele apenas dar um tempo e retornar depois. Foi então que ele narrou mais situações persecutórias ocorridas no prédio nos últimos meses, tornando-o avesso à possibilidade de retornar à Dandara.

Nesse período, Zeca morava de aluguel com a namorada na zona norte da cidade. Falei que gostaria muito de entrevistá-lo, justificando que seria importante registrar suas reflexões e críticas ao processo político ocorrido na ocupação e nas outras ocupações afins. Ele me respondeu de maneira taxativa: "Podemos conversar de outras coisas, mas não vou falar sobre a Dandara". A conversa, porém, se não aconteceu tacitamente, aconteceu oficiosamente: com as pessoas em pé [Camila, Patricia, Mariana e eu], num sábado à tarde, na av. Rodrigues Alves, zona portuária. Os ocupantes da Flor do Asfalto, alguns dias depois desta festa-despedida, realizada em novembro de 2011, deixaram o terreno onde viviam desde 2006.

Numa última incursão à Machado de Assis para recontatar as pessoas que ainda continuavam na ocupação, atravessamos o túnel da Central [Patricia, Mariana e eu]. Os rumores eram um tanto preocupantes: pessoas ligadas ao "movimento" ["tráfico de drogas"] teriam se inserido no local, três casarões próximos à ocupação pegaram fogo, um deles havia sido despejado logo após debelarem o incêndio. Nos três casos, as pessoas se mudaram em seguida para a Machado de Assis, que estaria por conta disso, nas palavras de uma moradora e de um militante, "infernal" e "caótica".

Logo que atravessamos a Estação Central do Brasil e depois o túnel, encontramos Giane e sua filha Emily Vitória, nessa época, com cerca de 2 anos. Saíam para pegar Larissa, na creche do Sambódromo, mas disse para esperá-las, assim daria para conversarmos. Perguntei quem estava naquele momento no prédio, entre as pessoas que conhecíamos, e ela disse ter visto Gervásia e Lúcia.

Antes de adentrarmos a Machado de Assis, cumprimentamos um homem que se encontrava no portão e comentamos que procurávamos duas mulheres nossas conhecidas. Entretanto, o cheiro forte de creolina misturado ao de esgoto intensificou o estado de desorientação e de avexamento que foi nos tomando logo quando começamos a atravessar o corredor que dava no pátio do prédio e na passagem que levava ao salão-dormitório. Havia uma concentração significativa de pessoas no tal pátio, muitas das crianças não possuíam qualquer vestimenta ou calçado e, provavelmente, as barrigas pontiagudas sugeriam que estavam com vermes. Várias mulheres encontravam-se sentadas rente à parede; outras pessoas pegavam água na cisterna próxima. Tudo isso ressoou o tal *quadro caótico* e um certo *adensamento de ar.*[30] Quadro que, se comparado ao período em que tínhamos participado da ocupação, era muito diferente e para pior, caso pensássemos nas condições materiais do imóvel e nas condições físicas das pessoas localizadas no hall. Nesse sentido, a fala de Márcia, meses depois, sintetizou de forma precisa o estado aviltante do local:

> Não está mais dando, a gente nem sabe quem mora mais aqui. Roubam de tudo, só não roubam geladeira ou coisas maiores, mesmo assim a gente bota cadeado em tudo. Eu boto uma roupa de um filho no varal, no outro dia vejo a roupa em outra criança, vou falar com a mãe; a gente se estressa toda hora, tenho de sair de lá senão acabo fazendo uma besteira.

Estávamos subindo as escadas que dão acesso aos quartos e resolvemos – sem que bocas precisassem dizer palavra – desistir da tarefa e sair dali o mais rápido que conseguíssemos. "Já vão partir?" – comentou em tom irô-

---

30 BORGES, Fabiana. *Domínios do Demasiado*. p. 23.

nico o homem negro, que fazia as vezes de porteiro, os dentes reluzentes, que permanecera encostado na entrada principal do prédio. Antes, porém, reparei em algo que esmaecia a imagem caótica: fora instalado no pátio um imponente tanque de pedra, que se destacava tanto pelo tamanho quanto em proporção à pia diminuta e circunvizinha, a única que funcionava realmente, quando dos primeiros meses da ocupação.

Outro elemento importante e que contribuiu para o cenário de contração dos squats do centro: a Frente de Luta Popular, que tinha seus militantes envolvidos diretamente no cotidiano das ocupações Dandara, Zumbi dos Palmares e Machado de Assis, estava na iminência de se desfazer, e foi isso o que se deu. Seus militantes acreditavam que a institucionalização da Frente seria um "tiro no pé" no que concernia a uma de suas principais orientações: de que ela se firmaria mais como um movimento, ou como uma rede, do que como uma organização com orientação política homogênea e hierarquizada – ou, pelo menos, esta era uma das justificativas a respeito do término do grupo.

Numa reunião em que estive presente, era possível perceber como acontecia sua dinâmica, algo que, visivelmente, marcara a forma e a organização das assembleias das ocupações: dispostas num salão reservado para isso, as pessoas falavam livremente, cada qual num canto, outros participantes entravam e saíam, não havia tempo de fala, nem pauta. As reuniões não eram agendadas, mas funcionavam através de convocatórias, conforme as urgências e as necessidades do momento. A justificativa fundamental para este modo de funcionamento era de que assim tentavam evitar ao máximo a burocratização das reuniões e, consequentemente, o engessamento do movimento.

Por sua vez, o aparecimento da Machado de Assis talvez tenha sido a gota que faltava para contribuir para o término do grupo. Muitos membros não concordavam em puxar uma nova ocupação, a justificativa era de que deviam se empenhar, o quanto conseguissem, para manter a Dandara e a Zumbi dos Palmares, assegurando assim sua permanência. Outras pessoas, como Antunes, acreditavam que, naquele momento do Rio de Janeiro, seria importante que novas ocupações surgissem. A partir destas, se levantariam novamente questões relativas à região do centro/Central e zona portuária. No caso, a ideia da Machado de Assis, por conta da localização nesta área, rente ao morro da Providência e na contramão do projeto Porto Maravilha, poderia repercutir e associar-se à imagem da área como lugar propício ao "resgate da cultura negra". As discussões nos primórdios do processo e cerca de um ano depois resultaram, por fim, na separação do núcleo caro à FLP, e em uma série de desentendimentos.

O fim do grupo resultou num certo impasse quanto ao trabalho de campo. Na sequência, muitos dos ocupantes que conheci na Machado de Assis foram paulatinamente sumindo de cena. Os militantes dos quais eu era próxima não queriam falar a respeito e começaram a se envolver em diferentes movimentos/grupos, por vezes em outras regiões da cidade ou do estado do Rio. Além disso, a própria Machado de Assis passou por um processo de derrocada e enfraquecimento, por conta da entrada de moradores que se diziam ligados ao tráfico de drogas do morro da Providência e que se instalaram no local. Desde então, surgiram rumores de que estariam disponibilizando e vendendo pequenas áreas no terreno da ocupação, para que os interessados "subissem barracos" [termo utilizado por moradores do entorno].

Dessa feita, o decorrer do tempo foi fundamental para retomar a experiência passada, revendo os registros, os interlocutores do campo e as estórias que pareciam estar sempre, como aponta Walter Benjamin, *abertas* e *inacabadas*. Recontá-las significou/tem significado deparar-me com lacunas, contradições, peças que não se encaixam, fragmentos de estórias que se misturam, personagens e interlocutores que por vezes se confundem, se sobrepõem e somem. "Retomar esse fio, reencontrar uma maneira de tecê-lo não pode se realizar sem mais, por boa vontade terapêutica ou salvadora apressada, [mas] por uma espécie de curto-circuito político-utópico".

Da mesma forma, é também difícil juntar escalas e planos tão diferenciados, mas que de repente e de forma inusitada se tocam, se aproximam, e que, num sentido mais usual, poderiam ser vistos como algo exótico ou pitoresco, tal como a mendiga que lê Charles Baudelaire em frente ao túnel da Central, local absolutamente inóspito (movimentado, barulhento e empoeirado), e que, segundo transeuntes locais, é uma leitora persistente, sempre ali, na boca do túnel. Ou o rumor de que Xuxa Meneghel havia comprado o prédio da Machado de Assis antes de seu despejo "voluntário"; e o fato de que a empresa UNILEVER, "dona do prédio" (moradores no momento final da Machado de Assis assim o diziam, embora a prefeitura tenha desapropriado o imóvel em 2006), inscreva sua logomarca na maior parte das caixas de papelão que observamos pelas ruas e pelos supermercados da cidade.

As entrevistas com as quais trabalhei foram realizadas, majoritariamente, após dois anos do início da Machado de Assis: seus ocupantes não moravam mais na ocupação, o que corroborou para que elas aparecessem permeadas por um discurso derrotista, um tanto aquém da multiplicidade e da polifonia vivenciadas. Decerto isto pode ser explicado pelo fato de a ocupação ter sido julgada perdida pela militância local desde a entrada do tráfico de drogas, em 2009. Dessa forma, os trechos de entrevistas presentes neste trabalho estarão acompanhados, várias vezes, por comentários a respeito de tal intervalo.

Nesse sentido, as noções de Walter Benjamin sobre a experiência da narração (ou a *pobreza da experiência*, conforme Jeanne-Marie Gagnebin) e sua fragmentação – o que Benjamin chamou de *destroços* ou *escombros da história*[31] – a partir da modernidade, foram preciosos. De modo muito condensado, a *pobreza da experiência*, ou da narração, segundo Benjamin, contém a ideia que não é mais possível compartilhar uma experiência entre gerações, já que não teríamos, neste tempo, nada a dizer, e a ensinar, aos que virão. Ou seja, nossas experiências passadas ou a narrativa sobre o passado não teriam nada a nos mostrar no presente.[32]

Mas também é dessa fragmentação, da *pobreza da experiência* e da narrativa que Benjamin extrai as ideias de *abertura* e de *inacabamento*: "O que é próprio da origem nunca se dá a ver no plano do fatual, cru e manifesto. O seu ritmo só se revela a um ponto de vista [...], que o reconhece [...] como algo de incompleto e inacabado".[33] E é com esses elementos – o *inacabamento*, a *incompletude* e a *abertura* – que Benjamin propõe uma narrativa a con-

31 BENJAMIN, Walter. *Sobre o conceito de história* (Tese IX). Trad. Jeanne-Marie Gagnebin e Marco Lutz Muller. In: LOWY, Michael. *Walter Benjamin: aviso de incêndio.* Uma leitura das teses "Sobre o conceito de história". São Paulo: Boitempo, 2005. p. 87.

32 Para o tema, ver os célebres textos Experiência e Pobreza e O narrador. Considerações sobre a obra de Nikolai Leskov. In: BENJAMIN, Walter. *Obras escolhidas I: Magia e técnica, arte e política.* Trad. Sergio Rouanet. p. 114-119 e p. 197-221; GAGNEBIN, J. Não contar mais? In: ____. *História e Narração em Walter Benjamin.* p. 55-72.

33 BENJAMIN, Walter. *Origem do drama trágico alemão.* Trad. João Barrento. Belo Horizonte: Autêntica Editora, 2011. p. 34.

trapelo, ou seja, capaz de "[...] afrontar a ideia de progresso como se este fosse uma norma histórica".[34]

Esta etnografia se propõe, portanto, a ressaltar as inúmeras tensões ou linhas de força, linhas de fuga e afetos (enquanto *afecções*) que informam e constituem acontecimentos e interlocutores, como fragmentos capazes de ressoar outras vozes inscritas e silenciadas na narrativa. Seguimos uma das proposições da antropologia: pensar os modos de existência a partir de relações e encontros que fomentam alteridade/outridade e questionam as formas de dominação vigentes. Ou, noutros termos, o que se desloca quando percorremos ocupações de moradia do século XXI, numa metrópole do hemisfério Sul?

34 BENJAMIN, Walter. *Sobre o conceito de história* (Tese VIII). Trad. J. Gagnebin e M. Muller. In: LOWY, Michel. Walter Benjamin: aviso de incêndio. Uma leitura das teses "Sobre o conceito de história". p. 83.

2. Composição e perspectivas

2.1 Enxame ocupação

> Um enxame de gafanhotos trazido pelo vento às cinco horas da tarde [...].
>
> Deleuze; Guattari, *Mil Platôs* 4, p. 49

Soube da notícia a respeito da ocupação Machado de Assis, na zona portuária, por um *e-mail* na lista do movimento Rede de Comunidades contra a Violência, assinado por Antunes, que eu havia conhecido em 2006, e militante da FLP – a Frente de Luta Popular, de orientação socialista e libertária, que existiu de 2000 a 2009. A ocupação tinha se dado na noite do dia 21, uma sexta-feira, um dia após o feriado de Zumbi de Palmares. No sábado dia 22, pela manhã, fui até a ocupação. A ação foi pensada e viabilizada por militantes da FLP[1] e universitários oriundos de pequenos movimentos - anarquistas, leninistas, libertários veganos e anarcopunks - somados a ativistas e a ocupantes ligados, de diferentes maneiras, a movimentos locais, como o movimento afro, sindicatos, agroecologia, coletivos punks. Segundo Antunes, foi uma semana oportuna porque, além de ser feriado de Zumbi e da comemoração da semana da Consciência Negra, havia começado uma greve no sistema judiciário estadual, dificultando uma possível ação da empresa UNILEVER ou da prefeitura para a reintegração de posse do imóvel.

1 A CMP (Central de Movimentos Populares) é citada por moradores e militantes como corresponsável pela organização inicial das ocupações Dandara e Zumbi dos Palmares.

No mesmo sábado, dia 22 de novembro, no começo da noite, cheguei à rua da Gamboa com a ideia de dormir no prédio até a manhã de segunda-feira, atendendo à chamada da militância junto à rede de apoio envolvida na invasão: logo que se ocupa um imóvel, o prédio deve conter o maior número de pessoas solidárias, de modo a contrapor-se a uma possível incursão da polícia ou da prefeitura para retirar os ocupantes. Já no dia seguinte, Mariana e eu falamos com Antunes sobre a ideia de nos transferirmos para a nova ocupação. A existência de um imenso terreno, chamado por ocupantes de Nárnia[2] e pertencente ao prédio, foi um forte atrativo para a maior parte dos ocupantes, bem como para nós, e pesou diretamente na decisão de nos instalarmos na Machado de Assis.

No meu caso, algumas coisas favoreceram a escolha. Além da chance de deixar de pagar aluguel e de estabelecer moradia no centro, havia a motivação de vivenciar uma experiência autogestionária junto a estratos populares. Estas justificativas pareciam semelhantes às que animavam universitários, anarco-punks, veganos [vegetarianos] e libertários, posto que acenavam, de maneira positiva, para a viabilidade de práticas concernentes a uma vida alternativa.

Os exemplos aventados por conta da amplitude do baldio, das ruínas e do sobrado de três andares foram num primeiro momento os seguintes: manutenção de uma horta, construção de uma agroflorestal, ações ligadas à reciclagem, atelier de arte a céu aberto, espaço para um cineclube. Antunes e outros ativistas que tinham organizado a entrada no imóvel encontravam-se radiantes graças à descoberta de duas edificações e do baldio, ambos anexos ao prédio principal invadido. Afinal, quando planejaram a ação, não dava para imaginar da calçada da rua da Gamboa a amplitude do espaço.

Daí em diante, Mariana e eu passamos a dormir na ocupação. Da noite de domingo para segunda-feira, com a chance de chegada da polícia, foi

2 O nome refere-se à série de filmes *As Crônicas de Nárnia*, baseada num livro homônimo, escrito em 1949, de Clive Lewis. A sinopse do primeiro episódio (lançado em 2005) é a seguinte: na Inglaterra da 2ª Guerra, quatro irmãos descobrem Nárnia através de um guarda-roupa mágico. Nárnia é uma terra fascinante, habitada por bestas que falam, anões, faunos, centauros e gigantes, porém condenada por Jadis ao inverno eterno. Sob a orientação do leão Aslan, os irmãos lutam para libertá-la. Editado a partir de informação disponível em: http://cinema.ptgate.pt/filmes/3466.

intenso o movimento do grupo chamado *apoio*. Este grupo refere-se a todos que participavam do cotidiano das ocupações, podiam ter uma filiação maior ou menor com alguma organização política, movimento social, micromovimento libertário ou serem independentes, isto é, não possuírem uma militância referida estritamente a um grupo político, que tendo a chamar, com alguma autocrítica (incluo-me nesse grupo), de grupo dos *espontaneístas*. Estes *espontaneístas* eram majoritariamente universitários que, em geral, propunham atividades nos espaços comuns, como, por exemplo, aulas e oficinas de alfabetização, inglês, dança, capoeira, reciclagem, plantação, entre outras. Nas assembleias, o *apoio* podia apresentar atividades, dar informes, sugerir encaminhamentos, mas não votava.

Antes da entrada no imóvel, era necessário achar um advogado afeito à causa e disposto a dar suporte jurídico à ocupação. Em nosso caso, o advogado era conhecido dos militantes do chamado *operativo*. Este grupo era formado por militantes e moradores que iniciaram o processo de composição da ocupação, viabilizando um prédio público desabitado, além de convocar pessoas dispostas à ação. Com estas, realizaram um curso de formação política, cuja presença era uma das condições para garantir a vaga na ocupação que então se delineava.

No caso da Machado de Assis, o *operativo* fez um curso preparatório de dez meses, com um encontro por semana, durante a noite, na ocupação Dandara, próxima à Estação Central do Brasil. Foram abordados temáticas sobre moradia e, aos poucos, ampliou-se o foco do debate. Um primeiro tópico mostrava a diferença de sentido entre os termos ocupação e invasão:[3] "Por que o termo correto é ocupação?", "Por que é legítimo ocupar um pré-

3 Em vários momentos utilizarei o termo invasão com a ressalva de ele ser reprovado pelo movimento ligado às ocupações do centro, e essa reprovação é importante no que concerne à estratégia política junto ao sistema judiciário, já que tenta ressaltar a legalidade da ação. Por outro lado, o termo "invasão" é usado comumente por ocupantes não militantes. Este último termo é utilizado aqui não por apostar numa narrativa etnográfica baseada numa fidelidade aos enunciados dos ocupantes, mas sim baseada numa possível "fidedignidade" como um componente ético da etnografia. Além disso, apesar do uso do termo "invasão" de modo pejorativo pela mídia dominante, a meu ver, ele mantém uma polifonia própria que iremos explorar no capítulo final.

dio público abandonado?", "Por que ocupar não é invadir?". E outras questões: "Por que há interesse do governo em transferir a população pobre do centro para a zona oeste?", "Quais as consequências de quem mora distante de regiões onde há maior número de vagas de trabalho?" e "Por que isso acontece?" [estes tópicos foram mencionados por um ocupante; este mesmo exemplo foi usado, em abril de 2010, numa reunião que organizava uma nova ocupação e na qual eu estava presente]. A partir das respostas se propunham outros assuntos, buscando associá-los a fatos recentes na história da cidade e ao cotidiano das pessoas, e assim por diante.

Segundo Gustavo, militante da FLP, membro do *operativo* na Machado de Assis e morador da ocupação Dandara, e Antunes, militante da FLP, também *operativo* na Machado de Assi, o curso almejava dar uma formação política mínima, mas uma formação política que podemos qualificar de instrumental, ao mesmo tempo em que, nos parece, esta era a formação possível e viável naquele contexto. Isto não a desqualifica, já que se prenunciavam algumas das questões caras ao projeto político relacionado a este tipo de ocupação autogestionária: engendrada e direcionada, numa primeira fase, por um grupo *operativo*, entretanto, com uma proposta de se tornar um coletivo igualitário e não representativo.

> Nesse sentido, segundo tal *operativo*, era muito importante que o morador entendesse "[...] a importância de ele não vir, depois de um tempo, a passar [vender] o apartamento", "Para pensar que a ocupação não é só um problema seu" e "Para pensar que diabo é um coletivo" [falas de Gustavo]. Outro objetivo do curso de formação era que os futuros moradores começassem a se conhecer e que pequenos grupos e lideranças viessem a despontar já nessas primeiras reuniões.

O grupo *operativo*, que preparou a ocupação, tinha como objetivo permanecer, *no máximo*, entre quatro a seis meses após a entrada no prédio. A partir desse primeiro período, ele começaria a se retirar, conforme surgisse um grupo de pessoas "minimamente capaz de tocar a ocupação" e "conscientes das dificuldades e das ameaças" – estas falas foram reiteradas pelos militantes em inúmeras ocasiões.

Tal assertiva retomava um modo de organização proposto pela FLP e praticado anteriormente na Dandara e na ocupação Zumbi dos Palmares. Ou seja, a ocupação era inicialmente tocada por um grupo diretivo – o *operativo* – ao mesmo tempo em que não excluía a rede dos militantes de microgrupos e coletivos locais, como poderemos acompanhar. Estes atores tiveram uma participação fundamental nessas ocupações do centro, no sentido da composição heterogênea da cena, propiciando-lhe uma riqueza e um estilo peculiares.

Nessa direção de engendramento de uma ocupação heterogênea, o grupo *operativo* via como positivo que, entre seus participantes, surgissem outros moradores para o prédio, embora o grupo de moradores não militantes não achasse isso. Na Machado de Assis, na Zumbi dos Palmares e na Dandara, quem era do grupo de *apoio* e do *operativo* e se tornou morador durante o processo da invasão foi várias vezes considerado, por outros moradores, como responsável por muitos dos conflitos presentes (o que veremos mais adiante). Outras vezes, ainda, foi acusado de oportunista ou tido como aproveitador.

O advogado aparece nos primeiros dias na rua da Gamboa e Diva, ocupante da Machado de Assis e não militante, segura seu braço e dispara: "Ô doutor, eu estou preocupada, você acha que tem chance da gente ficar aqui mesmo, eu quero trazer minhas coisas, quero saber sua opinião sincera, qual a nossa chance?". Ele, de maneira vaga, responde: "Vocês é que decidem, vocês é que estão aqui, vocês é que mandam agora". E ainda: "Se vocês dizem que vão ficar, vão ficar, está decidido. O prédio foi desapropriado pelo prefeito César Maia [por decreto, em 2006] para torná-lo habitação social, quer dizer, vocês estão antecipando o trabalho de prefeitura". O advogado é conhecido por alguns militantes das ocupações do centro.

Também é na primeira semana da Machado de Assis que Vladimir Seixas, documentarista conhecido na cena dos movimentos de sem-teto e camelôs da região central, reaparece no prédio.[4] Ele havia participado da invasão ao imóvel

4 Sua película *Hiato* (2007) teve repercussão nas redes sociais e na mídia alternativa. O documentário mostra um grupo numeroso de trabalhadores sem-terra percorrendo o shopping Rio Sul, no Rio de Janeiro. Entram em lojas, provam roupas, olham vitrines, perguntam preços diante de vendedores assustados, por vezes amedrontados. A câmera registra comentários e olhares preconceituosos, tudo isso sob a mira dos inúmeros seguranças que acompanham, de forma tensa, a visita da massa de precarizados à "igreja" do capitalismo.

da Gamboa, sendo o responsável pelo registro dos momentos iniciais da ocupação. E foi através de um aparelho de data show e de pequenas caixas de som que assistimos ao copião na parede do dormitório compartilhado da Machado de Assis, copião que se transformaria depois na película *Entre* (2009).

O filme começa acompanhando um grupo de aproximadamente dez homens, encarregados de realizar a invasão do imóvel. José, que é pedreiro, desfere os golpes até o rompimento do portão principal. O grupo parte em direção ao vigia, que provavelmente acordou assustado e resolveu se trancar no banheiro. Os mesmos invasores explicam-lhe o que acontece e lhe dizem que deve ir embora. O vigia deseja pegar suas coisas pessoais, com o que se concorda. Antes de sair, fala também que precisaria levar, num outro dia, o material que havia na cobertura (eram muitas tábuas de madeira, algumas de grande espessura, quem sabe pensava em negociá-las nos depósitos do entorno).

A cena derradeira suscita furdunço (através de risos, aplausos e gritos) na hora da exibição: ao se distanciar um pouco do prédio, o vigia diminui o passo, volta o rosto e desfecha um sorriso em direção à ocupação. O gesto é ambíguo: na sequência, a câmera destaca primeiramente o vigia rindo e se afastando do lugar; depois, já de fora do imóvel, faz uma tomada nos ocupantes que se encontram dentro do edifício e estão apoiados nas grades do enorme portão da entrada. A distância que a câmera impõe a essa cena final produz a impressão de que eles estariam presos ou contidos pelas grades do edifício.

Figura 2. Primeiros dias da ocupação em nov. 2008 (Foto de Carlos Latuff)

Figura 3. Nárnia e prédio da Machado de Assis ao fundo (Foto de Carlos Latuff)

Figura 4. Obras de abertura do túnel João Ricardo construído em 1919 (e casario na parte baixa do morro da Providência)/ autor desconhecido.

Figura 5. Mariana, Valdinar e crianças no hall da Machado de Assis

Figura 6. Valdinar e Adriana (na época *morapoios*) no hall da Machado de Assis

2.2 Central do Brasil

Desde o início da ocupação Machado de Assis, era comum que aqueles que para lá foram tivessem as mais diversas relações com moradores de ocupações das redondezas e de outras localizadas em diferentes regiões. A ocupação Zumbi dos Palmares, próxima da Pça. Mauá, na zona portuária; a Dandara, localizada ao lado da Central do Brasil, no coração da cidade; a Flor do Asfalto, conhecida como a *ocupação dos punks*, na av. Rodrigues Alves, na zona portuária; a Quilombo das Guerreiras, na av. Francisco Bicalho, perto da rodoviária, também zona portuária; a 17 de maio, em Nova Iguaçu, Baixada Fluminense; as ocupações da rua da Relação, no centro, e outra conhecida como Casarão Azul, também na av. Rodrigues Alves, zona portuária; a Carlos Mariguella, na rua do Riachuelo, no bairro da Lapa; a da Gomes Freire, nº 510; a da Mem de Sá, nº 234, também na Lapa, estas duas denominadas, respectivamente, de Guerreiros Urbanos 510 e Guerreiros Urbanos 234; e a ocupação do Rio Comprido, bairro vizinho ao centro, em 2004. A maior parte destas ocupações já havia sido despejada quando aconteceu a Machado de Assis, e alguns ocupantes eram seus egressos.

A proximidade da Machado de Assis com a Estação Ferroviária Central do Brasil, com o Terminal Rodoviário Américo Fontenelle e com a av. Presidente Vargas, além dos equipamentos urbanos do centro, propiciava certo grau de autonomia aos ocupantes, algo constantemente ressaltado por eles. Eles trabalhavam como ambulantes, catadores de papelão, de alumínio e de outros materiais, como entregadores, camelôs, balconistas no comércio local, diaristas, auxiliares de serviços gerais ou de limpeza, cuidadoras de idosos, peões de obra, eletricistas, ajudantes de marcenaria, motoristas, cozinheiros de bar, pedreiros, artistas de rua e de malabares. E eram, em número menor, universitários e/ou militantes de movimentos locais.

A Estação Ferroviária Central do Brasil e o Terminal Rodoviário Metropolitano Américo Fontenelle formam um modal que associa trens, metrô, ônibus e vans, além de ser uma referência fundamental para nossos ocupantes e, da mesma forma, para os trabalhadores que habitam a zona norte e as áreas metropolitanas da cidade. No local também funcionou um centro comercial popular, o Camelódromo, com inúmeros boxes, bares e lanchonetes, desativado após um incêndio, em 2010. Desde este acontecimento, a prefeitura constrói uma das bases de um teleférico, de cunho turístico e transporte local, que ligará a zona portuária até a Central, com uma parada no morro da Providência[5] (o teleférico foi inaugurado em julho 2014 e parou de funcionar em dezembro de 2016).

Em suas ruas laterais há um intenso comércio de atacado, com a venda de doces e biscoitos, barracas de roupas, relógios, material de construção, material elétrico, depósitos de gelo e de bebidas, depósitos para reciclagem, cosméticos e artigos para salão de beleza e também restaurantes a preços módicos.

E ainda igrejas evangélicas em portas de garagem; prostitutas ofertam seus serviços e outras mercadorias a partir de 6 horas da tarde; bocas de fumo ocupam alguns pontos nas ruas próximas; crianças jogam futebol no domingo; trabalhadores diversos atravessam as ruas antigas do lugar, deslocando-se dali em direção a zonas abastadas da cidade; chineses tocam pastelarias; bares sempre com garrafas de catuaba ("revigorante" e "afrodisíaca"); e máquinas de *jukebox;* lojas de jeans, mochilas e *t-shirts,* a preços não mais tão em conta. Pequenos salões de beleza em espaços exíguos; ruas onde imigrantes angolanos, congoleses e de outros países africanos transitam; carroças de cachorro-quente, de caldo verde, angu, caldo de ervilha e açaí; pipoqueiros; ambulantes ofertam cachaças diversas; camelôs vendem usados de todos os tipos; pastores de alguma igreja pentecostal, neopentecostal ou independentes formam círculos perto da meia-noite para bradar o nome do Senhor enquanto transeuntes observam; finalmente, carros e kombis de voluntários espíritas e evangélicos entregam comida, roupa e cobertor ao pessoal da rua.

Toda essa região continuava importante em termos políticos (ver a próxima subseção): manifestações políticas são recorrentes, já que no prédio da Estação Central do Brasil (a Estação é administrada pela concessionária de trens Supervia) funcionava as secretarias estaduais de Segurança Pública e a Secretaria da Assistência Social e dos Direitos Humanos, além

5 O teleférico foi inaugurado em julho 2014 e parou de funcionar em dezembro de 2016, a justificativa era de que o contrato se encerrara. Até fevereiro de 2019 os dois equipamentos continuavam desativados. Ver https://g1.globo.com/rj/rio-de-janeiro/noticia/telefericos-do-alemao-e-da-providencia-estao-parados-ha-meses.ghtml.

do anexo construído pela prefeitura para abrigar a Secretaria Especial de Ordem Pública, conhecida entre os ambulantes em geral como *Secretaria do Choque de Ordem* ou *Choque*. Soma-se ao lugar uma construção imponente e importante durante a ditadura militar (1964-1985), onde está situado o Comando Leste do Exército.

Andando da Central em direção à região portuária, nós nos deparamos com a primeiras favela da cidade, o morro da Providência, onde, contíguo a ele e situado no asfalto, existiu o maior cortiço da cidade, no final do século XIX – o "Cabeça de Porco" – presume-se que nele viveram de 2.000 a 4.000 mil pessoas.[6] Na mesma área aconteceram as Barricadas da Saúde, ou Revolta da Vacina, em 1904, quando a população se rebelou, questionando as práticas da ordem republicana em seu momento inaugural.[7] Na ocupação Machado de Assis, a Providência era associada, em várias ocasiões, ao tráfico de drogas, embora a maior parte dos moradores da ocupação comentasse que o tráfico também se estendia pelo asfalto, nas chamadas *esticas*, na época, este comércio era controlado pelo Comando Vermelho. Em 2010, uma Unidade de Polícia Pacificadora (UPP)[8] foi instalada nesse morro, o que aumentou a presença desses pontos de vendas nas ruas em torno da Central.

---

6 O cortiço Cabeça de Porco existiu na rua Barão de São Félix, nº 154, próximo da ocupação Dandara.

7 SEVCENKO, Nicolau. *Literatura como missão.* São Paulo: Companhia das Letras, 2003 [1983]; CHALHOUB, Sidney. *Cidade Febril. Cortiços e epidemias na corte imperial.* São Paulo: Companhia das Letras, 1996; LOPES, Myriam Bahia. *O Rio em movimento. Quadros médicos em história (1890-1920).* Rio de Janeiro: Editora Fiocruz, 2000.

8 Desde 2008, essas Unidades (UPPs) são a ponta espetaculosa de uma política do governo do estado que privilegia a ocupação de favelas situadas em bairros valorizados da cidade ou próximas a eles, neste caso, na zona sul, onde há uma forte presença armada do tráfico de drogas. O objetivo principal das UPPs seria afastar grupos do Comando Vermelho de áreas abastadas para locais mais distantes, enfraquecendo assim suas vendas e hegemonia, além de acabar com os conflitos armados nos bairros mais caros. Sobre os significados da "pacificação", ver: BIRMAN, Patricia. Cruzadas pela paz: práticas religiosas e projetos seculares relacionados à questão da violência no Rio

Figura 7. Saída da Estação Central do Brasil

2.2.1 *A gente parecia muito mais do que era*

> [...] Enxamear parece indicar que um gesto pequeno e local, um gesto dos pequenos, pode adquirir uma enorme força.
>
> Janice Caiafa, *Três palavras*

Caderno de Campo, dia 05/10/09. Ato em protesto contra a política de segurança do estado do Rio de Janeiro em frente à Secretaria de Segurança Pública no prédio da Central

São duas semanas do chamado pela imprensa escrita do "revide" por parte da polícia civil carioca, em diversos pontos da cidade. Depois do he-

de Janeiro. *Religião e Sociedade*, v. 32, nº 1, 2012. Disponível em http://www.scielo.br/pdf/rs/v32n1/a10v32n1 Para uma perspectiva histórica sobre o termo pacificação ver o artigo de OLIVEIRA, João Pacheco. Pacificação e tutela militar na gestão de populações e territórios. *Mana*, v. 20, nº 1, 2014. Disponível em http://www.scielo.br/scielo.php?script=sci_arttext&pid=S0104-93132014000100005

licóptero da corporação ser metralhado por traficantes e cair no morro dos Macacos e três de seus membros falecerem, contabilizou-se, até o momento, cerca de 40 pessoas mortas em operações na zona norte. Uma militante de direitos humanos disse que na cidade do Rio de Janeiro, nesta época, era de praxe a seguinte "correspondência": para cada policial (civil ou militar) morto, dez pessoas civis e/ou ligadas ao tráfico seriam assassinadas [em geral, no mesmo local onde ocorreram as mortes dos policiais]. Num jogo do Flamengo, após a queda do helicóptero, os cavalos da polícia militar tinham um carimbo do veículo em alusão ao acontecido.

O ato, ao meio-dia, estava esvaziado, umas 50 pessoas no máximo, mais algumas emissoras de TV e rádio. Em relação aos presentes havia pessoas ligadas a ONGs e a entidades que escreveram e assinaram um manifesto que, entre outras coisas, exigia que os nomes das pessoas mortas durante a operação fossem divulgados. A ideia de realizar a manifestação nesse horário foi decidida levando-se em conta a cobertura da imprensa na cidade, o que significou que o ato teria que acontecer antes das 15hrs, já que as pautas fechavam entre 17 e 18 horas, segundo a observação feita numa reunião no Sepe (Sindicato dos Professores do Estado). Portanto, um ato para ser, principalmente, veiculado na imprensa.

Na calçada do prédio da Central, colocaram-se cerca de 30 cruzes enfileiradas, em referência a pessoas assassinadas pela polícia. Márcia Jacintho, mãe da Rede de comunidades contra a violência, botou a foto do seu filho Hanry, morto há quase seis anos, o que chamou a atenção de muitos transeuntes, que desejavam saber quem era o garoto. Apareceram um homem e uma mulher, sondavam o encontro e depois começaram a conversar comigo. O sobrinho dela havia sido morto, duas semanas atrás, na Vila do João. Muitos hematomas no corpo do garoto e três balas. Eles queriam saber o que poderiam fazer a respeito. Procurei uma mãe do movimento de mães de filhos assassinados pela polícia, para apresentá-los. Começam um diálogo, narram os acontecidos, trocam telefones. A mãe explica como fazer, que "o processo rola todo no sapatinho", o que significa que ele correria sem alarde, de modo a buscar preservar quem estava denunciando a violência. Foi desta forma que ela conseguiu provar que a morte do filho não havia sido um auto de resistência; os policiais foram expulsos da polícia e cumpriam pena. O tio do garoto assassinado na Vila do João disse que era militar aposentado da Aeronáutica: "O que estão fazendo é demais, as pessoas ficam com medo. No IML (Instituto Médico Legal) também tinha polícia, estavam como olheiros". Repetiu muitas vezes que uma viatura da corporação voltara ao local onde o menino foi morto por duas vezes, "para dar a letra".

Outra mulher, que aparentava ter no máximo 20 anos, durante a manifestação, contou para Mariana, que estava presente no ato, que perder a guarda dos três filhos. Um deles encontrava-se no Conselho Tutelar, o outro está com o pai, o último com a irmã. Ela mostrou-se muito tocada com a estória de um jovem assassinado pela polícia no Lins, zona norte, olhou as fotos por um longo tempo e caminhou entre as cruzes repetidas vezes.

Havia um homem, de Caxias, que chamou a atenção desde o início do Ato, porque tocava uma flauta doce, além de portar um cartaz escrito à mão. O flautista possuía uma tira de pano pendurada no pescoço, onde estava escrito CEGORANÇA. Em uma das cruzes, alguém escrevera "Cabral assassino" e os nomes de alguns dos garotos que tinham sido mortos na operação.

Um outro fotógrafo pediu para tirar uma foto de uma faixa amarela onde havia, além de alguns dizeres, o desenho de um Caveirão; eis que um garoto, entre 3 e 4 anos de idade, reparou no desenho e começou a chorar, afastando-se imediatamente dali com a ajuda do pai. Uma comissão tirada entre alguns representantes ligados à Comissão de Direitos Humanos da Assembleia Legislativa, Justiça Global e Rede contra a Violência, subiu até a secretaria e foi recebida pelo subsecretário (o secretário de Segurança nessa época, José Beltrame, estava em Brasília) e conseguiram protocolar o manifesto.

Com a ausência de megafone no Ato (o aparelho não funcionou), o silêncio da manifestação acabou chamando mais a atenção, principalmente por conta das cruzes enfileiradas com o nome e as imagens de garotos que tiveram suas mortes consideradas pelo estado como autos de resistência. Como o megafone não funcionou, o homem da CEGORANÇA falou: "Ah, já acabou? Nem pareceu manifestação" – despedindo-se e dirigindo-se para pegar o trem. Antes diz para as pessoas que prestavam informes no Ato: "Quando tiver uma nova manifestação, pede para noticiarem na rádio CBN, como vocês fizeram agora".

Pousamos, Mariana e eu, nossos cartazes próximos à saída do metrô, dois soldados que estavam na esquina do prédio do antigo Ministério da Guerra, atual Ministério do Exército, leram os cartazes para, em seguida, retirá-los e rasgá-los, depositando-os numa lixeira próxima.

Gustavo, terminada uma reunião da Cooperativa de Educação da qual participávamos, perguntou sobre o Ato. A narração a respeito fez logo com que ele o associasse à manifestação que aconteceu depois da morte dos três garotos da Providência, entregues pelo exército ao tráfico. Gritavam no ato em frente ao Ministério da Guerra: "Assassinos, assassinos, assassinos". O contingente fardado estava fortemente armado, eram 6 horas da tarde na av. Presidente Vargas e acompanhavam do prédio a manifestação.

De repente, o Exército lança três bombas para dispersar o evento. Aquilo produz um enorme furdunço, as pessoas se assustam, começam a correr, ampliando o espectro graças àqueles que saíam do trabalho em direção à Central, acabando por formar uma multidão. O fato foi noticiado nas chamadas dos telejornais da noite, incluindo o tradicional Jornal Nacional, da Rede Globo, e na mídia impressa do dia seguinte. Gustavo comenta: "Parecia um cenário de guerra mesmo e a gente nem era tanta gente não, mas acabou parecendo muita gente. A Força Especial do Exército foi então retirada do morro da Providência e, em seguida, o governo federal anunciou que o Exército não participaria mais deste tipo de intervenção".[9]

2.3 Padrão periférico ou periurbano

Duas pessoas são interlocutores importantes no chamado grupo *operativo* da Machado de Assis: José e Gustavo, ambos militantes da FLP e moradores da ocupação Dandara. José, aproximadamente 40 anos, trabalhava

9 TARDÁGUILLA, Cristina. O exército, o político, o morto e a morte. Das manchetes ao esquecimento: o caso Providência faz dois anos. *Revista Piauí*, ed. 46, junho 2010. Disponível em: http://revistapiaui.estadao.com.br/edicao-46/questoes-de-seguranca/o-exercito-o-politico-o-morro-e-a-morte. E CANTANHEDE, Eliane; TORRES, Sérgio. Militares dizem ter entregue jovens a traficantes no Rio. Disponível em: http://www1.folha.uol.com.br/ fsp/cotidian/ff1706200801.htm.

como pedreiro; Gustavo, cerca de 50 anos, vendia marmitas pela cidade. Este conta: "Sou peão de obra há 30 anos e também sou ambulante". Quando morei na Lapa, eu o encontrei algumas vezes dirigindo um triciclo, com um isopor de quentinhas para almoço. Sua freguesia era majoritariamente de camelôs, mas o negócio quebrou durante a repressão que precedeu os Jogos Pan-Americanos, em 2007, quando muitos ambulantes tiveram que evadir da região central da cidade para que suas mercadorias não fossem apreendidas pela guarda municipal.

Gustavo também participou, entre outras inúmeras virações, de uma cooperativa que funcionou na cozinha coletiva do prédio da ocupação Dandara, produzindo quentinhas ou lanches para eventos em universidades ou ligados a estas. A empreitada chegou ao fim quando levaram um *cano* da UNE, que não pagou o que deviam à cooperativa, que teve de arcar com o prejuízo, segundo ele, "alto, para o negócio que tocavam". Isto suscitou uma série de tensões e foi mais um elemento responsável no desmanche do negócio. Juntou-se ao fato a objeção que alguns moradores da Dandara começaram a fazer quanto à instalação da cooperativa na área comum do prédio – local que funcionava como salão para reuniões, festas e que possuía uma cozinha, interditada para uso desde que a cooperativa da ocupação parou de funcionar.

O combinado, como gostava de ressaltar Gustavo, era que a cooperativa ficaria usando a cozinha do salão, e que daria como contrapartida ao coletivo da Dandarauma porcentagem entre 5 a 10% sobre o valor líquido obtido conforme as empreitadas. A estória é um tanto embaçada e tem versões variadas, inclusive por parte do próprio Gustavo. De outros moradores escutei que o grupo queria se apoderar da cozinha e, para tanto, transferira vários objetos, mantimentos e uma mobília expressiva para o espaço, além de trancar a sala de modo que outros moradores não a acessassem.

Os dois, Gustavo e José, com Antunes e Renato, militantes da FLP (o último também morador da ocupação Zumbi dos Palmares), mais Fred e Marcelo, que não eram da FLP, formavam o núcleo principal do *operativo*. Também eram os responsáveis pelo curso de 11 meses para pessoas interessadas na futura ocupação. Dos 40 frequentadores do curso presentes na invasão, um número significativo "vazou" do prédio, ao que parece decepcionado com as condições de habitabilidade. Nas reuniões após o acontecido, José – *operativo* e morador da Dandara – dizia, em tom jocoso e sem se abalar, que deveriam começar tudo de novo, porque tinham sido abandonados: "Depois que viram o prédio, os caras meteram pé". E imitando os moradores, repetia, exagerando na entonação: "Ah, vai dar muito trabalho"; "Ah, achei que o prédio fosse parecido com o da Dandara, que tivesse apartamento e banheiro já separados!".

O mesmo ocorreu no processo da ocupação Guerreiros Urbanos (quando de sua terceira tentativa), no bairro de Santa Teresa, em 2011. Muitos dos moradores que acompanhavam as reuniões para a invasão não quiseram ficar no imenso casarão da Ordem das Ursulinas, abandonado há vários anos, com muito mato e salões enormes. Por outro lado, um dos prédios tido em boa conta, como podemos perceber, era o da Dandara. Frequentemente ele era mencionado por conhecidos e ocupantes do entorno. Uma de suas funcionalidades, antes de ficar abandonado por mais de 15 anos, era de servir como hotel de passagem para funcionários do INCRA. Dessa forma, os apartamentos, embora fossem pequenos, 30 metros em média, possuíam banheiro. Mesmo os que não tinham um sanitário e água corrente, tiveram sua instalação facilitada por conta da planta do prédio.

Segundo Antunes, com a debandada dos ocupantes da Machado de Assis, formou-se um quadro "inédito" na cena das ocupações: o número de moradores presentes na ação era insignificante, o que produziu uma situação inusitada, acentuada ainda mais pela ausência de polícia na porta do prédio. Dessa forma, abriu-se uma longa discussão sobre como conseguir novos moradores. E foi nesse período que muita gente apareceu, segundo a mesma lógica de conhecidos de ocupantes ou de militantes, ou de conhecidos de conhecidos de ocupações próximas ou afins.

Um grupo propôs na assembleia a abertura de um cadastro para quem desejasse morar na Machado de Assis. No cadastro, antes das perguntas, combinamos indagar aos candidatos sobre como tomaram conhecimento da ocupação. A maior parte das respostas era que alguém das hospedarias dos arredores ou alguém das ocupações Zumbi dos Palmares, Dandara, Quilombo das Guerreiras, Flor do Asfalto e rua da Relação havia informado que estavam cadastrando novos moradores e que havia vaga no prédio. Ou, "seguindo o vento dos rumores, 'estão invadindo por lá'".[10]

Da mesma forma, acontecia de se esbarrar com um conhecido pela rua, perguntava-se sobre alguém, comentava-se sobre algo que aconteceu por ali e também da possibilidade de se conseguir um "bico para fazer um dinheiro" que dê para passar a semana: "Na sexta próxima começam os ensaios no Sambódromo", o que significava uma oportunidade para se vender bebidas, ou "Fala com fulano, estão precisando de gente para entregar papel [anúncios diversos, propaganda política, campanha de sindicato]" e "Vai à rua tal, ganha tanto por dia".

O entorno é permeado de casas compartilhadas, ocupações e invasões. Segundo o Censo do IBGE de 2010, na área central da cidade foram cadastradas 2.073 habitações "casa de cômodos, cortiço ou cabeça de porco".[11]

Era algo notório, na ocupação Machado de Assis, a presença de migrantes vindos recentemente do Nordeste, principalmente do Piauí e do Maranhão. Os parentes estabelecidos na cidade, em alguma ocupação ou através de contato com alguém de uma delas, na maior parte das vezes avisavam sobre a chance de nova moradia. Outro caso diz respeito às pessoas que moravam distantes do centro e queriam retornar, ou que desejavam ter um espaço para "cair" durante a semana por conta do trabalho. Era também comum a situação de pessoas que procuravam moradia em locais onde o tráfico estivesse menos presente, ou ainda, por conta do tiroteio usual entre policiais e membros do "movimento", nesse caso, da facção Comando Vermelho. Alguns ocupantes, entre estes casos, disseram ter vindo de areas periféricas ou metropolitanas como Mesquita e Nova iguaçu, na Baixada Fluminense,

10 ALVES, Eliane; TELLES, Vera. Territórios em disputa: a produção do espaço em ato. In: TELLES, Vera; CABANES, Robert (orgs.). *Nas tramas da cidade. Trajetórias urbanas e seus territórios.* São Paulo: Humanitas, 2006. p. 327.

11 Relatório do Instituto Pereira Passos/ Armazém de dados ("Mapas de uso do solo", Tabela 3.168). Disponível em: http://www.armazemdedados.rio.rj.gov.br. Segundo o Instituto de Terras e Cartografia do Estado do Rio de Janeiro (ITERJ), apenas 29 ocupações urbanas procuraram o Instituto objetivando sua regularização. Disponível em: http://www.fazendomedia.com/deficit-habitacional-no-rio-nao-se-limita-as-favelas/

Santa Cruz, na zona oeste, Saracuruna, em região metropolitana, morros da Providência e da Mineira, no centro e no Catumbi, contíguo ao centro.

Muito próximo dessa situação acima há uma passagem de Lúcio Kowarick e Clara Ant sobre os cortiços em São Paulo, em pesquisa de fins da década de 1980, que foi um primeiro passo na tentativa de reunir pistas a respeito do papel das ocupações nas áreas centrais de uma metrópole como a do Rio de Janeiro:

> Os cortiços não constituem exceções ou reminiscências de um passado. [...] Assim como no passado, encontram-se hoje diversas modalidades de habitação coletiva. Nas áreas mais centrais da cidade, de implantação mais antiga, em zonas que jamais alcançaram altos valores imobiliários e mesmo em áreas extremamente valorizadas, estão os cortiços que, pela proximidade dos serviços, pela disponibilidade de infraestrutura e principalmente pela facilidade de transportes, abrigam aquela parcela de trabalhadores que, por opção ou por obrigação, recusa o padrão periférico. Comprar um terreno, construir uma casa, por mínima que seja, exige um arranjo familiar e econômico que nem todos podem enfrentar. Por outro lado, estar próximo ao trabalho, ter um transporte de fácil acesso aos diversos pontos da cidade, gastar menos tempo e dinheiro para se locomover, usufruir dos serviços e até mesmo da diversão são fatores que, contrapostos ao isolamento e à precariedade da periferia, pesam significativamente[12] (grifos meus).

Passados quase 30 anos da ideia de que uma "recusa do padrão periférico" existia nas camadas precarizadas de uma metrópole como São Paulo (e que serviria também para o Rio de Janeiro), a pergunta a fazer é se tal recusa permanece. Por outro lado, Raquel Rolnik, entre outros, apontou para o esgotamento do padrão periférico já a partir de meados da década de 70, haja vista que a crise do trabalho fordista e a escassez de lotes na periferia impediram a continuidade do "tripé loteamento periférico/casa própria/au-

12 KOWARICK, Lucio; ANT, Clara. Cenas de Promiscuidade. O cortiço na cidade de São Paulo. In: KOWARICK, L. (org.). *As lutas urbanas e a cidade*. Rio de Janeiro: Paz e Terra, 1994 (1ª ed. 1988). p. 85.

toconstrução".[13] Como contrapartida, pesquisas relativas ao Rio de Janeiro, bem como em outras capitais brasileiras, mostram o crescimento de áreas metropolitanas, a partir dos anos 80, ainda mais distantes da região central e mais precarizadas, nomeadas de periurbanas.[14] Ali as condições de habitabilidade, de acesso a equipamentos urbanos e as possibilidades de deslocamento são, na maior parte das vezes, diminutas.

---

13 Cf. SILVA, Eliane Alves da. *Nas tramas da cidade ilegal: atores e conflitos em terras urbanas*. Dissertação de Mestrado – Programa de Pós-graduação em Sociologia, Universidade de São Paulo, 2006. p. 19.

14 O *paper* de Cristina Nacif et al. traz uma série de considerações a respeito da questão da diferenciação presente em áreas periféricas ou de uma região periurbana na zona oeste da cidade do Rio de Janeiro que, desde a década de 1980 tem tido um crescimento exponencial, sob diferentes aspectos (NACIF, C.; ANTUNES, G. Centro funcional de Campo Grande no início do século XXI: centralidade renovada ou periférica?. *Cadernos Metrópole*. v. 12, n. 23, p. 105-123, 2010. Disponível em: http://revistas.pucsp.br/index. php/metropole/ article/view/5926. Luciana Lago e Luiz César Queiroz Ribeiro já ressaltaram a heterogeneidade presente nas áreas periféricas, além da amplitude de suas franjas (zonas periurbanas) em termos de adensamento e precarização, a partir de meados da década de 1970 e, principalmente, depois da década de 80, no Rio de Janeiro. Desse modo, haveria uma imprecisão em se continuar pensando num modelo dual, centro x periferia, embora, a nosso ver, trata-se de complexificar a noção de periferia, assim como destacar a heterogeneidade do centro da cidade, "favelas", "subúrbios" etc. Tais reconfigurações na metrópole carioca parecem, grosso modo, dialogar com o que tem acontecido na cidade de São Paulo. Teresa Caldeira sugeriu, já no final dos anos 90, outras configurações a respeito da periferia e novas modalidades de segregação urbana, baseadas em "enclaves fortificados" [de classe média e alta], "tendo como vizinhos as favelas ou concentrações de casas autoconstruídas". Ver, respectivamente: LAGO, Luciana Corrêa do. *Desigualdades e Segregação na metrópole. O Rio de Janeiro em tempo de crise.* Rio de Janeiro: Revan/ Fase, 2000; RIBEIRO, Luiz César de Queiroz. 2000. "Cidade desigual ou cidade partida? Tendências da metrópole do RJ". Disponível em: http://www.observatoriodasmetropoles.ufrj.br/download/CIDADE_DESIGUAL_OU_CIDADE_PARTIDA.PDF CALDEIRA, Teresa. Enclaves fortificados: a nova segregação urbana. *Novos Estudos Cebrap*, n. 47, p. 159, 1997. Para um painel e as discussões no contexto da cidade de São Paulo, ver: SILVA, Eliane Alves da. *Nas tramas da cidade ilegal: atores e conflitos em terras urbanas,* Dissertação de Mestrado – Programa de Pós-graduação em Sociologia, Universidade de São Paulo, 2006.

Se pensarmos a partir das trajetórias de alguns de nossos ocupantes, a resposta é positiva: a "ralé" ou os "precarizados" continuam tentando habitar áreas centrais da cidade, igualmente como uma forma de contornar ou de escapar da "vida mais difícil" [termo de Gustavo], neste caso, presente em parte significativa das áreas situadas a muitos quilômetros de distância do centro da cidade (mas veremos que esta não é a única resposta disponível).

Todavia, sobre a ideia de residir ou "ficar" no centro como possibilidade de se contornar a *exceção*, destaco uma fala de Gustavo, que é preciosa e significativa sobre os sentidos que a ocupação possui em cada contexto. Havia lhe indagado sobre o fato de as pessoas procurarem a ocupação principalmente para se livrarem do aluguel. Ele explica que, inicialmente, a ocupação é apenas uma modalidade das pessoas que trabalham no centro como camelô, ou em algum bico, minimizarem o fato de ter que passar alguns dias da semana, literalmente, na rua:

> Eu até acho que as pessoas [...] venham para a ocupação para isto mesmo, mas [só] depois que as pessoas se instalavam e permaneciam um tempo. [...]. Vi pessoas que moravam parte do tempo na rua e parte do tempo numa pousada, tipo: eu fico um ou dois dias numa pousada, fico um tempo na hospedaria, dois, três dias na semana, aí então eu tomo banho, me ajeito um pouco, dois ou três dias eu durmo na rua. Talvez [porque] o dinheiro do cara que é camelô – tem muita situação que você mora na Baixada Fluminense, ou mora na zona oeste [...] você vem para o centro, [...] pra vender alguma coisa, pra depois ter algum dinheiro – não dá pra voltar todo dia, porque senão o dinheiro seria quase todo pra pagar a passagem. Aí o cara começa a passar dois, três dias aqui [na ocupação] (acho que é até melhor ele ficar logo aqui, não tem família, ou quer que as pessoas da família venham também). Talvez as pessoas optem por esse negócio: de passar alguns dias na hospedaria e outros dias na rua, porque se eu fico na hospedaria hoje, tomei banho, me arrumei, se passar uma noite na rua, não sei se vocês notam, não dá muito problema. Mas se começar a passar todo dia, um dia, dois sem tomar banho, lá pelo terceiro ou quarto dia... Tinha várias pessoas que viviam assim, inclusive o José, o cara nem parece que morou na rua. O cara andava todo arrumadinho. Eu tô aqui [na ocupação] pra arrumar meu arroz, meu feijão, e pronto. E quando

> vem a ocupação, você tinha um carrinho pra vender na rua, mas aí você tinha que guardar num lugar que tem que pagar, senão os outros pegam. Porque é provável que vai aumentar [o preço para guardar um carrinho em algum lugar no centro]. Com o Choque de Ordem, eles tomaram até galpão inteiro. Então, o que acontece: maior procura, gera um aumento do preço. Ninguém quer pegar uma bolsa só para guardar. Guarda pra você só quem gosta de você, confia em você. [...]. Enfim, quando chega a questão da ocupação, o cara vê a probabilidade dele melhorar a situação.[15]

Por hora, gostaria de mencionar algumas passagens relativas a trajetórias de ocupantes que endossam tal *recusa do padrão periférico* ou, como notamos, uma *recusa do padrão periurbano*. Seu Luís vendia cerveja nos Arcos da Lapa há alguns anos, pagava um quarto num sobrado próximo da ocupação Machado de Assis, e queria sair do aluguel, embora não estivesse numa situação emergencial. Vera vendia usados na Praça da Cruz Vermelha e queria sair o mais rápido que fosse do morro da Mineira. Reclamava do tiroteio e passou logo a dormir no prédio da Machado de Assis. Diva era diarista, queria vir definitivamente de Belford Roxo, localidade na Baixada Fluminense, região metropolitana, por conta da distância do centro da cidade. Mas só traria sua mudança se a ocupação estivesse minimamente assegurada. Beth fazia bicos em sindicatos, eventos, vendia cosméticos, roupas, bijuterias que comprava no Saara, queria deixar a ocupação onde se encontrava, situada a alguns quarteirões da Machado, porque não estava bem com o seu companheiro. Como antes mencionado, Gustavo era ambulante, e "também peão de obra", e pretendia se mudar de outra ocupação pelo mesmo motivo de Beth. Dora tinha uma aposentadoria e desejava sair da ocupação onde estava porque se sentia insatisfeita com os moradores dali. Ismael possuía uma casa também na Baixada Fluminense, entregava quentinhas na região central e queria passar a semana perto do trabalho. Com a ocupação, ele economizaria valores referentes ao aluguel de um quarto ou as diárias em hospedarias.

Estevão era artista de rua, *fazia dinheiro* tocando violão, ficou sem casa para morar, pela primeira vez, após romper com a namorada (ou ela romper

---

15 Entrevista realizada na UERJ em outubro de 2012.

com ele) com quem residia na Pavuna; procurava assim um lugar para se instalar, até que roubaram o violão enquanto dormia encostado a um poste. Anderson tinha acabado de chegar do Piauí, morava com familiares na Ocupação 17 de maio, em Nova Iguaçu. Também pensava em sair dali porque o lugar ficava muito distante, nas suas palavras, "distante até do centro de Nova Iguaçu", o que dificultava o acesso a vagas de trabalho. Reencontrei-o, meses depois, empregado num bar e lanchonete no bairro da Saúde, na zona portuária. Vinícius pulou os muros do manicômio onde estava internado e chegou à ocupação porque não podia morar com a mãe, pois *não se dava* com o padrasto. Gervásia era diarista, trouxe logo sua mudança, tinha um filho que parecia ter algum grau de autismo, e estava bastante interessada no conserto do telhado do imóvel. Lúcia era dona de casa, morava em uma cidade no litoral fluminense e veio com sua extensa família, havia urgência em seu caso. Ela explicava que seu filho precisava trabalhar, mas o rapaz passava os dias deitado ou dormindo. Outros ocupantes comentaram que ele seria "envolvido com o tráfico".

Desse modo, só vale reafirmar que o centro permanece como um bairro/região passível de produzir *espaços heterotópicos* em relação à intensificação da precarização das condições de existência e das condições de trabalho e de possibilidade de ganhos financeiros, se incluirmos os modos de circular e de constituir agenciamentos/redes de solidariedade que efetivamente funcionem como forma de contornar as situações de exceção presentes nesse cotidiano. Da mesma forma, viver no centro também tem significado a chance de acessar uma série de produtos e serviços oferecidos pela rede dos gestores da chamada *nova pobreza*[16] (ONGs e assistência social estatal, principalmente). Também se pode constituir uma rede heterogênea de relações, familiares ou não, que resulta em geral numa série de contatos e oportunidades, especialmente em relação ao *fazer dinheiro* – categoria nativa que expressa o gesto iminente de sair em busca de um serviço ou atividade, os

16 Cf. os apontamentos de Cláudia Magni sobre o tema: "Segundo Jacques Donzelot (1991), os 'novos pobres' são aqueles que não se adaptam ao sistema clássico das políticas sociais, marcado pela separação entre os 'marginais', protegidos pela Assistência Social ou assistidos pelas associações caritativas tradicionais, e os 'normais', cujo Segu-

chamados "bicos", "biscates", "quebra-galhos", "extras" capazes de render algum ganho financeiro a curto prazo e de modo circunstancial.

Se as ocupações são afins aos cortiços, se o *problema da moradia* é constituinte da história das metrópoles brasileiras e se a recusa do padrão periférico, incorporado em sua versão periurbana, ou ainda, os novos padrões de segregação urbana, continua valendo, não podemos pensar, porém, em termos estritamente espaciais, mas sim observar o seu funcionamento enquanto padrão periférico/periurbano também em áreas centrais da cidade. E também é fundamental o contrário: buscar acompanhar e entender o funcionamento de um padrão central numa área periférica.

Conforme observa Vera Telles, se a "cidade é mais heterogênea do que se supunha, [...] seus espaços são atravessados por enormes diferenciações internas, [...] [se] pobreza e riqueza se distribuem de formas descontínuas"[17] e se o espaço não configura mais um "*continuum* centro-periferia enfatizado pelos estudos urbanos dos anos 80", mais ainda, "se as desigualdades e diferenças existem e aumentaram nos últimos anos, elas se cristalizam em um espaço fragmentado que não cabe nas dualidades supostas nos estudos anteriores". A proposição nesta etnografia será perceber a continuidade, as rupturas, os deslocamentos e as tensões que percorrem este binômio periferia, periurbano/centro a partir da experiência nas ocupações e entre ocupantes das áreas centrais da cidade do Rio de Janeiro.

---

ro Social está vinculado ao trabalho assalariado. A condição desses 'novos pobres' não corresponde a essas duas categorias de público previstas para o sistema de proteção do estado-Providência. Diante da nova conjuntura de desemprego massivo, eles representam os 'válidos invalidados pelo sistema', os 'normais úteis', nos termos de Robert Castel (1995)". Gostaríamos de observar, porém, que esses "novos pobres" sempre existiram no Brasil, haja vista que os "protegidos pela Assistência Social ou assistidos pelas associações caritativas tradicionais" não se restringiam aos "marginais". Portanto, cabe pensar hoje numa ampliação da população atendida sob a noção de *nova pobreza urbana* (MAGNI, Cláudia Turra. Nova pobreza e paradoxos da política de inclusão social francesa: considerações a partir de uma oficina cerâmica no Socorro Católico. *Antropolítica*, n. 29, p. 56, 2010).

17 TELLES, Vera. *Cidade: tramas, dobras e percurso*. Tese de livre docência – Departamento de Sociologia, Universidade de São Paulo, 2010. p. 82, grifos meus.

2.3.1 *Alguma tranquilidade*

Em entrevista realizada com Lucas, em 2011, militante da Frente de Luta Popular (mas afastado do movimento e das ocupações após a Zumbi dos Palmares), são marcantes as continuidades, rupturas, deslocamentos e tensões que atravessam o par periferia-periurbano/centro. Inicialmente, pedi a ele que contasse como as ocupações foram organizadas, a formação do grupo que se agregou à experiência, e principalmente sobre as primeiras ocupações conhecidas como *rururbanas,* surgidas no bairro de Campo Grande e em Nova Iguaçu, no final década de 80 e início dos anos 90.

Lucas destacou as afinidades suscitadas entre a militância no decorrer do processo de ocupar, a ida para o centro, o perfil dos moradores, a forma de contatá-los. Também apontou os momentos em que podemos aproximar o *viver na periferia* do *viver no centro,* bem como as situações que ressaltam sua oposição, principalmente quanto a ter uma vida mais custosa, em termos sociais e monetários, e as inúmeras usurpações passíveis de ocorrer, mais ainda, quando se vive nas franjas da cidade, mas também numa *ocupação* situada na área central.

A primeira ocupação da área central da cidade na qual se engajou foi a Dandara, em 2004. Mas antes dela havia participado de duas ocupações *rururbanas* em áreas periféricas. Em 1987, talvez "a primeira grande ocupação organizada de terreno aqui no Rio de Janeiro, após o fim formal da ditadura, foi a ocupação Nossa Senhora das Graças, no bairro de Campo Grande, zona oeste da cidade, mais conhecida como Carobinha, aliás, onde morava o Gustavo, da Dandara":

> Deve ser [hoje] uma comunidade de umas 30 mil pessoas. Mas começou como ocupação. Ainda tem alguns traços da época de ocupação. Por exemplo, você vai lá e vai ver que os terrenos são razoáveis, são bem demarcados, não é [...] muito amontoada. Isso aí é marca da organização da época. Outras coisas se perderam [...].

Na época da Nossa Senhora das Graças, Lucas militava no Coletivo Gregório Bezerra, de orientação marxista-leninista, originalmente ligado ao PCB, mas nessa fase já tinham rompido com o partido e com Prestes. Foi uma ocupação, segundo Lucas, inserida numa conjuntura importante da história recente. "Por exemplo, na época da greve dos metalúrgicos em 88, de Volta Redonda, que foi uma greve também histórica. [...]. Ela fechou a Av. Brasil, a ocupação fechou a Av. Brasil, fez barricada de pneu". E a ocupação veio a sofrer uma série de perseguições, principalmente por parte do estado. Lucas diz que consideramos hoje como corriqueiras certas ações de agentes ligados ao estado, mas naquele momento "era novidade":

> Eles utilizaram a questão da criminalização para atingir a ocupação (coisa que não tinha antes da ocupação). Eles começaram a utilizar os terrenos próximos para desova de cadáver. [...] começou a aparecer muito cadáver lá na área. Provavelmente policiais ou coisa parecida. Em determinado momento, eles deram o bote, forjaram mesmo um bote e prenderam vários companheiros e esses companheiros apareceram na primeira página do jornal como membros de um grupo de extermínio. E isso era para criar complicação dos companheiros com o tráfico, que na época vinha crescendo naquela área. Não deu em nada, obviamente, juridicamente nem nada, porque não tinha prova nenhuma. Mas conseguiu o objetivo, que era criar uma situação de risco para os militantes lá na época. E a maioria então teve que sair da ocupação.

Uma segunda ocupação, que aconteceu em 2003, foi a 17 de Maio. Antes disso, já com o Gregório Bezerra extinto, Lucas realizava um "trabalho cultural", "um trabalho em comunidades pobres", com o "CCP, Centro de Cultura Proletária, uma casa que funcionava em Oswaldo Cruz, Madureira, zona norte do Rio de Janeiro":

> Também foi conflituosa, muito conflituosa. Muita repressão, mas que foi vitoriosa. Conseguiu inclusive judicialmente a vitória. Atualmente deve ter quase 500 famílias morando, bastante gente. Também teve os problemas, de comunidades pobres, ainda mais naquela área lá, uma área periférica, esquecida, difícil. Mas ainda mantém algumas marcas da organização. Mesma coisa dos terrenos bem delimitados, terrenos grandes, não são terrenos pequenos. Lá a terra é muito boa, tem uma experiência, por parte de alguns moradores, de plantação muito legal.

Mas o "vento dos rumores – estão invadindo por lá" também chegou ao centro, propiciando a ocupação de prédios da região. Era o primeiro ano de Lula na Presidência e, segundo Lucas, o grupo em que militava avaliou que era uma conjuntura favorável e que seria interessante: "[...] aproveitar a proximidade com a infraestrutura urbana, mercado de trabalho e tudo mais". Havia, além disso, as promessas feitas durante a campanha eleitoral pelo então presidente da República, de que iria transformar os prédios públicos abandonados em moradia popular, "que ele nunca pôs em prática, mas ficou a frase".

> Tanto que, quando a gente entrou na Dandara, um dos materiais principais que a gente usou para desmobilizar a repressão foram recortes de jornais com essas declarações do Lula. [...]. O morador ia lá mostrando: 'Não, a gente tá fazendo o que o Lula falou'.

A Dandara aconteceu em 2004, já pela FLP, conjuntamente com a CMP, Central dos Movimentos Populares; mas Lucas ressalta que, de toda a militância, era apenas Gegê, da CMP-SP, quem tinha alguma experiência com ocupações no centro, neste caso, na capital paulista e, portanto, com uma população precarizada. O interessante do depoimento de Lucas sobre a composição e o aparecimento da Dandara é de que podemos vislumbrar a presença significativa de precarizados no centro, e é isso que transparece no modo como iriam contatar possíveis interessados numa invasão:

> A gente começou a avaliar: 'Como é que a gente vai arrumar família?'. 'Vamos pra rua. Vamos fazer conversa com sem-teto'. Até a gente ia de madrugada para a rua, lugar de concentração de morador de rua. É, chegava lá uma equipe de cinco a dez companheiros. Montava uma tenda, uma tenda branca, ninguém entendia nada, montava uma rede e chamava o pessoal pra conversar. Num primeiro momento os moradores pensaram que era mais um grupo religioso pra distribuir comida. É. Às vezes até a gente tinha que... Quando a gente tava falando com os moradores chegava um grupo religioso, o pessoal ia todo lá e: 'Não, tudo bem, eles vão lá e depois a gente espera para voltar à discussão'. Mas a gente começou a falar que não. Não, a gente não está aqui pra distribuir, pra dar nada

> não, estamos aqui propondo uma ação para conquista de moradia. Muita gente desconfiada. Achava que era caô, mas sempre convencia um ou outro. E foi muito legal, foi uma experiência muito boa.

Essa forma direta de contatar os futuros ocupantes, um trabalho próximo ao chamado trabalho de base, enfim, um trabalho de formiguinha, transcorreu por cerca de um ano. Outros militantes já haviam comentado sobre essa investida parcimoniosa, tida em boa conta, afinal, a partir dela é que Lucas e participantes da Frente de Luta Popular começaram a tecer maior proximidade entre si e conhecer pessoas que estavam na rua e precisavam de moradia, até o momento em que entraram no prédio, como observa Antunes:

> [...] essa afinidade foi se construindo com o tempo. [...]. Eu encontrei com eles no dia que ia ocupar, aí eles me chamaram pra ocupar. A gente não era um grupo. Conheci o Lucas há muito tempo. [...]. Conheço o Lucas, conheço o Zeca. Zeca era o meu vizinho, morava perto da minha casa. [...]. Nós dois morávamos perto da sede do CCT, Centro de Cultura Proletária, que era a casa do Lucas. O Lucas cedeu uma casa que era para o movimento se organizar. O que aconteceu? Como nós já conhecíamos eles dessa época, quando eles me viram, me chamaram para fazer ocupação. Isso era em Madureira... É... Oswaldo Cruz, Madureira, Campinho... aquela área ali. Quando nós entramos no prédio, na convivência, a gente instaurou essa afinidade. Realmente deixar o morador decidir, mesmo errando, entendeu? A decisão da assembleia, respeitar a decisão da assembleia... Isso não acontece no movimento por aí, isso não existe no movimento por aí. Os caras passam por cima. [...]. E sempre foi respeitado na ocupação, nas ocupações. E eu acho isso até uma coisa interessante que depois... Esses processos, quando eles se instauram em coletivo, não voltam atrás, nenhuma dessas ocupações tem um xerife, dono... Não tem um... Até ocupações assim, que têm um certo grupo que toca mais as coisas, como no caso da Quilombo, que tem a Regina e o pessoal próximo a Regina, eu não posso dizer que ali seja uma direção. Direção é direção, direção politicamente tem uma prioridade de passar por cima.

Mas retornando à composição do grupo que irá invadir o prédio, havia o trabalho de conseguir um imóvel que viabilizasse a ocupação, ao mesmo tempo em que deveria ser público e federal, já que nesta esfera os ventos encontravam-se favoráveis. O prédio da Dandara era, originalmente e com alguma ironia, do INCRA e já havia sido ocupado em 2002, durante o governo de Garotinho, mas "[...] não durou nem uma semana". Com o despejo, os ocupantes resolveram acampar em frente ao imóvel, o que resultou numa negociação que garantiu as casas no conjunto chamado Campo Belo, em Nova Iguaçu: "E era mais ou menos este o objetivo mesmo, era fazer uma ocupação pelo centro, nem tanto para conquistar moradia, mas para criar um fato visível no sentido de poder negociar". Então alguns ocupantes da 17 de Maio passaram a informação a respeito do prédio, e foi assim que se deu a Dandara, em 2004, mas, segundo Lucas, "dessa vez, era para ocupar mesmo".

> [...] a ocupação Dandara foi bem sucedida, teve uma repercussão. [...]. E repercussão no povo pobre do centro. Rapidamente a notícia circulou. Muita família querendo vaga e não tinha. O prédio era relativamente pequeno. E aí vinha a pressão toda semana, aparecendo família, família e família... Surgiu dentro da FLP a ideia: 'vamos fazer outra ocupação. É o jeito de dar demanda a essas pessoas' – que a gente começou a preparar o que veio a ser a Zumbi. E que pra Zumbi, a gente nem teve, nem precisou ter o trabalho de ir pra rua contatar, as próprias famílias nos procuravam. E aquilo encheu, as assembleias eram imensas, a partir do efeito de demonstração da Dandara. E uma coisa foi emendando na outra até começarem os problemas. Começarem as dificuldades de manter o movimento articulado de tantas ocupações.

Mas o diferencial em relação ao trabalho da Frente de Luta Popular, conjugado ao contexto da ampliação dos precarizados na área central, e que irá marcar, a meu ver positivamente, esse tipo de experiência, é o fato de a Frente, através de formas de organização mais porosas, ter conseguido agregar uma diversidade de perspectivas e atores. Lucas aponta a ideia de que as pessoas percebiam que a Dandara era uma experiência em prol de moradia mesmo, "[...] não eram grilagens ou semigrilagens". As pessoas que vão parar numa ocupação querem sair do aluguel, mas acabam tendo, muitas vezes, que pagar um outro aluguel para o responsável da invasão: "Então não se livra do aluguel, se livra de um valor maior. Também não se livra da [...] interferência e tudo mais". Estas duas características – não pagar aluguel ou qualquer outra taxa correspondente, e a não interferência ou direcionamento na ocupação – "[...] chamavam a atenção das famílias".

> O fato é que realmente era ocupação mesmo, pra conseguir moradia sem custo. Além dos custos da luta. Mas sem custo financeiro. Sem esse tipo de comércio e o fato de ser um ambiente onde poderia, no mínimo, a família ter algum tipo de tranquilidade. Para uma parcela, a questão da experiência da decisão coletiva, da vida coletiva começou também a ser uma coisa importante. Mas não é verdade que foi pra todo mundo não, isso aí é meio mito. Que a experiência das assembleias e tudo mais são coisas que atraíam os moradores... Não, não atraía todos. Tanto que a participação em assembleia no início era muito grande, mas depois foi caindo e se reduziu àquela parcela que via na questão do coletivo, realmente, um ganho para sua vida, para sua experiência de vida. É... E que não foi todo mundo. A maioria, que não dá nem pra condenar. A maioria das pessoas está tão envolvida na sobrevivência do dia a dia que, pra eles, aquela questão de ter a moradia, de ter conseguido se livrar do custo da moradia e ter um pouco mais de tranquilidade já é suficiente.

2.4 Ocupação como prática de estado

Uma primeira observação a partir da extensa bibliografia sobre a questão da habitação e sobre o uso do solo na cidade é que as ocupações compõem o maquinário quanto ao modo de operar do estado em relação à população pobre. Seus aparecimento e permanência resultam principalmente das políticas públicas de habitação e, portanto, são partes do projeto do estado brasileiro de atualização da informalidade, associadas, majoritariamente, à precarização e à vulnerabilidade das camadas de baixa renda.[18] Conforme o

18 Sobre o papel das práticas de estado na produção da informalidade/ vulnerabilidade, numa perspectiva global, ver: ROY, Ananya. Urban Informality. Toward an Epistemo-

Censo de 2010, só na cidade do Rio de Janeiro, cerca de 1,4 milhão de pessoas (22% da população) moram nos chamados *aglomerados subnormais,*[19] concentrados principalmente em áreas pobres da cidade.

Uma das falas do governador Sérgio Cabral em maio de 2010, no Morro do Cantagalo, em Copacabana, zona sul da cidade, a partir da regularização de algumas casas do local, através de uma lei complementar que agilizou o processo e propiciou a doação das terras para 44 moradores, referia-se ao fato de que "[...] uma verdadeira revolução fundiária se iniciava ali".[20] E arrematou: "As pessoas agora podem vender seus imóveis". Da mesma forma que muitos dos conjuntos construídos pelo PAC, o Programa de Aceleração do Crescimento, no âmbito do governo federal/governo estadual, e o Morar Carioca Morar Bem, no âmbito do governo municipal, e especialmente os recentes conjuntos habitacionais construídos em Manguinhos, na zona norte da cidade, não possuem o certificado de *habite-se,* inviabilizando a regularização dos condomínios, a criação de uma convenção a respeito do uso de áreas comuns do prédio, bem como impossibilitando a eleição para síndico, entre outras garantias.[21]

---

logy of Planning. *Journal of American Planning Association,* [*on line*], 71 (2), p. 147-158, 2005.

19 Termo do IBGE, referente a invasões, loteamentos irregulares ou clandestinos e áreas regularizadas em período recente. Sobre os primeiros resultados do Censo 2010, ver: http://www.ibge.gov.br/home/estatistica/populacao/censo2010/aglomerados_subnormais/agsn2010. Acesso em: 20/07/12.

20 E ainda: "O morador agora pode fazer uso do imóvel de maneira absolutamente livre. Se quiser vender, se quiser comprar um outro também legalizado, sai da precariedade, passa a ser de fato o proprietário, com acesso a crédito", declarou. Ver http://noticias.uol.com.br/ultimas-noticias/agencia/2011/05/03/rj-doa-terreno-em-favela-para-moradores-do-cantagalo.jhtm (matéria de 03/05/2011). Acesso em: 04/05/2011. Sobre a transferência de moradores das favelas da Rocinha, Santa Marta, Cantagalo, na zona sul carioca, para áreas da Baixada Fluminense após a instalação das UPPs, ver a matéria de Rodrigo Martins e William Vieira: Os Retirantes das favelas, em *Carta Capital:* http://www.cartacapital.com.br/sociedade/os-retirantes-das-favelas-2/ (31/10/2012). Acesso em: 02/11/2012.

21 A não existência do certificado de *Habite-se* em vários conjuntos habitacionais financiados pelo governo, já acontecia na década de 70, em prédios também financiados

Uma segunda observação, atrelada à anterior, é que ocupação/invasão, favela e cortiço formam, no Rio de Janeiro, os principais espaços acessíveis à camada pobre e/ou precarizada da população, suscitados por políticas habitacionais e por condições de uso da cidade, controladas, produzidas ou financiadas pelo poder estatal. E *poder estatal* pensado conforme as práticas constituídas, seguindo a proposição (e inspiração) de Veena Das e Poole: "[...] fazer do estado *biopolítico* um objeto de investigação etnográfica".[22] Ou seja, como o estado atua a partir das situações que conseguimos reunir. Com duas ressalvas importantes, das mesmas autoras, de que o estado nem é estático, homogêneo, nem é opaco aos movimentos e às forças da sociedade civil, embora não se trate também de "romantizar a criatividade das margens".[23]

Se as ocupações são suscitadas principalmente por políticas públicas relacionadas ao uso do solo, à constituição da cidade e ao modo de produzir habitação no país, o esvaziamento das metrópoles contemporâneas e a transferência de sua população para as periferias são elementos que podem ser inseridos na noção de *concentração pós-urbana*, assinalada por Paul Virilio:

> [...] no final do século XX, é a vez de o espaço urbano perder sua realidade geopolítica em benefício único de sistemas instantâneos de deportação, cuja intensidade tecnológica perturba incessantemente as estruturas sociais: deportação de pessoas no remanejamento da produção, deportação da atenção, do face a face humano, do contato urbano, para a interface homem/máquina. Todos esses fatores participam de fato de um outro tipo de concentração, concentração "pós-urbana" [...].[24]

---

pelo poder público, como os que estão localizados ao longo da av. Brasil. Essas informações foram compartilhadas por Tânia Fernandes e Rafael Gonçalves durante as discussões suscitadas no seminário temático: "Histórias e historicidades das lutas pelo direito à cidade: Favelas, Conjuntos, Ocupações, Loteamentos, Periferias", coordenado por Mariana Cavalcanti e Tânia Fernandes, ocorrido no *XI Encontro de História Oral: Memória, democracia e justiça*, Rio de Janeiro, 2012.

22 DAS, Veena; POOLE, Deborah. The State and its margins. In: _____. *Anthropology in the margins of the state*. New Mexico: Santa Fe, 2004. p. 29.

23 *Ibidem*, p. 22.

24 VIRILIO, Paul. *Velocidade e política*. Trad. Celso M. Paciornik. São Paulo: Estação Liberdade, 1993. p. 12.

A *concentração pós-urbana* se configura numa vida encapsulada em meios de transporte, entre regiões metropolitanas, com o mínimo de contato em relação a cheiros, imagens e barulhos, numa tentativa de evitar ao máximo o *choque* característico da cidade moderna,[25] em prol de uma vida desincorporada, asséptica, na qual as jornadas de trabalho, ou a falta delas, desempenham papel avassalador para uma boa parte da população. Alguns autores têm apontado a exaustão do trabalho, com seus *zumbis hiperativos*, e a falta de trabalho, com seus *trapos humanos*, no século XXI, presentes tanto nas classes abastadas quanto entre os trabalhadores precarizados.[26]

Se a *concentração pós-urbana* é parte do horizonte da metrópole carioca, será importante pontuar as passagens consoantes com esse processo e com seu repertório de enunciados, ou nos termos de Michel Foucault, seu repertório de *práticas verbais* e *não-verbais*[27] e, da mesma forma, para pensarmos as dissonâncias e as tentativas de ruptura. No Rio de Janeiro, num possível inventário retrospectivo em relação à sua formação como metrópole, há certas intervenções que podemos localizar como um *continuum* quanto à produção de segregação: a) as intervenções de Pereira Passos, o prefeito "bota-abaixo", entre 1902 e 1906, certamente um dos gestores mais cultuados na narrativa sobre a construção moderna da cidade e que, sintomaticamente, foi tão incensado pelo prefeito Eduardo Paes – para o âmbito desta etnografia, cito o despejo do casario pobre próximo aos Arcos da Lapa, ao todo 2.240 prédios da área central da cidade foram derrubados, e aproximadamente 36.900 pessoas foram retiradas dali, além dos inúmeros cortiços desaparecidos;[28] b) as intervenções do

25 BENJAMIN, W. Sobre alguns temas em Baudelaire. *Obras escolhidas III*. Trad. José Martins Barbosa. São Paulo: Brasiliense, 1989. p. 111.

26 "É esta força [capitalismo 'cognitivo'], [...] que com uma velocidade exponencial vem transformando o planeta num gigantesco mercado, e seus habitantes em zumbis hiperativos incluídos ou trapos humanos excluídos – dois polos entre os quais se perfilam os destinos que lhes são acenados, frutos interdependentes de uma mesma lógica" (ROLNIK, Suely. Geopolítica da cafetinagem. *Ide*, São Paulo, v. 29, p. 123-129, 2006).

27 FOUCAULT, Michel. *Ordem do discurso*. São Paulo: Edições Loyola, 1996.

28 MATTOS, Rômulo Costa. *Pelos pobres! As campanhas pela construção de habitações populares e o discurso sobre as favelas na Primeira República*. Tese de Doutorado – Programa de Pós-graduação em História, Universidade Federal Fluminense, 2008. p. 56.

período Carlos Sampaio, prefeito da cidade entre 1920 e 1922: desmonte do morro do Castelo e retirada dos pobres; c) a atuação de Henrique Dodsworth, interventor da cidade entre 1937 e 1945: retirados da Praça Onze o seu casario e a população pobre para a abertura da av. Presidente Vargas;[29] d) as obras de Negrão de Lima, 1951-53/prefeitura, 1965-71/governo: retirada da favela da Praia do Pinto para a construção do condomínio de classe média Selva de Pedra, no bairro do Leblon; e) as remoções de Carlos Lacerda, governador entre 1960-65: retirada das favelas do Pasmado e do Esqueleto, a primeira, para a construção de prédios de classe média, a segunda, para a instalação da Universidade do Estado do Rio de Janeiro.

Num período recente, outras ações da *governamentalidade*[30] em relação à população pobre têm se apresentado no cotidiano da cidade, sugerindo novos delineamentos, como aponta Juliana Farias evocando o conceito de *vida matável*, de Giorgio Agamben, para caracterizá-las.[31] Neste sentido, podemos

29 Via de circulação pujante na história da urbanização da cidade, justificada porque a proviria de melhores condições de tráfego e de saneamento. Ver: LIMA, Evelyn Furkim. *Avenida Presidente Vargas: uma drástica cirurgia*. Col. Biblioteca Carioca, v. 12. Rio de Janeiro: Secretaria Municipal de Cultura, Turismo e Esportes, 1990. p. 33.

30 A noção de governamentalidade (e não de estado) é usada por Michel Foucault para afirmar o "método" genealógico, pensando numa análise nem genética, nem por filiação, nem institucional, mas: "uma análise genealógica que reconstitui toda uma rede de alianças, de comunicações, de pontos de apoio. [...] passar por fora da instituição para substituí-la pelo ponto de vista global da tecnologia de poder. [...]. A partir de um tríplice deslocamento: [...] procurar destacar as relações de poder da instituição, a fim de analisá-las [a partir do prisma] das tecnologias, destacá-las também da função, para retomá-las numa análise estratégica e destacá-las do privilégio do objeto, a fim de procurar ressituá-las do ponto de vista da constituição dos campos [campos de verdade], domínios e objetos de saber" (FOUCAULT, Michel. *Segurança, território e população*. Trad. Eduardo Brandão. São Paulo: Martins Fontes, 2008 [1978]. p. 157-159).

31 FARIAS, Juliana. Da atualização dos mecanismos de controle: a transformação dos favelados em população "matável". *Os Urbanitas*. Revista de Antropologia Urbana [*on-line*], ano 5, v. 5, 2008. Disponível em: http://www.aguaforte.com/osurbanitas7/JulianaFarias.html. Acesso em: 20/06/2009. Ver também a tese de FARIAS, Juliana. Governo das Mortes: uma etnografia da gestão de populações de favelas no Rio de Janeiro. Programa de Pós-Graduação em Sociologia e Antropologia/UFRJ, 2014. Sobre o mesmo assunto, remeto também a tese de ARAÚJO, Fábio. Das consequências

acrescentar a essa lista de ações as inúmeras políticas dos mandatos Eduardo Paes e Sérgio Cabral, na atualidade: a instalação das UPPs (Unidades de Polícia Pacificadora) majoritariamente em favelas da zona sul, com a chamada "expulsão branca" da população precarizada, com a transferência do tráfico para zonas periféricas; o recolhimento de pessoas consideradas viciadas em crack por agentes municipais e sua retirada das vias da zona sul da cidade e, mais recentemente, em outubro de 2012, o anúncio por parte do prefeito, com o apoio do ministro da Saúde, da possibilidade de implementação da internação compulsória e forçada dos mesmos; a terceirização de instituições municipais e estatais de educação e de saúde, sua gestão sendo paulatinamente transferida para organizações sociais privadas (OSs); a continuidade e também a transformação das operações iniciadas na administração César Maia e intensificadas no mandato de Paes, com o nome Plano Municipal de Ordem Pública, conhecido pela população e veiculado na imprensa como "Choque de Ordem".

Conforme explicam Cristina Nacif, Diego Cardoso e Maria Ribeiro, a Secretaria Especial de Ordem Pública, a SEOP, foi criada a partir do decreto nº 30.339, no primeiro dia do mandato de Eduardo Paes, em 1º de janeiro de 2009, "sem qualquer consulta ao Legislativo ou participação popular", em caráter "especial", ou seja, "pretensamente transitório":

> Constituem a secretaria órgãos já preexistentes na estrutura municipal, mas que, tradicionalmente, atuavam com autonomia e isolamento, a saber: Subsecretaria de Fiscalização (incorporação da Companhia de Licenciamento e Fiscalização – CLF e Companhia de Fiscalização de Estacionamento e Reboque – CFER), de controle urbano (incorporação do órgão Companhia de Controle Urbano – CCU) e de operações (Guarda Municipal).[32]

---

da arte macabra de fazer desaparecer corpos. Violência, sofrimento e política entre familiares de vítima de desaparecimento forçado. Tese de Doutorado em Sociologia e Antropologia. Universidade Federal do Rio de Janeiro, Rio de Janeiro, 2012.

32 NACIF, Cristina; CARDOSO, Diego; RIBEIRO, Maria Baldo. Estado de Choque: legislação e conflitos no espaço público da cidade do Rio de Janeiro (1993-2010). *XIV Encontro Nacional da ANPUR*, Rio de Janeiro, 2011, p. 10.

Mas se na época do prefeito César Maia "a guarda municipal agia de maneira isolada em relação às companhias fiscalizadoras específicas da cidade constituindo um modo de funcionamento não mais por ações a varejo, como acontecia, mas por ações a atacado, "[...] agora se observa que estas estão reunidas no mesmo ambiente institucional articulando medidas de repressão". Para viabilizar essas ações, "[...] destaca[-se] a criação do Plano Municipal de Ordem Pública – PMOP".[33] Segundo os mesmos autores, tal Plano se insere nos chamados planos estratégicos que, no mandato de Paes, estariam orientando "[...] as ações do poder público de maneira muito mais concreta". E também que: "A formulação desses planos é bem vista e inclusive incentivada pelas agências multilaterais, como um *status* de integração e competitividade, gerando, assim, captação de grandes fomentos e de eventos mundiais, como os esportivos".[34] E ainda, o plano estratégico relativo ao Choque de Ordem, de 2010, teria sido construído por técnicos da então recentíssima SEOP, sem qualquer tipo de consulta aos grupos diretamente envolvidos, camelôs, ambulantes, população de rua, flanelinhas, usuários de drogas, entre outros, nem às respectivas Associações, movimentos, Conselhos de Saúde e de Assistência Social, etc.

A disciplinarização e o controle da cidade, a meu ver, não significam apenas medidas de caráter repressivo em seu cotidiano, mas sugerem, em seu conjunto, o delineamento de um padrão na cidade de *concentração pós-urbana*, nos termos de Paul Virilio, assim como de uma *vida nua*, nos termos de Giorgio Agamben, *vida sem valor* ou *indigna de ser vivida*:

> Mais interessante, em nossa perspectiva, é o fato de que à soberania do homem vivente sobre a sua vida corresponda imediatamente a fixação de um limiar além do qual a vida cessa de ter valor jurídico e pode, portanto, ser morta sem que se cometa homicídio. A nova categoria jurídica de 'vida sem valor' (ou 'indigna de ser vivida') corresponde ponto por ponto, ainda que em uma direção pelo menos aparentemente diversa, à vida nua do homo sacer.[35]

33 *Ibid.*, p. 10.

34 *Ibid.*, p. 13.

35 AGAMBEN, Giorgio. Vida que não merece viver. In: ____. *Homo Sacer. O poder so-*

Para tanto, gostaria de mencionar outras ações tanto no plano estadual quanto no plano municipal: proibição e prisão de pessoas que estivessem mijando nas ruas durante o carnaval; colocação de divisórias nos bancos de praças para evitar que mendigos e população de rua se deitem;[36] proibição de pessoas alocadas nas calçadas por mais de duas horas; vedação, no Parque do Aterro do Flamengo, das torneiras de água presentes (das quais banhistas, mendigos, andarilhos e outros grupos faziam uso); padronização dos ônibus da cidade em cores, o que facilita que a empresa disponibilize a frota conforme os interesses do momento, especialmente em relação à fiscalização das condições dos veículos, com a posterior mudança dos números de várias linhas de ônibus da cidade sem qualquer aviso aos usuários, além de modificação nos trajetos, e extinção de alguns itinerários;[37] pedido ao governo federal de intervenção do exército em áreas consideradas de "difícil controle" pelos governos estadual e municipal; ameaça de despejos e remoções de cerca de 24 comunidades, como podemos acompanhar no quadro abaixo, entre outras, após intensas chuvas em abril de 2010;[38] retirada de uma quantidade significativa de ambulantes situados no entorno do Camelódromo da Central, depois do incêndio em 2010 de uma padaria local, com o argumento de que o terreno ganharia a ampliação do terminal de ônibus Américo Fontenelle, situado atrás da Central do Brasil, o que não aconteceu.

---

berano e a vida nua. Trad. Henrique Burigo. Belo Horizonte: Editora UFMG, 2004 [2002]. p. 146.

36 Vale atentar para a diferença entre a espetacularização presente nesses enunciados e as práticas efetivas que acontecem a partir dessas restrições, o que mereceria outra pesquisa.

37 Lembremos que as empresas responsáveis pelas modificações em 2011 e que ganharam a primeira licitação pública da história da cidade, em 2010, estão sendo acusadas pelo Tribunal de Contas da União por formação de cartel (33 entre as 41 do total), além de uma série de irregularidades. Disponível em: http://oglobo.globo.com/rio/tcm-questiona-licitacao-dos-onibus-do-rio-5463290. Acesso em: 20/09/12.

38 Sobre a mudança de paradigma das políticas em relação aos pobres na cidade, ver: L'ESTOILE. *Quand la pluie enterre les pauvres*. Faut-il déplacer les favelas de Rio de Janeiro? Disponível em: http://www.laviedesidees.fr/Quand-la-pluie-enterre-les-pauvres.html

No caso das remoções e dos despejos, remeto ao quadro a seguir, elaborado pela Relatoria especial da ONU para o direito à moradia adequada e presente no dossiê *Megaeventos e violações de direitos humanos no Rio de Janeiro*, divulgado em abril de 2011, observando-se que a Zumbi dos Palmares, com cerca de 100 apartamentos ocupados e situada na área do "projeto Porto Maravilha/revitalização da zona portuária", não aparece no quadro:

Quadro Síntese do Número de Famílias Removidas ou Ameaçadas de Remoção, por comunidade, Cidade do Rio de Janeiro, 2011

Comunidade	Tempo da ocupação	Nº de famílias removidas	Nº de famílias ameaçadas	Total de famílias	Justificativa
1. Largo do Campinho / Campinho	1980	65	Totalmente removida	65	1ª fase BRT Transcarioca - Barra a Penha
2.Rua Domingos Lopes (Madureira)	Sem informação	100	---	100	BRT Transcarioca
3. Rua Quáxima (Madureira)	1970	27	---	27	BRT Transcarioca
4. Comunidade Vila das Torres - (Madureira)	1960	300	Totalmente removida	300	Construção de parque municipal
5. Comunidade Arroio Pavuna /Jacarepaguá	1938	---	28	28	Construção de viaduto / BRT Transcarioca
6 .Restinga / Recreio	1994	150 (além de 34 pequenos comercios)	Totalmente removida	150	BRT Transoeste - Barra da Tijuca - a Santa Cruz
7. Vila Harmonia/ Recreio	1911	118	2 famílias e 2 centros espíritas	120	BRT Transoeste
8.Vila Recreio II / Recreio	1996	235	Totalmente removida	235	BRT Transoeste
9.Vila Autódromo / Jacarepaguá	1985	--	500	500	BRT Transcarioca e Transolímpica
10.Asa Branca - Curicica	1986	---	2000	2.000	Desapropriação - Transolímpica - Barra da Tijuca a Deodoro
11.Vila Azaleia - Curicica	1990	---	100	100	Desapropriação - Transolímpica
12.Vila Taboinha	1990	---	400	400	Reintegração de posse
13.Comunidade do Metrô Mangueira	1980	350	350	700	Estacionamento para o estádio do Maracanã
14.Ocupação Aldeia Maracanã	2006	--	20	--	Inclusão dessa área na privatização do estádio do Maracanã
15.Favela do Sambódromo	Sem informação	60	Totalmente removida	60	Alargamento do Sambódromo para os Jogos Olímpicos
16.Favela Belém-Belém / Pilares	1972	--	300	300	Construção de novo acesso para o Estádio João Havelange (Engenhão)
17. Favela Barreira do Vasco - São Cristóvão	Sem informação	Em fase de estudos e projetos			Melhorar o acesso ao estádio São Januário
18.Ocupação Machado de Assis	Sem informação	--	150	150	Projeto Porto Maravilha - revitalização da zona portuária
19.Ocupação Flor do Asfalto	2006	--	30	30	Projeto Porto Maravilha - revitalização da zona portuária
20.Rua do Livramento e Adjacências	Sem informação	--	400	400	Projeto Porto Maravilha - revitalização da zona portuária
21.Ocupação Boa Vista	1998	35	--	35	Projeto Porto Maravilha - revitalização da zona portuária
22. Morro da Providência	1897	--	835	835	(1) Implantação de teleférico e plano inclinado; (2) área de risco
23.Comunidade Tabajaras (Estradinha)	1986	120	230	350	A Prefeitura alega que a área é de risco
24.Comunidade do Pavão-Pavãozinho	1930	300	--	300	A Prefeitura alega que a área é de risco
TOTAL	--	1.860	5.325	7.185	--

Fonte: http://www.direitoamoradia.org/?p=12942&lang=pt . Acesso em 20/05/2012

Em relação ao Camelódromo, logo no dia seguinte ao incêndio, o prefeito apresentou uma maquete do novo terminal, o que levantou uma suspeita quanto à autoria do acontecido e a revolta dos camelôs que, impedidos de trabalhar, fizeram piquetes no local e ameaçaram invadir a área destruída e interditada pelos agentes municipais. A intervenção imediata da prefeitura utilizou tratores para o desmonte do quarteirão. A polícia fez vigília por duas semanas até os ânimos arrefecerem, e houve a promessa por parte do governo estadual de transferência dos boxes para um prédio próximo dali (ver adiante fotos do incêndio).

Mais recente, houve a instalação de cercas na av. Presidente Vargas, na altura da Central do Brasil, que restringem a passagem dos transeuntes aos sinais de trânsito, o que, para os pedestres, tornou a travessia na hora do *rush* ainda mais hercúlea (os semáforos funcionam em intervalos muito curtos). O relato de tais acontecimentos não é mera questão de denúncia, pois, como salienta Gilles Deleuze: "[...] não se trata de incriminar vagamente a sociedade ou a fatalidade", mas de "[...] analisar os mecanismos que não param de empurrar as pessoas para a casa de correção, o hospital, a prisão".[39] Em nosso caso, é acompanhar os mecanismos da *governamentalidade* que não param de empurrar as pessoas para áreas periurbanas da cidade, "[...] onde a vida é muito mais difícil".[40] Estes fatos visam tornar o texto etnográfico próximo do registro da *vida nua*. Eles, em alguns momentos e em determinadas circunstâncias, intensificam as condições de sofrimento e de exploração, da mesma forma que buscam esmaecer o enxameamento que perpassa certos locais da cidade, como é o caso da Central do Brasil.

39 DELEUZE, Gilles. Sobre as cartas de H.M. 1973. *A ilha deserta e outros textos*. Compilado por LAPOUJADE, David (ed.); ORLANDI, Luiz (org. ed. bras. e rev. téc.). São Paulo: Illuminuras, 2006. p.189.

40 Falas de Gustavo, que nos contou que, quando morava na ocupação na zona oeste, há 70 km do centro, teve que cavar sozinho 12 metros no chão até alcançar o lençol freático e obter água para sua família. Sobre a *vida difícil* na periferia, ver os capítulos 6 e 7, respectivamente de: TELLES, Vera. No outro extremo da cidade: "aqui é tudo ocupação"; e ALVES, Eliane; TELLES, Vera. Territórios em disputa: a produção do espaço em ato. In: TELLES, V.; CABANES, R. (orgs.) *Nas tramas da cidade. Trajetórias urbanas e seus territórios*. p. 291-315; p. 327-374.

Se a *concentração pós-urbana* ou as políticas de transferência e de esvaziamento das áreas centrais são recorrentes na história da metrópole carioca, é necessário mostrar como elas acontecem em relação às ocupações do centro, e como as práticas da governamentalidade e suas *margens*, as ocupações, se movimentam nesse encontro e, em especial, como o projeto Porto Maravilha, principal ameaça à continuidade das ocupações na região central, tem atuado. Para tanto, apresento na seção adiante, "A transição", as anotações de campo na Zumbi dos Palmares, de novembro de 2010 a janeiro de 2011, apontando como foram os termos do despejo e o jogo de posições e relações entre funcionários da prefeitura, do Ministério das Cidades e ocupantes. Antes, porém, será preciso mostrar uma outra faceta que associamos às ocupações do centro.

Figura 8. Série Incêndio do Camelódromo e escombros

Figura 9. Série Incêndio do Camelódromo e escombros

2.5 Ocupação como modalidade de campo

Se as ocupações se inscrevem na *vida nua,* nos termos de Giorgio Agamben, ou na *exceção ordinária,* conforme Michel Agier, não significa que elas sejam apenas um dispositivo da governamentalidade, uma peça no maquinário do *biopoder* para precarizar ou vulnerabilizar os pobres, assim como grande parte das políticas públicas de moradia no país. As ocupações são permeadas por intensos e constantes conflitos, negociações, rupturas, portanto, é um espaço movimentado e muito rico em termos políticos. A urgência e as situações de vulnerabilidade intensificam a produção de *afetos e relações,* bem como as estratégias que objetivam a permanência da ocupação ou seu poder de barganha diante de ameaças de despejo.

Segundo Michel Agier, a noção de *exceção ordinária* refere-se a situações vividas nos *campos* de refugiados espalhados pela África, mas não apenas. Agier apropria-se da noção de Giorgio Agamben, que considera o *campo* a figura paradigmática da política hoje: "[...] olhar o campo não como um fato histórico e uma anomalia pertencente ao passado (mesmo que, eventualmente, ainda verificável), mas, de algum modo, como a matriz oculta, o *nómos* do espaço político em que ainda vivemos".[41] O antropólogo francês, a partir da definição de Giorgio Agamben, considera os *squats* uma modalidade de *campo* que pode ser reunido ao extenso inventário desse tipo de espaço: os *squats* [ocupações] aparecem como campos de refúgios "autoinstalados" e "auto-organizados", assim como os *cross border points*, os acampamentos, os guetos e as zonas cinzas.[42]

> Trata-se de poder se interrogar sobre o sentido dos campos não somente como espaços de governança global dos indesejáveis e como espaços de socialização dentro da exceção ordinária, mas também como espaços políticos, convém, portanto, "desdramatizar" a questão dos campos segundo a perspectiva europeia. A perspectiva "thanatopolitique" que tem expressa a função do campo voltada para o extermínio e finalmente a figura de Auschwitz. Este enfoque impede de ver, por um lado, que o genocídio não é necessariamente do campo, ele pode se fazer na rua, como em Kigali em 1994 [massacre ocorrido em Ruanda no qual cerca de 500 mil tutsis foram assassinados, e, em seguida, 200 mil hutus o foram em represália],[43] por outro lado, que os campos representam espaços multiformes e multifuncionais. Mais do que um "retorno" aos campos, a gente observa a continuidade dos campos, suas

41 AGIER, Michel. Le camp comme limite et comme espace politique. In: KOBELINKSKY, Carolina; MAKAREMI, Chowra. *Enfermés dehors. Enquêtes sur le confinement dês étrangers*. Broissieux/Bellecombe-en-Beuges: Ed. du Croquant, 2009. p. 173. A apropriação da noção de *campo* e de *exceção*, de Agamben por Agier, foi ressaltada em seu livro sobre os campos de refugiados na África subsaariana: AGIER, M. *Gérer les indesirables. Des camps de refugiés au gouvernement humanitaire*. Paris: Editions Flammarion, 2008. Sobre a interface campo/gueto remetemos a AGIER, M. From refuge the guetto is born. Contemporary figures of heterotopias. In: HUTCHISON, Ray; HAYNES, Bruce. *The Guetto. Contemporary Global Issues and controversies*. Boulder, Colorado: Westview Press, 2012. p. 265-292.

42 AGIER, Michel. Le camp comme limite et comme espace politique. In: KOBELINKSKY, Carolina; MAKAREMI, Chowra. *Enfermés dehors. Enquêtes sur le confinement dês étrangers*, 2009. p. 30.

43 Ver o pedido de desculpas do premier belga 6 anos após o genocídio: https://www1.folha.uol.com.br/fsp/mundo/ft0804200009.htm

> transformações físicas e sociais, e seus deslocamentos no espaço[44] (tradução minha).

Se a cena das ocupações nos ajuda a entender as inúmeras modalidades de produção de precarização na cidade e se elas são como os campos, no sentido de serem espaços políticos da *exceção ordinária*, nossa proposição é acompanhar as linhas de força e as linhas de fuga possíveis. Nesse sentido, o evento relativo à negociação para o despejo da Zumbi dos Palmares, que esmiuçaremos no capítulo adiante, mostra-se como um caso exemplar. Incorpora as práticas do estado e sua forma de operar no que diz respeito aos moradores, suas expectativas e poder de barganha.

Este poder de barganha era naquele momento algo razoável, haja vista que o prédio estava fincado exatamente numa das avenidas do centro, av. Venezuela, via que poderá se transformar, caso o Viaduto da Perimetral seja realmente colocado abaixo pela prefeitura [o que aconteceu em novembro de 2013], em uma passagem fundamental entre a região portuária e o centro, e de todo o fluxo de veículos que a acessa. Além de se encontrar a dois quarteirões da Pça. Mauá, área de boates "inferninhos" e de prostituição de baixo custo, da av. Rio Branco, referência em termos comerciais e sede de inúmeros bancos e empresas, do Museu do Amanhã, com as obras situadas exatamente no coração da Praça: conseguirão expulsar o meretrício e as boates inferninhos?[45]

Mas antes de entrarmos no despejo da ocupação Zumbi dos Palmares faremos uma pequena digressão para retomar os termos jurídicos e a forma com que operam em relação a ocupações e também quanto a outras modalidades de uso do solo, como a posse, como modo de ampliar a perspectiva.

2.5.1. *Dispositivos jurídicos*

O papel que o estado reconhece na questão do uso do solo/regularização de moradia é muito interessante a fim de atentarmos para a pouca eficácia quanto à implementação dos dispositivos constitucionais caros ao

---

44 *Ibid.*, p. 36.

45 Infelizmente, até o momento desta publicação, em 2019, a ocupação do espaço por trabalhadores de estratos populares nesta área diminuiu bastante.

chamado *direito à cidade*, assim como em termos de políticas habitacionais e direitos sociais, como a *lei de posse*, o *usucapião*, a *concessão por uso especial*, o *uso* ou *habitação social*.

Na entrevista com um defensor público do estado do Rio de Janeiro, em agosto de 2011, realizada por Patricia e eu na UERJ, exatamente durante o desmanche pelo governador do estado, Sérgio Cabral, do Núcleo de defensores próximo a moradores de favelas e comunidades ameaçadas de remoção e despejos, foi possível entender como certos dispositivos jurídicos funcionavam para obstruir ou *emperrar* a eficácia dos direitos constitucionais em relação à moradia, consistindo, desse modo, numa *zona de indeterminação*, onde a *exceção ordinária* não era algo ocasional, mas constituinte de tais dispositivos.

Primeiro, o defensor público chama a atenção do "grande entulho jurídico autoritário" que fundamentaria as ações da prefeitura, que "[...] a gente chama de direito administrativo clássico":

> [...] que confere ao poder público uma série de prerrogativas especiais que fica muito difícil impedi-lo de realizar determinadas ações que ele quer realmente realizar. Então você tem características [...] do poder de polícia, características dos atos administrativos, de autoexecutoriedade, poder de demolir casas de forma autoexecutável, poder de emitir decretos. Então eu não vejo [o estado de exceção] como ações de suspensão das normas, eu vejo a afirmação do direito administrativo que a gente tentou desconstruir, que é esse direito administrativo um pouco varguista até [...], a lei de desapropriação, por exemplo, é de 1940, que não reconhece a figura do possuidor. Então se tem um cara que está há 40 anos morando num prédio que está para ser desapropriado, para a Legislação de 40, aquele cara não é nada, entendeu? Só conta o proprietário. [...] então nossa legislação é o seguinte: o Estado é o proprietário...

Em seguida, nós lhe perguntamos sobre alguns direitos mais recentes no Brasil, como o direito ao *usucapião* e o *direito à concessão por uso especial*, porque eles muitas vezes não são nem citados nas ações judiciais em que ocupações e outras modalidades aparecem como réus. Explica-nos então que o *usucapião* não diz respeito à relação entre possuidor e Estado, mas possuidor e proprietário, sendo assim duas dificuldades: a primeira é que o governo, se estiver com uma ação de desapropriação relativa ao imóvel acontecendo, não irá indenizar as duas partes, ele indenizará quem tem o registro geral do imóvel:

> Ele deposita lá, ele fala que não interessa para ele briga de possuidor e proprietário, o que interessa é a emissão provisória do bem, que os juízes muitas vezes dão. Ainda mais quando tem urgência, quando tem pressão política. [...]. Se o juiz for aquele cara que não está nem aí e que não quer sofrer pressão, para ele é mais fácil despejar trinta famílias e resolver o problema logo. [...]. Na verdade, [...] muitas vezes a comunidade está lá há um tempo e o município se torna proprietário já com a comunidade assentada. Mas então ele vai agir, ele age da pior forma possível, porque ele age, ele tem todos os poderes que são conferidos à administração pública, [...], poder de polícia, aquela coisa toda. E, além disso, ainda tem o poder do proprietário, não é? Então junta os dois e vira uma máquina poderosa.

Sobre o *direito à concessão por uso especial*, a história parece ser ainda mais complicada. Originalmente, ela aparece como uma medida provisória de 2001, tornando-se lei em 2007, que garantiria a regularização de inúmeras áreas, principalmente áreas localizadas em favelas:

> Aquele que [...] possui como seu, por cinco anos, ininterruptamente e sem oposição, até 250m^2 quadrados de imóvel público situado em área urbana, utilizando-o para sua moradia ou de sua família, tem direito à concessão de uso especial para fins de moradia em relação ao objeto de posse, desde que não seja proprietário ou concessionário, a qualquer título, de outro imóvel urbano ou rural.[46]

Tal medida, transformada em lei em 2007 (lei que manteve as áreas de propriedade da União e a proteção a imóveis administrados pelas Forças Armadas e pelo Ministério da Defesa) teria uma aplicação direta no caso das ocupações, mas quando a Defensoria entrou com uma ação utilizando-a, os

46 Cf. SOUZA, Luiz Alberto. *A função social da propriedade e da cidade: entre a cidade do direito e o direito à cidade*. Tese em Planejamento Urbano e Regional, Universidade Federal do Rio de Janeiro, 2005. A medida/lei está disponível em http://www.planalto.gov.br/ccivil_03/mpv/2220.htm.

procuradores argumentaram, conforme narrou o defensor do estado: "Oh, isso aqui é propriedade pública, eles estão invadindo uma propriedade pública, isso aqui é bem de uso comum do povo". Então, num segundo momento, já que não se conseguia o reconhecimento do direito de *concessão por uso especial*, a Defensoria entrou com um pedido utilizando também o direito de *concessão*, mas agora reclamando uma indenização para os moradores. Mas não foi isso o que ocorreu:

> [...] eles passaram o rodo [prefeitura e estado] e o Judiciário também não deu muita bola [...]. Inclusive, no município do Rio de Janeiro [a concessão especial de direito à moradia] é um ato inconstitucional. O município não reconhece mesmo, a procuradoria do município sempre defendeu que a concessão era inconstitucional e o estado também. [...] [o juiz] pode finalizar dizendo: 'As pessoas foram ou reassentadas pelo 'Minha casa, minha vida' ou receberam uma indenização pelo decreto tal, portanto não há mais finalidade nesse procedimento administrativo que visava regularizar as pessoas nas suas próprias moradias'. Perde a finalidade. O Estado pode dizer 'Oh, mas a pessoa agora está morando no 'Minha casa, minha vida', não tem mais o que regularizar, ela já está lá morando'.

O que foi interessante destacar em sua fala, no momento em que acompanhava a série de despejos e remoções, principalmente a partir das obras viárias referentes à Transoeste e à Transcarioca, foi a maneira como ela desvelou a complexa trama que envolvia as decisões dos vários agentes do Judiciário e de como elas se encontravam sujeitas a pressões políticas, interesses e intempéries da ora. Isto, claro, não é nenhuma novidade: a política, sabemos todos, é feita de disputas, pressões, jogos, barganhas etc. Mas chama a atenção tanto o caráter contingente das decisões como o seu grau de arbitrariedade ou opacidade, conforme podemos acompanhar nas falas de alguns dos personagens governamentais. É possível perceber isto no exemplo abaixo, referente às obras da Transcarioca que retirou quiosques e quiosqueiros da área. Conta-nos o mesmo defensor:

> Tinha uns quiosques também [na orla do Recreio, bairro da zona oeste], [...] que foram inclusive projetados pelo município, eles

> seguiram a planta do município, eles tinham as licenças. Aí, de repente, veio um procurador e disse que era tudo ilegal e a gente conseguiu duas liminares dali, garantindo e falando da necessidade de indenizar. [...] mais uma vez, o município conseguiu convencer o juiz e o juiz revogou a liminar e eles destruíram todos os quiosques também numa manhã. Sendo que tinha reportagem de jornal com o prefeito anterior lá... Enfim, era uma cooperativa reconhecida na região, que tinha as licenças, tinha tudo e, de repente, virou... E ele fala como se fossem criminosos. [...].

Num breve histórico, o defensor ressalta algumas intervenções urbanas na história recente da cidade, até chegar ao ano de 2009, considerado por ele um momento de ruptura, já que o último governo de César Maia, o dos anos 2000, *[...] não conseguia mais dar conta do recado, não tinha mais um projeto forte, com muita grana*, por isso, a Defensoria não tinha muita demanda contra o município, "[...] era mais com os proprietários". Com a chegada de Eduardo Paes ao governo, segundo ele, há uma mudança por completo. A Defensoria torna-se "[...] um núcleo de defesa do cidadão contra a prefeitura. Os proprietários não estão nem fazendo mais muita coisa, porque não precisa, a prefeitura faz por eles. Então muda completamente de 2009 para cá".

Sobre este momento de mudança e também de ruptura, o defensor aponta especialmente a manchete de *O Globo* de junho, também em 2009, como algo capaz de condensar esse novo cenário, quando o jornal estampou em sua capa: "Quebraram o tabu da remoção". Era o início do mandato de Eduardo Paes, os anúncios dos megaeventos já estavam inscritos na agenda da cidade, mais a associação de forças políticas entre os governos federal, estadual e municipal, compondo, dessa maneira, um contexto no qual a Defensoria pública acabou por se tornar "quase um lugar especialmente de defesa dos cidadãos contra as ações e as ameaças da prefeitura". Em relação às ocupações, o novo cenário é de completa contração:

> [...] aí começa uma investida jurídica e política. Acabou, eu acho, essa história de fazer ocupação no centro da cidade. [...] essas ocupações geralmente surgiram em 2003, 2004, quando teve uma abertura, por algum motivo [...] não sei, mas que o pessoal conseguiu entrar e ficar. [...]. E o INSS acho que também tava meio

> tapando mosca, tava começando o Ministério da Cidade, que queria regularizar. [...]. Depois das UPPs é que parece que desandou. Mas eu acho que foi uma conjuntura favorável para as ocupações nessa época... Mas agora está impossível ocupar prédio no centro [...]. No centro eles têm bastante moradia nessas situações, porque a gente tem muito uma visão das ocupações organizadas [...]. [...] mas se vocês forem trabalhar as ocupações do centro, eu acho que tem uma questão. Primeiro, essa questão da mudança no cenário, a partir de 2009-2010, acho importante porque afeta ocupações que já estavam, e também pela impossibilidade de fazer novas ocupações. E tem a questão agora da zona portuária, na rua do Livramento, que tem várias ocupações ali, eu cheguei a ter contato com algumas. E as notícias que chegam através do 'Fórum comunitário do porto' falam que vai ser todo mundo despejado nessas ocupações, que estão ali, naquela área do Porto Maravilha, a Machado de Assis também [...].

Como esse "entulho jurídico autoritário", nas palavras do próprio defensor, funcionou no caso do despejo da Zumbi dos Palmares e da Machado de Assis? Se concordarmos com ele que 2009 foi mesmo um ano de mudança na atuação da prefeitura e do estado em relação à população pobre, como os dispositivos jurídicos e um modo de operar via "poder policial" se articulam e são vitoriosos no esvaziamento desses prédios? Conforme Michel Foucault desenvolve em *Segurança, População e Território,* há dois planos nos quais os micropoderes se inserem para produzir saber, verdade e controle.

O primeiro plano situa-se no campo da *governamentalidade* que, como já comentamos, não significa pensar mais o Estado de modo normativo ou como um bloco monolítico, mas como um conjunto de práticas, dispositivos, seus efeitos, e regimes de verdades envolvidos. Há, portanto, um nível que é mais jurídico-político-administrativo, e há um outro nível que é o da subjetividade ou referente aos *modos de subjetivação.*[47] Entre estes dois níveis ou planos – o jurídico-político-administrativo e os *modos de subjetivação* – é que

47 Segundo Deleuze: "Foucault não emprega a palavra sujeito como pessoa ou forma de identidade, mas os termos subjetivação, no sentido de processo, e 'Si', no sentido de relação (relação a si). E do que se trata? Trata-se da constituição de modos de

podemos inserir as lutas e as linhas de fuga, e é nesse espaço que as disputas e outras forças podem se articular para promover uma nova *territorialização*.

Igualmente, não se trata de pensar a governamentalidade como algo estático e compacto, com suas classes e atores dominantes e seus dominados, mas sim pensá-la segundo forças que se articulam e que podem ganhar consistência e perdurar. A proposição então é acompanhar e entender as práticas, enquanto forças, produções e efeitos, que envolvem esses regimes e ordenamentos, assim como perscrutar as fissuras e as desarticulações que atravessam suas narrativas.

existência, ou da invenção de possibilidades de vida que também dizem respeito à morte, a nossas relações com a morte: não a existência como sujeito, mas como obra de arte. Trata-se de inventar modos de existência, segundo regras facultativas capazes de resistir ao poder, bem como se furtar ao saber, mesmo se o saber tenta penetrá-los e o poder tenta apropriar-se deles. Mas os modos de existência ou possibilidades de vida não cessam de se recriar, e surgem novos. Se é verdade que essa dimensão foi inventada pelos gregos, não fazemos um retorno aos gregos quando buscamos quais são aqueles que se delineiam hoje, qual é nosso querer-artista irredutível ao saber e ao poder" (DELEUZE, G. Rachar as coisas, rachar as palavras. In: ____. *Conversações, 1972-1990*. Trad. Peter Pál Pelbart. Rio de Janeiro: Ed. 34, 1992. p. 116).

3. Composição, paranoias e invasores

Figura 10: Grafite de um morador no hall da Machado de Assis, dezembro de 2008

3.1. A gente não va ser favela/invasor tráfico

Caderno de Campo. s/d. Apartamento de Gustavo. Ocupação Dandara. Reescrito a partir da narrativa contada [e repetida outras vezes e em diferentes momentos] por Gustavo.

Vítor morava na ocupação Zumbi dos Palmares e brigava com Pablo, eram de *firmas opostas* [grupos rivais do tráfico de drogas]. Um dia Vítor apareceu no prédio com uma arma para matar Pablo. Moradores atentaram para uma possível fatalidade. Beth chamou Gustavo, que se pôs a caminho da Zumbi, numa distância que pode ser percorrida em cerca de 10 minutos. Gustavo *grudou* na cintura de Vítor, que o repreendeu dizendo para ele nunca mais segurá-lo dessa maneira. A impressão que tal gesto dava, Vitor explicou, era de que alguém, na sequência, o atacaria. Gustavo conseguiu convencer Vítor a sair da ocupação para beber algo. "Levei ele pra Pça. Mauá, ele e mais duas pessoas da Zumbi dos Palmares. Chegou lá, ele tomou uma cachaça daqueles caras que andam com carrinho de mão pela rua, com um monte de garrafa de cachaça". E interrompeu o relato para fazer menção ao personagem bíblico João Baptista, identificando-se com ele, pois, afinal, foi um homem que "se fez de fraco para ajudar os fracos". Aos poucos Vítor se acalmou e começou a chorar, declarando a Gustavo que ele o ajudara muito, porque senão teria que ter permanecido na boca [de fumo], trabalhando como elevador de recado, aviãozinho, ou em posições semelhantes, e encerrou a conversa dizendo: "'Agora minha família tá aqui'".

Gustavo ao narrar essa estória repetiu algumas vezes que se sentira muito tocado com a fala do rapaz, repisando que Vítor era constantemente associado, por moradores e militantes, ao tráfico de drogas e tido como violento: "de repente, eu o vejo chorando!". Teve uma época inclusive que Vitor quis botar fogo no prédio porque foi acusado de pedofilia, e se defendeu dizendo que tinham armado para ele. "Até hoje eu também acho que era calúnia" - reiterou Gustavo.

Segundo o mesmo interlocutor, a ocupação representava uma chance efetiva para Vítor tentar uma vida diferente. Vítor era um cara "de força", tinha saído do negócio das drogas, vinha na semana com seu burro sem rabo de Copacabana, atravessava o túnel. E acabou no bueiro. Vitor quis sair numa sexta-feira, mas na sexta já não tem reciclagem, os depósitos não pagam, apenas no domingo é que eles recomeçam. E Vítor quis sair na sexta e, para isso, resolveu pegar cobre no bueiro e "fazer jogo" com alguém da área, mas acabou morrendo eletrocutado. Outro dia, Gustavo encontrou o filho de Vítor que devia estar com 11 ou 12 anos, e este o deixou "passado" quando disse que o pai era um otário que morreu porque quis comprar um tênis.

Na história do Rio de Janeiro, assim como em outras capitais, a permanência de uma presença significativa de segmentos precarizados na região central suscita um colorido próprio a esta faixa da cidade, inscrevendo-a num modo *minoritário*[1] quanto ao padrão periférico. Não podemos esquecer, porém, que tanto ocupações quanto favelas são denominadas pelo IBGE com o termo preconceituoso, *aglomerados subnormais* e, em termos jurídicos, como *esbulho de posse* ou *invasão*.

Formam-se da mesma maneira: a partir de terrenos invadidos, grilados ou semigrilados,[2] onde apenas uma ínfima parte dos moradores consegue a escritura do imóvel.[3] Outra parte tenta um registro no cartório, o que, no entanto, é frágil em termos jurídicos principalmente quanto a garantir a permanência do morador no local, como por exemplo no caso de obra pública. Um conjunto menor entra na Justiça para reclamar o *usucapião* do lugar. No entanto,

---

1 Segundo Deleuze: "Minoria designa, primeiro, um estado de fato, isto é, a situação de um grupo que, seja qual for o seu número, está excluído da maioria, ou está incluído, mas como uma fração subordinada em relação a um padrão de medida que estabelece e fixa a maioria. Pode-se dizer, neste sentido, que as mulheres, as crianças, o Sul, o terceiro mundo etc. são ainda minorias, por mais numerosos que sejam. Este é um primeiro sentido do termo. Mas há, imediatamente, um segundo sentido: minoria não designa mais um estado de fato, mas um devir no qual a pessoa se engaja. [...] já que cada um constrói sua variação em torno da unidade de medida despótica e escapa, de um modo ou de outro, do sistema de poder que fazia dele uma parte da maioria" (DELEUZE, Gilles. Um manifesto a menos (sobre a obra de Carmelo Bene). *Sobre teatro.* Trad. Fátima Saad. Rio de Janeiro: Jorge Zahar Ed., 2010. p. 63-64).

2 Sobre a questão da posse no Brasil e suas variações, ver: HOLSTON, James. Legalizando o Ilegal: propriedade e usurpação no Brasil. (Originalmente publicado como The misrule of law: land and usurpation in Brazil. Revista *Comparative Studies in Society and History*, 33 (4), p.695-725, 1991). Disponível em: <http://www.anpocs.org.br/portal/publicacoes/rbcs_00_21/rbcs21_07.htm>. Acesso em: 02/02/2010.

3 Alba Zaluar, em 2009, comentava que apenas 5% dos moradores de favelas no Rio de Janeiro possuíam Registro Geral do Imóvel (RGI). Embora o contexto das ocupações envolva outros personagens, as observações da antropóloga são interessantes para pensarmos em como este fato é fundamental na produção do viver condições de *indeterminação*: "A favela continua sendo o espaço onde as pessoas não são proprietárias. [...]. Por isso a milícia e o tráfico podem participar dos negócios imobiliários. Certas associações de moradores levam uma parte de todos os negócios imobiliários. [...]. O problema é a falta de título que fragiliza o poder do morador sobre sua habitação, podendo ser muito facilmente expulso. Então, só se consegue entrar pela rede de poder que se estabeleceu" (In: LUCCA, Lilian. "Entrevista com Alba Zaluar". *Revista Eletrônica Ponto Urbe*, n. 5, São Paulo, NAU/USP. Acesso em: 08/09/2009).

tais instrumentos têm tido, até o momento, uma jurisprudência restrita, como ressaltamos antes. Isto termina por promover, entre outros fenômenos, uma diversidade de modalidades de operar da população pobre no que concerne à venda e à compra de terrenos, de casas ou de pequenas áreas, sejam em favelas, cortiços, posses, habitações compartilhadas ou assentamentos.[4]

Tais formas de negociação ou transação comercial também estão presentes nas ocupações autogestionárias do centro, embora sejam abominadas pela militância, constantemente preocupada em fortalecer o coletivo e em produzir modalidades de empoderamento em termos de barganha e negociação com as esferas estatais, políticas e jurídicas e, por conseguinte, obter legitimidade na rede dos movimentos sociais. Não podemos deixar de atentar, contudo, para a diferença de escala envolvida numa invasão/ocupação na região central em comparação com as favelas da cidade, mesmo as menos densas. Na ocupação Zumbi dos Palmares, por exemplo, o número de famílias chegou aproximadamente a 100 e, desta forma, tentar compor um coletivo autogestionário era algo ainda factível de acontecer.

Para explorar as nuances e as diferenças suscitadas no cotidiano dos *squats* do centro, tendo em vista a oposição favela/ocupação, proponho nos determos em algumas situações e enunciados. Antes disso, é preciso notar que as favelas são genericamente consideradas por militantes e ocupantes como espaços submetidos a grupos do tráfico, ou estando sob a proteção deles, enquanto as ocupações aqui referidas buscavam evitar ao máximo a interferência de tais grupos em seu cotidiano e nas decisões dos coletivos.

---

4 Sobre a discussão há o interessante estudo de caso na favela Rio das Pedras, zona oeste do Rio de Janeiro, onde a posse é "regulamentada", entre outros mediadores, por grupos de milicianos inseridos na associação de moradores. Alba Zaluar e Isabel Siqueira Conceição observam, da mesma forma, que muitos dos serviços disponíveis em Rio das Pedras teriam a participação direta de milicianos, referidos neste contexto como "pessoal da associação", "os zé maria" e "os caras" (Ver: CORREA, Claudia. "Direito de laje: o Direito na vida e a vida no Direito". *XVII Congresso Nacional Conpedi*, Brasília, 2008. Ver: ZALUAR, Alba & CONCEIÇÃO, Isabel. *Favelas sob o controle da milícia no Rio de Janeiro: Que Paz?*. Disponível em: http://www.seade.gov.br/ produtos/spp/ v21n02/v21n02_08.pdf.

É comum nesses espaços o seguinte temor: uma pessoa ou um pequeno grupo se intitula próximo ao tráfico para obter algum privilégio ou se sobressair, transitando entre o ameaçar *tomar* o prédio e efetivamente fazê-lo. Grupos e pessoas, por conta disso, bem como o coletivo, andavam vigilantes em relação a qualquer movimentação externa. No decorrer da pesquisa, entretanto, percebemos o quanto essas forças aparecem de forma embaralhada no dia a dia da ocupação, produzindo uma trama na qual diferentes formas de tutela tanto podem se associar, se sobrepor, ou se confrontar. Além disso, o modo com que ocupantes e ocupações lidavam com esta dinâmica não era algo homogêneo.

Na Machado de Assis, nas primeiras semanas, havia a possibilidade de que pessoas ligadas ao tráfico entrassem no prédio, inclusive como moradores - recordemos que os ocupantes iniciais tinham "metido o pé" do imóvel depois que viram as condições precárias de habitabilidade. Uma proposta que surgiu, e foi vitoriosa, a despeito da oposição da maior parte dos militantes do *operativo*, eu também votei contra, era de que uma comissão tirada entre os ocupantes subiria o morro da Providência para falar com o chefe da boca. A resolução objetivava duas coisas: primeiro, explicar o sentido político da ocupação; segundo, conferir a veracidade das informações sobre os ocupantes que se autoproclamavam do tráfico local, na época sob a direção do Comando Vermelho, e que, com esse argumento, pretendiam se instalar na ocupação ou colocar algum conhecido, namorada e/ou parente como morador. A ideia da comissão e da visita ao dono da boca da Providência, por sua vez, foi comemorada de maneira fervorosa por quem a apoiou, em especial os ocupantes mais jovens.

A tentativa de diferenciar favela de ocupação acontecia frequentemente na Machado de Assis. Vinícius, morador ali, enunciou em diferentes ocasiões: "Pessoal, a gente não vai ser favela!". E ainda, numa alusão à sujeira e ao lixo que haviam restado no pátio da ocupação por alguns dias: "Pessoal, é só para lembrar que a gente não está na favela!". Lúcia, com cerca de 50 anos, piauiense, há alguns anos no Rio de Janeiro, também comentou: "Esse varal está parecendo de favela!".

Tais marcações não apenas acionavam o preconceito disseminado, grosso modo, em relação às favelas e ocupações pela sociedade majoritária, mas consistiam, efetivamente, numa forma de conviver com as ameaças diárias reunidas sob o vetor *sujeito-tráfico que deseja impor sua ordem*. A ameaça de invasão pelo *movimento*/tráfico de drogas marca a ocupação com um repertório de tensões e dilemas.[5] Durante as assembleias, entre um reclame e outro, como forma de exigir uma atenção mais acurada por parte dos ocupantes quanto às condições do prédio e tudo o mais, as seguintes variações foram repetidas: "o tráfico vai invadir", "o tráfico vai tomar" ou "o tráfico está de olho no terreno".

Fernando, que morava na Providência com a mulher e os filhos, queria se mudar o mais rápido para a Machado de Assis e era um dos ocupantes que mais temiam a invasão de pessoas ligadas ao tráfico. Um dos motivos da urgência em "chegar" na ocupação era que sua casa estava situada em frente a uma boca de fumo e os garotos que nela trabalhavam lhe pediam comumente coisas como carregar o celular, uma panela emprestada, alho, cebola, garfos, pratos, etc.

Outro acontecido, que podemos notar como próximo ao que ocorre nas favelas, endossou a excepcionalidade da ocupação em relação à cidade, e que é algo corriqueiro no cotidiano de inúmeras favelas cariocas. Em março de 2010, durante o 5º Fórum Urbano Mundial, realizado pelo ONU-Habitat, na zona portuária, a polícia invadiu a ocupação, pelo menos três vezes, na semana do evento. Moradores relatavam que os policiais violavam os quartos dizendo que estavam procurando drogas ou armas, e se postaram no Nárnia com os fuzis apontados em direção à Providência. "Sem respeitar ninguém, nem as crianças" – comentou Márcia, moradora da Machado de Assis.

5 "Tráfico" é empregado aqui seguindo os usos locais e os modos como circulam. Concordamos com a observação de Antonio Rafael Barbosa de que não existiria um único tráfico operando no Rio de Janeiro: "Não existe um único tráfico de drogas no Rio de Janeiro. E podemos supor que tal constatação serve, com algumas exceções, para toda cidade média ou grande cidade, no Brasil ou fora dele. A noção de rede é de grande valia aqui. O que temos é um emaranhado sem fim de redes sobrepostas a outras redes. [...]. Certamente, entre essas redes existem os mais diferentes pontos de contato e, para tornar as coisas ainda mais complicadas, cada uma delas é nitidamente segmentada. São diversos os segmentos que operam no atacado, assim como no comércio varejista da droga, para cada caso" (BARBOSA, Antônio Rafael. O baile e a prisão – onde se juntam as pontas dos segmentos locais que respondem pela dinâmica do tráfico de drogas no Rio de Janeiro. *Cadernos de Ciências Humanas. Especiaria*, v. 9, n. 15, p. 121, 2006).

No mesmo morro, no mês seguinte, foi instalada uma Unidade de Polícia Pacificadora. Comentários novamente de Márcia e de Cícero, seu companheiro, e mais falas de militantes confirmaram que, pelo menos um mês antes do estabelecimento de uma UPP na Providência, o pessoal que se dizia ligado ao tráfico colocou um ponto de vendas na ocupação e começou a negociar áreas no terreno com o objetivo de levantar *barracos*.

Quais os deslocamentos e os limiares presentes nestas histórias? Segundo Gilles Deleuze, toda territorialização comporta desterritorializações e, consequentemente, outra *reterritorialização*. Portanto, quais as *territorializações* e *reterritorializações* produzidas numa ocupação como a Machado de Assis? "Não ser favela" e "O tráfico vai tomar" são refrãos demonstrativos do receio quanto ao possível retorno a uma condição de coerção ou usurpação, com ameaças, vigilância, controle e punição.

A associação naturalizada entre tráfico e favela aparece especialmente na fala de Gustavo. Ele diz que não volta nunca mais para a zona oeste do Rio, ou para outra periferia, depois que foi seguido e ameaçado porque se opôs ao tráfico local. Este queria dispor do leite das cestas básicas que a associação de moradores ficara responsável por distribuir. Gustavo era vice-presidente da associação e se negou a seguir as ordens do *movimento*. Após tal fato, vários acontecimentos persecutórios desdobraram-se daí, até que um dia um segurança do grupo da facção local levou-o até um terreno ermo para conversar com o dono da boca. No final da década de 80, surgiu a possibilidade de Gustavo e a família virem para o centro da cidade.

Uma primeira consideração que podemos inferir é que tais enunciados dos ocupantes visavam diferenciar o que significava morar numa ocupação do que significava morar numa favela, tendo em seu cerne a relação de submissão ou não ao tráfico incluída numa dimensão performativa. Em especial, quando ocupantes afirmavam, durante as assembleias ou em conversas no hall interno do prédio, que "pessoal, a gente não é favela" ou "a ocupação está parecendo uma favela", ou ainda, de outra forma, mas que endossa o que estou buscando mostrar, quando Renato, militante da Frente de Luta Popular e morador da Zumbi dos Palmares, escreveu em letras garrafais, numa parede em frente à escada da ocupação: "VOU CONTINUAR PENDURANDO ROUPA NA JANELA".

Se, por um lado, tentava-se de modo recorrente diferenciar ocupação de favela, no sentido de que a primeira possuiria organização, seria limpa e higiênica ou, dizendo de outro modo, que as crianças estariam na escola e tinham sempre alguma atividade disponível, como oficinas de "reforço escolar", reciclagem, passeios, etc., por outro lado, os mesmos enunciados pressupõem que a presença de agentes do tráfico era considerada uma possibilidade de usurpação recorrente e temível.[6]

Trata-se, todavia, antes de tudo, de evitar o desempoderamento do espaço enquanto capaz de garantir um grau razoável de autonomia a seus ocupantes em seu cotidiano. Nesse mesmo sentido, não foram poucas as vezes em que a proximidade com o tráfico foi celebrada, demonstrando mais a importância de uma política de "boa vizinhança" do que uma aversão, um rompimento. Trata-se de pensar em formas de dosar o contágio da ocupação por uma ordem de dominação desse tipo. Tais transações com o grupo ligado ao Comando Vermelho, assim como entre moradores, agentes de Estado, agentes da polícia local e agentes do tráfico localizados no asfalto, grupos de movimentos políticos do entorno demonstram, por sua vez, um extenso e variado campo de ação. Esse campo abarca desde a invasão até a permanência no "apartamento", "quarto" ou "moradia", e as possibilidades e gradações que acompanham, como sugeriu Patricia, o *poder ficar*, o *poder viver* e o *poder adquirir*, sugerindo assim uma dinâmica de forças que consideramos própria deste *viver em situações de precariedade*.

Esta dinâmica aconteceu, por exemplo, quando moradores da ocupação avaliaram como algo positivo que um grupo de ocupantes informasse à gerente do tráfico do morro da Providência sobre o caráter e os significados da ocupação, o que indiretamente poderia ajudar a salvaguardar o prédio de invasores outros. Já não importando que aquilo que acontecesse na Machado de Assis, Zumbi dos Palmares ou Dandara fosse próximo ou semelhante ao que tem ocorrido nas favelas: os moradores procurarem os traficantes para reclamar de alguma coisa, pedir algum tipo de ajuda ou proteção. Nas palavras de um

---

6 A tensão entre tráfico e movimentos de moradia foi explorada por Miagusko em *Movimentos de moradia e sem-teto em São Paulo. Experiências no contexto do desmanche*. Tese de doutorado, Programa de Pós-Graduação em Sociologia, Universidade de São Paulo, 2008.

militante do *operativo*, que apoiava a proposta de "subir o morro", era preciso esclarecer o dono da boca sobre o fato de que a ocupação estava interessada em garantir moradia para a população que "necessitava mesmo de moradia", sem que as pessoas tivessem que arcar com qualquer tipo de aluguel ou taxa.

Nos termos de Vera Telles, esse "embaralhamento" das fronteiras no cotidiano das margens podem ser compreendidas como formas de repensar o rendimento do uso do termo *segregação* marcado por uma oposição muito normativa entre asfalto/favela, assinalado em muitos trabalhos etnográficos sobre a configuração das metrópoles brasileiras. Não que tais marcas não existam, mas sua delimitação não é nem imóvel, nem estanque, pelo contrário, compõe fronteiras e limiares diversos, não estritamente territoriais, embora o território, o espaço, seja também uma variável importante na produção e reatualização da segregação.

Seguindo uma vez mais as observações de Vera Telles, acreditamos que rende mais atentar para a porosidade, os fluxos, as movimentações que aparecem na sobreposição do mundo "legal"/ "ilegal", ou na dicotomia "asfalto"/ "favela". Trata-se, portanto, de supor as regiões "periféricas" como *locus* privilegiado quanto à desigualdade e à segregação, no sentido ressaltado por Veena Das e Deborah Poole.[7] Estas autoras propõem pensar *periferia* enquanto margens sempre em deslocamento, evitando-se, assim, uma reificação tanto em termos territoriais, quanto em relação às forças e aos grupos atuantes.

Retomando algo que havíamos comentado anteriormente, perceber as ocupações e outros espaços como lugares de refúgio, temporários e também exteriores, funcionando no diapasão da *exceção ordinária*. Não são territórios ou espaços excluídos da sociedade maior, pelo contrário, são produzidos, em última instância, pelas políticas públicas concernentes à habitação no país, ao mesmo tempo em que se constituem como externalidade, porque localizados na imbricação entre o legal e o ilegal, o que os torna expostos à série de usurpações e coerções usuais nas franjas da cidade, levando-nos a endossar

---

7 DAS, Veena & POOLE, Deborah. 2004. State and its Margins: Comparative ethnographies. In: Veena Das e Deborah Poole (Eds,). *Anthropology in the Margins of the State*. New Mexico: School of American Research Press.

a máxima de Patricia Birman, em um encontro de orientação: de que "nem toda favela é franja, e nem toda franja é favela".[8]

Desta forma, se esses territórios são atravessados sobremaneira pelas tensões e pelos limiares inscritos no chamado padrão periférico ou periurbano – e nas ocupações o propósito é geralmente tentar evitá-los – a ideia é acompanhar a trama entre estas forças e as forças de contestação/de criação, já que, afinal, as últimas buscam contornar a segregação ou os padrões citados para compor, conforme Michel Foucault, um *espaço outro* ou um *espaço heterotópico* capaz, por extensão, de confrontar os espaços majoritários da cidade. Para tanto, não se trata "apenas" de compreender, em relação às ocupações, o funcionamento de forças de usurpação em oposição a forças contestatórias/ forças de criação, o que poderia se revelar um tanto mecanicista, mas seguir a verve benjaminiana que nos incita a desconstruir a história contada a partir da ótica dos vencedores, compondo uma narrativa afeita a fissuras e a cacofonias, capazes de percorrer, atravessar ou contornar a *exceção ordinária*, bem como de se constituir como *minoritária* (ver nota 174).

Antônio Candido, em seu *Dialética da Malandragem,* assinala que a população pobre brasileira é marcada pela "flexibilidade", pelo "não fechamento" a "não normatização", no sentido de um "caráter inconcluso", como destaca Haroldo de Campos sobre o ensaio de Candido.[9] Algo que, por extensão, salientaria a ausência ou incompletude de uma identidade nacional. Resultando daí que: "[...] as formas espontâneas da sociabilidade atuaram com maior desafogo e por isso abrandaram os choques entre a norma e a conduta, tornando menos dramáticos os conflitos de consciência no território nacional". E a transgressão inscrita "[...] numa terra de ninguém moral" consiste "[...] apenas em um matiz na gama que vem da norma e vai ao crime", e está situada numa "[...] vasta acomodação geral que dissolve os extre-

8 Sobre as fronteiras porosas entre o legal e o ilegal ou a exceção nos modos de habitar áreas periféricas no país ver SOUZA, Angela Gordilho. Favelas, invasões e ocupações coletivas nas grandes cidades brasileiras: (Re)Qualificando a questão para Salvador/BA. *Cadernos Metrópole,* n. 1. São Paulo, Educ, 1999; e os trabalhos de FERNANDES, Edésio in VALENÇA, Márcio (org.). *Cidade (I)legal.* Rio de Janeiro, Editora Mauad, 2008.

9 CAMPOS, Haroldo. *O Sequestro do barroco na formação da literatura brasileira: o caso Gregório de Mattos.* Salvador: Fundação Casa de Jorge Amado, 1989.

mos, tira o significado da lei e da ordem, manifesta a penetração recíproca dos grupos, das ideias, das atitudes mais díspares [...]".[10]

A proposição de Haroldo de Campos, em seu *O Sequestro do Barroco na formação da literatura brasileira,* assinala que o caso Gregório de Mattos explora tanto os vislumbres de Antonio Candido quanto sugere seu desdobramento. Segundo Campos: "[...] nesse modo oximoresco de ler a tradição que já se prepara para a grande 'virada' metodológica desconstrutora da Dialética".[11] Qual seja? São estes mesmos "não fechamento", "caráter inconcluso", "contradições antinormativas" que possibilitam nossa inserção num mundo "eventualmente aberto". Vista sob este aspecto, apostamos numa escuta mais nuançada das formas de transgressão ou de choque/destruição atuantes na sociedade brasileira.

Primeiramente, pensamos que as usurpações são constituintes do cotidiano das camadas pobres no país, e não são objeto de uma ausência de Estado ou de sua incapacidade de gerir e distribuir as riquezas do país, ou seja, de uma "modernidade incompleta". Em outras palavras, vivemos na *exceção ordinária* ou *vida nua,* inscritos numa sociedade que funciona através de excepcionalidades e privilégios, cuja forma de funcionamento tem se caracterizado pela intensificação da produção de precarização no que concerne aos pobres – não apenas a estes, mas aqui é o que está nos interessando. O que há de diferente, grosso modo, se compararmos as ocupações do centro às franjas da cidade, é um maior número de possibilidades de se contornar a *exceção ordinária,* ou de tentar escapar das situações de usurpação referentes à *vida nua.* E é isto que poderíamos pensar como *transgressão.*

Mas se isto não resulta em algo que transformará efetivamente o *estado de exceção* e as desigualdades abissais presentes no maquinário nacional, apostamos e acreditamos que nos leva a compor outras narrativas da cidade e outras facetas da chamada, por Walter Benjamin, *história dos vencidos.* Porém, tudo é muito tênue e delicado se lembrarmos da história que abriu

10 CANDIDO, Antonio. *Dialética da Malandragem. O discurso e a cidade.* São Paulo: Duas Cidades, 1993 [1970]. p. 51.

11 CAMPOS, Haroldo. *O Sequestro do barroco na formação da literatura brasileira: o caso Gregório de Mattos.* Salvador: Fundação Casa de Jorge Amado, 1989. p. 78.

esta seção: do homem que percebia a vida na ocupação como uma chance de conseguir se evadir do tráfico, mas entrou no bueiro para roubar cobre e morreu eletrocutado. Observamos que os subterrâneos das cidades, através de seus túneis, encanamentos, abrigos, serviram, em diferentes passagens da história, como refúgios em meio a bombardeios, guerras e ataques os mais variados. Mais recentemente, por exemplo, ossos e objetos "surgiram" no caminho das intervenções urbanísticas do Porto Maravilha, suspendendo um ideário moderno que a prefeitura se empenha em imprimir à área.[12]

Gilles Deleuze, seguindo as pistas de Fernand Braudel,[13] nos ajuda a perceber que, se o capitalismo se constitui hoje pela circulação, nas sociedades de controle será necessário obter as senhas que permitirão desobstruir o percurso. A história de Vítor mostra, igualmente, como nem sempre é tranquilo conseguir a senha que o cunharia como um *homem digno*. Também não aconteceu à toa: uma das maneiras de a prefeitura pressionar indiretamente a ocupação Zumbi dos Palmares foi autorizar, por cerca de um ano e meio, que o consórcio responsável pelas obras do porto fechasse a rua e desfizesse todo o asfalto em frente ao prédio, com a justificativa de que serviriam para colocar os novos cabeamentos referentes aos empreendimentos projetados para a região.

A história do homem que morreu eletrocutado porque fora pegar cobre no bueiro aponta para um desdobramento da instalação de dispositivos de controle na região. O esquadrinhamento da zona portuária realizado pelo conjunto de intervenções urbanas nesse espaço, inclusive em seus subterrâneos e no controle das práticas de subsistência material de sua população precarizada, tem sido paulatinamente apropriado pelo capital privado junto ao estado. Isto nos faz lembrar a máxima de Michel Foucault de que nossa condição, no tempo presente, é a de que nos encontramos "presos do lado de fora".[14]

---

12 Para acompanhar os enunciados a respeito do Porto Maravilha, ver o site: http://www.portomaravilha.com.br/ web/esq/imprensa/sala_imprensa.aspx.

13 DELEUZE, G. e GUATTARI, F. *Mil Platôs*, v.5. trad. Janice Caiafa e Peter Pal Pelbart. São Paulo: Editora 34, 1997.

14 FOUCAULT, M. Les hétérotopies. In: DEFERT, Daniel (dir.). *Le corps utopique, les hétérotopies*. Paris: Nouvelles Éditions Lignes, 2009. p. 7-21.

Gustavo, por sua vez, observa que um dos problemas da ocupação Nossa Senhora das Graças, em Campo Grande, no final dos anos 80, foi quando o tráfico se instalou no espaço e começou a utilizar parte de seu terreno como cemitério clandestino:

> Para mim, ficou claro que o tráfico havia sido implantado pelo estado, como uma forma de tentar criminalizar a militância e os moradores da ocupação, além disso, serviu para dar a ideia da ocupação como uma barbárie, os caras andavam com um pedaço de perna de alguém pela ocupação só para criar aquele clima de absurdo, para botar medo nas pessoas, instalar o terror mesmo.[15]

Um desdobramento possível da história de Vítor – também da evitação da entrada do tráfico na ocupação Machado de Assis (lembrando a máxima "pessoal, a gente não vai ser favela") de sua presença na ocupação como forma de criminalizar e minar qualquer possibilidade de autonomia – é pensar que ele, o tráfico, se estabelece nessa cena como um dispositivo de controle[16] ou de *biopoder*, mesmo que lançando mão, por vezes, de elementos disciplinares. E que é capaz, de muitas maneiras, de "colocar tudo a perder", embora não se trate de diabolizá-lo, mas de atentarmos para as forças que envolvem e modulam sua produção e seus efeitos. Essa capacidade de "colocar tudo a perder", por seu turno, acaba por estreitar os horizontes de experimentação de uma arte do contornamento que podemos imaginar como modos de existência que atravessam os ocupantes.

15 Entrevista realizada em out. 2010.

16 *Sociedade de controle*, segundo Gilles Deleuze, em "Pós-escriptum sobre as sociedades de controle (1992)" e *biopoder* segundo Michel Foucault: "Este biopoder, sem a menor dúvida, foi elemento indispensável ao desenvolvimento do capitalismo, que só pôde ser garantido à custa da inserção controlada dos corpos no aparelho de produção e por meio de um ajustamento dos fenômenos de população [saúde, higiene, natalidade, raças] aos processos econômicos. [...]. O investimento sobre o corpo vivo, sua valorização e a gestão distributiva de suas forças foram indispensáveis naquele momento" (FOUCAULT, Michel. 1985. *História da Sexualidade I. A vontade de Saber.* Trad. Thereza Albuquerque e J. Guillon Albuquerque. Rio de Janeiro: Graal. p. 132-133).

Já a fronteira tênue entre ocupantes/ocupações e as ameaças suscitadas pela presença do tráfico numa experiência que se deseja autogestionária é desencadeadora de inúmeras ponderações e acontecimentos. Em certa medida, a tensão inscrita no jogo de forças em direção a uma *vida digna*, seja como morador de uma ocupação organizada em coletivos não representativos, seja como trabalhador/trabalhadora precarizado(a) do centro da cidade, neste caso, incorporada em algum tipo de relação com o tráfico ou com outros ilegalismos cotidianos, delineia um modo de existência com colorido e riqueza próprios.

3.2 Vida digna, vida infame

> Não apenas as pessoas, mas também a pobreza e o desespero precisam adaptar-se às circunstâncias, precisam "virar-se". [...] Não há nada de tão grave com que não possamos conviver durante algum tempo. Nesse livro, a miséria ostenta seu lado jovial. Ela se senta com os homens na mesma mesa, sem que com isso a conversa se interrompa; eles continuam sentados e não param de comer.
>
> Walter Benjamin. *A crise do romance. Sobre Berlin Alexanderplatz de Doblin*, 1987, [1930], p. 58

Trecho reescrito a partir do caderno de campo, Central do Brasil, abril de 2011

Gustavo identifica na esquina da rua Senador Pompeu, em frente à pastelaria dos chineses, que se encontra então fechada, já passa das 11 horas da noite, um homem sentado de costas para a rua, com camisa e gorro do Vasco. Vende carregadores usados para celular, são muitos, dispostos num plástico preto que forra o chão. Gustavo o cumprimenta, avisa que irá esperar o ônibus comigo e na volta vem falar com ele. Enquanto aguardávamos na parada do ônibus, Gustavo conta sobre esse conhecido, que trabalhava no tráfico [de drogas] em Santa Cruz, conseguiu sair, depois foi para a igreja, e agora tenta construir uma outra vida:

"Admiro muito a força dele, muita vontade mesmo, porque tinha uma vida, ganhava um dinheiro bom e agora tem outra, muito mais difícil e ele está firme. Não sei se eu ia conseguir isso, não. Dizem que ele uma vez matou um cara, pendurou-o numa árvore, depois o despelou. Como o pessoal faz com alguns animais. Imagina isso!".

A Central fervilhava, era uma sexta-feira. De uma kombi localizada na calçada ao lado saíam quentinhas entregues parcimoniosamente a uma clientela que não identifiquei como *população de rua* ou "necessitados". Por conta do modo de vestir e dos cortes de cabelo, supus que fossem trabalhadores em translado na Central. O homem com quem Gustavo falara, o "vascaíno tira-peles", estava discretamente incluído numa roda de evangélicos, que ao todo devia ter entre 10 e 15 pessoas. O pastor, de paletó preto e Bíblia na mão, fazia uma pregação que desgraçava o ouvido, a caixa de som era um conjunto de ruídos desencontrados em altíssima frequência. Já era quase meia-noite quando encerraram com mais um *JESUUUUUUS!*

Havia algo heroico na forma com a qual Gustavo se referia ao homem convertido à *vida digna.*[17] Tal heroísmo demonstra o quanto as fronteiras entre

17 *Vida digna* alude ao termo "vida decente", presente no romance *Berlin AlexanderPlatz*, de Alfred Doblin, ao estudo sobre o mesmo, de Walter Benjamin, chamado *A crise do romance. Sobre AlexanderPlatz de Doblin,* e aos comentários sobre o tema, presentes na dissertação de Gabriela Siqueira Bitencourt, *Fraturas da Metrópole. Objetividade e crise do romance em Berlin AlexanderPlatz*, Programa de Pós-Graduação em Teoria Literária e Lit. Comparada, Universidade de São Paulo, 2010. No romance, Doblin narra a estória de Franz Biberkopf desde quando sai da prisão, em Berlim, e decide que terá uma "vida decente". A passagem pela prisão, a despeito da decisão de ser um "bom homem", entretanto, lhe permite que transite entre trabalhos informais (homem-sanduíche, entregador de panfleto, vendedor de jornal, em plena década de 30, na Alemanha), e trabalhos no crime (saqueador de cargas, pequenos furtos a estabelecimentos, e sempre em grupo). Doblin, por sua vez, salienta que a trajetória de Biberkopf não pretende delimitar o romance ao mundo "criminoso": "[...] este mundo é um mundo de dois deuses. É, ao mesmo tempo, um mundo de construção e de destruição. Este confronto ocorre na temporalidade e temos participação nele. [...]. A sociedade está entremeada de criminalidade, foi o que afirmei. O que quer dizer isso? Nisso há ordem e dissolução. Mas não é verdade que a ordem, ou mesmo sua forma e existência, seja real sem a tendência à dissolução ou à destruição factual. No livro *Berlin AlexanderPlatz*, Franz Biberkopf sai da prisão. Por natureza ele é bom, como se costuma dizer, e ainda por cima um gato escaldado com medo de água fria. E quando sai para o mundo, vejam só, quer ser decente, quer cumprir as leis deste mundo como as imagina, honesta e fielmente – e não é possível! Não é possível. Golpe atrás de golpe recai sobre ele e destrói o homem; poderia dizer igualmente, destrói esse processo de raciocínio" (DOBLIN,

tráfico/*vida digna* e *vida infame*[18] se perpassam e se confundem. Na trajetória de nosso militante, desde a primeira ocupação em Campo Grande, bairro situado na zona oeste da cidade, até as virações no centro, cenas associadas ao tráfico sempre foram corriqueiras. Podemos, contudo, esmaecer tal observação contrapondo que Gustavo tinha uma posição de liderança nos dois momentos e, portanto, encontrava-se mais suscetível a este tipo de disputa. Além disso, o tráfico é uma empresa intensamente presente na região. E ao constatar o fato de que as fronteiras entre *vida digna* e *vida infame* se superpõem e se perpassam, Gustavo conseguiu, mesmo que indiretamente, evitar que sua carrocinha terminasse detida pelo *Choque*. Como ele obteve tal feito?

Instalou-se em frente a uma boca de fumo e pôde tocar seu pequeno empreendimento sem ser molestado pelas rondas dos agentes municipais da prefeitura, frequentes nessa época. Sua atitude se assemelhava à de muitos negociantes ou comerciantes locais, quando percebiam que seu comércio

---

Alfred. Meu livro Berlin AlexanderPlatz (1932). In:______. *Berlin AlexanderPlatz*, 2009, p. 524-525).

18 A "vida infame" refere-se ao termo homônimo presente no ensaio de Foucault, *A vida dos homens infames*. Cabe observar, pensando o uso do termo *infame* ou *vida infame* no contexto desta pesquisa sobre ocupações, que os *infames* não eram, conforme *Lettres*, considerados, particularmente, "criminosos", mas eram difamados ou perseguidos por conta de alguma conduta mal vista por um vizinho ou algum outro funcionário da monarquia. Cito um trecho do prefácio da edição portuguesa da obra, bastante esclarecedor: "A infâmia de que Foucault aqui fala é bem menos uma infâmia moral do que aquela outra, que caracteriza o acesso dos que não têm nome à sombria notoriedade da difamação, mediante um processo que conheceu os seus dias de glória na França pré-moderna de meados do séc. XVII a meados do séc. XVIII. No centro desse processo encontrava-se uma forma institucional – a *Lettre de cachet*: um documento redigido em nome da autoridade do rei e que dotava os seus súditos, até o último, do poder de fazer internar um familiar ou um vizinho cujo comportamento de algum modo se revelasse pernicioso para o próprio ou para a alheia sensibilidade. Embora se incluam entre as suas vítimas personalidades célebres [como Sade], Foucault privilegia precisamente as *Lettres de cachet* que se abateram sobre 'pobres diabos' de que nenhuma outra história rezaria, a não ser, com efeito, a das queixas contra si apresentadas por concidadãos que deles se queriam ver livres" (CASCAIS, Antonio & CORDEIRO, Edmundo. Prefácio. In: FOUCAULT, M. *O que é um autor?* Trad. Antonio Cascais e Edmundo Cordeiro. Lisboa: Passagens e Vega, 1992. p. 23-24).

podia sofrer alguma baixa financeira ou podia estar ameaçado caso determinadas ações governamentais viessem a ocorrer realmente.

Mas havia outra situação que precisamos destacar na vida de Gustavo: seu filho havia se envolvido no tráfico, o que significou um drama pessoal, já que, por duas vezes, o menino foi preso. Por outro lado, tal experiência fazia com que relativizasse o envolvimento do rebento e de quem quer que estivesse na mesma situação, julgando tal trabalho como algo característico de inúmeros garotos que não possuíam uma perspectiva melhor, mas também como uma forma de alcançar *status* e ganhos salariais que avaliava entre razoável e bom. Como destacou Vera Telles sobre as periferias da cidade:

> [...] é hoje quase impossível encontrar uma família que não tenha contato e familiaridade, direta ou indireta (conhecidos, vizinhos e parentes), com a experiência do encarceramento. Isso levanta a pergunta sobre o modo como essa experiência afeta práticas cotidianas e os modos de organização da vida familiar: o 'jumbo', apoios, visitas, advogados, busca de recursos e solidariedades. E, junto com isso, a ativação de redes sociais que passam, também elas, por essas fronteiras porosas do legal-ilegal, lícito-ilícito, para mobilizar recursos, suportes, bens, informações de que depende a vida dos parentes aprisionados.[19]

Frisava que isso era possível porque a região fazia um volume de vendas considerável, se fosse um lugar mais pobre e distante a estória seria diferente, gostava sempre de comparar o centro com a zona oeste, onde havia morado anteriormente. Estas e outras observações foram colocadas várias vezes por ele, nas assembleias da Machado de Assis: que o morador também deveria pensar a respeito do que acontecia com seu vizinho e que podia acontecer com qualquer família.

19 TELLES, V. *A Cidade nas fronteiras do legal e ilegal*. Belo Horizonte: Argumentum, 2010. p. 204. Feltran também assinalou o quanto se encontra hoje imbricada a relação entre trabalho/trabalhadores e delitos/bandidos. Ver FELTRAN, Gabriel. Trabalhadores e bandidos: categorias de nomeação, significados políticos. *Temáticas* (Unicamp), ano15, p. 11-50, 2007.

Foi também tentando evitar a área do tráfico que se mudou para a rua Camerino. A situação em frente à boca estava muito complicada, desde que a polícia batera num garoto, criou-se uma roda, quem estava presente reclamou e Breno, filho de Gustavo, também estava nesse grupo. A mudança para a Camerino tentava acionar outro tipo de proteção, por conta de um possível contato com uma ONG que ele conhecera graças à sua rede universitária.

Durante os primeiros meses o novo ponto deu certo. Gustavo chegava ao local quando já havia escurecido e depois que os agentes da guarda municipal encerravam o último turno do dia, às 7 horas da noite. Mesmo assim, a situação era de tensão, afinal, recordemos que a UPP havia sido instalada no morro da Providência e inúmeras ações estavam transformando as relações e os acordos entre seus diferentes personagens, assim como as forças em disputa na "revitalização" da região. As ações da vez, por exemplo, na Central, estavam sendo feitas por policiais militares montados em cavalos vultosos, objetivando inibir e expulsar os dependentes dispostos pelas ruas do entorno. Realizavam isso jogando os animais em cima dos usuários de drogas, conhecidos por *cracudos* – termo genérico e pejorativo.

Outra tensão se formou quando Gustavo acabou discutindo com um rapaz de uma associação de cultura afro, situada em frente ao ponto onde ele havia se instalado. Com o seguinte detalhe: era desta associação que puxava a eletricidade utilizada para ligar o aparelho de CD e uma caixa de som em sua barraca, conforme contou, como forma de "criar um ambiente com músicas de MPB e outras coisas boas de ouvir". Um certo dia, porém, o homem da associação pareceu ter ficado com má vontade de passar o fio por dentro do prédio. Para Gustavo, o homem estaria fazendo corpo mole e fingindo não escutar o que ele lhe pedira. Tais conflitos comezinhos, e decisivos, eram parte deste seu novo ponto, que só poderia começar a funcionar depois que o último grupo da guarda municipal se recolhesse.

Por outro lado, supomos que na administração cotidiana de uma carrocinha para venda de sanduíches demanda continuidade e atenção minuciosa quanto à contabilidade dos custos e à reposição de material, e também um modo de perceber os produtos que tiveram maior ou menor saída. Ademais, é preciso mencionar que Gustavo possui um coração de ouro. Na rua Camerino, um mendigo, que se encontrava a maior parte do tempo bêbado e muitas vezes caído, ganhava dele, logo que despertava, um sanduíche. Além disso, para alguns amigos de seus filhos, que pareciam ter adotado a carrocinha como local de encontro, cobrava um valor menor do que o preço estabelecido.

A ex-mulher de Gustavo e mãe de seus filhos estudava no período noturno, assim, os dois caçulas quase sempre o acompanhavam na carrocinha. Filhos e colegas, por sua vez, queriam também consumir um dos ótimos sanduíches confeccionados por Gustavo. E, ainda por cima, vendido em boa conta, porque desejava "[...] oferecer um produto que fosse bom, que não fizesse mal e que poderia ser consumido pela maior parte dos transeuntes da Central". Com o passar dos meses, os ganhos não foram tão vantajosos como imaginara, o negócio precisaria ser calculado em seus pormenores. Além disso, a tarefa de adentrar a noite e, no dia seguinte, repor o material, cuidar da casa, fazer comida para os filhos acabou por tornar desgastante e desvantajoso seu empreendimento.

Uma primeira atitude, para tentar modificar o rumo ladeira abaixo da carrocinha, foi diminuir a jornada de trabalho, escolhendo os melhores dias, que tinham clientela certa por um ou outro motivo. Depois surgiram justificativas relativas a mudanças climáticas, semanas de frio e chuva na cidade, o que diminuiu o número de pessoas nas ruas, chegando a impossibilitar o serviço, o que fez com que alguns produtos estragassem. E Gustavo continuava a reclamar de um cansaço que, na verdade, se tratava de algo mais sério: estava com a glicose muito alterada, próxima do nível que o classificaria como portador de diabetes, o que se confirmou um tempo depois. Começou nessa época a se cuidar, mas aí já tinham se passado dois ou três meses da suspensão dos trabalhos na carrocinha que, guardada na garagem da ocupação, acabou depenada.

3.3 Apenas na aparência a cidade é homogênea

> Apenas na aparência a cidade é homogênea. Até mesmo seu nome assume um tom diferente nos diferentes lugares. Em parte alguma, a não ser em sonhos, é ainda possível experienciar o fenômeno do limite de maneira mais original do que nas cidades. Entender esse fenômeno significa saber onde passam aquelas linhas que servem

> de demarcação, ao longo do viaduto dos trens, através de casas, por dentro do parque, à margem do rio; significa conhecer estas fronteiras, bem como os enclaves dos diferentes territórios. Como limiar, a fronteira atravessa as ruas; um novo distrito inicia-se como um passo no vazio; como se tivéssemos pisado num degrau mais abaixo que não tínhamos visto.
>
> Walter Benjamin, *Passagens*, 2006, p. 127

Para entrar ou sair da ocupação Machado de Assis, a melhor opção era atravessar o túnel João Ricardo, atrás da Central do Brasil. Uma impressão recorrente era de que todos os ônibus e pessoas do mundo atravessavam esse caminho. A imagem era de que entrávamos em um halo de onde seríamos tragados para um lugar escuro de muita poeira e barulho. Faróis que cegavam os passantes. Buracos com poças temerárias, que pareciam à espreita de quem atravessava lentamente o lugar. Penso nos cheiros, na luz, no aturdimento que acontecia durante aquela passagem. A Gamboa, perdida no tempo, com casario antigo, ruas que não se encontram, em quarteirões que confundem transeuntes. Em becos, bueiros e labirinto. Na vida banal, ruínas, olhares, polícia e o morro da Providência.

Em direção à ocupação, o corpo encontra-se cansado. Ainda não escureceu, quando me surpreendo com uma mulher que se instala para dormir um pouco antes da entrada do túnel. Ela o faz dessa mesma forma, quase todos os dias. Essa mulher andarilha que se recolhe, envolta em panos, para se proteger do sereno da noite, tem seus guardados em dois sacos grandes, de plástico, e um cobertor. Um belo dia eu voltava de uma aula, na qual estudávamos Charles Baudelaire e Walter Benjamin, quando vi que a andarilha lia um livro. Aproximei para descobrir o título. As coisas, por um átimo, se tornaram crepusculares quando soletrei... *O comedor de haxixe* de... ora vejam... Baudelaire! A mulher lia concentrada, à luz derradeira de um dia de dezembro de 2008.

Com o coração em disparada, despontou a dúvida de se eu voltaria para perguntar algo sobre o livro e como ela vivia, onde estavam seus parentes, por que vivia na rua, por que dormia aos pés do morro da Providência, bem na entrada do túnel, se já estabelecera moradia em algum lugar anteriormente. O acontecido embaçou o presente.

Por longo tempo intrigou-me essa estória, da andarilha que dormia na entrada do túnel. Na antropologia, e nas ciências humanas em geral, o discurso verbal têm ênfase maior na busca pela "verdade do campo": o que foi dito deve ser anotado em um caderno, os detalhes, o máximo de que a gente se lembre. Nunca consegui bater um papo com ela, porém, me parece tão importante quanto o discurso verbal é pensar nos efeitos suscitados pelo encontro a partir dos fatos e dos afetos não verbais, grosso modo, anônimos, que nos tocam quando andamos pela cidade. Afora o recorte de classe que esvazia a heterogeneidade do encontro, e por sua sincronicidade, aquela mulher que lia conjugou-se à imagem da mulher que dormia no meio da calçada, na entrada do túnel. Havia uma tranquilidade, um modo solene, e corriqueiro, com que ela se estendia no caminho, entre trapos e sacos, portando *O comedor de haxixe*.

Acalentei a esperança de revê-la lendo Baudelaire, mas isso não se repetiu, embora a tenha visto outras vezes, no mesmo local e horário, folheando jornal ou revista. Na etnografia, uma forma de legitimidade é narrar algo ou uma situação pela qual você passou/experienciou, o "eu estive lá". Esta é uma maneira muito utilizada para imprimir autoridade ao material de campo, já que é impossível que outro etnógrafo passe pela mesma situação, da mesma forma. Mas mais interessante, a meu ver, seria pensarmos a etnografia como um encontro para a criação de novas composições, como Gilles Deleuze sugere a partir da ideia de *simpatia*, de D. H. Lawrence, que retomo: "É preciso resistir às duas armadilhas, a que nos arma o espelho dos contágios e das identificações, a que nos indica o olhar do entendimento".[20]

Então a pergunta: o que se compõe nesse encontro com a andarilha que lê na entrada de um túnel fundamental na história de negras e negros, os pobres na cidade? Quais as formas de inscrição e intervenção no destino da cidade? Desfazer a ideia de um espaço homogêneo para perceber as inúmeras fronteiras, frestas, limiares e contatos, bem como sua disposição cotidiana.

Pensei em voltar noutro dia e perguntar à mulher se queria morar na ocupação. Bastava ultrapassar o túnel, ela seria bem vinda, estaria entre as

20 DELEUZE, Gilles & PARNET, Claire. Da superioridade da literatura anglo-americana. In: ____. *Diálogos*, 1998, p. 67.

primeiras classificadas do cadastro realizado pela militância e por moradores, já que o edifício invadido resultou mais amplo do que tinham suposto. "Mulher, mais velha e moradora de rua" – bingo! – era, portanto, uma *necessitada* ou, conforme o termo utilizado no processo judicial da Zumbi dos Palmares, uma *desamparada*. Estes termos - *necessitada* e *desamparada*, se antes eram signos de uma *cidadania em negativo*[21], na cena das ocupações, talvez desde que a Política Nacional de Assistência Social (PNAS) de 2004 entrou em vigor, eles têm sido mobilizados frequentemente na luta pelo direito à moradia digna, tanto para legitimar juridicamente as invasões, quanto para o reconhecimento da ocupação na rede dos movimentos locais.

3.4. Morapoios, riquinhos e cadastros ou invasor à espreita

Depois de decidir morar na Machado de Assis, Mariana e eu nos aproximamos das pessoas que estavam na situação de apoios a candidatos a morador, cerca de 15 pessoas, batizados por Renato de *morapoios* – um híbrido de apoio com morador e uma brincadeira com a expressão "dar o maior apoio".[22] Essa condição de *morapoios* durou duas semanas e acabou por ressoar alguns enunciados importantes na ocupação.

Durante as assembleias, os *morapoios* podiam expressar suas opiniões, reclamar de algo, sugerir ou encaminhar propostas, mas não tinham direito a voto, pressupondo o funcionamento de uma escala hierárquica na qual os *morapoios* deveriam *mostrar serviço*, até conseguirem sua aceitação como moradores. "Nós estivemos nos onze meses, nós aprendemos um pouquinho, vocês que estão chegando têm que esperar" – disse Seu Luís, morador pioneiro, que participara do curso e era uma das lideranças no grupo dos

21 Conforme Vera Telles (1999): "O pobre, trabalhador eventual e destituído, é usuário dessas políticas pelas quais é visto como 'indivíduo necessitado', e muitas vezes como pessoa acomodada, passsiva em relação à sua própria condição, dependente de ajuda, não cidadão enfim. Sua figura é desenhada em negativo".

22 Expressão popularizada pelo personagem Seu Peru, da Escolinha do Professor Raimundo, criado por Chico Anísio e representado pelo ator Orlando Drummond. O personagem homoerótico realizava uma performance com trejeitos caricatos e o que dizia ou escutava tinha sempre uma conotação sexual.

moradores não militantes. Havia também reuniões das quais não podíamos participar, eram reuniões extras e exclusivas para alguns militantes do operativo e moradores a fim de resolver algo urgente e pontual, como a entrada ou não de alguém, a frequência do operativo, seus encaminhamentos e formas de se portar nas assembleias.

O tal curso foi avaliado posteriormente pelo operativo de maneira negativa, porque teria acabado por naturalizar formas hierárquicas entre os ocupantes, assim como uma maior legitimidade do grupo pioneiro em relação aos novos participantes da ocupação. Eram cerca de 20 pessoas mais os 15 novos moradores (*morapoios*). Antunes e José explicaram que o mesmo aconteceu nos outros prédios da FLP, não por conta do curso, mas porque os moradores mais antigos, na hora de decidir sobre um problema mais sério, usam o tempo de permanência e envolvimento na ocupação como critério de maior autoridade e legitimidade.

Beth e outros chamavam de "lerê" o ter de mostrar serviço dos *morapoios* diante dos *pioneiros*: "Estou cansada do lerê". Este "ter de mostrar serviço" incluía disponibilidade e certo grau de subserviência dos segundos em relação aos primeiros. Durante uma assembleia desenvolveu-se a seguinte contenda: tiramos como encaminhamento uma faxina no salão que servia de dormitório. Nessa ocasião, apenas os *morapoios* faxinaram. Escrevemos então os nomes dos *morapoios* numa lista e pedimos uma resposta dos *pioneiros* sobre a aceitação ou não do grupo como moradores efetivos. Numa outra assembleia, entreguei o papel com os nomes e, em tom dramático, falei: "Até para que a gente possa seguir nosso rumo se não nos aceitarem". O *grupo dos morapoios* combinou, em seguida, a realização de uma "greve": passaríamos o dia posterior fora da ocupação, chegando à noite, após a assembleia, ou voltaríamos somente no outro dia. O prédio depois desse arranjo terminou esvaziado. Passados dois dias e uma noite, Beth reclamou, uma vez mais, uma resposta sobre a questão.

Ismael, que entrega marmitas na cidade e é do *grupo dos pioneiros*, pediu a palavra e falou, em seu nome, que nós estávamos aceitos, ou melhor, que "[...] já tínhamos sido aceitos". Afinal, "precisavam de gente, era preciso unir forças, então estávamos todos juntos". A vivacidade da ocupação passava exatamente por este irromper de forças transversais, cruzamentos, fricções por parte dos microgrupos presentes. Não se trata de negar que haviam lideranças e grupos com maior peso nas tomadas de decisões e no encaminhamento de propostas nas assembleias. Mas ao mesmo tempo, vozes dissonantes, minoritárias e do "chão" da ocupação, de repente ganhavam protagonismo e surpreendiam.

Dias se seguiram e não havia uma resposta do grupo sobre a questão da incorporação do *grupo dos riquinhos*. Antunes foi quem falou, por telefone, que tínhamos sido aceitas, assim como todos os nomes que constavam na lista. Observou que, para tanto, o grupo *operativo* teve de realizar mais de uma reunião com os *pioneiros*, haja vista que algumas pessoas do *operativo* não queriam aceitar a permanência especialmente do *grupo dos riquinhos*, constituído por três estudantes, dois da UFRJ e um UFF, além de um casal de universitários punks oriundos de São Paulo, mais Mariana e eu.[23]

De *morapoios* para moradores, começamos a votar e logo a configuração dos micropoderes ganhou novo desenho: se antes eram 20 pessoas que decidiam sobre o cotidiano, as estratégias para a permanência, formas de salvaguardar o prédio, regras de convivência, agora passávamos a ser um conjunto de 35 moradores. Novos pequenos grupos despontaram em cena, com laços de gratidão mais frágeis com o grupo *operativo*, o que contribuiu para subtrair, uma vez mais, a hegemonia deste. Por exemplo, decidiu-se que se poderia fazer uso de bebida alcoólica dentro da ocupação em situação de festa ou em outra comemoração, mas a orientação do grupo *operativo* que continuara a valer até esta ocasião era a proibição, em qualquer situação, do consumo de álcool dentro do prédio.

Da mesma forma, outras discussões insistiram na necessidade de reformar o imóvel. A ideia de algumas pessoas e da militância era "correr sindicatos" para arrecadar fundos que ajudassem na reforma do teto e no término do vazamento nos outros andares, fundamental para a divisão do espaço e o delineamento dos compartimentos individuais que são mencionados nas

23 O nome foi difundido principalmente por Estevão, originário da cidade de Porto Alegre e negro. Trabalhava na época tocando violão por ruas e bares, tendo chegado à ocupação depois de um mês pelas ruas do centro. Era um dos interlocutores mais perspicazes, porque circulava entre vários grupos que despontaram após a invasão do imóvel no bairro da Gamboa.

ocupações do centro, ora como quartos, ora como apartamentos. Na assembleia discutimos como seria a realização dos cadastros: a ideia era selecionar de 20 a 30 novos moradores.

É significativo como certas práticas quanto à governança da ocupação se aproximavam de modos e discursos do estado ou de práticas disciplinares um tanto rigorosas: "Não pode beber no prédio", "Não pode ter vícios", por exemplo, são regras comuns aos prédios com orientação da FLP, assim como em ocupações ligadas a outros grupos, e que funcionam principalmente no momento mais delicado da invasão, em seus meses iniciais, quando a ameaça de despejo e de reintegração de posse é algo que pode ocorrer a qualquer instante. A forma do cadastro era próxima dos questionários realizados para o Bolsa Família: buscava-se mapear o grau de vulnerabilidade dos cadastrados. Após a primeira chamada dos candidatos inscritos a moradores, os formulários preenchidos sumiram e um militante contou tê-los esquecido na mesa de entrada do prédio. Por sorte, lendo o processo judicial da Zumbi dos Palmares, percebi que o questionário para cadastrar os moradores era igual ao que havia sido realizado na Machado de Assis, embora tenhamos incluído, no questionário desta, um espaço livre para o registro de fatos que chamassem a atenção durante a entrevista. É preciso observar que no questionário havia perguntas também abertas, dando ensejo para que a maior parte das pessoas delineasse uma história que acabava por identificá-las com a imagem de um *necessitado*.

A execução do cadastro foi emblemática em relação aos sentidos de se morar numa ocupação no centro da cidade. Os candidatos permaneciam do lado de fora do prédio, numa mesa colocada rente ao portão que separava o interior do exterior. Quem era candidato a morador não podia entrar, sendo esta uma estratégia para resguardar a ocupação. Evitava-se assim a abertura do portão e a entrada de pessoas não desejáveis: curiosos, pessoas ligadas ao tráfico, agentes da prefeitura, da polícia e jornalistas desconhecidos. Tal restrição tinha sentido principalmente pelo receio de que se descobrisse que, até aquele momento, eram poucos os ocupantes no prédio, o que poderia suscitar uma batida ilegal por parte da polícia.

No cadastro constavam perguntas que serviriam para checar a situação dos candidatos. Desta maneira, seriam escolhidos os que se encontrassem em situação "[...] de maior fragilidade" [termo de Antunes], o que resultou na seguinte ordem: 1º. mulheres na rua, sozinhas, com filhos; 2º. mulheres em busca de um lugar, morando de favor em outras ocupações, com filhos e, em seguida, sem filhos; 3º. mulheres com parceiros, que se encontravam na rua e com filhos; 4º. homens na rua "sem vícios" e/ou sem envolvimento com o tráfico, mas não era um ponto pacífico entre os ocupantes e militantes; 5º. mulheres adultas, acima de 40 anos, que queriam sair do lugar onde moravam, e que, em geral, argumentavam no sentido de que o que ganhavam era insuficiente para pagar as despesas referentes a aluguel, remédios e comida; senhores morando em hospedarias do entorno, que almejavam sair do aluguel; 6º. por fim, pessoas de outras ocupações que pretendiam se mudar para a nova ocupação, o que era uma motivação recorrente nas ocupações do centro.

Podemos retirar daí, as seguintes variáveis, em ordem decrescente de importância: uma variável de gênero, uma variável relativa à maternidade, uma variável a respeito de quem estava na rua e também uma variável para quem estava numa situação de moradia, mas não se encontrava satisfeito, exemplos: pagava um quarto coletivo em hospedaria; "morava de favor" com parentes ou temporariamente em outra ocupação.

Perguntas: "Está trabalhando?" ou "Onde trabalha?". A resposta era facilmente deduzível: "Desempregado". Perguntava-se: "Onde mora?" ou "Endereço anterior?". E se dizia: "Moro de favor". E "Por que quer sair de lá?". A resposta: "Porque tenho que pagar". Ou "Porque tenho que chegar junto" [precisa contribuir financeiramente no aluguel ou nas taxas de luz ou de água] e "Ao mesmo tempo a gente depende daquela situação". "Mas como consegue pagar se está desempregado?". "Não, é que estou dando uma ajuda para fulano, com a barraca [vendendo algo na rua], aí ela me paga alguma coisa". "Mas na verdade estou procurando um fixo". Eram recorrentes relatos de situações complicadas: brigas e humilhações, cuja conclusão delineava-se quase sempre na mesma direção: "Tenho que aguentar porque não tem outro jeito, eu atualmente preciso". Para a pergunta "Por que quer ocupar?", havia respostas que, afinal, eram semelhantes às que escutei na Machado de Assis: "Para morar"; "Estou sem condição de pagar aluguel"; "Porque não aguento pagar por coisa que nunca será minha"; "Para sair do aluguel"; "Para ter moradia digna", e as mais usuais: "Moro de favor"; "Por necessidade" ou "Porque preciso".

Os candidatos que fizeram o cadastro apareceram durante a semana para saber se a resposta havia saído. Combinou-se na assembleia que Marcelo e a namorada, mais Seu Luís fariam a escolha e explicariam os critérios na assembleia de quinta-feira. A princípio seriam escolhidos entre 20 a 30 cadastros. Até o dia combinado, porém, eles não haviam conseguido separar os selecionados, gerando um clima de tensão. Finalmente, na sexta-feira, no final da tarde, fincou-se uma lista com durex num quadro situado no hall de entrada, com os nomes dos escolhidos. Ao todo, 20 famílias haviam sido aprovadas, o critério foi igual ao utilizado pelo Censo do IBGE: considerou-se família como um núcleo de, no mínimo, uma pessoa. A ideia era que o primeiro cadastramento resultaria em uma primeira leva de novos moradores. Conforme o andamento, se muita gente continuasse a aparecer, informaríamos que a pessoa havia perdido a data de preenchimento das vagas, mas que provavelmente nas semanas subsequentes um novo cadastramento seria aberto.

Fragmento escrito a partir de anotações do caderno de campo.
Machado de Assis/dez. de 2008

Um homem, um tantinho cheirando a cachaça, apareceu para se cadastrar na nova ocupação. O candidato se estabeleceu numa calçada mais retirada, junto a outras pessoas. Na Gamboa há muitos lugares assim. Pequenos espaços embaixo de alguma marquise, em recuos de casas, que agora são ruínas e compõem um baldio com a fachada que restou. Contou que era índio, sacando sua carteira de identidade da Funai: "Mas me chamam de Roberto Carlos". No documento dizia que era de uma tribo situada no estado de Pernambuco, confrontando minhas anotações com a *Enciclopédia dos povos indígenas do Brasil,* sua tribo se chamaria Pankararu ou Pankará[24]. Tomamos seus dados: "Vem na sexta-feira que vai ter o resultado dos moradores aprovados. E volta mesmo, você tem chance..." – insisti. Seu nome estava entre os escolhidos, ele não retornou. Talvez nem lembrasse que havia se cadastrado ou preferiu a marquise, velha conhecida.

---

24 Ver http://pib.socioambiental.org/pt

3.5. Invasor zumbi

Nos cadastros preenchidos havia conhecidos de fulano e sicrano; pessoas que queriam incluir famílias; que desejavam mudar da ocupação em que se encontravam; pessoas supostamente envolvidas com o tráfico; ou filhos de moradores de outras ocupações que tiveram algum problema em torno do mesmo assunto, depois acabaram expulsos, e tentavam um lugar na Machado de Assis. Alguém dali estaria apoiando sua vinda, ou algum morador de outra ocupação estava interferindo favoravelmente na escolha, via assembleia ou à "boca pequena" (este modo consistia em falar com pessoas do *operativo* ou com moradores próximos por conta de algum tipo de relação pessoal, um pedido ou uma troca de favores). Isso tudo foi motivo de falação, geralmente em tom de censura, durante várias assembleias, dando margem a uma série de rumores, fofocas e delações. Ao mesmo tempo reconhecia-se como fundamental a chegada de pessoas para o amplo espaço da rua da Gamboa, principalmente porque, deste modo, haveria a chance para a formação de um conjunto de moradores capaz de levar adiante as obras necessárias à divisão dos quartos e apartamentos.

Giane, por exemplo, na rua há um tempo, quando chegou à Machado de Assis, se colocou quanto à escolha dos futuros ocupantes. Ela mesma veio trazida por Gustavo, que a conhecera antes, na rua. Em momento raro, eis que Giane pediu a palavra numa assembleia quando se discutia a entrada ou não de pessoas envolvidas com o tráfico, que pretendiam se mudar efetivamente para a Machado de Assis. Giane sustentou opinião contrária sobre o tópico. Da mesma forma se posicionou quando se especulava sobre a possibilidade de um grupo da ocupação ir à avenida Presidente Vargas para cadastrar possíveis ocupantes entre os que dormiam ali diariamente.

Perguntei para ela em assembleia o motivo de tamanha objeção à proposta: "Ah, porque botar qualquer pessoa que se encontra por aí é perigoso, a gente não conhece. Esses desconhecidos podiam começar a roubar, fazer mal às crianças" – justificou. Estevão tentou remediar a posição de Giane, lembremos que ele também se encontrava na rua, antes de ir para a ocupação: "Você já foi à Presidente Vargas?" – me perguntou. "Porque quando você fica na rua é como se estivesse embaixo da terra, como se entrasse num buraco.

Já na Presidente Vargas é pior, é só você andar por lá, você vai logo perceber a energia pesada". Sua fala demonstrava, mais uma vez, que "o estar na rua" tinha diferentes modalidades e gradações, às quais a grande parte dos ocupantes parecia estar atenta.

Mas é Barba, morador do Aterro do Flamengo há mais de vinte anos, e interlocutor meteórico, mas fundamental, que conheci no início do doutorado, quando eu ainda procurava interlocutores para o campo,[25] quem melhor exemplifica os vários *limiares*[26] para quem vive ou se encontra na rua, e a importância de saber reconhecê-los, em suas palavras, "dar uma direcional", "uma organização", como algo que deve compor os modos da viração.

25 Fiz com Barba uma longa entrevista gravada no jardim do Parque, próximo ao Museu de Arte Moderna. Sobre o encontro com este interlocutor, ver FERNANDES, Adriana. Segregação e invenção na cidade: uma entrevista com Barba nos jardins do Museu de Arte Moderna – MAM/ RJ. *Revista RUA/UNICAMP* [online], n. 16/ vol. 2, p. 150-170, 2010. Ver http://www.labeurb.unicamp.br.

26 Sobre a noção de limiar, remetemos às observações de Jeanne Marie Gagnebin, a partir de um trecho de Walter Benjamin presente no volume *Passagens*: "O conceito de *Schwlle*, limiar, soleira, umbral, *seuil*, pertence igualmente ao domínio de metáforas espaciais que designam operações intelectuais e espirituais; mas se inscreve de antemão num registro mais amplo, registro de movimento, registro de ultrapassagem, de 'passagens', justamente de transições, em alemão, registro do *Übergang* [passagem]. Na arquitetura, o limiar deve preencher justamente a função de transição, isto é, permitir ao andarilho ou também ao morador que possa transitar, sem maior dificuldade, de um lugar determinado a outro, diferente, às vezes oposto. Seja ele simples rampa, soleira de porta, vestíbulo, corredor, escadaria, sala de espera num consultório, de recepção num palácio [...], o limiar não faz só separar dois territórios (como a fronteira), mas permite a transição, de duração variável, entre esses dois territórios. Ele pertence à ordem do espaço, mas também, essencialmente, à do tempo. Como sua extensão espacial, sua duração temporal é flexível, ela depende tanto do tamanho do limar quanto da rapidez ou da lentidão, da agilidade, da indiferença ou do respeito do transeunte. [...]. Assim Benjamin aproxima a palavra *Schwelle* (na qual também ecoa a palavra *Welle*, onda) do verbo *schwellen*, inchar, dilatar-se, inflar, intumescer, crescer. Trata-se certamente de uma etimologia fantasiosa, mas por isso ainda mais interessante, [...], às vezes não estritamente definida – como deve ser definida a fronteira –; ele lembra fluxos e contrafluxos, viagens e desejos" (GAGNEBIN, Jeanne-Marie. Entre a vida e a morte. In: OTTE, George; SEDLMAYER, Sabrina & CORNELSEN, Elcio. *Limiares e Passagens em Walter Benjamin*. Belo Horizonte: Editora UFMG, 2010. p. 13-14).

Ele conta sobre um amigo que havia sido atropelado, depois de ter ficado muito tempo roubando as bebidas dos despachos de macumba no Aterro do Flamengo. Falou também sobre um outro amigo que morreu por consumo de drogas. Tentando suavizar meu estarrecimento, completei: "Brabeira" – ao que Barba concordou com a cabeça e repetiu: "É, bobeira".

> [Barba:] No outro dia, eu mandava o negócio [sugerindo que estava falando com outro homem da rua]: 'Quando vir lá de fora traz uns quatro caixotinhos que ajuda também'. [O homem:] 'Mas eu não sei'. [Barba:] 'Pode ir lá fora, fazer tua batalha, quando vir de lá, vem com dois galões novos, de preferência com água, se você ganhar pão velho, traz também. Tudo o que der para poder fortalecer'.
>
> [Adriana:] Você dava uma organização...
>
> [B:] Organização. Eu pegava o Negozinho, que morava aqui atrás, na bolsa, a droga levou, jogou tudo fora, ganhou casa...
>
> [A:] Brabeira.
>
> [B:] Bobeira. Essa droga entrou aí, ele fumava maconha, depois passou para cocaína, [...] na época do Brizola ela veio. Ela veio mesmo mandada e era pesado, aí tinha o McDonalds, na [rua] Álvaro Alvim, que está fechado agora e o Bobs. Pegava o papelão. Sabe essas caixas de ovo? Vinha só Big Bobs [tipo de sanduíche]. Muita coisa mesmo. Mandava o falecido Dom Caveiro vir de lá, que ele tinha um carrinho de supermercado, já comprava um quilo de açúcar, um quilo de café, deixava na maloca lá [um espaço construído nas pedras do Parque do Aterro do Flamengo, próximo ao mar], se faltasse açúcar a gente pegava emprestado da tia que cozinhava no quiosque, fazia o café, todo mundo comia. Toma conta de carro aqui, lavava carro aí. Tinha várias virações. As pessoas agora... O problema é o seguinte, o cara mora na favela, acostumado com aquela bagunça, chega na rua [...] eles pensam que são mais que a gente. E chega aqui, eles veem que não é nada disso. Eles chegam meio assim, a gente já conhece quem é quem. Aí chama o cara num canto, se você quiser ficar perto da gente tem de ser assim, assado, não aprontar municipal [guarda municipal], não discutir com PM [falando com voz baixa essa parte]. Você gosta de cheirar? Você gosta de fumar? Gosta da sua pedrinha? Tu vai lá pro fundo, fica lá e pronto, hora que você vem, vem de cabeça feita.

> [A:] Cê dá umas dicas.
>
> [B:] Agora se o cara quer... Eu não vou ficar ensinando ninguém a viver. Não é não senhora, eu vou ficar ensinando, e assim é a vida. A vida é isso aí, a rua é muito boa, nossa senhora, tem gente que se arruma, tem gente que fica na rua porque gosta também, tem gente que fica na rua pra arrumar um dinheiro, vê ali na Cinelândia... Tenta arrumar um dinheiro e vai embora para casa. Questão do cara saber se virar. [...]. Vou falar pra senhora, com a experiência que eu tenho, não é brincadeira não. Se eu chegar numa feira dessa, eu não passo apertado. Se eu chegar agora, e tiver a fim de comer uma mortadela, eu vou ali na rua da Carioca, planto na porta: 'Aí Barba, cumpade, tá na hora, demorou!'. 'Vai querer as pontas?', 'Separa as pontas pra me dar'. Por quê? Eu ajudo, eu boto o lixo arrumadinho: 'Ó, ali, moçada, não faz bagunça'.
>
> [A:] Você conhece todo mundo...
>
> [B:] É aquele negócio... Às vezes eu faço um sono aqui, tô duro, não dá pra tomar café, chego ali no Amarelinho: 'Aí moçada, já tomou café?', 'Não', 'Guenta aí que a gente vai arrumar um café pra você, um pão com manteiga, vai lá pra trás que os 'home' estão aí na frente'. É assim, eles ajudam a gente. Porque só sabe que eu tenho pra mim, tudo é o comportamento. Não importa que o cara viva na favela, que ele viva na alta sociedade, que ele na alta sociedade, se ele não tiver uma direcional, (...) não chega a lugar nenhum. Tem que ter uma direcional. Eu vou chegar... Já gosto de falar palavrão, como se palavrão fosse uma coisa... Muitos têm essa mania de palavrão, mas aí escapa uma besteirinha aqui, uma besteirinha ali. Isso é normal, agora, toda hora, toda hora. Mas a rua não é ruim não, como a pessoa pinta.

A utilização de drogas, de forma mais extensiva, "a pedrinha", por exemplo, parece ser um termômetro indicativo da melhor ou pior posição do "estar na rua". "Ficar pegado" [pelo crack], como disse Estevão, é um problema e é uma das evitações correntes verbalizadas por algumas pessoas da ocupação. Podemos deduzir que Estevão concordaria com Barba de que para estar na rua, antes de tudo, é preciso "[...] ter uma direcional". Embora ambos não descartem o consumo de entorpecentes, não há um discurso moralizador e diabolizante, tal como o veiculado usualmente pela grande mídia. Outras vezes, Estevão narrou, em tom trágico-glamouroso, estórias com pessoas que se envolveram com o crack, de como ficavam, que perdiam tudo, que nada mais fazia sentido, que ficavam prostradas na rua, que não fazia diferença, e para conseguir uma pedra, podiam propor uma transa ou algo resultante de um pequeno roubo, que fosse. Sua narrativa não trazia, todavia, nenhuma novidade a respeito do que tem sido repetido à exaustão pela grande imprensa sobre os *zumbis*, o que, de alguma maneira, sugeria que seu envolvimento com o pessoal do crack era ocasional. Afinal, Estevão encontrava-se na rua há cerca de um mês, após ter brigado seriamente com sua namorada, saindo da casa dela, no bairro da Pavuna, última estação da linha 2 do metrô, zona norte da cidade.

Márcia, que se encontrava na rua nos meses anteriores à ocupação, também se opôs a "colocarem qualquer um no prédio". Não falou na assembleia, mas repetiu várias vezes no hall de entrada: "Não vai dar certo!". Fernando, que mora na Providência próximo a uma boca de fumo e sofre com a invasão de sua casa pelos garotos do tráfico, foi contra aceitar pessoas com problemas em outras ocupações ou envolvidas com o "movimento". Na lista das 30 famílias, ao menos cinco acabaram minadas por ele. Dez desistiram sem sabermos exatamente o motivo. Imagina-se que por conta das condições do prédio, da vida coletivizada (acompanharemos este tema no capítulo 6), ou por outros motivos. Ao final, cerca de dez famílias se inseriram na ocupação.

A estas falas desdobraram-se algumas considerações importantes sobre o sentido da ocupação. Será que era mesmo necessário abrir o prédio a novos moradores? Não seriam 45 famílias um número razoável para o processo de construção de vínculos do ideário imaginado pelo *operativo*: igualitário, ou seja, moradores com mais de 16 ou 18 anos têm direito a voto e este tinha o mesmo peso para todos, e com certos espaços coletivizados, a cozinha, o dormitório e assembleia. Seu Ismael, morador pioneiro, levantou a questão: "Por que não poderíamos escolher as pessoas conforme aparecessem?". A situação era mais complicada, porque naquelas semanas havia dias em que surgiam vários candidatos, cada qual desfiando seu rosário de lamúrias ao primeiro ocupante disponível. Não necessariamente eles queriam de pronto se somar à Machado de Assis; a maior parte pretendia entrar no prédio, averiguar as condições de moradia, mas isso era freado, quase sempre, por quem se encontrava no portão de entrada naquele momento. Igualmente, várias exceções aconteceram quando as pessoas eram próximas ou se conheciam de alguma maneira. Luís, por exemplo, muito popular no entorno, ambulante com ponto na região da Lapa e Central há muitos anos, frequenta bares, eventos, era um dos que mais introduziam pessoas na ocupação, sempre contando um pouco da trajetória de cada um.

Já Taiane conseguiu uma vaga graças à respeitabilidade e ao esforço despendido por sua amiga Sílvia, moradora da Zumbi dos Palmares. Sílvia passou algumas vezes em frente ao prédio da rua da Gamboa até conseguir falar com Antunes, que a conhecia dos primórdios da Zumbi, em 2005. Explicou-lhe com detalhes a situação de Taiane: com três filhos pequenos e um marido que estava desempregado, tinham urgência de moradia. O casal e os filhos estavam de favor na casa de Sílvia há pelo menos dois meses. No dia seguinte, Taiane apareceu com a família e duas bolsas de roupa, mais objetos pessoais. Era do Piauí e devia ter entre 20 e 25 anos. Fernando, assim que reparou na presença dos novos ocupantes, sem se controlar e de maneira mordaz, comentou comigo e com a própria Taiane que, se não fosse por ela ser "bonitinha", não teria conseguido ser aceita tão facilmente.

Durante a semana, o casal, tornado agora moradores, tentando superar a linha tênue entre *vida digna* e *vida infame*, responsabilizou-se pela compra de alimentos no CADEG (Centro de Abastecimento do Estado da Guanabara). Tudo bem, tudo certinho. Ela e o marido economizam a passagem de ida até o destino prometido e, depois, foram beber com conhecidos que encontraram na Central. Alguém viu, alguém contou. Lúcia endossou o rumor dizendo que havia reparado que o casal retornara para dormir um tanto embebedado.

Dois ou três dias após esse primeiro esboço de enquadramento, acontece algo julgado como mais sério. De repente, ocupantes e militantes partem para cima do marido de Taiane quando este adentrava calmamente o prédio, no início da noite. Alguém mais uma vez viu, alguém mais uma vez contou que, durante a madrugada, encontraram-no tirando a placa de cobre que protegia a caixa da máquina de água, na entrada do prédio. O cobre é um produto apreciado pelo pessoal que recolhe material na rua, afinal, era um metal bem cotado nos depósitos de todo o país. Cid, o marido de Taiane, parecia leve e solto quando chegou à ocupação e foi surpreendido. Taiane procurou intervir. Antunes e José afastaram, felizmente, a possibilidade de que um desfecho mais violento sucedesse. O rapaz recebeu algumas bordoadas, mas a cena foi logo interrompida. Tentou-se estabelecer uma conversa com ele, mas o clima era de tensão. Rumores sobre o casal apontavam que consumiam drogas de maneira corriqueira: o rapaz seria um "cracudo" que passara dos limites e, portanto, teria de ser expulso. Taiane, tentando descolar-se do marido, conta que já era o terceiro lugar por onde passavam e que não aguentava mais a história de ter de sair por conta de atitudes de Cid. E que ela lhe avisara que não lhe daria outra chance, e não o acompanharia mais, caso perdessem a vaga na Machado de Assis. Após as "porradas" como forma de punição e de uma conversa com militantes, Cid foi expulso da ocupação.

O clima permaneceu nervoso durante a semana. Ameaças de invasores que se diziam do PT aconteceram na semana anterior e o caso que parecia suspenso temporariamente não estava, porém, resolvido de modo definitivo. Por outro lado, apostas de que Taiane estaria mentindo na estória, ganharam espaço. Eram poucos os que acreditavam que a mulher não teria nenhum envolvimento com os problemas causados pelo marido. O acontecido resultou no sumiço de Cid e na instalação da mulher com os três filhos na ocupação. E ela não pareceu exatamente abalada com o desfecho da estória. Ocupantes logo perceberam e comentaram a aproximação entre Renato, militante do operativo e morador da Machado de Assis, e Taiane. Fernando, que parecia adivinhar o teor do caso, repetia:

> Como a garota é bonitinha, pode tudo, não é mesmo? Agora, vai um marmanjão velho, feio e desdentado fazer alguma merda, a gente já sabe o que irá acontecer.... [...]. Por que o combinado funciona para algumas pessoas e não para outras?.

Eis que um belo dia Taiane e Renato assumem publicamente o namoro, ele está mais gabola do que é de costume. Janete, sua parceira até o momento e moradora do prédio, havia anunciado dias atrás que estava grávida, o que foi comemorado na ocupação: seria o primeiro rebento que nasceria na Machado de Assis. A moça, ao saber da estória do enlace entre o parceiro e Taiane, parte da ocupação na mesma semana, e vai passar uns dias na casa da mãe. O ponto é que, embora isso nada signifique, o jovem casal vivia brigando publicamente e quem quisesse podia acompanhar suas discussões, desencadeadas algumas vezes por uma ou outra discordância em assembleia. Era também neste palco que a coisa se desenrolava e contando agora com a interferência dos militantes Gustavo, Antunes e José, amigos do casal.

Renato era uma liderança na ocupação e destratava publicamente Janete, em geral desmerecendo suas opiniões, o que, por sua vez, não era muito diverso do que ele fazia em relação aos comentários e às opiniões de outros ocupantes. Era um estilo, quase sempre em acento arrogante ou pretensioso, mas que era parte de um personagem que ele assumia com alguma distância e ironia. Isso tudo resultava numa performance muito original e que era estimada por ocupantes e outras pessoas em cena. Além disso, havia uma enorme facilidade com que perpassava os diferentes grupos existentes na Machado de Assis, sem qualquer traço de constrangimento ou preconceito, como foi observado por Antunes sobre ele e que poderemos acompanhar em outros momentos. E, claro, Janete parecia apreciar tais discussões em público com Renato, não havia nenhum constrangimento das pessoas compartilharem aquilo tudo. Foi também dessa forma que outras ocupantes acabaram se aproximando dela.

Para Renato, porém, houve uma mudança significativa em seu cotidiano desde que o relacionamento com Taiane engrenou. A nova namorada, tinha mais alguns anos que Janete (que tinha 18 anos ou menos), possuía três filhos e, logo que o marido fora expulso do prédio, se propôs a procurar trabalho durante alguns dias na semana, no período da tarde. Nesse intervalo, Renato ficava com os filhos de Janete, o que não era uma tarefa das mais tranquilas. Eles tinham entre 2 e 4 anos, o pai era ausente, ao menos ali no prédio, a mãe saía durante um intervalo do dia que devia lhes parecer uma eternidade e, de repente, havia Renato que, não podemos negar, se esforçava em dar atenção aos filhos de sua nova parceira.

3.6 “Indesejáveis” ou quais as linhas de fuga

Antunes destaca como um dos problemas na ocupação certas atitudes que “podem botar tudo a perder”. E cita o exemplo: na Quilombo das Guerreiras, uma senhora chamada Jovelina, um dia, ligou uma máquina de lavar e queimou parte da fiação do prédio, causando um princípio de incêndio. O agravante neste ocorrido, apontado por Antunes, é que em várias assembleias anteriores alertou-se a respeito das condições precárias do imóvel. A luz que era puxada da av. Francisco Bicalho só funcionava a partir das 18 horas. Desse modo, apenas com o cair da noite, quando a rua ganhava iluminação, o prédio conseguia eletricidade.

Conheci Jovelina na cozinha da Machado de Assis fazendo uma comida muito boa, era cozinheira profissional, havia trabalhado em bares e restaurantes, e em residências. Encontrava-se ali particularmente empenhada em conseguir uma vaga na nova ocupação para seu filho, que havia sido expulso da Guerreiras porque jogara um pedregulho na cara de outro homem, de forma quase fatal. O garoto, segundo ocupantes, seria "envolvido", o que queria dizer que cometia pequenas delinquências, roubos principalmente, para sustentar o vício, além de constantemente envolver-se em discussões, brigas e de ser acusado com frequência de ameaçar conhecidos e ocupantes. Quando perguntei para Jovelina sobre como andava a Guerreiras, falou de maneira entusiástica: "Você precisa ver menina, está muito diferente do início, quando você conheceu" – para concluir: "Está igual a um condomínio, muito bom mesmo. Limpo, organizado, a portaria bonita".

No processo de cadastramento de novos moradores, os candidatos pediam para que os ocupantes escrevessem seus nomes num cartaz que ficava à vista (com certo esforço) de quem passasse na calçada. O filho de Jovelina foi imediatamente riscado por um dos militantes, logo que se associou o nome à pessoa. Neste caso, como em outros, serviriam de exemplo para que os moradores entendessem a importância de ter "um mínimo de senso" do que significava estar numa ocupação com outras pessoas, da importância em "se ligar" para preservar certas coisas, tentando ao máximo evitar a entrada da polícia e "não dar mole". Estas chamadas eram mencionadas de maneira recorrente nas assembleias.

Marcelo, José e principalmente Gustavo se posicionaram contra o "preconceito" dos moradores a respeito de "colocarem" no prédio pessoas envolvidas com drogas, com o tráfico, ou com os dois, pois se deveria ter cuidado em não julgar as pessoas, e que não se podia esquecer que *a* "ocupação era de sem-teto, de quem estava na rua". Gustavo retomava a estória de seu filho que, na época, trabalhava no tráfico, depois quis sair e conseguiu. E não se deveria ficar julgando esse tipo de coisa por si só, da maneira como o pessoal geralmente faz por aí: "São trabalhadores como outro qualquer; não são donos de nada, a gente sabe que o dono de tudo é gente graúda; o grosso mesmo do contingente do tráfico é quem acaba preso ou morto".

Levantaram a possibilidade na assembleia de subir a Providência para perguntar ao gerente do movimento sobre as pessoas do cadastro que estariam envolvidas de alguma maneira com o tráfico, se eram realmente do tráfico ou se mentiam. Aproveitariam a ocasião para explicar ao pessoal da boca [de fumo] o sentido da Machado de Assis, quais ideias estavam envolvidas no ato de ocupar um prédio público, a importância de ser uma luta por moradia, de acolhimento das pessoas que estavam na rua, de mulheres, crianças e idosos.

Este falar com o tráfico significaria o reconhecimento de seu poder na região, assim, tentava-se, em algum grau, a proteção ou o apoio do *movimento* da Providência, mas também no sentido de pensar a ocupação como algo organizado e "popular". E "popular" incluía não ter preconceito com quem quer que fosse, pelo contrário, mas trabalhar com essas variáveis como passíveis de constituírem um *plano de consistência*[27] que resultasse em legitimidade e reconhecimento da ocupação nas esferas sociais, jurídicas, bem como na rede dos movimentos políticos e culturais locais. Importante sublinhar o quanto era forte o imaginário em relação ao Comando Vermelho, principalmente o momento em que ele despontou e as ressonâncias e filiações marcantes para militantes de diferentes grupos políticos de esquerda, mesmo ainda hoje.[28]

---

27 DELEUZE, Gilles & GUATTARI, Felix. Postulados da linguística. In: *Mil Platôs*. Vol. 2. Trad. Ana L. Oliveira e Lúcia C. Leão. São Paulo: Ed. 34, 1995. p.11-59.

28 A força desse imaginário associado ao Comando Vermelho foi algo que surgiu em diferentes momentos do campo, principalmente entre militantes que eram moradores das ocupações, mas também estava presente em moradores que não eram engajados no sentido estrito do termo. Isto pode ser exemplificado durante uma contenda ocorrida em uma determinada ocasião, em 2011, quando se organizava uma atividade cultural em uma das ocupações em destaque, sendo um dos filmes sugeridos *400 contra 1: Uma história do Comando Vermelho*. Tal escolha provocou protestos por parte de um militante considerado parceiro das ocupações, através de uma lista que circulou por correio eletrônico. Em sua tese, Antônio Rafael Barbosa cita a solidariedade como

Algumas pessoas, eu, inclusive, argumentamos veementemente contra ir falar com o dono da boca. O centro do argumento era que isso significaria o reconhecimento da autoridade do tráfico, o que poderia resultar na ideia de que os moradores estariam propícios a aceitar possíveis intromissões do *movimento* nos assuntos da ocupação. José, que era morador da Chiquinha, militante do operativo e pedreiro, propunha a seguinte alternativa: que os problemas do prédio tinham que ser deliberados pelo coletivo, aí sim, a ocupação se constituiria em uma força capaz de se organizar e enfrentar situações de ameaça e conflitos. Todavia, a proposta foi votada, aprovando-se com pouca margem de diferença que um grupo deveria mesmo conversar com o chefe da boca e, em especial, a respeito das pessoas que se diziam do tráfico e que procuravam, dessa forma, barganhar espaços no prédio.

A ideia de contatar o tráfico local deixou os adolescentes da Machado de Assis eufóricos, era um grupo com cerca de sete pessoas, que comemoraram com gritos e abraços. Em seguida, tirou-se como encaminhamento que uma comissão ficaria responsável pela tarefa. Várias pessoas, em especial as mais jovens, estavam decididas a participar da comissão. No dia seguinte o caso foi abafado pelo *operativo*, e a criação da comissão foi postergada, não se tocando mais no assunto, ao menos naquele momento da ocupação.

3.7 Afinidades

Na primeira e segunda semanas nós nos instalamos na sobreloja do prédio, que era dividido originalmente em três cômodos de tamanhos diferentes. Permanecemos nesse andar porque estava em melhores condições de uso, se comparado ao restante das instalações e, além disso, dali seria pos-

---

um dos elementos importantes na construção do imaginário associado ao Comando Vermelho: "Esse componente micropolítico (a solidariedade entre os detentos; a assunção de que o inimigo está fora das prisões, que entre os presos deve haver união) é, por um lado, o que permitiu a difusão rizomática da organização por todo o sistema penitenciário [...]" (BARBOSA, Antonio Rafael. *Prender e dar fuga. Biopolítica, sistema penitenciário e tráfico de drogas no Rio de Janeiro*. Tese de Doutorado, Programa de Pós-Graduação em Antropologia Social/ Museu Nacional/ Universidade Federal do Rio de Janeiro, 2005. p. 386).

sível acessar rapidamente a entrada da ocupação. Mais ainda, das janelas de um dos cômodos se poderia notar a chegada ou a passagem de viaturas da polícia ou de outros, como da prefeitura, de alguma rádio, rede de TV, ou de olheiros, em geral. A sobreloja incluía divisórias de escritório que separavam os três espaços, mais uma cozinha e uma área que funcionava como dispensa, onde se guardavam os mantimentos recolhidos antes da invasão. Esta andar era um espaço em toda a ocupação que tinha vestígios de uso por parte dos seguranças que trabalhavam no imóvel, talvez porque naquele piso funcionasse o único banheiro que não estava com o encanamento entupido, embora a descarga estivesse quebrada. Para obter água era preciso ir ao térreo e trazê-la da cisterna até o banheiro ou a cozinha.

Os três espaços constituíram, nesse momento inicial, usos muito diferenciados. O cômodo menor e um pouco reservado graças às divisórias e à porta, ficou com duas mulheres que tinham entre 50 a 60 anos e outras três que possuíam filhos pequenos ou recém-nascidos. Desse modo, instalaram-se no local: Giane com duas filhas, uma de 4 anos e outra bebezinho, com alguns meses de nascida; Melissa e uma filha também bebezinho, de dois meses (numa conversa ela disse que desejava que o filho se chamasse Davi, mas como nasceu uma menina chamou-a de Sara Davi); Cristiane, com um filho pequeno e outro recém-nascido; além de Diva e Vera, que como mencionei antes, tinham mais de 50 anos e estavam presentes desde o primeiro dia da ocupação.

No segundo cômodo ficaram os que chegaram por último na invasão do imóvel: homens com mais de 30 anos e, em geral, sozinhos. Formavam o grupo mais precarizado da Machado de Assis, se supusermos uma escala de vulnerabilidade, ou seja, homens que possuíam mais chances de sofrer algum tipo de violência, que não entravam em nenhum programa de assistência social, e não contavam com uma rede familiar, caso o "viver sobre si", as condições materiais de existência, se tornassem muito difíceis.

No terceiro cômodo, que dava para a frente do prédio, na rua da Gamboa, ficavam membros do *operativo*, o pessoal do *apoio* (que dormia frequentemente no imóvel, dessa forma engrossando o contingente de ocupantes, caso uma possível resistência fosse necessária) e ocupantes "chegados da rua", com ou sem filhos. Entre estes havia um casal, Márcia e Cícero, com três filhos – Vítor, Vitória e Mateus; mais Estevão. Como já comentei, Estevão havia brigado com a namorada com quem vivia no bairro da Pavuna, parara nas ruas do centro durante cerca de um mês antes de se juntar à Machado de Assis, e perdera seu violão quando adormeceu encostado a um poste.

3.7.1 *Chegados da rua*

As pessoas que compunham o grupo dos que se encontravam na rua, antes de se tornarem ocupantes, pareciam velhos amigos já na segunda ou terceira noite em que dormiram no prédio. Nessa ocasião, antes de dormir, puxaram assunto sobre os abrigos da prefeitura, destacando alguns destes, um ou outro funcionário, além da série de juízos a respeito de comida, cheiros e condições dos espaços. Comentaram a respeito do restaurante popular, mais conhecido como Garotinho e, com menor frequência, como o restaurante do Betinho, e sobre outros lugares do circuito assistencialista do centro, das melhores e piores quentinhas oferecidas na rua, de tal ou qual café, das marmitas de César Maia, que custavam cinquenta centavos, mas que para consegui-las tinham que "madrugar", o que significava que tinham que comparecer entre 7 e 8 horas da manhã, após este horário, elas acabavam; da cesta básica, onde e como obtê-la, dos brinquedos *do Ação*, a ONG Ação da Cidadania, da psicóloga, da assistente social deste ou daquele lugar.

Falaram também das melhores e piores "caídas" (a qualidade dos abrigos), o sopão distribuído, e tido em boa conta, por um grupo espírita, na av. Presidente Vargas, artéria mais imponente do centro e considerada por moradores da região como um dos últimos estágios para quem "[...] está na rua", vista como um "fim de linha" quanto à dependência do crack. "A gente chama de Zumbis, esse pessoal que dorme na Presidente Vargas" – observou Estevão. Dessa maneira, a conversa desenhou um circuito da assistência social, na área central da cidade, movimentado por grupos de filantropia, de religiosos e instituições estatais. O papo sobre estes temas perdurou por um longo tempo, até que adormeci.

Esse conjunto de observações sobre o circuito assistencialista, por sua vez, sugeria alguns caminhos. Primeiramente, a presença significativa de um maquinário de controle concernente à nova pobreza urbana[29] nessa região

29 DONZELOT, Jacques (dir.). *Face à l'exclusion, le modèle français*. Paris: Esprit, 1991.

do centro, por parte da governamentalidade. Lembremos que Barba, morador há mais de 20 anos no Parque do Aterro do Flamengo, salientava que a rua era, antigamente, muito boa, mas que naquela ocasião (fim dos anos 2000) tudo era mais fácil de conseguir. Mas, segundo ele, isso teria resultado em um outro tipo de problema. E citou então algumas condutas referentes ao consumo de drogas que produzem certo "comodismo" no pessoal da rua. Tal comodismo, ou imobilismo, pode ser, por sua vez, pensado como um elemento no maquinário das sociedades de controle, de produção de obstruções, a partir da categoria (bio)identitária população-de-rua.

De um outro ângulo, essas observações sugerem que os dispositivos institucionais que circunscrevem nossos interlocutores como *população-de-rua* não foram suficientes para impedir que participassem de uma invasão (desta e de outras mais). A experiência das ocupações/invasões da área central carioca consiste, portanto, numa composição menos identitária e, por conseguinte, mais heterogênea, se comparamos, por exemplo, com as ocupações na França. Isto que não significa, em nosso caso, que experienciemos situações, na *exceção ordinária,* mais cordiais ou mais negociáveis.

Na etnografia sobre os *squats* da região metropolitana de Paris, a população preponderante é composta de imigrantes ou refugiados do Maghreb (região no norte da África).[30] Em nosso estudo, notamos a presença significativa tanto de homens negros e pardos, como de famílias dirigidas por mulheres, de origem nordestina ou de outras regiões do estado do Rio de Janeiro, principalmente norte fluminense, em geral com filhos.

O grupo dos *chegados da rua* se inseriu na ocupação de uma maneira peculiar. Eram os mais fáceis de "pipocar" diante de situações conflitantes nas assembleias, nas quais quase nunca tomavam a palavra. Eram também os que se impacientavam mais rapidamente com a duração extenuante das mesmas e com as discussões por vezes intermináveis sobre assuntos considerados por eles como pontuais ou que não teriam necessidade de ser discutidos publicamente.

Por outro lado, este grupo, que podemos nomear de pragmáticos, não era o menos engajado nas atividades diárias da ocupação, como nas tarefas

30 Cf. o estudo de BOUILLON, Florence. *Squats, un autre point de vue sur les migrants.* Paris: Editions Alternatives, 2009.

de limpeza, na equipe de cozinha, em pegar a água, "tirar a portaria" ou participar da comissão de segurança, responsável por vigiar os locais mais vulneráveis do prédio. Também eles foram os que primeiramente romperam com as diretivas do grupo *operativo* da Machado de Assis, como, por exemplo, quanto à posição tirada antes da invasão que proibia a utilização de bebida alcoólica dentro do prédio.

3.8 Tensões

3.8.1 Furtos

Um casaco das guerrilheiras marroquinas fora roubado nos primeiros dias da ocupação. A dona do casaco, Roberta, professora universitária, participante do *operativo* e moradora, ficou muito nervosa, pois era um casaco de grande valor sentimental, e exige de forma resoluta, em assembleia, que o devolvam. Vera, que vive da venda de objetos usados na Praça da Cruz Vermelha, no centro, era a principal suspeita: rumores na ocupação espalham que alguém viu um casaco bastante parecido na calçada da praça onde ela faz ponto. Nossa ambulante saía do prédio da Machado de Assis com um carrinho de compras, no qual empilhava os objetos usados que catara pela cidade, duas ou três vezes por semana, sempre após o almoço, invariavelmente cheio. Numa dessas ocasiões, falou para Mariana e para mim (estávamos no portão da ocupação): "Vou trabalhar, porque vocês estão com a vida ganha!".

E Roberta está inconsolável e revoltada, e diz numa assembleia após o furto:

> "Eu preciso que a pessoa que pegou meu casaco me devolva; é um casaco de grande valor sentimental, eu gostaria que essa pessoa o colocasse em algum lugar ou que viesse falar comigo, não vou me importar [...]. Ganhei de lembrança das guerrilheiras marroquinas e o considero muito especial. Não acredito que isso possa ter acontecido num momento em que precisamos estar unidos para conseguirmos ultrapassar as dificuldades e as pressões de todo tipo. [Agora, com voz empostada e em volume crescente. Há grande zunzum no espaço]. Emprestei o casaco para Dona Diva, porque na noite passada ela estava sentindo frio. Ela o deixou pela manhã próximo de suas coisas e o casaco desapareceu em seguida. Eu exijo que ele reapareça e eu não vou me aquietar até isso acontecer!".

Outros rumores sugerem, porém, não ter sido Vera a responsável pelo sumiço do casaco. Ocupantes comentam que viram a própria Diva, para quem Roberta emprestou o casaco, andando pela cidade com a peça de roupa. Quem estará mentindo? Roberta, por duas ou três vezes durante a semana, retomará o assunto em assembleia, sem obter uma pista sequer. Encolerizando-se ainda mais, depois de ficar sabendo dos comentários recentes: "Eu não acredito que alguém esteja querendo colocar Diva contra mim, eu sei muito bem que ela é uma pessoa muito correta, as pessoas que levantaram essa hipótese não sabem o que estão falando!". A estória é motivo de zombaria no prédio. Estevão, por exemplo, comenta que não colocaria a mão no fogo por nenhuma das duas ocupantes.

Diva e Vera têm em torno de 50 anos e chegaram sozinhas à ocupação. Diva tem casa e família em Belford Roxo, cidade localizada na área metropolitana, mas deseja retornar ao centro; Vera morava no morro da Mineira, no Catumbi, próximo ao centro, e conta que saiu de lá porque não aguentava mais tanto tiroteio. Falou para Mariana, lembremos que esta é psicóloga, que teve um marido muito bom, que lhe dava de tudo, mas depois de seu falecimento as coisas ficaram mais difíceis. Vera diz enxergar muito pouco com um dos olhos. Ocupantes duvidam em alguma medida desta sua deficiência, mas acho provável que ela realmente tenha uma perda visual expressiva em um dos globos oculares que, afinal, parece um olho de vidro.

Esta impressão ganhou ares de veracidade depois que acompanhamos o modo como se deslocava pelos locais mais escuros da ocupação e, durante a noite, quando tentava subir as escadas até o dormitório comum, ou quando acordava na madrugada para ir ao banheiro, onde frequentemente não conseguia chegar e resolvia a questão urinando num balde no próprio dormitório comum. Para alcançar a tomada para acender a luz, situada a alguns metros do local em que instalava seu colchonete, o salão era razoavelmente grande, Vera tateava corpos, bolsas, sacos e mochilas, o que provocou uma série de máximas, bradadas de forma bem-humorada durante suas "ações" por ocupantes, Estevão incluído, e alimentando os "ventos" que nesse momento sopravam de que nossa ambulante surrupiava uma ou outra coisa.

Nem sempre todos os ocupantes dormiam diariamente no prédio, quando isso ocorria, era preciso deixar os pertences pessoais sob os cuidados de alguém com quem já havia estabelecido algum tipo de relação de solidariedade ou confiança. Mas isso não assegurava muita coisa, significando apenas que os objetos ficariam juntos aos pertences de outro morador no dormitório onde este se instalara para dormir.

O comentário de Estevão de que não colocaria a mão no fogo nem por Diva, nem por Vera não se tratava de mera implicância de sua parte. O quarto mais razoável, um pouco arejado, ficou reservado para as jovens senhoras e algumas mulheres com filhos. Assim, Diva, Vera, Giane, Melissa e Cristiane foram alocadas nesse cômodo menor com porta, embora fosse possível apenas encostá-la, resultando num grau mínimo de privacidade. Os três compartimentos da sobreloja davam em uma área interna do prédio: o salão térreo de um anexo era bastante espaçoso, mas se encontrava com áreas alagadas.

Giane, Melissa e Cristiane, como haviam chegado da rua com seus filhos pequenos, tornaram-se logo objeto de estigmatização, principalmente pelas mulheres em condições mais precarizadas. E eram elas que, numa ou noutra ocasião, aproveitavam para tecer comentários sobre os odores pouco agradáveis de Giane. Acrescenta-se que suas coisas encontravam-se constantemente espalhadas pelo pequeno recinto que dividia com as jovens mães e mais duas mulheres adultas (entre 50 e 60 anos), e a forma nada disciplinada de Larissa ou "Lari" [era assim que sua mãe a chamava], de 5 anos, foi suficiente para suscitar outros comentários pejorativos por parte das parceiras de quarto e por outros ocupantes a respeito de Giane.

Ressaltemos que o tamanho do quarto "privilegiado" era muito pequeno para a quantidade de adultos, bebês, crianças, mais sacolas e apetrechos de tamanhos diversos. Já nos primeiros dias na nova acomodação, as brigas começaram: acusações atravessadas, até que de repente escutamos um barulho forte que nos surpreendeu e fez com que corrêssemos para acudir. No meio de uma cena absolutamente nervosa, Melissa ponderou: "É, só existe mesmo maluco nesta estória de ocupação. E ela estava ali porque precisava, não era doida como alguns, que dava para ver que tinham casa e casa boa, mas preferiam ficar num lugar daquele, com tamanha quantidade de pessoas, sem banheiro, dormindo no chão".

Melissa compunha uma personagem dissonante, singular, porque estava longe de fazer o papel da ocupante cordial, submissa e humilde, que não tem como agradecer a boa vontade daqueles "iluminados" militantes que lhe haviam propiciado uma vaga num prédio situado a poucos metros da Central do Brasil. Da mesma forma, recusava-se a participar das comissões de cozinha, portaria ou limpeza, aparecendo na hora das refeições. Algumas vezes eu a vi sentada num caixote disposto como um banco, onde colocou um pano para cobrir, já em seu espaço "privado", separado por tapumes do restante do salão, pintando as unhas. Outra vez, quando viram que portava uma vassoura e limpava uma parte do dormitório compartilhado, um grupo de ocupantes pôs-se a aplaudir tal gesto, o que a desarmou, resultando num sorriso cúmplice. E foi por conta de seus modos que ganhou de outros ocupantes o apelido de "madame", acionado por ocupantes e militantes, em diferentes situações.

Cristiane, por sua vez, acusou Giane de estar com o "diabo no corpo", empregando enunciados que faziam referência ao discurso pentecostal e neopentecostal, como: "Só Jesus"; "Sai de mim"; "Tá amarrado". Giane, de sua parte, neste dia, parecia estar um tanto embriagada e não se importou com os comentários. Cristiane dirigiu então sua munição para Melissa, as duas discutiram através de gritos e palavrões, estapearam-se e, por fim, puxaram os cabelos uma da outra.

Diva e Vera participaram da querela de forma secundária: teciam um ou outro comentário, a maior parte das vezes pejorativo, sobre as três jovens mulheres e mães. As acusações variavam, em sua maior parte, em função de Melissa e Cristiane não realizarem nenhuma tarefa doméstica na ocupação. Em relação à Giane, porque era tida como "retardada", "maluca", ou tendo "problemas mentais", de qualquer maneira, era uma caracterização que não se norteava pela patologização de nossa heroína, mas sim por certa impaciência/estigmatização em relação a ela. Nas palavras de uma moradora que também se encontrava na rua antes de chegar à ocupação, casada e mãe de três filhos: "[...] essa mulher fede desse jeito e ainda arruma marido!".

Trata-se de questões de ordem moral, nas quais operavam valores relativos ao higienismo, e imagens associadas à honra, à submissão e ao sacrifício, em outros termos, concernentes à *disciplinarização/normatização* e também atravessados pelo racismo. Ou, ainda, é uma retórica discursiva e majoritária ligada à maternidade e ao que significa ser realmente uma "mãe de família". Tais juízos, consequentemente, desconsideram Giane quanto à sua capacidade de cuidar dos filhos, seja porque ela se encontra, muito frequentemente, em condições tidas como pouco higiênicas, seja porque passa o dia andando nas ruas do centro e retorna sempre descalça para a ocupação. E, por último e não menos importante, porque a encontram pela cidade "atrás de homem" - conforme alguns ocupantes comentavam. Estes mencionam que Giane acaba geralmente se envolvendo com homens que bebem e, por conta disso, "arrumam confusão". Nessa época, seu parceiro e ela eram vistos discutindo "[...] no meio da rua, por algum motivo bobo, alguma besteira" [comentário de Ismael]. Mas o que é notório em relação à Giane é que os enunciados e os atos a respeito de ter uma "vida ganha", "uma vida mais tranquila" compõem um horizonte que parece lhe dizer pouco ou, talvez seja se deslocando pela cidade, com seus dois filhos, "atrás de homem", o que ela considera mais primordial, e efetivamente, talvez seja esse componente mais fluido que lhe possibilite escapar (e manter as filhas com ela) do controle de dispositivos e de agentes estatais.

Em várias conversas que mencionarei em outros momentos desta tese, Giane nunca esboçou algo próximo deste tipo de "conversão", e é isso que a faz uma interlocutora tão especial, que se delineia através de traços e modos que operam como tentativas de escapar dos mecanismos de produção do *biopoder* – disciplinarização e controle – e da *vida matável,* semelhante às histórias recolhidas por Michel Foucault em *A vida dos homens infames*[31]. Este modo de se constituir, por sua vez, nos pareceu ser uma modalidade comum a vários outros moradores.

3.8.2 Quando ocupação é comunidade

Após os conflitos relatados anteriormente, mais a estória do furto do casaco, Vera se mudou para o quarto grande onde estavam instalados ocupantes, em grande parte, do sexo masculino, que se encontravam, naquele momento, sozinhos na ocupação. Diva, após a estória da vestimenta de Roberta, não apareceu até a semana seguinte na Machado de Assis, alimen-

---

31 Sobre a noção de homens infames ver nota 143. FOUCAULT, M. A vida dos homens infames. In: ____. *O que é um autor?* Trad. Antonio Cascais e Edmundo Cordeiro. Lisboa: Passagens e Vega, s/d.

tando a suspeita de que ela seria mesmo a responsável pelo sumiço da peça que Roberta ganhara das guerrilheiras marroquinas.

Nessa segunda semana, no entanto, outros furtos ocorreram. Um aparelho celular e um mp4 de uma garota paulista, ligada ao grupo dos punks, namorada de um outro garoto também punk, ambos apareciam menos na ocupação, foram roubados do dormitório. A garota era candidata à moradora pelo grupo dos *riquinhos*, junto a outros do grupo dos *punks* e/ou veganos, os dois grupos são próximos e se confundem em muitas ocasiões. Um tênis do filho de Beth também foi furtado nessa mesma semana. As suspeitas não mais recaíram em Diva, que retornara à sua casa, em Belford Roxo, ou em Vera, afinal, fora o tênis, os dois eletrônicos não faziam parte do perfil dos usados que ela negociava. Novos rumores apontaram como suspeito um garoto que passava o dia dormindo. Ele dizia que trabalhava em um quiosque em Copacabana e chegava ao prédio sempre de manhã bem cedo. Nas primeiras semanas, puxei assunto com ele.

O jovem ou adolescente era bonito e lembrava os personagens e atores dos filmes de Pier Paolo Pasolini e, assim como em muitas fotos desse célebre diretor italiano, andava com uma jaqueta jeans que o protegia do vento que soprava da baía de Guanabara. Portava poucas coisas (mas isso era usual entre os ocupantes): uma pequena mochila que deixava quando saía e um colchonete doado logo que invadiram o prédio. Conversamos duas ou três vezes a partir dos comentários sobre seu emprego: que na noite anterior havia uma lua linda, a praia estava deliciosa e que ele conseguira fazer um dinheiro bom. Contou-me que trabalhava num quiosque na orla, atravessando a madrugada. O fato de ficar dormindo durante a maior parte do dia só se levantando para almoçar resultou em críticas espaçadas que, aos poucos, se intensificaram. A preocupação, no entanto, por parte de alguns militantes e tematizada em assembleia, restringiu-se à idade do jovem.

Era fácil supor que ele não tivesse 18 anos, o que, segundo os mesmos militantes, poderia gerar problemas para a ocupação, como, por exemplo, uma denúncia anônima de que havia um adolescente (e desacompanhado do responsável) no prédio e que eles, militantes, tinham consciência do fato, dando ensejo, no plano jurídico, a argumentos de ordem moral, que poderiam ser agregados negativamente à ação e ao movimento.[32] Além disso, o fato possibilitaria que o Conselho Tutelar, os agentes municipais e mesmo a polícia solicitassem algum tipo de visita ou vistoria no imóvel. Isto, por sua vez, ao constar num processo judicial, acionaria alguns dos dispositivos morais contrários à ocupação, acabando por situá-la como um espaço "insalubre", termo de um agente municipal sobre a Machado de Assis, ou "desagregador", termo de Antunes sobre certo tipo de conduta dos ocupantes em geral, e que as pessoas precisariam ser "[...] encaminhadas para projetos sociais", termo de uma juíza em relação aos ocupantes da Zumbi dos Palmares. Isto tudo poderia servir, afinal, como mais uma justificativa para o seu desalojo.

O jovem, motivo da falação, escutou a estória de outros ocupantes próximos e saiu mais uma vez para trabalhar. "Como trabalhar? Ele mal tem 16 anos!" – comentou Felipe, participante do grupo de *apoio* e bastante ativo nas ocupações do centro, tendo concluído seu comentário em tom de indignação e que dizia mais ou menos o seguinte:

> Espero que vocês não estejam pensando em expulsar o garoto... Vocês estão achando que o moleque não precisa mesmo estar aqui? Por que não estaria então dormindo na casa dele, com um parente que fosse? [...]. Daqui a pouco a gente vai achar normal a polícia entrar aqui para prender o moleque ou mesmo a gente vir a expulsá-lo. [...]. Poxa, não sei se vocês sacam a discussão sobre abolicionismo penal. É justamente para acabar com qualquer tipo de pena e prisão....

Felipe retomou seus argumentos numa outra assembleia, mas não me pareceu que as pessoas estivessem exatamente preocupadas com a menoridade do rapaz, menos ainda com suas possíveis atividades como garoto de programa.[33] O que alguns ocupantes efetivamente comentavam era sobre ele

32 Esmiuçaremos a este respeito no próximo capítulo.

33 Um militante, em outro período e situação, comentou sobre garotas de uma ocupação da zona portuária que começaram a fazer ponto bem próximo ao prédio. A ocupação, através de assembleia, pediu então que elas ficassem numa outra esquina e não se identificassem como moradoras da ocupação, caso a polícia lhes indagasse a respeito.

ser visto como alguém que "[...] não fazia nada" nas tarefas, o que significava que não participava das atividades comuns, tampouco frequentava as assembleias, só levantando para comer, tomar banho e ir embora logo que escurecia. Os furtos de um celular, de um mp4 e de um tênis, portanto, resultaram na intensificação da estigmatização de que ele começara a ser objeto na semana anterior, transformando-se em tema de discussão nas assembleias subsequentes. Nestas, ele permaneceu em silêncio, os olhos arregalados. Após tamanha exposição, o garoto evadiu da ocupação.

4. Cotidiano

Figura 10. Caderno da portaria da Machado de Assis

4.1 Um pouco de possível, senão eu sufoco[1]

Eis que um estrondo altíssimo chega até o quarto maior onde acontecia a assembleia da noite (este cômodo tem as janelas voltadas para um pátio interno). Corremos todos para ver do que se tratava. Cristiane adentra o "quarto das mães" aos gritos de "Meu filho, meu filho!". Com outros ocupantes suspende a porta que caíra exato em cima do bebê, salvo graças

---

1 DELEUZE, G. Um retrato de Foucault. In: ____. *Conversações*, 1972-1990. Trad. Peter Pál Pelbart. Rio de Janeiro: Ed. 34, 1992. p. 131.

às bolsas com roupas que amorteceram a queda e impediram que a criança se ferisse seriamente. A sensação era de que algo sorumbático transpassara o recinto. A reunião foi encerrada, alguns de nós permanecemos boquiabertos, outros se dispersaram, foram passar um café, ou formaram pequenos grupos para conversar bobagens, de maneira a diminuir a tensão. Tal acontecido parecia da ordem das coisas extemporâneas, e que, num átimo, se fazem presentes, e, de forma mais frequente, em certas condições materiais precárias de existência.

Esse acidente mudou o clima da semana. As discussões sempre usuais nas assembleias emudeceram. Antunes sumiu por alguns dias, segundo ele, havia ficado um tanto depressivo com o incidente. Outros ocupantes justificaram o acontecido dizendo que o prédio estaria "carregado" [com maus agouros]. Próximo deste evento deu-se outro fato que também marcou o início da Machado de Assis.

A bebê de Giane, numa noite antes do jantar e durante a assembleia, começou a chorar num pranto sem trégua, Ismael, de orientação pentecostal, resolveu orar a menina postando as mãos dois palmos acima dela. Imediatamente após este gesto, a bebê diminuiu o volume do pranto. Algumas mães interpelaram Giane: "Onde está a mamadeira da menina?". "Não, eu pus a mamadeira e ela não quis". Giane, mesmo assim, resolveu procurar o objeto no "[...] quarto das mães", todavia, sem sucesso. Emily retomou o choro de maneira mais intensa. A mãe achou que talvez fosse melhor partir para a emergência do Hospital Souza Aguiar com a filha, pois não sabia mais o que fazer. Anderson, *morapoio*, pouco mais de 20 anos, vindo da ocupação de Nova Iguaçu desde que migrara do Piauí há um mês e, Mariana, se prontificaram a acompanhar Giane e a bebê. Sobre o atendimento no Hospital Souza Aguiar eles relataram, de volta ao prédio da Machado de Assis, que a médica, assim que viu Emily, solicitou à enfermeira que trouxesse uma mamadeira. Giane explicou à pediatra que já havia tentado dar a mamadeira, mas a menina a recusara. A médica ponderou que o leite talvez estivesse muito quente. Acertou. Emily – contaram Mariana e Anderson – parou imediatamente o choro assim que começou a mamar.

4.1.1 Radicalizar

Giane decidiu permanecer na calçada em frente à Machado de Assis, por toda a tarde, numa tentativa para pressionar moradores e militantes para que a aceitassem no prédio. Descalça, com um carrinho de bebê contendo poucos pertences, uma bolsa feminina de médio porte, dessas que se carrega a tiracolo e que parecia vazia, ao lado de sua filha Larissa, com um vestido que era muito maior do que ela, as duas com cabelos esvoaçantes e despenteados. Além de Larissa (com cerca de 5 anos), carregava nos braços a bebezinha Emily Vitória (que não completara 1 ano). As três fincaram pé na calçada da Machado de Assis, ao lado de um fio de esgoto que descia do hall da ocupação. A situação causou mal-estar, chamando a atenção de quem retornava ao prédio. Ao final do dia, a cena foi qualificada por alguns moradores e militantes de "escandalosa".

Gustavo contou que encontrou Giane na rua e acreditava que ela deveria ser imediatamente incorporada à ocupação (na verdade, ele a conhecia da região há algum tempo e havia comentado com ela sobre a possibilidade de surgir uma ocupação por aquela época). Na assembleia da noite, falou: "Eu sei que a situação é delicada, a gente está fazendo o cadastro para conseguir novos moradores, mas no caso dela, a gente não tem o que pensar". Houve algumas ressalvas e certo "corpo mole" de Marcelo – morador, militante do *grupo dos independentes*, um dos mais sectários do grupo *operativo* e uma liderança na Machado de Assis – que alertou para o fato "complicado" de se começar a abrir exceção para um e para outro, retirando assim a autonomia do coletivo: "Se vai servir para um, tem que servir para todos"; "A gente tem que esperar para tratar do assunto na assembleia". Tais ponderações geraram uma grande indignação em Gustavo. Giane e as filhas teriam que esperar até as 21h, horário da assembleia, para saber o que havia sido decidido sobre o seu caso.

Nosso militante fez então um escarcéu para que a ocupação aceitasse Giane em caráter de urgência. Seus gestos eram exagerados, expressivos e percorreu todo o hall do prédio. E, indignado, apregoou em voz alta para quem quisesse ouvir:

> Ora, ora, a gente faz ocupação é para pessoas que se encontram principalmente nessa situação da Giane. Como é que a gente é ca-

> paz de deixar uma pessoa que já está na rua esperando cinco horas na porta, esperando o quê? [...]. Não tem sentido, o prédio está com pouca gente, tem espaço suficiente, ela tem duas filhas, está na rua faz um tempo, é uma pessoa que precisa de um lugar.

A estória tocou os ocupantes, que se postaram próximos à entrada para aguardar o desfecho. Já havia anoitecido, a ocupação tinha um quórum significativo de pessoas que, por sua vez, esperavam ansiosamente a saída do jantar. Gustavo anunciou que iria "radicalizar": abriu o portão e avisou aos que estavam no hall que colocaria a mulher e as filhas para dentro, ponto final. E assim o fez. Muitos gritos, aplausos e assovios deram um quê de frenesi à cena. Chamou também a atenção tanto a tranquilidade quanto a altivez com que Giane adentrou o prédio conduzindo as filhas, o carrinho e seus parcos pertences.

4.1.2 Tirando a portaria

Uma das tarefas dos ocupantes a cada assembleia, que acontecia, em geral, após a novela das oito, era de indicarem as comissões responsáveis pelo espaço. Uma dessas comissões se responsabilizaria por registrar a entrada e a saída de pessoas do prédio e, igualmente, estaria atenta a qualquer movimentação suspeita nas imediações. Como a polícia permaneceu apenas durante o primeiro dia da invasão, a tarefa de tirar a portaria não era das mais desagradáveis. Pelo contrário, era nesse momento que se contatava pessoas, estabeleciam-se relações, inteirava-se do que acontecera recentemente na ocupação. Também era neste espaço que recados eram passados, aparecia gente procurando alguém, contando alguma estória ou querendo saber se havia vaga no prédio, por exemplo. Enfim, permanecia-se muito tempo por ali, interagindo com quem quer que surgisse e se mostrasse interessado em assuntar (algo razoavelmente fácil de acontecer). Isto ocorria porque quem estava na entrada ficava responsável por abrir e fechar o portão. Em geral, as pessoas se dividiam nestes dois postos: num muro rente ao portão ou numa mesa com uma cadeira, a cerca de 5 metros do portão principal. Nesta posição, eram feitas as anotações da hora de entrada e de saída das pessoas que estavam na ocupação ou que haviam transitado por ela.

Em um dia que eu tirava a portaria, Isabel e Seu Luís retornaram ao prédio. Lembremos que Seu Luís, ambulante na Lapa, participou do curso ministrado pelo grupo *operativo* desde o início, tornando-se uma liderança entre os moradores que não eram militantes. Isabel morava com ele há alguns anos, contou que era pianista profissional até que sua família perdeu todo o dinheiro, e que depois de conhecer Luís, foi morar com ele na Gamboa. Da sobreloja onde dormíramos inicialmente, dava para ver o sobrado onde o casal alugava um quarto com banheiro. Isabel não parecia tão envolvida com a nova ocupação quanto o seu parceiro, mas dizia que viria para o prédio para acompanhá-lo. Quem sabe eles pudessem ficar tanto no sobrado quanto na ocupação. Luís replicava, entretanto, que gostaria de não ter de continuar utilizando uma parte de sua aposentadoria para arcar com a metade do aluguel do quarto, Isabel tinha também uma aposentadoria e pagava a outra parte. Ele vendia bebidas na Lapa, mas várias vezes comentou que a Lapa estava acabando:

> Quer dizer, estão acabando com os camelôs e ambulantes da Lapa. Tenho um ponto que deve ter uns vinte anos, logo ali perto dos Arcos, depois um pouco do bar Semente. A guarda municipal não está deixando a gente trabalhar, está chegando a hora de procurar outra coisa, um outro ponto, quem sabe. Isso tudo começou já com César Maia [prefeito da cidade entre 1993-97; 2001-2009]; e só piora. Mas eu gosto muito da Lapa, tenho muitos conhecidos.

Este fato não o impedia de comercializar diferentes produtos em outros locais. Uma vez, enquanto eu ia de táxi para uma manifestação na Central do Brasil, numa tarde de muito calor na cidade, em novembro de 2009, chamou-me a atenção um casal todo paramentado: com óculos escuros, portando chapéus de amplo tamanho, guarda-sol aberto, em tons chamativos. Rapidamente reconheço Luís e Isabel, que aproveitavam o sinal em frente ao Campo de Santana, a poucos metros da Central do Brasil e da Presidente Vargas, para vender os objetos, entre outros, essenciais para se sobreviver ao verão carioca. Dispunham também de um isopor onde gelavam água e refrigerantes para venda. Na ponta, caracterizando a versatilidade do negócio, eram ofertados ursos de pelúcia de médio porte, em cores variadas, e objetos usados os mais diversos (carregadores de celular, vinis, souvenires em madeira etc.) – todos dispostos na calçada, em cima de um tecido vermelho que os destacava.

Na ocupação, Isabel aproxima-se da mesa onde estava Gervásia, seu filho João, Mariana e eu, para pedir um diazepam. "Alguém teria um diazepam para me emprestar? Eu estou com uma enxaqueca, um nervosismo". Mariana lhe sugere procurar uma terapia e logo engrenam uma conversa. A pianista confessou que não estava nada bem, "[...] ando muito nervosa". E realmente, por várias vezes, eu notara que Isabel aparecia na ocupação como se estivesse medicalizada: olhos de soslaio, passos em câmera lenta e enrolando a fala. Alguns moradores tiveram a ideia de chamar Vinícius, porque era quase certo que ele dispusesse do fármaco.

> Vinícius, o teu é de quanto, de cinco? [...] Nossa, dez?! Dez é muito rapaz. Eu, quando pego um comprimido de cinco, divido num monte de pedacinhos e vou tomando. Fico bem mais calma. [E dirige-se a ele em tom investigativo:] Mas você tomando de dez deve cair duro, não?

Vinícius, por sua vez, contou-nos que chegou à ocupação após fugir do "manicômio" onde esteve internado. Pulou o muro, não sem antes virar pelo avesso seu short azul, para evitar desse modo que o número que o vinculava à instituição permanecesse visível. Perguntou a transeuntes a respeito do ônibus que iria para "[...] o outro lado da cidade", e foi assim que acabou novamente no centro e, em seguida, ficou sabendo da Machado de Assis. Antes de ser internado, contou-nos que vivera em hospedarias perto da Central, e que tinha participado de outra ocupação na zona portuária, da qual acabara expulso. Sobre esta experiência, disse que na época havia tido muitos pesadelos com o diabo, e qualificou tais passagens como um "momento muito difícil". Em termos financeiros, contou com a ajuda da mãe, que morava numa área metropolitana da cidade. Ele, entretanto, não se dava com o padrasto, o que impedia que sua estadia na casa materna se estendesse por mais de dois dias.

As discussões na segunda semana entre Seu Luís e Isabel foram acompanhadas pela maior parte dos moradores que se encontravam no local. Geralmente se passavam enquanto esperávamos ou fazíamos a refeição do dia. O casal aparecia no corredor onde havia os quartos de dormir, Isabel dizendo que não iria ficar, e que era para ele pegar as coisas dele. Luís replicava que, antes, eles haviam combinado, que ela sabia que ele viria para a ocupação, afinal, participara do curso do *operativo* por cerca de dez meses e se sentia diretamente envolvido e responsável pela ação e por seus moradores.

O combustível da trama, todavia, parecia ser a ciumeira que Isabel nutria em relação à interação de Luís com determinadas ocupantes. De repente, Isabel surgia sorrateira ao lado de Luís, sem entabular conversa ou cumprimentar as pessoas presentes, no máximo um balançar discretíssimo com a cabeça. Em seguida, passava os olhos de forma terrivelmente perscrutadora e assim permanecia. Luís, num outro dia, encenaria na portaria, numa hora em que Isabel havia saído, uma conversa em um tom confessional (não muito convincente) com duas mulheres e comigo. O ponto principal era que não estava muito bem com Isabel, porque ele precisava de sexo, senão diário, pelo menos semanalmente, e que, quando acontecia, eram várias vezes para ele realmente se sentir bem. Lúcia, Gervásia e eu, a partir de certo momento da conversa, não aguentando mais tamanha gabolice, passamos a ironizá-lo: "Nossa, que homem!"; "Uau, tarado!"; "Que macho!". E Gervásia em tom de zombaria: "Luís, você deve ter problema, isso não é normal não". E, finalmente: "Ah, sei não, esse fogo está parecendo outra coisa..." [insinuando que Luís fazia uso de viagra].

4.2 Peculiaridades

Em ocupações mais rígidas em termos de estrutura e organização, ligadas a um dos vários movimentos de luta por moradia nas metrópoles brasileiras, funciona, de modo frequente, algum tipo de coordenação por andar, além de comissões e/ou equipes de "comportamento" ou "disciplinares". Tais personagens servem para intermediar ou resolver conflitos físicos e verbais dentro da ocupação; da mesma forma, em determinados casos, podem imputar castigos, penalidades e indicar expulsões. É toda uma lógica de inspetoria, controle e vigilância que é exercida no dia a dia. Em assentamentos do MST (Movimento de Sem-Terra), por exemplo, este papel é muito importante, afinal, o número de pessoas envolvidas é muitas vezes da ordem de três zeros.

Nas ocupações da FLP não há tal tipo de comissão. Queixas, problemas e brigas são resolvidos via assembleia ou através da interferência de moradores que muito provavelmente têm algum tipo de proximidade ou estão também envolvidos na história. Isto dá margem para que ocorram muitas passagens nomeadas por Antunes de "clássicas" dentro do repertório das ocupações autogestionárias da Frente de Luta Popular. As estórias se repetem contadas em novas versões de pessoas do *apoio*, moradores ou *operativo*. Da mesma forma, o modo de funcionamento deste tipo de ocupação, sem uma comissão disciplinar ou de comportamento, acaba possibilitando que atores diversos, em momentos diferentes, despontem na trama, numa ou noutra situação, bem como certas lideranças, que se sobressaem em determinada época e depois caem no completo esquecimento. Nesse sentido, a existência de uma forma não hierárquica e não representativa termina por suscitar, em tais *squats*, um colorido maior, em termos de produção de grupos, complôs, pactos, reveses, gestualidade, portanto, em formas de transitar e tramar possíveis conspirações. Como pontua Patricia Tomimura em sua dissertação (2007):

> Muitas vezes há pessoas sem lugar para morar que algum morador permite que fique no quarto dele durante algum tempo. Há construção de cooperativas de trabalho. Há alianças internas na ocupação. [...]. E conspirações, conspirações o tempo todo. Os despotismos são logo derrubados, nem que sejam por outros. Mas sempre há lutas pelo poder. Reuniões secretas, de cúpula, dos mais antigos. Dos apoios.

Seu Luís, por exemplo, foi uma das lideranças que despontaram assim que a ideia de ocupação começou a ganhar consistência, salientando este papel já na movimentação inicial da invasão. Luís circulava intergrupos e interclasses da Machado de Assis: entre a militância, o *operativo*, o *apoio*, os estigmatizados, os *riquinhos* e quem mais aparecesse. Conseguiu incluir alguns conhecidos na ocupação. Tinha uma forma assertiva, mas que na maior parte das vezes funcionava num sentido agregador. A desenvoltura com que circulava na cidade, a escassez de juízos morais sobre outrem e as inúmeras pessoas que contatava nas ruas e com quem conversava sobre os dramas cotidianos, além de ajudar um ou outro – próximo ou não tão próximo – emprestando dinheiro, fazendo algum favor, tornavam-no um personagem que aglutinava ocupantes e militantes.

Ele também era uma pessoa controversa, não exercia uma liderança que inspirasse um tipo de respeito por submissão ou medo; neste aspecto, era uma antiliderança: falava palavrão, contava sacanagem, destemperava, dava opiniões julgadas pelos ocupantes tanto absurdas quanto louváveis. Mas era um ocupante sempre presente e que sabia impor segurança no portão, na portaria e também nas assembleias. E estava sempre animado em relação às tarefas e às atividades concernentes à ocupação. Algumas vezes chegava alcoolizado ao prédio, conversando com outros moradores, narrando estórias sobre a rua, até que caía em algum colchonete próximo à portaria. Acordava então na madrugada para checar como é que estava a entrada da ocupação, se estava tudo bem. Mostra-se orgulhoso por trabalhar como ambulante na Lapa, (contou-me que labuta nesse bairro há mais de 30 anos), a despeito de aparentar mais de sessenta anos e de sua saúde dar sinais de que precisa de cuidados.

Além de Luís, Beth também se destacava. Rapidamente ficou responsável pelas seguintes comissões da ocupação: "finanças", "cozinha" e "contatos". A cozinha e as finanças eram motivo de tensão. Beth escutara, logo na segunda semana, comentários que considerou mordazes a respeito de seu desempenho e, portanto, estava decidida a devolver a chave do armário dos mantimentos e o caderno das finanças mais o dinheiro da ocupação na assembleia da noite. Nesta, vários ocupantes e militantes fizeram troça de suas queixas, o que fez com que Beth permanecesse com as chaves e com a responsabilidade sobre a contabilidade da ocupação.

A tesoureira da Machado de Assis, assim como Luís, circulava pelos vários grupos da ocupação, além de ter acesso ao grupo das mães, já que tinha um filho de 12 anos que fora com ela para o prédio da Gamboa. Ela nos contou a dolorosa e sinistra estória da perda de outro filho, assassinado numa periferia de Belo Horizonte, onde moraram há alguns anos atrás. Roberta, a mulher do casaco das guerrilheiras marroquinas, apoiava efusivamente Beth, que se mostrava sempre acessível quando se tratava de resolver os problemas da ocupação, ou de auxiliar um ou outro ocupante. Além disso, sem alarde e de modo assertivo, liberava o material da cozinha em situações de emergência. Tinha contatos com sindicatos, especialmente o CONLUTAS e também fazia os mais variados bicos a partir dessa rede de contatos. E isso incluía conhecidos e ocupantes. Entre outras coisas, por exemplo, conseguiu a doação de uma leva de peixes com um pescador do bairro da Urca (zona sul da cidade), servidos na primeira ceia de Natal da ocupação.

Estes dois interlocutores – Beth e Luís – começaram a participar das reuniões do *operativo*. Alguns de seus membros achavam correto que eles estivessem presentes, acreditando que assim pudessem despontar pessoas e grupos que viriam a tocar, num futuro próximo, o prédio. Desta feita, segundo José, Antunes e Gustavo, a ocupação sairia fortalecida com as novas lideranças formadas nesse processo. Tal modo de organização se diferenciava das ocupações geridas principalmente por partidos ou organizações externas, que tinham, em geral, uma forma de governança exercida de fora para dentro e verticalmente (de cima para baixo). E esta era mesmo uma contraposição cultivada pelo *operativo* da Machado de Assis, que sempre ressaltava em assembleia que, após três, quatro ou seis meses, no máximo, "contribuindo para organizar o coletivo", o grupo se retiraria da ocupação. Sua presença se dava através de escalas, nas quais dois ou três membros apareciam (os participantes do *operativo* que não eram moradores) um pouco antes das assembleias e, normalmente, no período da manhã para checar como as coisas andavam.

Gustavo e José eram as figuras mais próximas e influentes no coletivo de moradores, além de Antunes. Gustavo, como morador da Dandara e ambulante, pai de cinco filhos, levava uma ou outra pessoa para a ocupação, militantes e pessoas ligadas a algum tipo de movimento social; tinha livre trânsito entre os moradores, afinal, ele os conhecia do próprio entorno da Central, já que era um interlocutor que circulava avidamente por ali. Isto não apenas por uma questão de trabalho, como veremos, mas por uma série de fatores: pelos cinco filhos que tinha de sustentar e cuidar, pelos recorrentes bicos que resultaram em seu principal modo de subsistência, por conta de seu engajamento em inúmeros movimentos e microgrupos, pela presença nas ocupações do entorno (em comemorações e eventos, especialmente). Além destes, era preciso, por um motivo ou outro, contatar pessoas da máquina burocrática estatal, objetivando conseguir o dinheiro que serviria à requalificação do prédio da ocupação onde morava. Ou, ainda, quando acompanhava os meandros do Judiciário, da Defensoria e dos advogados próximos para saber notícias do processo judicial de sua ocupação, assim como da Zumbi dos Palmares e da Machado de Assis. Gustavo também tinha uma qualidade fundamental neste cenário (e em outros, igualmente): a disponibilidade de escutar as desilusões amorosas e outros assuntos mais – e se compadecer com eles – narrados por interlocutores da região: dramas familiares, "neuras", histórias dramáticas, histórias tenebrosas, mil e uma fofocas.

José era pedreiro, morador também da Dandara e membro do grupo *operativo* na Machado de Assis. Figura muito importante e respeitada na ocupação. Mantinha sua fala e possuía um ar mais circunspecto se comparado a Gustavo e a Antunes. Tinha trânsito por todos os grupos da Machado de Assis, inclusive entre os *punks*. Foi também nesse grupo que namorou algumas garotas.

Quando da experiência na Machado de Assis, José estava namorando Pamela, uma ocupante do prédio que havia participado do curso de formação ocorrido antes da invasão do imóvel. Nosso pedreiro, de origem pernambucana, tinha uma história de vida que considerava importante no sentido de ter lhe ensinado várias coisas sobre a cidade, a Central do Brasil e seus moradores. José havia morado durante alguns meses na rua antes de chegar à Dandara. Tal passagem era destacada por ele e por outros ocupantes como um período marcante e que modificou muitas coisas que pensava a respeito do "pessoal da rua" [termo utilizado por ele e Gustavo]. Tinha uma forma de pensar absolutamente perspicaz sobre este grupo. Lembremos que foi ele quem explicou porque as pessoas, quando entraram no prédio da ocupação pela primeira vez, não quiseram voltar, imitando-as: "Ah, achei que tinha banheiro"; "Achei que o prédio iria estar em melhores condições"; "Achei que era como o prédio da Chiquinha, os apartamentos já estariam divididos". Foi ele também o responsável, com uma marreta, por liberar os portões de entrada da Machado de Assis (José era pedreiro), o que, neste contexto, foi performativo tanto de seu prestígio, quanto do reconhecimento de seu papel como liderança.

Assim, era uma das figuras mais respeitadas entre os ocupantes da Machado de Assis. Quando aconteceu a revolta dos *morapoios*, exigindo que eles fossem reconhecidos como ocupantes efetivos, José foi um dos ativadores do conluio. "Vocês é que podem e devem decidir, não existe isso de um grupo se dizer dono da ocupação". "Se foi deliberado que haveria a abertura de vagas através de cadastros, vocês podem deliberar algo diferente; é só propor numa assembleia, que todo mundo vai aceitar". Também era um personagem capaz de polemizar a respeito da necessidade de se realizar uma nova ocupação (no caso, a Machado de Assis), já que pensava que deveriam, primeiramente, fortalecer tanto a Zumbi dos Palmares quanto a própria Dandara, sempre ameaçadas e algumas vezes passando por situações de grande instabilidade, com usurpações as mais diversas.

Mas, segundo suas palavras, acabou atraído pela movimentação em torno da Machado de Assis, que reuniu inicialmente pessoas e grupos tão diversos, tendo o prédio se delineado de modo inusitado, em especial, como já mencionei, por conta de seu imenso terreno, o Nárnia. Além do projeto de construção de um museu afro-brasileiro, havia também projetos ligados à educação, ao teatro, à música e à agroecologia. Estas ideias, durante a empreitada da Machado de Assis, agregadas à questão da moradia, acabaram por contagiar José, que tinha uma postura, se comparada a maior parte da militância ligada às ocupações, pouco sectária.

Era assim que agia na ocupação: apresentando pessoas as mais diferentes, apostando na convivência das mesmas, e procurando acompanhar o cotidiano de cada uma, perguntando sobre a vida e tencionando a ocupação em situações as mais variadas, principalmente quando repetia que devíamos nos manter no dormitório compartilhado por vários outros meses, fazendo as refeições de forma coletiva. Afinal, era dessa maneira que poderíamos estabelecer laços que se tornariam positivamente marcantes na convivência na Machado de Assis, resultando, na sequência, em seu fortalecimento. Ou, se pensarmos seguindo as pistas de Gilles Deleuze: laços que resultariam em sua *consistência*. Tal disparador *coletivo,* por hora, ficará restrito aos enunciados e às práticas apresentadas a partir de nosso interlocutor José (mais adiante nos deteremos nisso).

Observemos que a ideia de falar sobre a trajetória dos inúmeros personagens presentes na trama, através de passagens, é uma tentativa de remetê-los mais aos elementos suscitados em suas práticas verbais e não verbais e menos de revelar a identidade desse interlocutor-personagem, o que, aliás, não seria possível, por conta do contexto em que a pesquisa se deu – como assinalei na introdução. A intenção é pensar como essas passagens enquanto práticas verbais e não-verbais compõem a história de uma maneira polifônica: produzindo efeitos, linhas de fuga, capturas: os modos de territorialização/subjetivação da ocupação. Ou, nas palavras de Gilles Deleuze, pensar na forma de mapas, que "[...] não devem ser compreendidos só em extensão, em relação a um espaço constituído por trajetos. Existem também mapas de intensidade, de densidade, que dizem respeito ao que preenche o espaço, ao que subtende o trajeto".[2]

4.2.1 *Porosidade*

Se as ocupações da Frente de Luta Popular (FLP) ressaltavam a possibilidade de que grupos e lideranças os mais diversos despontariam da trama, se não havia um grupo responsável pelo comportamento, a disciplinarização e a punição, tal como um inspetor de escola ou com uma função similar, ocupantes e *operativo*, por sua parte, criaram maneiras para procurar controlar o prédio cotidianamente. Tal modo de funcionamento, neste contexto de ocupações autogestionárias e não representativas, pode ser aproximado da imagem de *porosidade*, que Walter Benjamin utilizou para a cidade de Nápoles:

> Em todos os lugares se preservam espaços capazes de se tornar cenário de novas e inéditas constelações de eventos. Evita-se cunhar o definitivo. Nenhuma situação aparece, como é, destinada para todo o sempre; nenhuma forma declara o seu "desta maneira e não de outra". [...]. Pois nada está pronto, nada está concluído. A porosidade se encontra [...] sobretudo com a paixão pela improvisação.[3]

Desta forma, compor-se enquanto *porosidade* que existe no indefinido, na indeterminação e no provisório ("nada está concluído") tem similitude com alguns dos sentidos presentes nas ideias de precário, precariedade ou no viver em condições precárias. No *Dicionário Antonio Houaiss*, precário aparece datado no século XVII, e, em termos etimológicos, teria origem no latim *precarius*, o que significa "[...] obtido por meio de prece; tomado por empréstimo, alheio, estranho; passageiro"; *prec* significando "que tem pouca estabilidade", "[...] que é de outrem e de que gozamos por mercê revogável, por empréstimo".

2 DELEUZE, G. *Crítica e Clínica*, 1997, p. 76.

3 BENJAMIN, Walter; LACIS, Asja. "Napóles". In: BENJAMIN, W. *Obras Escolhidas II*. Trad. Rubens Torres e José Carlos Barbosa. São Paulo: Ed. Brasiliense, 1995. p. 145-155.

E, noutro sentido, que advém deste anterior: "[...] relativo à condição do agricultor ou colono parciário". E, ainda: "[...] que não cumpre exigências mínimas e, por isso, não é confiável, de qualidade, bom, seguro [...]"; "[...] que tem pouca ou nenhuma estabilidade, solidez; incerto, contingente, inconsistente"; e, por último: "[...] que tem pouca resistência; frágil, débil, delicado".[4]

No *Dicionário de Latino Vernáculo*,[5] o verbete *precari* surge como "depoente", algo que significa: "pedir, rogar, suplicar, implorar, desejar, anelar"; como substantivo, os autores o registram como "súplica, pedido, instância, desejo ou imprecação". Estes últimos, "pedir, rogar, suplicar, [...], desejo ou imprecação" apontam sua polifonia tanto como submissão ("de pedir a Deus ou a um poder superior que envie sobre alguém males ou bens") quanto como "pedir ou rogar com insistência", ou "rogar pragas a alguém", mas também "dizer pragas".[6]

Ao invés de prescrevermos o uso desqualificador (e pejorativo) de *precariedade*, endossamos a positividade inscrita nas outras acepções do vocábulo – acepções que demonstram o quanto pode render uma apropriação nesta direção, em especial, no âmbito deste estudo sobre as ocupações do centro. Não se trata, no entanto, de romantizar algo como uma "subjetivação porosidade", como observou Luís Antonio Baptista,[7] afinal, não são nem um pouco tranquilas as forças envolvidas neste viver em condições de precariedade.[8] São inúmeras e de diferentes formas as ameaças, paranoias, usurpações que aconteciam nas ocupações da FLP, com maior frequência do que em outras da mesma região. A seguir, transcreveremos um trecho da entrevista com Antunes que mapeia os dilemas que perpassam uma existência via

4 HOUAISS, Antonio. *Grande Dicionário Houaiss* [versão on line], 2001: http://www.houaiss.uol.com.br

5 LEITE, J. F. Marques & JORDÃO, A. J. Novaes. *Dicionário Latino Vernáculo*. Rio de Janeiro: Editora Henrique Velho/ Empresa "A Noite", 1944. p. 381.

6 FERREIRA, Aurélio B. H. *Novo Dicionário Aurélio, séc. XXI*. Rio de Janeiro: Editora Nova Fronteira, 1999.

7 Exame de Qualificação. Rio de Janeiro, junho de 2010.

8 Kowarick destaca as várias passagens e usurpações neste tipo de situação que ele chamou de "viver em risco" (KOWARICK, Lúcio. *Viver em Risco*. São Paulo: Ed. 34 Letras, 2009).

porosidade e em condições de precariedade. Algumas observações são fundamentais para situarmos a entrevista.

Atentemos para o fato de que Antunes sumira há pelo menos um ano e meio do circuito das ocupações do centro (depois de sete anos de participação intensa), assim como se distanciara de vários dos participantes da FLP (a Frente chegou ao fim no primeiro semestre de 2009), tecendo inúmeras críticas à militância e aos participantes que fizeram parte dos grupos de *apoio* de cada ocupação e, em especial, a Gustavo e a José. Ao mesmo tempo, salientou como algo positivo a heterogeneidade da militância e a importância da convivência durante o início da entrada nos prédios invadidos. Ele destacou algumas das principais diferenças entre os processos transcorridos na Dandara e na Zumbi dos Palmares:

> A Zumbi sempre foi caótica, sempre foi oscilante. [...]. Sempre foi [oscilante] porque tinha muita confusão. Para começar, pelos militantes que não sabem conduzir essas discussões, isso também é um outro problema. [...]. Eles não têm consciência de que você está ali dando apoio, ali é uma escola, na verdade; a verdadeira escola ali das pessoas é a assembleia. Então, você tem uma dinâmica que você tem que procurar manter. Você tem umas figuras que começam a gritar, as pessoas vão reproduzir isso. Não estou falando que a culpa é dele, mas ajudou também. Só figura que foi pra lá [militantes que foram para a Zumbi] [...]. Na Chiquinha, as pessoas [militantes] ainda moraram, eu morei na Chiquinha, Luíza, a maior galera morou mesmo na Chiquinha. [...] Conviveu, entendeu? Então isso ajudou também. A convivência com as pessoas foi um processo ali de formação do nosso comportamento. Foi possível você morar e foi positivo; na Zumbi não teve isso. Ou melhor, teve algo separado... O quarto do apoio, o apoio ficava todo lá, [...] ficava no primeiro andar.

Essa convivência é constituída, mesmo com as singularidades de cada ocupação, por uma afinidade comum, que era a proposição da Frente de Luta Popular de não dirigir ou instrumentalizar as ocupações e seus moradores. Em outras palavras, de tentar não esconder ou negar sua precariedade, porosidade, provisoriedade e indeterminação (no sentido de que muitas coisas diferentes podem suceder durante sua composição):

> Vou começar do começo, [...], porque eu entrei na história depois, isso é uma coisa importante para identificar. [...] apesar de aparecer que eu, o Lucas, o Gustavo... Quem mais? O José veio depois... Ele morava na rua. Apesar dessa afinidade que aparece, que dá ideia de que a gente já estava discutindo antes, essa afinidade foi se construindo com o tempo. [...]. Na verdade, quem tava tocando a ocupação, do grupo que vocês conhecem, era o Gustavo... Não, nem era o Gustavo. Era o Lucas, Ricardo e o Fabiano. [...]. Porque eu entrei na Dandara no dia da ocupação. Eu encontrei com eles no dia que ia ocupar, aí eles me chamaram pra ocupar. A gente não era um grupo. Conheci o Lucas há muito tempo. [...]. Conheço o Lucas, conheço o Ricardo. Ricardo era o meu vizinho, morava perto da minha casa. [...]. Nós dois morávamos perto da sede do CCT – o Centro de Cultura Proletária. Que era a casa do Lucas. [...]. Aí o que aconteceu, como nós já conhecíamos eles dessa época, quando eles me viram, me chamaram pra fazer ocupação. Isso era em Madureira... É... Oswaldo Cruz, Madureira, Campinho... aquela área ali. Quando nós entramos no prédio, na convivência, a gente instaurou essa afinidade. Realmente deixar o morador decidir, mesmo errando, entendeu? A decisão da assembleia, respeitar a decisão da assembleia... Isso não acontece no movimento por aí. Isso não existe no movimento por aí. Os caras passam por cima mesmo. E dirigem, passam por cima da assembleia. E sempre foi respeitado na ocupação, nas ocupações. E eu acho isso até uma coisa interessante que depois... Esses processos, quando eles se instauram em coletivo, não voltam atrás, nenhuma dessas ocupações tem um xerife, um dono... Não tem um... Até ocupações assim, que têm um certo grupo que toca mais as coisas, como no caso da Quilombo [ocupação Quilombo das Guerreiras], tem a Marília e o pessoal próximo a ela, eu não posso dizer que ali seja uma direção. Direção é direção, direção politicamente tem uma prioridade de passar por cima.

Perguntamos a Antunes, a partir desses comentários, a respeito de uma tradição política brasileira bastante autoritária, o que dificultaria práticas associativas horizontalizadas. Explica-nos que a questão seria de como pensar em instituir algo diferente dentro dessa tradição, porque no projeto da FLP a orientação de as pessoas deliberarem sobre o prédio, o cotidiano e tudo resultou em algo que lhe foi caro: "E aí, por incrível que pareça, esse é que eu acho que é o problema…". Completa sua análise com a noção de *praga emocional*, de Wilhelm Reich. Segundo o autor de *Escuta, Zé Ninguém*, a *praga emocional* funcionaria como se uma carcaça autoritária fosse liberada e se rompesse, suscitando a relação entre ocupações e ocupantes do centro com formas que são características do fascismo e da destrutibilidade que o caracteriza:

> Você libera uma parada meio negativa, assim como a opinião que ele [Reich] tinha sobre o fascismo. Tem uma série de conquistas que essa sociedade alemã [...], os países da Europa... conseguiram, só que as pessoas não estavam preparadas pra aquilo, aí liberou. [...]. Isso é a visão lá, que ele tem de lá. Mas eu concordo em alguns aspectos. Então foi isso que aconteceu na Dandara, entendeu? As pessoas podiam decidir, só que aí criou um processo que até agora o pessoal ainda não saiu disso, tipo uma praga emocional. Uma parada bizarra, energia... A galera estava ali, o pessoal fica ali no recalque. [...]. Obedece, obedece, quando chega numa situação... Como na situação da ocupação, que o cara está livre, o cara faz um montão de merda. Faz um montão de merda [risos].[9]

O "montão de merda" foi exemplificado por Antunes nos casos em que o pessoal começou a usar drogas ilícitas no prédio e os ocupantes concordaram. Da mesma forma, quanto a vender quartos na ocupação, o "[...] coletivo não se colocava contra, deixou rolar". Não que nosso militante e professor

9 "Praga" ou "Peste emocional", segundo a tradução e a definição da palavra ou expressão por Roger Dadoun em seu volume de termos de Reich: "Aqueles que atiram as primeiras pedras, aqueles que espalham os boatos mortais e aqueles que lançam a polícia, os juízes, os cães, a multidão, […] e todos aqueles inumeráveis que se arrebatam em coro […] – atrás dos *fuhrers*, aglutinam-se e formam multidões para saborear a calúnia, divulgar o boato, inflar as brigadas de aclamações, alimentar as fogueiras, acorrer ao linchamento […] – eis algumas das figuras da pestilência caracterial-social que Reich descreve amplamente sob a denominação 'peste emocional'". Para Reich, conforme Dadoun, "além de uma camada primária, primeira e primordial", que é "o núcleo vital, do qual nascem, entre outras coisas, a alegria de viver", há outra camada que é secundária, e também constituinte, "esquematicamente", da estrutura humana. Responsável por reunir: "[...] todas as tendências destrutivas, […], todas as emoções,

de português da escola pública fosse dado a arroubos moralistas, ou algo do tipo. Sua queixa se justificava pelo fato de que tais atitudes criariam um "prejuízo geral ao processo". Em tom reflexivo, pondera: "Mas como trabalhar isso? Deixar um cacique na ocupação também não adianta, mas vai fazer o quê?". Sublinha, desse modo, a ideia de que seria mais razoável entender isso tudo "[...] como um processo", no qual se incluiria a realização de uma "formação" tanto para ocupantes quanto para a própria militância.

Já a questão dos roubos nas ocupações Zumbi dos Palmares e Dandara é ressaltada por ele para mostrar a importância de se organizarem as ocupações em coletivos autogestionários, independente de isto implicar que qualquer grupo teria resguardado o seu papel no controle, ou na direção do prédio:

> E aí dá pra comparar, por exemplo, o roubo: na Dandarateve muito roubo, tipo o cara entrar no quarto dos outros e roubar. Na Zumbi já não era admitido, tanto é que até mataram um cara lá, o cara foi espancado porque o cara roubou um botijão de gás. [...]. Na Zumbi nunca foi admitido você arrombar um quarto, tanto é que o cara tentou fazer, espancaram o cara. [...] uma ocupante, recentemente, invadiu um quarto, o coletivo tirou que ela tinha que sair e tiraram. Ela ficou atrás do Ricardo, ameaçando o Ricardo. Isso é um exemplo do que foi cumprido. A Zumbi tem mais. Tem o Zé, o cara roubou o coletivo [roubou as finanças, a caixinha da ocupa-

desejos e sentimentos que foram transformados, sob o efeito da frustração, em ressentimentos, ciúmes, inveja, ódio, raiva, elementos todos preferidos na composição da couraça caracterial e que as exigências sociais, os valores culturais e morais e as proibições religiosas e políticas nos obrigam a reprimir, a refrear, a camuflar; sabemos que, para que exploda o ressentimento e se desencadeiem o ódio e a raiva, bastam umas circunstâncias pouco habituais, ou basta raspar um pouco...". Diferente da couraça neurótica, a peste emocional é menos impotente porque "visa ao exterior e se expande como pode no campo social". Segundo Mariana Ferreira, a peste emocional, para Reich, seria algo positivo, porque consegue tanto sair da resignação neurótica quanto é uma tentativa de sair da couraça (DADOUN, Roger. *Cem flores para Wilhelm Reich*. Trad. Rubens E. F. Frias. São Paulo: Editora Moraes, 1991. p. 333-334. FERREIRA, Mariana. A sensibilidade é hoje o campo de batalha político (Wilhelm Reich entre o contato e a compaixão). mimeo. In: *IV Congresso do ULAPSI*, Montevideo. Construyendo la Identidad Latinoamericana de la Psicología, 2012).

> ção] e depois apareceu, rolou porrada. Mas ele apareceu no prédio e a galera meteu a porrada nele. [...]. Na Quilombo nem se fala. Aí vem então essa necessidade em fazer isso para o coletivo ter essa força. Exercer realmente o poder, essa é a discussão do processo revolucionário, em geral. Tudo se concentra nisso, quando a gente não consegue manter o poder na mão. [...]. Mas muita gente obedece ao coletivo. Isso é um outro detalhe também engraçado, inclusive as pessoas mais 'perigosas', que realmente poderiam fazer uma merda, elas cedem. Porque você não sabe o histórico de ninguém. Tem gente ali que já deve ter matado alguém e tal. [...]. Eles muitas vezes aceitam essa ideia, abraçam essa ideia do coletivo. Eu acho que não é uma ideia totalmente perdida. [...]. Só que tem que criar mecanismos pra tentar neutralizar esses... Nem são pessoas 'antissociais', [porque] atitudes 'antissociais' há em qualquer grupo... Esse é que é o problema, como que você vai resolver isso? Vai expulsar, não vai... Vai conversar? [...] eu acho que esse é o maior problema das ocupações. Não só expulsar, mas como você vai tratar esse comportamento antissocial... Desagregador?

Antunes aponta que o comportamento "desagregador" não diz respeito unicamente à produção de uma subjetividade associada à ideia de *praga emocional*, efeito, em última instância, de uma cultura política autoritária e violenta (porque extremamente desigual e violenta). Segundo ele, o que também pode ajudar a entender porque as pessoas chegavam à ocupação e começavam a fazer um "monte de merda" seriam as "condições materiais de existência", ou melhor, as "condições espaciais de existência" operantes nestas ocupações:

> É, porque lá era um hotel. Dava pra ser separado, diferente da Zumbi. Isso também é uma coisa que ajuda a desagregar, eu tenho essa ideia. [...]. O espaço também tem uma influência sobre [as pessoas] [...], morar num lugar que o banheiro é fora da tua casa, é foda, que o banheiro é coletivo, é foda. Na Chiquinha, já não tinha isso, cada quarto tinha seu banheiro. Isso tudo conta, isso tudo interfere. Se não tiver uma discussão prévia de como tocar isso, você pode criar

> problemas. [...]. Fica impraticável [se há poucos banheiros]. E ainda tem o problema do esgoto, pra piorar ainda tinha isso.[10]

4.3 Souvenir-Écran

> *E elas* [uma ou duas imagens] *permanecem porque são como 'souvenirs-écran' que velam pelo segredo pessoal de um filme amado quase que em segredo.*
>
> Serge Daney[11]

Retirado do caderno de campo. Abril de 2009

Numa loja de xerox entra um garoto e pega subitamente em meu braço; assusto-me, o pai o repreende e se dirige a mim: "Desculpa, ele é especial". O garoto automaticamente me lembra João Vitor, 6 anos, morador da Machado de Assis e filho de Gervásia, graças aos olhos arredondados e expressivos e a série de sons guturais e repetitivos. O garoto da loja de xerox deseja algo e chama a atenção do pai seguidamente. Este lhe responde: "Depois vai rolar sim, fica calmo, papai tem que tirar uma cópia apenas".

Na mesma semana, eu assisti ao filme *India Song* (1973), de Marguerite Duras, e estava tocada pela forma como as vozes surgiam na película e como pareciam ser até mais importantes do que as imagens: as vozes e, em especial, a voz da mendiga-andarilha, que intervinham ao longo da obra e conseguiam adentrar, friccionar, interromper algo. A partir da metade da fita, um outro

---

10 A Dandara resolveu seu problema de esgoto com a seguinte intervenção. A caixa de gordura ficava dentro do prédio perto do portão de entrada e entupia muitas vezes. A Cedae (Companhia de Águas e Esgoto) dizia que não podia atender à solicitação porque o prédio era uma invasão. Os moradores solucionaram o caso colocando a caixa de gordura do lado de fora do imóvel. Assim, toda vez que ela voltasse a entupir e a vazar, eles poderiam finalmente requerer o conserto pela Cedae.

11 DANEY, Serge. *apud* CAIAFA, Janice. "Uma cidade, uma cena e alguns suvenirs". SaúdeLoucura 6. Subjetividade. *Questões Contemporâneas.* São Paulo: Ed. Hucitec, 1997. p. 165.

personagem, o vice-cônsul, é mostrado num sentido similar ao da mendiga. Ele está a trabalho na Índia e acaba se apaixonando por uma moradora local. O vice-cônsul resolve declarar-se à amada, mas sem ser correspondido, termina enlouquecendo. Em seguida, pede sua saída do consulado, ou "saem" com ele dali, e é assim que viverá desde então: errante, nômade, descamisado num país estrangeiro. No decorrer desse processo de deambulação, seus sons e sua presença vão se tornando cada vez mais fortes, as palavras se transformam em grunhidos. Um canto de lobo e sons vindos dos subterrâneos da cidade preenchem o filme, afetam e incomodam.

Essas interpelações geradas pela visão de *India Song*, por sua vez, juntaram-se subitamente, ao gesto do garoto na xerox e me levaram a rememorar a convivência que tive com João Victor, na Machado de Assis. Estamos no primeiro dormitório comum e Gervásia diz para Mariana, psicóloga, que a professora da escola do João veio lhe falar que estava preocupada porque o garoto parece que não sabe reconhecer as cores. "Fico sempre insistindo com ele a respeito, mas acho que não adianta" – diz, em tom desconsolado, para Mariana. E se dirige ao filho mais uma vez: "Vem João, fala 'amarelo' *João... Veja essa cor aqui, João:* 'A-ma-re-lo'". O garoto permanece observando a cena sem esboçar palavra. "Não, é muito provável que ele saiba diferenciar as cores" – contrapõe Mariana. "Você já perguntou a cor preferida dele?". [Mariana então se dirige ao garoto:] "João, que cor você prefere?". Ele responde: "Azul". Tempos depois, relembrando essa estória, Mariana e eu observamos que azul e amarelo são cores primárias ou geratrizes.[12]

Dormimos próximas a eles nas primeiras semanas da ocupação. Eu admirava Gervásia, particularmente, porque ela não esboçava gestos de obediência, nem de silenciamento para com o *operativo*, muito pelo contrário. Marcando desde o início seu desejo de estabelecer um espaço "privado" no prédio, ela foi uma das primeiras pessoas que levou a mudança, tendo que

12 "A cor primária ou geratriz é cada uma das três cores indecomponíveis que, misturadas em proporções variáveis produzem todas as cores do espectro solar que dão cor a toda natureza. As cores pigmento opacas primárias são o vermelho, o amarelo e o azul". In PEDROSA, Israel. *O Universo da Cor*. Rio de Janeiro: Ed. Senac Nacional, 2004, p.32-33.

deixá-la no galpão até que os limites dos quartos/apartamentos fossem acordados. É certo que o fato de Mariana ser psicóloga contribuiu positivamente para que vez ou outra ela se aproximasse para papear, o que não era de seu feitio, em geral, mantinha-se ocupada com as coisas que tinha de fazer durante o dia e pouco se entretia em rodas de conversa, não tendo um grupo com o qual se relacionar de forma mais estrita. Nossa ocupante, no entanto, tinha uma participação sem dúvida de destaque no coletivo. Gervásia colocava sempre suas opiniões, não concordava com muita coisa e sugeria soluções. Aos poucos, despontou como uma liderança oriunda do grupo dos ocupantes *pioneiros*. Comentando comigo que era faxineira, eu disse: "Achei que você também era camelô". [Gervásia replicou:] "Deus me livre, faço faxina numa casa há muitos anos!". Algumas vezes, durante a semana, saía para trabalhar e retornava apenas no dia seguinte, sempre após pegar João na escola.

Com ele tentei puxar assunto em inúmeras situações, sem muito sucesso. Até que um dia, voltando da rua ensimesmada por um motivo qualquer e me dirigindo ao colchonete para achar algo, João começou a virar estrela no chão e a dizer "Adriana, Adriana, Adriana [...]" – compondo fala, respiração, pausa e gesto num movimento contínuo e amplo, sem perder o fôlego. Eram muitas as ocasiões nas quais virava estrela ininterruptamente, atravessando e ocupando o espaço do dormitório com uma leveza inesquecível, em geral, durante as tardes, quando o movimento no prédio era pequeno. Mas também em ocasiões inusitadas, como, por exemplo, durante uma ou outra assembleia, quase sempre, tensa, com a maior parte das pessoas reunidas em círculo ou mesmo um pouco fora dele, e João se fazendo presente com sua passada estelar.

Gervásia e João faziam parte dos últimos grupos da primeira leva de ocupantes que ficaram até o final da ocupação. Em maio de 2011, participando de um Ato para a comemoração do 1º de maio e contra as remoções na cidade, que começou numa pracinha do bairro do Santo Cristo, na zona portuária, e adentrou a rua da Gamboa, eu bem reconheci João, agora menino, numa janela do prédio da Machado de Assis, os olhos atentos à manifestação.

4.4. Outras maneiras de tocar uma ocupação

As ocupações Manoel Congo e Quilombo das Guerreiras são sempre citadas por militantes e ocupantes como exemplos quanto à questão da disciplina, do comportamento, da ordem, geralmente de forma ambígua, apontadas como muito organizadas, mas também como muito rígidas. Embora a Quilombo das Guerreiras não seja uma ocupação partidária como a Manoel Congo (do MNLM – Movimento Nacional de Luta por Moradia), ainda que funcione também na forma de um coletivo igualitário e não representativo, possui uma liderança firme, reconhecida e legitimada pelos ocupantes do prédio, composto majoritariamente por mulheres. Inúmeras expulsões ocorridas na Quilombo das Guerreiras (cerca de 20 pessoas em quatro anos)[13] eram mencionadas por moradores da Machado de Assis, Zumbi dos Palmares, Dandara e Flor do Asfalto. Alguns candidatos a ocupantes da Machado de Assis eram egressos de lá ou mesmo moradores dessa ocupação localizada na av. Francisco Bicalho, zona portuária.

Numa outra situação, entretanto, um morador da Guerreiras [Quilombo das Guerreiras] narrou uma história sobre a "severidade" da Manoel Congo, segundo ele, ainda maior do que a existente na Quilombo das Guerreiras:

> Claro, a gente tem uma liderança, as coisas não andam de qualquer jeito, às vezes a gente até é um tanto rígido para não deixar as coisas desandarem, para a gente não ficar como a Machado. Mas na Manoel Congo, veja, eu fui levar um convite para uma festa e não me deixaram passar da portaria. Falei que eu ia visitar um morador em tal andar e a pessoa que estava no momento na entrada quase me destratou. O convite foi entregue, tudo bem, mas acho que não precisava chegar a esse ponto (grifos meus)!

Em outra passagem, uma ocupante da Quilombo das Guerreiras quis ir para a Machado de Assis e começou a frequentá-la; entre as suas queixas (às quais já nos referimos): "Não se conseguia fazer nem uma horta porque as gangues acabam com tudo!" – e foi este mote que utilizou para tentar convencer moradores e militantes sobre a sua transferência, tanto nas assem-

13 Sobre as expulsões e os conflitos ver MOREIRA, Marianna. *"Um 'palacete assobradado':* da reconstrução do lar (materialmente) à reconstrução da ideia de 'lar' em uma ocupação de sem-teto no Rio de Janeiro. Dissertação de Mestrado em Geografia, Programa de Pós-graduação em Geografia, UFRJ, 2011.

bleias do prédio quanto em conversas pelos corredores e pátio. Dessa forma, ela aproveitava para mostrar que estava disposta a cuidar, por exemplo, de uma horta ou algo do gênero. Um militante do *operativo*, todavia, foi taxativo quanto à Dora: "Essa aí o que mais gosta de fazer é arrumar confusão".

A despeito disso, Dora continuou participando das atividades da ocupação da rua da Gamboa e parecia animada com a possibilidade de cultivo de produtos agrícolas no Nárnia, bem como com a movimentação dos punks, grupo pelo qual nutria forte admiração, posto que se afirmava como budista. Dessa perspectiva, eles possuíam um ímpeto (sem dúvida incansável) relativo à reciclagem de materiais, à alimentação vegana, à produção autossustentável, ao respeito e ao possível acolhimento de seres que se encontravam em situação delicada, como pessoas ou animais que estão, em suas palavras, "ferrados", seja em termos materiais, de saúde, por questões familiares ou precisando de algum tipo de "força" [sobre "os punks", ver o próximo capítulo].

5. Agenciamentos

5.1 Como manter uma ocupação

> [...] a coisa principal no ser humano são seus olhos e seus pés. É preciso poder ver o mundo e caminhar até ele.
>
> Alfred Doblin, *Berlin AlexanderPlatz*, 2009, p. 25

Estamos em novembro de 2008, alguns ensaios para o carnaval começam a animar a zona portuária e seu entorno. O prédio da cidade do samba, o sambódromo e a quadra da Unidos da Tijuca são alguns dos pontos para se "fazer dinheiro". No terminal de ônibus Américo Fontenelle, na Central do Brasil, carrocinhas com petiscos diversos e o camelódromo têm seus serviços em ritmo frenético. A rotina da cidade só será retomada quando findar o carnaval.

Na ocupação Machado de Assis, o advogado traz uma primeira notícia de que não há, até aquela ocasião, qualquer ação de reintegração de posse correndo na Justiça, minimizando o clima apreensivo da primeira semana. Como mencionamos, o local pertencera anteriormente à UNILEVER, empresa que mantinha ainda um vigia no prédio quando aconteceu a invasão. Em 2006, o imóvel havia sido desapropriado para fins de habitação social pelo então prefeito César Maia. Foi num anexo atrás do prédio da Machado, chamado de "ruínas" por ocupantes, que nos anos 40 funcionou a fábrica da glamorosa Confeitaria Colombo.

Um membro do *operativo* aparece no RJ TV, noticiário local da Rede Globo, justificando a ação como uma forma de realizar algo anteriormente anunciado pela prefeitura: "O objetivo dessa ocupação é estar garantindo moradia para famílias que não têm condição de pagar aluguel, ou mesmo que estavam na rua, e para cumprir o decreto do prefeito".[1]

Na entrada do prédio fixaram uma xerox do *Diário Oficial* do município referente ao decreto no dia posterior à invasão, e o "movimento" postou em suas listas na internet uma carta de intenções anunciando uma série de atividades: "[...] o resgate da cultura da região da Gamboa, berço do samba, do carnaval e de outras manifestações da cultura negra no Rio de Janeiro".

A proposta a seguir é apresentar alguns elementos da micropolítica[2] atuante nas primeiras semanas da ocupação, em especial cinco *agenciamentos coletivos*[3] que, por um lado, buscavam legitimá-la "para fora", ou seja, na rede dos movimentos locais, e que compunham a estratégia jurídica que objetivava a sua permanência; por outro, atravessavam como importantes linhas de força o cotidiano das relações ali existentes. O primeiro agenciamento eu chamarei de *agenciamento necessitados,* o segundo, *agenciamento socialização,* o terceiro, *agenciamento coletivo,* o quarto, *agenciamento afro,* e o quinto, *agenciamento cultura.*

5.1.1 Sobre a noção de agenciamento

> [...] experimentem agenciamentos, procurem agenciamentos que lhes convenham.
>
> Gilles Deleuze, *Diálogos,* 1998, p. 18

1 Ver a reportagem do RJ TV no link: www.youtube.com/watch?v=hptOpCdcGmA&-feature=related. Acesso em janeiro 2010.

2 Esta noção foi assinalada por Guattari e Deleuze. Ela ressalta os processos de singularização em oposição à reificação das identidades individuais, bem como às forças *minoritárias* que atravessam os modos de subjetividade majoritários (GUATTARI, F. & ROLNIK, S. *Micropolítica: Cartografias do Desejo,* 2007, p. 33-149). São "os *micromovimentos,* as segmentações finas distribuídas de modo totalmente diferente, partículas inencontráveis de uma matéria anônima, minúsculas fissuras e posturas que não passam mais pelas mesmas instâncias, mesmo no inconsciente, linhas secretas de desorientação ou de desterritorialização: toda uma subconversação na conversação, [...] uma micropolítica da conversação" (DELEUZE, Gilles; GUATTARI, Felix. 1875 – Três novelas ou o que se passou?. In: ____. *Mil Platôs.* Vol. 3. Trad. Ana Lúcia de Oliveira e Lúcia C. Leão. Rio de Janeiro: Ed. 34, 1996. p. 69.

3 DELEUZE, G. & GUATTARI, F. *Mil Platôs.* Vol. 4. Trad. Suely Rolnik. São Paulo: Ed. 34, 1997.

A ideia de agenciamento que utilizamos aqui se refere ao conceito *agenciamento coletivo de enunciação* e *agenciamento maquínico de desejo*, de Gilles Deleuze e Felix Guattari, tal como é desenvolvida em *Mil Platôs*, na série de entrevistas concedida por Deleuze a Claire Parnet, intitulada *O Abcedário de Deleuze*, e no capítulo "O que é um agenciamento?", do volume *Kafka, uma literatura menor*. Mas se o conceito é fundamental em seu pensamento, meu objetivo é destacar como ele aparece em algumas passagens dessas obras, para ressaltar determinadas ideias que ajudam a pensar a imbricada cena das ocupações.

Primeiramente, segundo o autor de *Diferença e Repetição*, agenciamento pressupõe desejo/desejar:

> Desejar é construir um agenciamento, construir um conjunto, conjunto de uma saia, de um raio de sol [...]. O agenciamento de uma mulher, de uma paisagem. [...]. De uma cor, é isso um desejo... É construir um agenciamento, construir uma região, é realmente agenciar. [...]. Nunca desejo algo sozinho, desejo bem mais, também não desejo um conjunto, desejo em um conjunto. Podemos voltar [...] ao que dizíamos há pouco sobre o álcool, beber. Beber nunca quis dizer: desejo beber e pronto. Quer dizer: ou desejo beber sozinho, trabalhando, ou beber sozinho, repousando, ou ir encontrar os amigos para beber, ir a um certo bar. Não há desejo que não corra para um agenciamento.[4]

Se os "agenciamentos envolvem sempre componentes heterogêneos",[5] é preciso observar um problema suscitado: como reunir, de modo consistente, tais componentes sem que eles percam seu caráter múltiplo? Ou, como garantir que forças e afetos heterogêneos "funcionem juntos", por *simpatia*?[6] E *simpatia* como agenciamento, como "a penetração dos corpos, ódio ou

4 DELEUZE, Gilles; PARNET, Claire. D de Desejo. In: *O Abcdário de Deleuze*. Trad. e transcrição em www.oestrangeiro.net/esquizoanalise/67-o-abecedário-de-gilles-deleuze, (2005), p. 14-15. Áudio em www.youtube.com/watch?v=7tG4fceymmY.

5 CAIAFA, Janice. *Aventura das cidades. Ensaios e etnografia*. Rio de Janeiro: Editora FGV, 2007, p. 151-152.

6 DELEUZE, Gilles; PARNET, Claire. *Diálogos*, 1998, p. 67.

amor": "A simpatia são corpos que se amam e se odeiam, e há cada vez mais populações em jogo nesses corpos ou sobre esses corpos. Os corpos podem ser físicos, biológicos, psíquicos, sociais e verbais".[7]

Deleuze e Guattari estão mais interessados nas forças, nas intensidades, nas minorias, nas forças minoritárias, em sua variação, assim como na desconstrução das palavras de ordem, e na descoberta das senhas e das cifras que desmontam as obstruções constituintes das sociedades de controle e disciplinares.[8] Ressaltam-se, desta forma, outras possibilidades de existência na própria existência, outras possibilidades de corpo no próprio corpo, outras modalidades de corpo social no corpo social; sua política é tentar positivar o caráter múltiplo e heterogêneo constitutivo da subjetividade,[9] do agenciamento, do desejo, do corpo e do real: "E é verdade que a vida é ambos ao mesmo tempo: um sistema de estratificação particularmente complexo, e um conjunto de consistência que conturba as ordens, as formas e as substâncias".[10]

Da mesma maneira, os agenciamentos são sempre coletivos porque se compõem de uma multiplicidade de forças, que podem se constituir enquanto agenciamentos de enunciação: atribuindo-se aos corpos; como ações e paixões; como mistura de corpos reagindo uns sobre os outros. Todos esses componentes funcionam de forma imanente e como forças ou linhas de força que se encontram e formam territórios, que formam um *plano de consistência*. Este *plano de consistência*, por sua vez, é atravessado por fluxos/forças que o perpassam, de modo a constituí-lo de uma outra maneira, portanto, desterritorializando o território/plano de consistência

---

7 *Ibidem*, p. 66.

8 DELEUZE, Gilles; GUATTARI, Felix. Postulados da linguística. In: *Mil Platôs*. Vol. 2. Trad. Ana L. Oliveira e Lúcia C. Leão. São Paulo: Ed. 34, 1995, p. 16.

9 "A subjetividade, embora vivida individualmente, é produzida no registro social a partir de componentes heterogêneos. Entre eles não figura apenas a história pessoal do indivíduo, mas processos sociais e materiais que dizem respeito à sua relação com os outros, com a mídia, a cidade, o corpo, a linguagem, etc." (GUATTARI *apud* CAIAFA, Janice. *Aventura das cidades. Ensaios e etnografia*, 2007, p. 120).

10 DELEUZE, G.; GUATTARI, F. 1837 – Acerca do Ritornelo. In: *Mil Platôs*. Vol. 4. Trad. Suely Rolnik. São Paulo: Ed. 34, 1997, p. 150.

experienciado para criar um outro território (se reterritorializando), além de um novo *plano de consistência.*[11]

Nossa questão, será acompanhar e, ressaltar como funcionam, os enunciados, as territorializações/desterritorializações suscitados nas tentativas de constituição dos agenciamentos que nomeei de *necessitados, socialização, coletivo, afro* e *cultura,* focando especialmente na ocupação Machado de Assis e, de modo secundário, na Zumbi dos Palmares e na ocupação Dandara. Tentaremos ainda compreender como os interlocutores referidos compõem esse maquinário, apropriando-se dos agenciamentos mencionados para produzir uma *arte do contornamento,* dentro de um cenário onde a *exceção* se dá de forma *ordinária.*

5.2 Agenciamento necessitados

O mote destacado pelo grupo militante, após a entrada no prédio, era de que a ocupação deveria servir a "pessoas que não tivessem moradia ou que estivessem na rua". Ou ainda, que a ocupação configuraria moradia para quem precisasse ficar no centro da cidade, por conta de um maior número de oportunidades de trabalho, temporárias ou não, assim como pela possibilidade de acessar os chamados equipamentos urbanos da região. Afinal, com já nos referimos, um dos atrativos de se viver numa ocupação, comentado frequentemente por nossos interlocutores, era a eliminação dos custos com o aluguel de um quarto ou de uma cama nas hospedarias da região, ou o aluguel de um imóvel ou de uma fração dele.

O início da ocupação caracterizou-se por mobilizar um repertório relativo à "necessidade" ou aos "necessitados", aos "sem-moradia", aos "sem-teto". Entretanto, "esse não ter onde morar" também incluía os que queriam morar no centro ou que já o faziam, mas desejavam se livrar dos gastos com aluguel. Os ocupantes vinham, em alguns casos, da Baixada Fluminense, outros do Norte Fluminense, outros da região nordeste do país. Muitos almejavam diminuir as exaustivas jornadas de trabalho, intensificadas pelas condições do trans-

11 DELEUZE, G.; GUATTARI, F. 1730 – Devir-intenso, devir-animal, devir-imperceptível. In: *Mil Platôs.* Vol. 4. Trad. Suely Rolnik. São Paulo: Ed. 34, 1997, p. 11-113.

porte público na cidade. Um outro grupo morava em morros próximos do centro e queria fugir de situações de tensão com o tráfico ou a polícia. Ou mesmo precisavam "dar um tempo", isto é, se afastar de complicações de ordem afetiva.

Levantei o braço em uma assembleia e pedi a palavra para questionar a ideia do grupo *operativo* que vinculava de forma monocórdica "ocupação-habitação-social-necessitados-e-sem-moradia", o que, para azar dos ocupantes, repeti outras vezes, em diferentes assembleias e que dizia mais ou menos o seguinte:

> [Em tom dramático:] Não somos faltosos ou necessitados, pelo contrário, estamos efetivando algo que possa garantir certa independência, em relação principalmente ao trabalho. Por isso, ao lutar contra a propriedade privada, a gente pretende questionar, de forma direta, a enorme desigualdade no país.

Esta fala, um tanto pretensiosa, teve uma recepção gélida, seja dos moradores presentes, seja dos grupos *operativo* e de *apoio*, fazendo-me sentir tal como um bobo da corte. Mas, afinal, por que uma ocupação que se propunha a funcionar como um coletivo autogestionário não se positivava enquanto ação efetiva contra a propriedade privada ou, simplesmente, como uma forma de lutar pelo direito à moradia? Por que a militância ressaltava os ocupantes especialmente como "necessitados"? "Necessitavam" de uma "assistência benévola" que reconhecesse seu estado de "desamparados" e, por isto, "deixaria" que ficassem ali, mesmo que não fossem considerados proprietários legítimos? Ou "necessitavam" se organizar (e "lutar") para ter acesso a um direito universal, o direito à moradia digna, como um direito a ser assegurado a todos, superior e mesmo em oposição ao direito à propriedade?

Podemos compreender esta postura através de algo já notado pela historiografia, que é a associação dos pobres com a ideia de "faltosos", "necessitados" (assim como a pobreza ligada à falta ou à necessidade) – espécie de cultura política constituída desde o Estado varguista, nos anos 30. Outro elemento que ajuda a justificar a utilização de tal repertório (*necessitados*) é o contexto em que se deu a Machado de Assis – um contexto, afinal, pouco favorável tanto à sua viabilização enquanto ocupação autogestionária quanto à demanda de uma agenda em torno de direitos sociais. Como já notamos, a cidade do Rio de Janeiro vivia, em função da série de megaeventos citados, uma intensa gentrificação da região portuária,[12] o que gerou a ameaça e a expulsão de seus "indesejáveis": pobres, população de rua, ambulantes autônomos, trabalhadores informais do sexo, pessoas tidas como viciadas em crack – os chamados "cracudos".[13]

Outra pista que justifica a persistência de utilização do *agenciamento necessitados* pode ser encontrada a partir das observações sobre o modo de atuação do estado em relação à moradia popular na história urbana do Rio de Janeiro, em particular nos últimos anos. Como explicou o defensor público do estado mencionado em outro capítulo, o Judiciário e o poder público continuam a ter hoje uma série de prerrogativas especiais do direito admi-

12 Na *Wikipédia,* em relação à Gamboa, há informações sobre a gentrificação implementada pela prefeitura que nos levam a supor que o verbete foi provavelmente escrito por um de seus atores. Entre vários achados, cito a parte que caracteriza o bairro e que anuncia sem pudor a especificidade de tal "requalificação": "Dotado de comércio, de indústrias e de residências de classe média baixa. [...]. Com o tempo, o crescimento desordenado foi mergulhando toda a região (que engloba também o bairro da Saúde e do Santo Cristo) em um longo processo de decadência que durou até o início do século XXI, quando, impulsionado pela iniciativa privada, a prefeitura voltou a investir na região portuária [...]. Alguns armazéns estão, no momento, sendo reformados para abrigar um complexo comercial que deverá estar pronto até a Copa do Mundo de 2014. A reinvenção da Gamboa deve-se principalmente aos empresários que vêm apostando no local, restaurando seus sobrados históricos, e lá instalando suas empresas. Além disso, a Gamboa vem recebendo a alcunha de "Nova Lapa", com referência ao enorme número de casas de espetáculo e boates que vêm se instalando no bairro, o qual, com a pacificação do Morro da Providência e o aumento dos investimentos governamentais, cresce e evolui a olhos vistos". Disponível em: http://pt.wikipedia.org/wiki/Gamboa.

13 Muitas matérias jornalísticas em veículos da chamada grande mídia têm apontado a inclusão de tal grupo ao conjunto de personagens considerados como os "perigosos" da cidade [do Rio de Janeiro] (grosso modo, associados a bandidos ligados ao tráfico de drogas e a atividades historicamente imbricadas ao tráfico [contrabando de mercadorias e armas, roubo de veículos, transporte informal em áreas periféricas, roubo de cargas, de bancos e de lojas]). Para uma etnografia sobre jovens traficantes do Comando Vermelho na cidade do Rio de Janeiro, ver a dissertação de LOPES, Natânia. *Os bandidos da cidade. Formas de criminalidade da pobreza e processo de criminalização dos pobres.* Programa de Pós-Graduação em Ciências Sociais – Universidade do Estado do Rio de Janeiro, 2011.

nistrativo, quase um poder de polícia, o que torna muito difícil impedi-lo de realizar determinadas ações que ele se proponha realmente a levar adiante. E também de decidir quando os direitos serão ou não reconhecidos e/ou ignorados nos processos judiciais e administrativos. Estas prerrogativas permanecem atuantes no país, ainda que sejam dos anos 40, também da época de Vargas, e são bastante significativas: de um lado, com a criação de uma série de direitos em relação aos trabalhadores pobres e, por outro, um maquinário estatal que age para disciplinar, punir e controlar essa mesma população.

Nesse sentido, remoções e despejos, mais a desconstrução do núcleo de defensores próximos aos movimentos de moradores ameaçados de desalojo, associados à gentrificação e aos megaeventos, têm gerado, por parte da prefeitura, uma intensificação das pressões sobre as ocupações existentes na região central. Da mesma forma, houve um aumento da truculência da polícia no decorrer desse processo. Por exemplo, numa ocupação, também na zona portuária, que aconteceu no final de 2010, algumas pessoas foram detidas pela polícia federal (o prédio era do INSS) e a retirada do edifício foi realizada logo após à entrada no imóvel: os policiais não tinham identificação, e jogaram um camburão na direção do grupo de apoio que, afinal, buscava dificultar o despejo.

Se, por um aspecto, a ocupação na região central se constitui como uma alternativa para os pobres em relação ao "problema da moradia" e é uma forma de se contrapor às tentativas de transferi-los para zonas periféricas ou periurbanas da metrópole, o *agenciamento necessitados* funciona principalmente como uma estratégia para garantir a ocupação no âmbito do Judiciário e como um traço do coletivo. Por outro, aconteceu algo "inusitado" na Machado de Assis: em sua primeira semana, encontrou-se habitada por pouquíssimos moradores, gerando uma suspeita incômoda: os *necessitados* não pareciam aceitar "qualquer coisa" para suprir as "carências" que os caracterizariam como grupo.

Da mesma forma, não deu para a militância perceber, quando se procurou um imóvel público e desocupado, que sua área contava com um enorme terreno (o "Nárnia"). Muito menos que houvesse mais duas edificações anexas ao prédio principal. Além destas, havia as "ruínas" (que logo imaginou-se transformadas num teatro aberto, num centro cultural ou em algo do gênero). Também não se previu que muitos dos ocupantes iniciais, que tinham participado do curso de formação política de dez meses, tido como um preparatório para se tornarem ocupantes, não retornariam à ocupação após conhecerem o prédio.

Com esse "meter o pé" dos ex-futuros-ocupantes, ou seja, com a desistência de morar no imóvel invadido, a ocupação acabou se constituindo, nesse início, com cerca de 30 moradores, número que a fazia vulnerável a uma série de ameaças. Além disso, não "pegava bem" para o movimento ser visto como o responsável por uma ocupação com tão poucos "necessitados". Assim, longas discussões ocorreram em torno da seguinte questão: como conseguir mais moradores (no perfil "necessitados") para o prédio?

Como narrei anteriormente, o grupo dos *morapoios* exigiu que ele fosse reconhecido como morador e não mais como *apoio*. Neste grupo havia um subgrupo, de cinco pessoas, nomeado por alguns ocupantes de *grupo dos riquinhos* e mencionado como de "não necessitados". Além desse grupo, havia entre os ocupantes *pioneiros* uma professora do Serviço Social de uma universidade pública do Rio de Janeiro. Essa professora tinha se endividado durante os anos FHC, além de ter problemas de saúde e estar numa situação complicada, morando com a filha na casa de um parente na zona sul, onde não se sentia confortável. Nos anos de graduação, havia trabalhado em pesquisas sobre a Cidade de Deus (coordenada por Alba Zaluar), e também na Maré, entre outras. Nessa época, era muito comum que militantes, fossem da Igreja Católica, fossem participantes de microgrupos políticos de inspiração socialista, se mudassem para alguma favela. Tal inserção, segundo Roberta, marcara sua trajetória desde a vida estudantil, e era utilizada para justificar seu envolvimento e sua presença na ocupação, bem como a solidariedade com a causa dos *morapoios*.

O grupo *operativo* reuniu-se com os moradores *pioneiros* duas ou três vezes para chegar a uma conclusão sobre aceitar ou não os *morapoios* como moradores. Um dos participantes do *operativo* disse que uma das dificuldades para que os moradores *pioneiros* e o *operativo* aceitassem os *morapoios* era a presença dos *riquinhos*. Como contrapartida, o argumento principal a favor dos *riquinhos* utilizado por um militante do *operativo* não morador – e visto de forma positiva por alguns ocupantes e zombeteira por outros – seria a importância de ter pessoas que "pudessem ajudar" na ocupação. Mas qual o significado deste "ajudar na ocupação"? Um dos exemplos mencionados era que estaríamos envolvidos na criação e na manutenção da creche do prédio, poderíamos intermediar vagas em escolas do entorno, disponibilizar o contato com algum advogado para uma ou outra questão e, quem sabe, conhecer uma ou outra assistente social da prefeitura e conseguir doações as mais diversas (roupas, alimentos e dinheiro). Estaríamos ali, portanto, para dar assistência aos "necessitados", o que parecia ser diferente do fato de nos envolvermos em uma causa comum que gerasse formas de solidariedade entre todos – na verdade, parece que todas estas razões se misturavam: assistência social, engendramento de uma causa comum, elos de solidariedade e experiência libertária.

Finalmente, os *morapoios* foram aceitos como moradores, o que não diminuiu, mas intensificou a fala de Marcelo (morador e *operativo*), que repetia diante de qualquer ausência dos ocupantes no prédio que se as pessoas não estavam presentes era porque, provavelmente, possuíam casa e, portanto, não precisavam, de fato, de uma vaga na ocupação. Este mesmo militante mostrou-se favorável à ideia de conseguir novos moradores junto à população de rua situada na av. Presidente Vargas. Como já sabemos, Giane, que ninguém duvidava fosse uma genuína "necessitada", foi veementemente contra, e sua fala teve um peso significativo. A Presidente Vargas era considerada por ocupantes como uma avenida "fim de linha", caso imaginássemos uma escala da precariedade (não podemos esquecer que nessa avenida, em 1993, aconteceu a Chacina da Candelária). Um dos ocupantes engrossava a ideia da Presidente Vargas ser um espaço limiar e fronteiriço, dizendo que ali seria a última estação para quem se encontrava na rua.[14]

Mesmo depois de aceitos como moradores, a presença de ocupantes – não exatamente "necessitados" – gerou novos imbróglios. Na segunda se-

14 O que lembra o trecho de Walter Benjamin já citado: "Apenas na aparência a cidade é homogênea. [...] Entender esse fenômeno significa saber onde passam aquelas linhas que servem de demarcação, ao longo do viaduto dos trens, através de casas, por dentro do parque, à margem do rio; significa conhecer estas fronteiras, bem como os enclaves dos diferentes territórios. Como limiar, a fronteira atravessa as ruas; um novo distrito inicia-se como um passo no vazio; como se tivéssemos pisado num degrau mais abaixo que não tínhamos visto" (BENJAMIN, Walter. *Passagens*, 2006, p. 127).

mana, um homem que se dizia assessor de um vereador do PT, que tinha um projeto esportivo de promoção de basquete entre jovens e crianças da região, apareceu na portaria para sondar a ocupação sobre a possibilidade de uso de algum de seus espaços. Tal assuntar era frequente e alimentava o clima paranoide de que alguma ameaça de usurpação em relação ao prédio poderia acontecer num momento de descuido. Relembremos quais seriam essas ameaças: invasão pelo tráfico do morro da Providência; a polícia poderia aparecer; alguém de algum movimento político local desejaria "tomar" a ocupação, tentando cooptar as lideranças que despontaram durante o processo; ou ainda, algum agente da prefeitura viria assuntar a respeito do número de ocupantes e sobre quem organizava ou tocava o prédio.

Havia um galpão que parecia exatamente desenhado para ser uma quadra de basquete. Era provável que o assessor soubesse da existência do galpão, já que os fundos deste davam para a rua do Livramento, que delimitava a retaguarda do imóvel. O assessor olhava para Pato na portaria. Pato vinha de família abastada, era universitário, branco, alto, magro, "vegano" [vegetariano], cabelos com dreadlocks e namorava Cíntia; ela, estudante de arquitetura, branca, cabelos cacheados, muito empática com os moradores da Machado de Assis, principalmente com as crianças.

Pato "tirava a portaria" no dia em que o homem que se dizia assessor de um vereador do PT chegou mais uma vez para sondar a ocupação. Puxando conversa com Pato, explicou quem era, falou sobre os projetos esportivos com jovens do bairro, que um projeto de basquetebol já acontecia, mas que eles precisavam de um espaço maior para a quadra, ao que parece na ocupação havia um anexo que talvez servisse para a atividade. Estava acompanhado de um homem que apresentou como um subalterno seu; ambos eram altos e grandes, principalmente quando ficaram exaltados, querendo entrar na ocupação e falar com o seu responsável: "Não tem responsável não, a ocupação é autogestionária, funciona como um coletivo, não tem um líder não, um representante" – Pato contrapôs. O assessor então perguntou com os ânimos um pouco exaltados: "Não vai me dizer que você é morador!?". "Sou morador" – confirmou Pato. "Vai me dizer que você não tem lugar pra morar?! Ah, conta outra!". O assessor partiu então para cima do rapaz (o prédio estava, naquele momento, com o portão de entrada aberto). Pato se defendeu prontamente (a propósito, o membro dos *riquinhos* possuía um estilo tempestuoso e assertivo, como ficou comprovado em outras ocasiões). Rapidamente apareceram alguns ocupantes, separaram as partes envolvidas na contenda, e a coisa aos poucos se abrandou.

Na semana seguinte, depois do almoço, o mesmo assessor, com outro comparsa, invadiu a ocupação pelo Nárnia, intensificando (e corporificando) o clima paranoide. Após a chegada de algumas pessoas do grupo *operativo* e a presença de outros moradores, chamados com urgência para comparecerem ao local, a tensão foi novamente desfeita: militantes e ocupantes prometeram ao assessor e ao comparsa que, num outro momento, discutiriam a ideia de tornar o anexo uma quadra de basquete aberta aos moradores fora da ocupação.

Se uma maneira de se proteger das ameaças usurpadoras na ocupação era dar um sentido ou uma *função social* a ela, e isso era dito explícita e frequentemente pela militância, o que afinal significava este termo, em tal contexto? A princípio dizia respeito a algumas práticas que contemplariam os "necessitados", como a montagem de uma creche no prédio e as aulas de capoeira para crianças e jovens do entorno.

Outra questão que me inquietou a partir deste repertório de enunciados, práticas e fatos era: por que a Machado de Assis não seria por si mesma uma intervenção social em prol da melhoria das condições de moradia, de trabalho e de vida de seus ocupantes? "Era preciso produzir um fato" – enunciava Antunes, militante do *operativo,* inspirado no movimento situacionista francês, buscando agregar, desse modo, agenciamentos mais "fortes" (como o *agenciamento necessitados*) à ocupação, capazes de ampliar tanto as chances de permanência no prédio como o seu poder de barganha.

Caderno de campo, dia 13/12/08, sábado. Cena 1.

Voltávamos para o prédio da Machado de Assis, à tarde, fazia bastante calor, quando notamos uma pilha de roupas depositadas no lixo. Márcia e Giane conversavam sentadas embaixo de uma sombra, no hall, sobre os pontinhos pretos existentes nas vestimentas, que apontavam como o motivo que justificava o descarte das peças. Mariana contrapunha que bastava passar umas gotas de limão para que os pontinhos de mofo desaparecessem.

Tal estória lembrava uma outra, contada por Simone Weil, em um livro de cabeceira durante o período em que permaneci na Machado de Assis – *A Condição Operária*. A obra conta a incursão da filósofa numa fábrica, como operária, como um modo de engajamento e de experienciar a vida enquanto trabalhadora fabril. No inverno, ela percebeu que os operários não sofriam como ela, pois, a despeito de viverem em condições precárias, dispunham de aquecimento em suas modestas casas, enquanto ela "congelava", esta sendo uma forma de ela vivenciar uma experiência "genuína".

O livro de Simone Weil, a despeito da inspiração próxima à da minha incursão na Machado de Assis, tinha um tom de piedade cristã que acabou me nauseando, tendo sido prontamente abandonado, tanto por conta deste sentimento quanto pela estória das roupas jogadas no lixo pelos "necessitados" porque continham muitos pontos de mofo. Afinal, as "necessitadas" deveriam manter uma atitude resignada e, dessa forma, "aceitar" e "usar" o que lhes fora "doado".

Tempos depois, li algo que desfez esta questão, aliviando-me e levando-me a pensar o engajamento como uma paixão ou um afeto alegre, apontando outro horizonte para o problema. E foi Gilles Deleuze quem mais uma vez me acudiu, embora acredito que a palavra *agenciar* contenha um sentido objetificador, talvez seja melhor pensar em um *estar junto*, como em um *jogo* (mas sem vencedores), de modo a desencadear formas do viver menos opressivas, emancipatórias, questionadoras dos poderes hegemônicos.[15] Segue a citação de Deleuze:

> É preciso resistir às duas armadilhas, a que nos arma o espelho dos contágios e das identificações, a que nos indica o olhar do entendimento. [...] vocês não são o pequeno esquimó que passa, amarelo e gorduroso, vocês não têm que se tomar por ele. Mas talvez vocês tenham algo a ver com ele, vocês têm algo para agenciar com ele, um devir-esquimó que não consiste em se passar pelo esquimó, em

15 Sobre essa ideia de antropologia como um *estar junto* escrevi o artigo Pesquisando em zonas de vulnerabilidade: dilemas, tropeços e *estar junto*, que sairá em um dossiê organizado por Natália Padovani e Letícia Ferreira na Revista Ayé/UNILAB (2019).

imitar ou em se identificar, em assumir o esquimó, mas em agenciar alguma coisa entre ele e vocês [...]".[16]

Caderno de campo. Machado de Assis, dez. 2008. Cena 2.

Duas mulheres alemãs visitam o prédio da Machado de Assis em solidariedade. Alguém chama Estevão, que sabe falar a língua de Walter Benjamin (havia sido casado com uma alemã e por isso passou oito anos em Berlim). As mulheres gostariam de ajudar com alguma coisa ou de se engajarem em algum projeto. Após saber da presença das estrangeiras e de sua intenção benfazeja, Vera se dirige imediatamente à entrada onde elas continuavam a conversar com Estevão e outro militante. Eis que nossa ambulante de usados se aproxima do grupo; vem puxando uma das pernas e se apresenta. Surpreendentemente abraça uma das mulheres de maneira intensa e derrama lágrimas, enunciando sua cantilena, além de entremeá-la com uma ou outra palavra em inglês. As berlinenses aparentam constrangimento com o gesto de nossa infame, e lhe informam que não a compreendem e muito menos falam inglês. Vera se dirige a Estevão para que ele traduza o que ela almeja lhes dizer. Fala então que precisa de algumas coisas, está numa situação terrível e, ainda por cima, encontra-se sozinha na ocupação. Tem problemas de visão, tem problemas na perna, trabalha diariamente numa praça do centro desde que seu marido falecera e as condições materiais de sua vida se tornaram penosas. Isso tudo foi dito por Vera a uma distância de menos de 20 centímetros do rosto das jovens estrangeiras, o que fez com que, num primeiro intervalo de sua performance, elas disparassem da cena em direção à porta de saída.

A partir de anotação em caderno de campo/Machado de Assis, dez. 2008. Cena 3

Márcia está grávida e próxima de parir. Chego ao hall, ela reclama que está cheia de dor, o que parece plausível, seus olhos estão aguados e o rosto

16 DELEUZE, G.; PARNET, C. Da superioridade da literatura anglo-americana. In: *Diálogos*. Trad. Eloísa Araújo Ribeiro. São Paulo: Ed. Escuta, 1998. p. 67.

um pouco transtornado. Pede R$ 10 porque acha que terá que ir ao hospital. "Cícero [marido] foi lá fora tentar arrumar algum". Respondo-lhe que, infelizmente, naquele momento, estava sem dinheiro. Estevão, por sua vez, me convida para tomar uma cerveja na Central [em alguma barraca situada nos arredores da Estação Central do Brasil].

Saímos do prédio e a "surpresa": Márcia está na esquina, a uns 30 metros da entrada do prédio, junto de Cícero e um outro homem. Os dois têm uma cara não muito boa e uma garrafa de cachaça no chão. Márcia não aparenta mais estar prestes a parir. Bebem no degrau de um bar fechado, na esquina da rua do Livramento. Estevão e eu paramos para falar com eles (ela também havia pedido dinheiro a Estevão), mas não nos dão a menor confiança. Meio tensos, partimos rapidamente dali. A ideia é atravessarmos o túnel e chegar à Central.

Poucos dias depois é finalmente o dia de Márcia ter Maxwell, o primeiro rebento da ocupação. É um sábado, perto das 11 da noite, ela e Cícero pedem carona a um taxista para a maternidade da Praça XV, e conseguem. O bebê, entretanto, não é recebido com fogos pelos ocupantes, pois a família sofre uma estigmatização não exatamente silenciosa por parte de alguns deles. Há três meses na rua, com três outros filhos pequenos, Márcia é casada com Cícero (eles têm um burro sem rabo e fazem dinheiro catando latinhas, papelão e tudo o mais que encontram pela frente, e que poderá ser negociado ou utilizado pela família). Ex-*morapoios*, agora moradores, são interlocutores galhofeiros de várias deliberações do chamado coletivo.

Cena 4. Zeca diz que havia a ideia de transformar o anexo da Dandara em uma creche. Na Machado de Assis, membros do operativo enunciavam que uma demanda das mães da ocupação era por creche. Mas a proposição deu sinais de ser tanto assistencialista quanto machista, pelo menos para as feministas riquinhas, porque quando o operativo mencionava o projeto, dirigia-se particularmente ao grupo das universitárias (moradores e apoio)

Roberta, assistente social, participante desde o curso "preparatório" da Machado, moradora *pioneira* e chamada para se agregar ao *operativo*, lançou as coordenadas da creche: "Pode acontecer de ter não exatamente uma creche, mas uma 'maternidade solidária' [tentando esmaecer o *agenciamento necessitados*, para dar relevo à solidariedade entre as mulheres]. Desse modo, é preciso que estejam presentes, diariamente, pelo menos duas mães". Buscava-se dessa feita incentivar parcerias não parentais (ou extra núcleos familiares), já que os conflitos e o "tomar partido (ou não) das mães" em relação às crianças, e destas em relação àquelas, ajudava a provocar cotidianamente atritos os mais diversos. Combinou-se em assembleia que, no dia seguinte, se faria uma primeira experiência. Mariana, Roberta e Gustavo se dispuseram a ficar com as crianças. Durante a manhã, as mães levaram seus filhos ao espaço disponibilizado para a atividade (um grande quarto, na sobreloja do prédio principal) e, em seguida, deixaram o prédio.

Na assembleia da noite, Roberta colocou, com maior ênfase, que a ideia da maternidade solidária não teria sentido se fosse somente para as mães "largarem" as crianças num lugar e, em seguida, sumirem da ocupação. Arrastou-se, dessa forma, por outros dias, o experimento. O grupo voluntário, por fim, desistiu do feito, justificando que seria impossível qualquer atividade: fosse por conta do número de crianças, em comparação com o número de voluntários, fosse em função dos conflitos surgidos, destacando quão importante seria a presença das mães ou de outro responsável para discutir formas de conduzir as atividades e manejar os conflitos surgidos.

Em relação às quatro estórias acima – das mulheres "necessitadas" que jogavam fora roupas com pontinhos de mofo; de Vera, que tentou de maneira teatralizada conseguir algum tipo de vantagem a partir do encontro com duas estrangeiras benfazejas; de Márcia que estava realmente grávida, mas fingiu que estava na iminência de parir como maneira de conseguir "um qualquer"; finalmente, da proposta da instalação de uma creche com a participação das *necessitadas*, e que não deu certo porque as mães aproveitavam a atmosfera voluntária que perpassava a ocupação para dispararem do prédio – gostaria de assinalar uma única observação.

A forma de manejar o *agenciamento necessitados* por parte dos ocupantes, que tanto se utilizavam do dispositivo que os inscrevia enquanto "faltosos", "vítimas", "precisados", assim como se apropriavam desta imagem, produzindo uma *arte do contornamento* em relação à precariedade, pareceu-nos um modo muito próprio de transgredir o nicho identitário mencionado ("necessitados") que, como já ressaltamos, se constitui impreterivelmente pela falta.

Ou, noutros termos, nas quatro estórias despontam maneiras de se apropriar dos mecanismos identitários disponíveis através de dispositivos governamentais que acenavam, por fim, a respeito da possibilidade de o prédio perdurar, caso se tratasse, efetivamente, de um grupo de "necessitados", "desassistidos", "desamparados" e assim por diante.[17] Isto não impediu, ao menos inteiramente, que os ocupantes (em sua grande parte) se recusassem a aderir a esta identidade, e apenas o faziam quando a situação não lhes convinha ou alguém assim exigia deles. Vale salientar que tal manejo consistia, entretanto, em algo limitado, como se pode perceber na observação de Gustavo:

> Lá na Dandara, o pessoal [moradores] paga água e fizemos de tudo pra pagar luz, mas a Light nunca deixou. [...] o ITERJ é que paga a luz pra gente. E isso é uma forma do Estado não oficializar o nosso nome, porque se eles quiserem despejar a gente, eles podem despejar.[18]

5.3. Agenciamento socialização

Uma série de enunciados e ações pode ser associada a este agenciamento, e o grupo de *apoio*, sem dúvida, é um personagem fundamental na cena das ocupações autogestionárias do centro. O *apoio* reunia inúmeros grupos, de orientação libertária ou socialista, que procuravam implementar alguma atividade nas ocupações, propondo ações de solidariedade durante ocasiões nas quais estas são essenciais para evitar uma incursão da polícia, de agentes de empresa de segurança ou, também, de agentes da prefeitura, além de ajudarem, após a entrada, nas atividades de limpeza do prédio e reunindo

17 Inscrito no artigo 6º da Constituição Federal: "São direitos sociais a educação, a saúde, a alimentação, o trabalho, a moradia, o lazer, a segurança, a previdência social, a proteção à maternidade e à infância, a assistência aos desamparados, na forma desta Constituição". Disponível em: http://www.planalto. gov.br/civil.

18 Para promover o despejo quando o governo quisesse, mas também para manter o prédio sob controle estatal de forma a garantir seu uso como habitação social. Entrevista gravada na UERJ em abril de 2012.

mantimentos, roupas, colchões doados por organizações ou por pessoas físicas. O grupo de apoio participa das atividades da cozinha e, nas assembleias, propõe atividades, estabelece contato com outros microgrupos políticos locais, em geral com aqueles que têm a mesma orientação política. Em todas essas ações buscam tecer uma rede de solidariedade em torno da ocupação.

Assim, seus participantes promovem constantemente algum tipo de manifestação/encontro cultural, ecológico, ou reuniões de cunho político. Exemplarmente, aulas de alfabetização, de capoeira, reciclagem, exibição de filmes. Há um pressuposto, grosso modo, de que todas essas atividades servem para fortalecer o coletivo, de maneira a aproximar os moradores e estabelecer a sua identificação com o projeto político da ocupação. Desta forma, transforma-se a invasão em uma conscientização das lutas contra a desigualdade existente nos grandes centros urbanos, e engendra-se um coletivo capaz de se colocar como agente de uma certa cultura e de uma certa vida social baseada em valores "alternativos".

Em termos jurídicos, por sua vez, a ideia de que a ocupação porta um projeto de "socialização" dos pobres, principalmente associado às crianças, aos desempregados e aos "desamparados" de toda espécie, é algo valorizado e utilizado como justificativa para a não reintegração de posse do prédio ocupado. Trata-se de práticas (verbais e não verbais) identificadas com uma cultura libertária, a qual se conjuga a práticas (da mesma forma, verbais e não verbais) de uma cultura inscrita pelo *agenciamento necessitados*, ou seja, a ocupação como uma "formação moral", passível de conduzir nossos ocupantes a uma *vida digna*.

Por sua vez, o processo referente à ocupação Zumbi dos Palmares – processo extenso e repleto de meandros – mostra como no momento inicial da ocupação havia muitas chances de ela permanecer.[19] O grupo do ITERJ (Instituto de Terras e Habitação do Estado do Rio de Janeiro) tinha uma orientação próxima àquela do Ministério das Cidades (pelo menos é esta a

19 O Ministério das Cidades era dirigido por Olívio Dutra, tendo na equipe uma série de urbanistas e um corpo técnico que acenavam com as possibilidades de requalificação de imóveis públicos em desuso, ou da transferência dos mesmos para o estado ou o município para fins de moradia popular.

impressão durante a leitura do processo da Zumbi dos Palmares), ou seja, havia efetivamente poucas chances de acontecer o desalojo da ocupação da av. Venezuela.[20]

A carta de intenções apresentada após a invasão do imóvel e anexada ao processo judicial enunciava que a ocupação tencionava ir "além do direito à moradia", e ainda, "ao ocupar, pretendemos organizar projetos sociais e culturais voltados à comunidade, criando uma rede de solidariedade e apoio mútuos". Abaixo, a carta na íntegra:

> Zumbi dos Palmares. Mais de 11 milhões de famílias brasileiras não têm onde morar. A necessidade de lutar pelo direito à vida e à moradia impulsiona o movimento dos trabalhadores sem-teto. A recém-formada ocupação Zumbi dos Palmares, da qual fazem parte mais de 200 famílias, se integra neste processo de lutas. A ocupação tem sido organizada através de assembleias gerais, onde cada ocupante participa ativamente das questões levantadas ou das comissões de trabalho tiradas em assembleia. Nossa intenção em construir a ocupação vai além do direito à moradia (garantido pelo art. 6 da Constituição Federal), ao ocupar, pretendemos organizar projetos sociais e culturais voltados à comunidade, criando uma rede de solidariedade e apoio mútuos. Só há justiça numa sociedade que assegura o mínimo necessário para uma vida digna, ocupamos para garantir aquilo que foi construído às custas de nosso trabalho. Reconhecemos a importância de mobilização e articulação das diversas formas de resistência do povo, por isso a escolha do nome Zumbi dos Palmares, um dos líderes do quilombo (comunidade organizada pelo povo oprimido) que se rebelou contra as tropas portuguesas e a escravidão, lutando por liberdade e justiça social. Nós, trabalhadoras e trabalhadores sem-teto da Ocupação Zumbi dos Palmares, solicitamos o apoio da população

20 Processo nº 2005.51.01.007798.-0, relativo à "Ação Possessória", junto à Justiça Federal, contendo as seguintes partes: [Autor] INSS (Instituto Nacional de Seguro Social), representado pelo procurador Bruno Fabiani Monteiro; e [Réu] "Integrantes do Movimento Zumbi dos Palmares e demais invasores", representado inicialmente pela Defensoria pública da União, depois por Leonardo Egito Coelho, da RENAP (Rede Nacional de Advogados Populares), ao final, novamente, pela Defensoria pública da União.

> em geral, *confiantes que só fortalecendo uma rede de solidariedade social e política poderemos garantir uma vitória que não é só nossa, pois a luta por melhores condições de vida é de todos nós.* Se morar é um direito, ocupar é um dever! Ocupar, resistir, lutar para garantir! (grifos meus).

Um ano após a invasão, foi anexado ao processo judicial um novo documento assinado em nome da ocupação, direcionado ao presidente do INSS, do qual destaco um primeiro parágrafo:

> Prezado Senhor,
>
> Desde 25 de abril de 2005, cerca de 130 famílias estão ocupando o prédio da av. Venezuela, nº 53, de propriedade do INSS, e que se encontrava abandonado. Limpamos a maior parte do imóvel, estamos aos poucos recuperando as instalações hidráulicas, sanitárias e elétricas. Estamos desenvolvendo vários projetos sociais, como aulas de alfabetização, reforço escolar, capoeira, fotografia, serigrafia etc. Todos os moradores já têm o prédio como sua moradia definitiva [...].[21]

E ainda, num documento de outubro de 2007, da parte do advogado que representava a Zumbi:

> É claro que há muito o que se fazer para a transformação do prédio em condições de moradia digna, já identificadas progressivas, porém ainda insuficientes, melhorias quanto à ocupação dos espaços, fachada, situações de higiene e limpeza, mas é inegável que já foi consolidada uma efetiva e democrática organização dentro da ocupação, com práticas de formação e geração de renda, bem como a implantação de um fundo comum, cujas contribuições podem e devem ser aumentadas, quando criadas as condições de segurança jurídica, para serem utilizadas dentro das possibilidades de cada um, na aquisição da casa própria.[22]

21 Processo nº 2005.51.01.007798.-0, fl. 362, p. 418.

22 COELHO, Leonardo Egito. "Fl. 409" em Processo nº 2005.51.01.007798.-0, p. 480-481.

A ideia da ocupação como um lugar capaz de fomentar programas sociais e culturais para o restante da comunidade, além de programas de geração de renda, ganharia destaque por parte dos agentes estatais. A juíza responsável em julgar a ação solicita ao representante do Conselho Tutelar um levantamento dos ocupantes e o acompanhamento das crianças, e a esta solicitação o representante do Conselho Tutelar assevera que irá encaminhar as pessoas a programas sociais: "[...] o Conselho ficou de acompanhar as famílias para encaminhamento para Projetos Sociais". A visita deste representante, juntamente com uma assistente social da Secretaria Municipal de Assistência Social, volta a endossar a ocupação enquanto construção de um espaço moral, ou seja, de que ali acontecia uma série de atividades que tornavam o espaço um "lugar digno": "no sentido de que as pessoas pretendem fazer daquele prédio abandonado o seu lar". Vale a pena notar no Relatório de Visita Domiciliar, da assistente social referida, o destaque para o tratamento em relação às crianças: "[...] não tem faltado alimentação às crianças do local, como, por exemplo, o leite diariamente", além de atividades como reforço escolar e atividades na "área cultural".

> 05/05/2005, av. Venezuela, 53 (prédio invadido).
>
> Acompanhamos o conselheiro Jorge na visita ao prédio pertencente ao governo federal no endereço acima citado, o qual fora invadido por diversas famílias. Com certa desconfiança, mas sem hostilidade, fomos recebidos por um rapaz que se denominou de Renato, ainda pelo lado de fora, pois os moradores mantêm as portas de ferro do prédio acorrentadas. Renato, por sua vez, apresentou-nos outro rapaz, de nome Egberto, sendo este estudante de direito (sic), afirmando-nos estar ali em apoio ao Movimento dos Sem-Teto. Fomos levados a um antigo saguão do prédio, onde foi improvisada uma grande cozinha coletiva, com mesas compridas, bancos e uma pia; observamos, também, dois banheiros; a iluminação fora improvisada. Adiante citaremos as informações que nos foram fornecidas pelos dois rapazes:
>
> 'O número de crianças é "variável" (sic), sendo, em média, umas 45, pois as famílias com crianças procuram, por enquanto, não levá-las para o prédio; estão todas matriculadas e frequentando, regularmente, a escola; os moradores criaram uma espécie de "cre-

> che" no local, onde algumas mulheres tomam conta das crianças que estão no prédio, cujo espaço é grande e perigoso para que as mesmas sejam deixadas por sua própria conta. Essas pessoas se revezam nos cuidados com as crianças, pois existe a proximidade do prédio à rua; o Movimento dos Sem-teto é apoiado pela Universidade, onde os estudantes da área médica, por exemplo, dão assistência a todos – até mesmo com internações hospitalares – com atenção voltada às crianças – vacinação entre outros; que, apesar das dificuldades socioeconômicas das famílias, não tem faltado alimentação às crianças do local, como, por exemplo, o leite diariamente; que existe uma "articulação" junto a voluntários em relação à parte de reforço escolar, bem como na área cultural, com atividades "extracurriculares" (sic); em se tratando do saneamento básico, afirmaram existirem seis banheiros em funcionamento no prédio; que as condições dos mesmos são precárias, mas com estrutura para o uso (sic). [...]'.
>
> Os moradores trabalham em sistema de mutirão, revezando-se nas atividades de limpeza e conservação do local (sic).
>
> Durante todo o tempo em que permanecemos no local, encontramos algumas poucas crianças, com idades variando entre 3 e 12 anos. Todas em idade escolar, nos confirmaram estar frequentando regularmente as aulas, citando, inclusive, as escolas nas quais estariam matriculadas. Pareciam alegres e comunicativas.
>
> Também encontramos no prédio várias mulheres de diferentes idades, todas nos tratando com cordialidade. O ambiente, em geral, nos pareceu digno, no sentido de que aquelas pessoas pretendem fazer daquele prédio abandonado o seu lar. No entanto, pela própria estrutura, trata-se de um prédio comercial, sem as condições próprias para a habitação de famílias, pelo menos com crianças – pelo menos a princípio [...].[23]

O relatório mostrou-se assim empático à causa da Zumbi dos Palmares, apesar do que aparece registrado na conclusão: indica o prédio como comercial (algo que ele nunca foi), acenando com a possibilidade de realocação das pessoas em outro local (haja vista que são pessoas que efetivamente querem

23 Processo nº 2005.51.01.007798-0, fls. 107-108, 125-126 (grifos meus).

torná-lo "seu lar", o que lhe pareceu "digno"), ou ainda, sugerindo uma possível requalificação do local – "trata-se de um prédio comercial, sem as condições próprias para a habitação de famílias, pelo menos com crianças – *pelo menos a princípio*" (grifos meus).

E foi como "voluntária" e inserida na "'articulação'" (mencionada no Relatório da visita domiciliar) que pude acompanhar, de modo mais contínuo, embora intermitente, um pouco do cotidiano e da dinâmica do prédio da Zumbi dos Palmares. Isso aconteceu entre 2006 e 2007, como assinalei no início, quando conheci Antunes e ele me apresentou à sua mulher, Louise. Esta fazia uma pesquisa no âmbito de mestrado, estudando a relação entre trabalho e adoecimento entre os moradores do prédio da av. Venezuela. Nossa ideia inicial era realizar um encontro sempre aos sábados, no final da tarde, no salão comum da ocupação e, a partir daí, desdobraríamos outras atividades.

No cartaz que pregamos nas paredes de cada andar, a convocatória dizia respeito a encontros para falar de angústias, conflitos, relações em geral, etc. Mas nenhum ocupante apareceu. A convivência no prédio já era, nesse período, tão conturbada e intensa que seria pouco provável que os moradores se dispusessem a participar de uma atividade na qual existisse a chance de encontrar algum de seus vizinhos (quem sabe algum deles fosse, naquela ocasião, seu "calcanhar de Aquiles"?). Letícia, mulher de Tristão, ao notar nossa ingenuidade e falta de experiência, tentou nos alertar, mas aproveitávamos sua disponibilidade e insistíamos para que ela conversasse com outros moradores sobre a importância da atividade (moradores haviam comentado que alguns deles precisavam de ajuda, mas nossa insistência foi um tanto grosseira e soberba). Mais uma vez, acionávamos o diapasão da falta e da necessidade.

A *socialização,* citada por militantes e presente nos processos judiciais das ocupações, por sua vez, era sempre associada à importância de se realizar alguma atividade ou tarefa, gerando o que chamo de um "tarefismo civilizatório" ou, a partir dos termos de Michel Foucault, um "tarefismo disciplinador": os ocupantes precisavam falar de suas angústias; as crianças necessitavam de oficinas e de uma creche, bem como de atividades físicas, além da importância de realizarem passeios; os adolescentes deveriam se capacitar, evitando ficar sem "fazer nada" durante um largo período do dia; os idosos demandavam alguma atividade ou lazer; as mulheres precisavam também se capacitar, quem sabe para formar uma cooperativa com outras mulheres do prédio, ou até para montar alguma coisa, como um empreendimento inspirado nas ideias da economia solidária; as pessoas que não tivessem conseguido se alfabetizar deveriam ter a oportunidade de fazê-lo, etc. Tal repertório era algo que perpassava vez por outra o cotidiano das três ocupações: Machado de Assis, Zumbi dos Palmares e Dandara. Imbuídas desse ideal "socializador", começamos, Louise e eu, a frequentar o prédio da av. Venezuela. As narrativas a seguir condensam algumas passagens a respeito disto e os inúmeros percalços que acompanharam a empreitada.

Sobre a proposta inicial, de que se aparecessem pessoas na ocupação interessadas em conversar sobre suas angústias poderíamos formar um grupo, ela não funcionou. Mas várias crianças se fizeram presentes. Louise havia anteriormente dado aulas de inglês para algumas delas, que perguntavam sobre a retomada dessas aulas. Em sua avaliação sobre essa atividade, a experiência de propor outra aula, além do turno escolar, parece ter significado para as crianças mais uma atividade obrigatória em seu cotidiano. Esta percepção ajudava a explicar a impossibilidade de se conseguir ensinar o que fora proposto e, rapidamente, as lições de inglês se transformaram em brincadeiras de pega e de esconde-esconde, agradando muito os participantes.

Após esse primeiro malogro, resolvemos levar materiais para desenhar – folhas de papel, papel-cartão (papelão reciclado), giz de cera, lápis de cor – e propor uma atividade nesse sentido, afinal, elas é que tinham nos interpelado sobre oferecer-lhes algo. Mais adiante, dispusemos alguns suportes com tinta guache para pintarmos no papel-cartão, o que funcionou razoavelmente por certo período. As crianças logo se fizeram conhecer. Alguns rabiscavam até transpassarem a folha. Rafael, conhecido como Negão, não era dos mais colaboradores, muito pelo contrário. Um pouco mais velho que os demais – em torno de cinco a sete crianças compareciam a essas oficinas – tornava sua presença motivo de "encheção" para todos. Pegava canetas, lápis, papéis com os quais um colega estava desenhando e fugia com eles, além de ficar dando cascudo nos vizinhos, cuspindo no papel alheio, no chão e, ainda, como ápice, na cara das pessoas. Como gostava muito de Louise, ela se encarregava de disciplinarizar minimamente os gestos de Rafael. Esses momentos eram qualificados por nós de "momentos caóticos" da atividade. Sem dúvida, o fato de sermos "cruas" em relação à educação infantil foi decisivo para esta configuração "caótica".

Uma segunda estratégia foi a de levar alguns livros de literatura infantil para os encontros. Rebeca, um pouco mais velha, se dispôs a ler para a turma, o que satisfez a todos. Referíamo-nos a tais encontros como "uma cachaça", embora terminássemos, na maior parte das vezes, exaustas. Na despedida, abraços e beijos, promessas de retornarmos brevemente. Depois íamos espairecer. Éramos duas, e eles compunham um número que flutuava entre cinco e sete crianças. "Quem afetava quem?" – é a pergunta que Gilles Deleuze, inspirado no filósofo Baruch Spinoza, se coloca, para pensar a trama dos afetos não como individual e estanque, quer dizer, pertencente a uma ou à outra criatura, mas em composição e em fruição: "De que afetos é capaz? [...] ora eles [os afetos] nos enfraquecem, quando diminuem nossa potência de agir e decompõem nossas relações (tristeza), ora nos tornam mais fortes, quando aumentam nossa potência [...] (alegria)".[24]

No decorrer dessa experiência vou percebendo, em contrapartida, o meu cotidiano acachapante, e a frase de Deleuze corresponde exatamente a esse sentimento: "Os poderes têm menos necessidade de nos reprimir do que de nos angustiar".[25] Um sopro de ar, desde então, começou a me afagar levemente. Louise e eu frequentamos o prédio durante três semestres, com idas e vindas, abandonos e retomadas. O momento "alto" das oficinas foi um passeio ao Centro Cultural Banco do Brasil, para assistirmos a um desenho chamado *O Grilo Feliz*.[26] E foi também conclusivo, por duas razões. A primeira, porque Louise tinha que escrever a sua dissertação. A segunda,

24 DELEUZE, Gilles; PARNET, Claire. *Diálogos*. Trad. de Eloisa Araújo Ribeiro. São Paulo: Escuta, 1998. p. 74.

25 *Ibidem*, p. 76.

26 Desenho animado. Brasil. Direção de Walbercy Ribas, 2001, 80 minutos. Sinopse: "Grilo Feliz é um dos habitantes de um povoado de insetos da floresta amazônica. Ele se destaca em sua turma por ser sábio, sensível e protetor. Além disso, é músico e toca para animar seus amigos. [...] um lagarto ambicioso proíbe a música na floresta e quer a todo custo a estrela mais bonita do céu, a Estrela Linda [...], causando uma batalha no povoado. Disponível em: http://www.adorocinema.com/filmes/grilo-feliz/ Acesso em: 01/03/10.

porque fizemos uma avaliação, pensando em outras atividades oferecidas nas duas ocupações, Zumbi dos Palmares e Dandara e, em especial, nesta última. Uma estudante universitária dava aulas de alfabetização; outro estudante, de Letras, ministrava aulas de português. Alguns dos alunos reclamavam que tinham que decorar um monte de coisa e o professor justificava dizendo não ter jeito: "Português é assim mesmo". As duas experiências, depois de um tempo, indicavam a mesma dificuldade: a falta de quórum. Algumas hipóteses podem nos fazer entender tal esvaziamento.

Certamente a pouca preparação das pessoas que faziam parte desse engajamento voluntário era algo importante. Mas, a meu ver, um fator que ajudou a esvaziar esse tipo de atividade foi um certo "tarefismo civilizatório" ou "disciplinador" e, mais ainda, o pressuposto assistencialista e/ou voluntário de que tais práticas acabavam se investindo, colocando os moradores sempre num lugar de "precisados" do serviço, e os ofertantes, confortados como doadores/pedagogos do bom modo de viver, de educar as crianças e de usar o espaço comum. Isso tudo, porém, é ambíguo e contém diversos lados.

A cena das ocupações autogestionárias do centro existe, entre outras coisas, porque tal militância se faz presente, mantendo-se forte em muitos momentos críticos: como um exemplo, para aumentar o poder de resistência em face das forças policiais ou estatais, contatar agentes do Judiciário etc., e porque são criadas inúmeras linhas de fuga a partir desse encontro entre precarizados e universitários. Não se trata de endossar o discurso de alguns moradores que acusam a militância de abuso do espaço, utilização de drogas, "fazer um monte de merda", mas de pensar as zonas de conflito e seus desdobramentos como algo que caracteriza e singulariza esta experiência.

O segundo elemento que talvez justifique o fracasso da maior parte das atividades levadas pelo *apoio*, em momentos os mais diversos, é o fato de os moradores conviverem de forma intensa, tanto tendo que deliberar a respeito de inúmeras questões do prédio, através de assembleias, nas quais as discussões são corriqueiras, várias vezes turbulentas, como tendo que mobilizar o coletivo em prol de estratégias e alianças com vistas a garantir a sua permanência.

Esta "resistência" às propostas do *apoio* acabou por se configurar num gesto libertário: evitava-se fazer com que as ocupações se transformassem em espaços fechados, segundo um modelo concentracionário. Por sua vez, as atividades festivas ou os passeios, especialmente comemorações relativas a aniversários tanto da ocupação quanto de moradores, ganhavam uma boa adesão dos moradores.

A seguir, narro uma passagem que diz respeito a crianças da ocupação, remetendo ao tema da "socialização". Em outubro de 2010, as ocupações do centro e a de Nova Iguaçu organizaram uma visita de solidariedade a um acampamento indígena guarani. Em julho de 2008, o acampamento guarani sofreu um incêndio criminoso que destruiu várias ocas e deixou os índios apreensivos. Rumores diziam tratar-se de ações dirigidas por empreiteiros da região. O ocorrido ganhou visibilidade principalmente porque alguns atores da televisão resolveram realizar um ato de apoio aos guaranis.

Em outubro, no Dia das Crianças, um e-mail veiculado por um movimento que trabalhava com direitos humanos e assinado pela Frente de Luta Popular fazia uma chamada para uma visita de ocupantes do centro e de Nova Iguaçu aos guaranis e em solidariedade contra o acontecido. O trecho do caderno de campo está adiante, mas antes cito o e-mail integralmente, haja vista que ele traz algumas imagens interessantes para pensarmos o significado do *agenciamento socialização*, neste caso, com um acento que busca caracterizá-lo como um engajamento junto a outros movimentos políticos locais:

> No próximo domingo, 12/10, *haverá um Dia das Crianças diferente.* Crianças de diversas ocupações de sem-teto (Dandara, Zumbi dos Palmares, Quilombo das Guerreiras, entre outras) passarão o dia com os guaranis que *ocuparam* em Camboinhas, Niterói, uma área ancestral e construíram sua aldeia. *As crianças sem-teto aprenderão sobre a cultura e a luta dos guaranis, e brincarão juntas com as crianças de lá. Os sem-teto, por sua vez, falarão de sua luta e da necessidade de juntar forças na luta popular contra a opressão.*
>
> Um ônibus levará as crianças das ocupações para Niterói. *Na aldeia haverá um almoço coletivo.* Se alguma *comunidade ou ocupação* quiser participar, ainda está em tempo. Cada grupo de comunidade deve levar alguns adultos para tomar conta de suas crianças, e mantimentos para cozinhar o almoço (arroz, feijão, temperos, legumes, verduras – no dia será servido o pescado de Camboinhas e Itaipu). Se o grupo comunitário conseguir seu próprio transporte, favor se comunicar com o cacique Jorge (cel. XXXX-XXXX)

> para avisar quantas pessoas vão. Se quiser utilizar o transporte do ônibus das ocupações, deve entrar em contato com Ricardo (cel. XXXX-XXXX) ou José (cel. XXXX-XXXX) da Ocupação Dandara (e-mail em 06/10/2008; (grifos meus)."

Caderno de Campo, outubro de 2008. Acampamento guarani, praia de Camboinhas, Niterói

Chegamos ao acampamento quase ao meio-dia. O tempo está nublado e abafado. Avisto Gustavo, que nos ajuda a amarrar as bicicletas e conta que só conseguiram entrar na praia depois que Jorge (líder do acampamento guarani) foi falar com os seguranças que ficam na entrada e explicar a visita.

Gustavo e Tristão comentam que as crianças guaranis ficaram meio assustadas porque as crianças da ocupação perguntaram se elas mordiam. O primeiro justifica o ocorrido observando que a garotada da ocupação acaba internalizando valores que afinal estão aí, na escola, na TV, nos filmes.

Reconheço Ricardo (morador da Chiquinha) e Ruth (apoio). Uma lona preta protege todos do sol escaldante e também a tábua onde estão dispostos os sacos de arroz, macarrão, salsichas e outros mantimentos trazidos pelos ocupantes. Letícia e Tristão chegam com sua filha, nascida há alguns meses. A mãe conta-nos que está um pouco ansiosa, porque é a primeira ida do bebê à praia. Letícia, depois de um período em que permaneceu em casa, após o nascimento da filha, se dizia angustiada por 'não poder trabalhar' (antes ganhava como cuidadora de idosos). Também tem outra filha, de um casamento anterior, de 9 anos, e que mantém sempre 'sob sua vista', porque a menina quer brincar no corredor da ocupação com as amigas todo o tempo que consiga, e Letícia não deixa, afinal, Rebeca uma vez desceu do prédio sem avisar, e ela ficou doida procurando a menina.

Tristão pergunta queixoso para Gustavo se aconteceu alguma coisa, por que os índios não estavam ali, achando que essa não era forma de receber alguém. Gustavo repete a estória das crianças da ocupação que perguntaram às crianças guaranis se era verdade mesmo que elas comiam gente. A maior parte do tempo em que ocorre a visita os guaranis mantêm-se abrigados nas ocas de palha espalhadas pelo terreno. Rumores posteriores dizem que eles tinham ficado um tanto avessos à movimentação dos ocupantes que, tocados que estão com o passeio, circulam avidamente e se alternam em atividades como catar sarnambi, jogar peteca, bola ou entrar no mar.

Gustavo, estressado, está junto a Ricardo (da Chiquinha), Ruth (apoio) e a outros da ocupação de Nova Iguaçu. Agora porque o homem que iria trazer uma leva de frango assado para almoçarem estava demorando demais. Uma mulher, muito prontamente, resolve se pôr a cozinhar os sarnambis colhidos na praia. Ela mesma corta a lenha que deposita na fogueira. Gustavo, um tanto implicante e irritado, contesta, entretanto, que o fogo deveria ser para o arroz das crianças. "[Ela:] Dá para cozinhar as duas coisas". Ele, por sua vez, diz estar preocupado com elas, mas noto que as crianças estão no mar, aparentemente bem e que, em geral, adoram salsicha. Gustavo diz que os filhos dele não comem salsicha, nem na rua, nem em casa: "Isso é sacanagem!".

Mariana chama para ouvir (e ver) guaranis cantando, é o ápice para quem visita o sítio aos domingos: crianças e adultos em escadinha, polifonia de timbres, tocam instrumentos, batem palmas e pés, ao mesmo tempo em que cantam e dançam, um bebê compõe o conjunto. Crianças da ocupação acompanham atentamente a apresentação. Em outro espaço do sítio há uma feira onde os guaranis vendem colares, pulseiras, brincos, instrumentos de bambu e bichos em tamanho pequeno, feitos em madeira.

Finalmente, o homem responsável pelos frangos retorna. Mas não são muitos para a quantidade de pessoas. Uma mulher com sotaque castelhano sugere que "alguém" poderia desfiar os frangos. O clima é de empurra e acusatório: de quem vai fazer o quê, de quem não faz nada, ou de quem ressalta que já fez alguma coisa.

Vou ao último mergulho, na beira do mar encontro Lucas, ativista de direitos humanos, que está passeando com sua filha pela praia. Pergunta há quantas anda o encontro. Narro um pouco do clima e ele diz achar tudo estranho, porque foram duas ou três reuniões para se combinar a visita, sendo esta a primeira vez em que os guaranis recebiam "uma comunidade", e tinham se mostrado animados com a ideia e o gesto de solidariedade dos ocupantes.

Ao longe, escuto crianças e adolescentes da ocupação pulando no manso mar de Camboinhas. Fazem o gesto caricato utilizado para referir-se aos índios, que é de bater com a face interna da mão na boca, que permanece aberta, ao mesmo tempo em que se entoa ininterruptamente e, em uníssono, a vogal "UUUUUUUUUUUU".

A tentativa de associar um *agenciamento socialização* às ocupações do centro, entre outras coisas, mostrou-se como uma maneira de buscar escapar da "excepcionalidade" ou da "externalidade" dessa experiência de moradia, mas que, em contrapartida, resultava em produzir um "tarefismo civilizatório ou disciplinador" no cotidiano das ocupações, desgastando, dessa forma, uma qualidade que lhe era peculiar: os bons ventos que propiciavam o cultivo de um *comum* entre extratos os mais diversos, mesmo que fincado numa condição de "excepcionalidade". A fronteira entre esse *comum* e a "socialização" é algo muito tênue, do mesmo modo que estes dois cultivos tentam forjar o empoderamento da ocupação.

Já os bons ventos que propiciavam o cultivo de um *comum* aconteceram, por exemplo, quando membros do grupo punk propuseram um sarau com açaí na Machado de Assis. Instrumentos foram instalados no hall da ocupação, microfone, caixas de som, guitarra, baixo elétrico e bateria. Enquanto as pessoas iam se apresentando e cantando o que Gaguinho soubesse acompanhar em sua guitarra, outros se serviam do delicioso açaí com granola, que estava numa enorme panela e fora comprado num entreposto próximo. Entre outras apresentações, duas se destacaram: Gervásia escolheu cantar a composição "Barrados na Disneylândia", de Baby Consuelo e Pepeu Gomes. Larissa, filha de Giane, escolheu "Pais e filhos", do grupo de rock Legião Urbana. Ambas as composições são, para dizer o mínimo, significativas.

Na performance de Gervásia, o refrão de "Barrados na Disnelylândia"[27] retomava o tema da obstrução, interdição, interrupção, por conta de uma característica dos visitantes: seus cabelos coloridos interferiam no livre curso do parque de diversões.

Desta forma, se o capitalismo consiste em fluxos, há sempre a possibilidade de que, em algum momento, você não possua o código, a senha, que resultaria na liberação de um determinado percurso, conduíte, bueiro, de um

27 "Papai, eu tô telefonando pra contar que nós fomos barrados!/ Aonde, no baile?/ Não! na Disneylândia!/ Barrados na Disneylândia [...]/ Eu e Juanu/ Ele e eu/ Saímos

certo espaço num prédio público em desuso, ou uma informação, num determinado processo judiciário.[28] Mais ainda, aderir à *vida digna* é algo que não fazia parte efetivamente do horizonte de possibilidades desses ocupantes. Tratava-se, portanto, de levar a sério a máxima de Gilles Deleuze que diz que o capitalismo terá que inevitavelmente pensar no que fazer com seus 2/3 de miseráveis (e que podemos estender a seus precarizados).[29]

Se a esta multidão são atribuídas qualidades que não devem ser seguidas ou consideradas positivas, se eles precarizados estão, afinal, fora dos trilhos da *vida digna*, a imagem da "socialização" parece inscrever-se num limiar muito delicado e frágil, onde pouco importa o porquê da obstrução ou de barrarem você na Disneylândia, importa sim, que você tenha sido, em algum momento, restringido, detido, refreado e que possa continuar a sê-lo num momento adiante.

E Larissa, entre 5 e 6 anos, filha de Giane, é arguta quando entoa: "São meus filhos/Que tomam conta de mim/Eu moro com a minha mãe/Mas meu pai vem me visitar/Eu moro na rua, não tenho ninguém/Eu moro em qualquer lugar/Já morei em tanta casa/Que nem me lembro mais".[30] Arguta

---

de Oakwood/ Pegamos aquela freeway/ Numa limousine prata/ E o motorista era gay [...]/ Chegamos energizados/ Champagne e tudo mais/ O clima era de festa total/ E a gente queria mais [...]/ Era um sonho de criança/ A se realizar/ Foi quando pintou um guarda/ Sujou!/ E em inglês começou a falar [...]: Heeey, out! Não vendam ingressos para eles!/ Hey, moça, por favor, aqui eles não podem entrar!/ Mas como? Eles vieram do Brasil pra ver a Disneylândia e não vão poder entrar? Qual o motivo?/ Cabelos coloridos! Aqui é a lei! Ninguém, ninguém pode tirar a atenção dos brinquedos do lugar/ Isso é um absurdo, eu quero falar com a supervisão geral! [...]."

28 Sobre a obstrução ou a interrupção dos fluxos no capitalismo, ao mesmo tempo em que consistem num sistema de circulação e fluxos ver VIRILIO, Paul. *Velocidade e Política*. Trad. Celso M. Paciornik. São Paulo: Estação Liberdade, 1996; e VIRILIO, Paul. *O Espaço Crítico*. Trad. Paulo Roberto Pires. Rio de Janeiro: Ed. 34, 1993.

29 DELEUZE, G. Post-scriptum sobre as sociedades de controle. In: ____. *Conversações (1972-1990)*. Trad. Peter Pal Pelbart. Rio de Janeiro: Ed. 34, 1992. p. 224.

30 Letra completa da canção: "Estátuas e cofres e paredes pintadas/ Ninguém sabe o que aconteceu./ Ela se jogou da janela do quinto andar/ Nada é fácil de entender/ Dorme agora, é só o vento lá fora/ Quero colo!/ Vou fugir de casa!/ Posso dormir aqui com vocês?/ Estou com medo, tive um pesadelo/ Só vou voltar depois das três/ Meu filho

por repetir algo que ela própria vivenciava no cotidiano: "[...] são os filhos que tomam conta dos pais".

Uma vez, quando Giane, sua mãe, ganhou um novo par de sandálias e acabara de deixá-las em cima do carrinho de bebê que sempre a acompanhava, Larissa chamou a sua atenção dizendo que ela mantivesse o calçado nas mãos: "Para você não esquecer novamente, mamãe".

Outro trecho da canção – "Eu moro na rua/não tenho ninguém/eu moro em qualquer lugar/já morei em tanta casa/que nem me lembro mais" – enfatiza a ação de morar, pouco importando onde tenha sido, ou quando, se no passado ou no presente: "Moro em qualquer casa"/ "Moro na rua"/ "Morei em tanta casa, que nem me lembro mais". Ao privilegiar a ideia de *morar*, as condições envolvidas nesse ato parecem pouco interessar. Não estamos sugerindo uma leitura da canção no sentido de "esta vida, dessa forma, seja digna de ser vivida" ou, em outras palavras, que estaríamos estetizando este modo de morar como algo banal, portanto, não devendo ficar chocados a respeito.

É a própria canção que traz, entre um morar e outro, o verso: "não tenho ninguém". Da mesma forma, esse *morar* aparece como algo transitório, nômade, desterritorializado, remetendo-nos às imagens de Walter Benjamin em "O caráter destrutivo".[31] Nesse precioso texto, os homens de *caráter destrutivo* (que Negri renomeou de "novos bárbaros"),[32] ao contrário dos "ho-

vai ter nome de santo/ Quero o nome mais bonito/ É preciso amar as pessoas/ Como se não houvesse amanhã/ Porque se você parar pra pensar/ Na verdade não há/ Me diz, por que o céu é azul?/ Explica a grande fúria do mundo/ São meus filhos/ Que tomam conta de mim/ Eu moro com a minha mãe/ Mas meu pai vem me visitar/ Eu moro na rua, não tenho ninguém/ Eu moro em qualquer lugar/ Já morei em tanta casa/ Que nem me lembro mais/ Eu moro com os meus pais/ É preciso amar as pessoas/ Como se não houvesse amanhã/ Porque se você parar pra pensar/ Na verdade não há/ Sou uma gota d'água/ sou um grão de areia/ Você me diz que seus pais não te entendem/ Mas você não entende seus pais/ Você culpa seus pais por tudo, isso é absurdo/ São crianças como você/ O que você vai ser/ Quando você crescer?" (Legião Urbana. Pais e filhos. In: *As quatro Estações* (LP), 1989).

31 BENJAMIN, W. The Destructive Character. In: DEMETZ, Peter (ed.). *Reflections. Walter Benjamin, essays, aphorisms, autobiographical writings*. Transl. Edmund Jephcott. New York: A Harvest/ HBJ Book, 1979, p. 301-303.

32 "Aqueles que são contra, enquanto escapam das coações locais e particulares da condição humana, precisam também tentar continuamente construir um novo corpo e

mens-estojo",[33] encontram-se sempre em trânsito ou no caminho, ou melhor, na encruzilhada:

> O caráter destrutivo não vê nada de duradouro. Mas por isso mesmo vê caminhos por toda a parte. Onde outros encontram muros e montanhas, lá, também, ele vê um caminho. [...]. Como vê caminhos por toda a parte, está sempre na encruzilhada. Em nenhum momento pode saber o que o próximo lhe trará.

Estas imagens convergem, não por acaso, para as proposições de Giorgio Agamben e Michel Agier, como comentamos anteriormente, proposições que afirmam o *campo* (o campo de concentração e o campo de extermínio) como um elemento paradigmático da política do nosso tempo, e os *squats* e as ocupações como uma modalidade de *campo*. Esse *campo* é pensado como algo transitório que, ao mesmo tempo, pode perdurar por decênios (como vem ocorrendo nos campos de refugiados do Líbano e da África, por exemplo),[34] e onde as usurpações cotidianas orientam, recorrentemente, os interlocutores a perscrutarem formas de escapar ou contornar essas modalidades de *exceção*, conferindo ao "novo bárbaro" ou ao "homem de caráter destrutivo" uma potência própria, no sentido de que ele: "[...] tem a consciência do homem histórico, cuja afecção fundamental é a de uma desconfian-

uma nova vida. Esta é uma transição necessariamente violenta e bárbara, mas como diz Walter Benjamin, é uma barbárie positiva: 'Barbáries? Exatamente. Afirmamos isto para introduzir uma noção nova e positiva de barbárie. O que a pobreza da experiência obriga o bárbaro a fazer? Começar de novo, começar de novo'" (NEGRI, Antonio. *Império*. Trad. Berilo Vargas. Rio de Janeiro: Record, 2001, p. 234-235).

33 "O caráter destrutivo é o inimigo do homem-estojo. O homem-estojo busca o seu conforto, e a sua caixa é a quintessência dele. O interior da caixa é o rasto revestido a veludo que ele deixou no mundo. O caráter destrutivo apaga até os vestígios da destruição" (BENJAMIN, 1979 [1931], p. 302 [esboço de trad. da autora]). Originalmente: "The destructive character is the enemy of the etui-man. The etui man looks for comfort, and the case is its quintessence. The inside of the case is the velvet-lined track that he has imprinted on the world".

34 Refiro-me à tese de Amanda Dias e aos trabalhos de Michel Agier.

ça insuperável na marcha das coisas, e a disposição para, a cada momento, tomar consciência de que as coisas podem correr mal".[35]

Este *correr mal* poderia conferir um tom apocalíptico a esta passagem, mas não se trata disso. Se avançarmos até a parte final do texto em que podemos ler: "não que a vida seja digna de ser vivida", entretanto, "[...] o suicídio não vale a pena",[36] voltamos à ideia de que este "homem de caráter destrutivo", em oposição ao "homem-estojo", está sempre na encruzilhada, não vendo nada que perdure e, por isso, vendo caminhos por toda a parte.

E são esses *caminhos por toda a parte* que, num outro plano, no que concerne às questões mais pontuais desta tese, nos remetem à insistência do movimento e dos militantes quanto a atividades capazes de promover a "socialização" dos ocupantes e a presença desse mesmo dispositivo como um elemento de barganha no plano jurídico (como acompanhamos, a ocupação que promove a "socialização" dos ocupantes é algo reconhecido positivamente em termos morais em várias passagens dos processos jurídicos), fazendo convergir, grosso modo, as posições da governamentalidade e do movimento.

Isto se dá ao mesmo tempo em que os modos de socialidade que despontam no cotidiano são pouco valorizados. Por que a visita aos índios guaranis, por exemplo, não poderia ser considerada simplesmente como um passeio no qual as pessoas pudessem entrar em contato e criar algum tipo de vínculo? Há algo de pedagógico (ou, novamente, um "tarefismo pedagógico") que coloca a "socialização" como elemento externo aos ocupantes, o que, por sua vez, dá a entender que eles não teriam sido "socializados". Este aspecto nos faz retomar a questão de Gilles Deleuze sobre o que fazer com os 3/4 de miseráveis que não serão "socializados", porque são "pobres demais para a dívida, numerosos demais para o confinamento" e, portanto, o

35 "The destructive character has the consciousness of historical man, whose deepest emotion in an insuperable mistrust of the course of things and a readiness at all times to recognize that everything can go wrong" (BENJAMIN, W. "The Destructive Character", 1979, p. 302).

36 "The destructive character lives from the feeling, not that life is worth living, but that suicide is not worth the trouble" (BENJAMIN, Walter, *ibidem*, p. 303).

biopoder ou a *sociedade de controle* "não só terá que enfrentar a dissipação das fronteiras, mas também a explosão de guetos e favelas".[37]

A experiência numa ocupação autogestionária, a despeito de suas inúmeras dificuldades, derrocadas, ameaças, usurpações etc., se constitui, efetivamente, em uma *arte de contornar a exceção,* cujas formas de circular na cidade surgem potencializadas neste tipo de moradia. As pessoas em situação de precariedade que permanecem no centro do Rio de Janeiro encontram-se, assim, numa condição similar àquela de moradores das ocupações autogestionárias da mesma região, todavia, com um número menor de possibilidades para constituir uma existência mais heterogênea, porosa ou, no mínimo, menos usurpadora. Ou, ainda, com um número menor de possibilidades de enxameamento que, afinal, se encontram potencializadas neste caso, e que são mais um elemento para compor as tentativas de *contornar a exceção*. E é essa "socialização", via enxameamento, heterogeneidade e porosidade, ou menos usurpações, que desponta como linha de fuga neste agenciamento homônimo. Em outras palavras, são formas de socialidade da ordem do desejo, que existem não porque intentam representar algo, mas que existem por si,[38] escapando tanto do tarefismo "pedagógico", "disciplinarizador", "civilizatório" quanto evidenciando as linhas de fuga presentes no *agenciamento socialização.*

5.4 Agenciamento coletivo

Desde a segunda semana da Machado de Assis havia uma série de demandas por parte dos moradores que não eram vistas como prioritárias pelo grupo *operativo,* como a realização de pequenos consertos no prédio para

---

37 DELEUZE, Gilles. *Post-scriptum sobre as sociedades de controle,* 1992, p. 224.

38 A ideia de vazio nas inscrições dos "pixadores" em São Paulo tem estrita relação com a ideia de que o grafite é um signo em si, que não se pretende como representação ou como expressão de uma intenção, um juízo etc. Esta forma de inscrição na cidade de São Paulo foi explorada por Teresa Caldeira a partir de Jean Baudrillard: "Neste contexto, o seu poder [dos pixadores] reside em seu vazio como significantes. Sua 'intuição revolucionária' vem da percepção de que a ideologia não funciona mais no nível de significados políticos, mas no nível do significante" (CALDEIRA, Teresa. Imprinting and moving around: new visibilities and configurations of public space in São Paulo. *Public Culture,* 24 (2). Durham, North Caroline: Duke University Press, 2012, p. 404-405).

se acabar com o vazamento de água em alguns dos salões, que poderiam ser posteriormente divididos em "apartamentos" ou "quartos" para os ocupantes. O *operativo*, por sua vez, ao fazer vista grossa às demandas dos moradores buscava fortalecer a ideia de coletivo entre eles. Assim, ao responsabilizar este grupo sobre a importância quanto ao cuidado com o prédio, o *operativo* tentava mostrar que não resolveria qualquer problema ou queixa levantada por parte dos ocupantes. Para tanto, alguns militantes do *operativo* sugeriam que seria essencial que os participantes da ocupação continuassem dormindo num espaço compartilhado. Poderiam se conhecer melhor e também engendrariam, com efeito, uma experiência de moradia genuína: na forma de um "coletivo" [falas do *operativo*].

Afinal [ainda o *operativo*], se os apartamentos fossem criados imediatamente após a entrada no imóvel, haveria a individualização do espaço e o isolamento dos ocupantes, o que terminaria por dificultar tal engendramento. Esta seria uma ameaça à construção da própria ocupação, afinal, a divisão/"privatização" dos espaços, caso acontecesse, resultaria, por exemplo, na não compreensão da importância de se garantirem os apartamentos e em se evitar a venda ou outros tipos de negociação em relação a eles, o que poderia gerar uma série de problemas.[39] Por esta razão, talvez, o operativo tenha con-

39 O tema da venda dos imóveis ou sua negociação, passando para um conhecido ou um conhecido de um conhecido a partir de um valor negociável (soube de um quarto que alguns moradores e militantes disseram ter sido vendido, de forma parcelada, por R$ 2 mil [em 2009]), rende sempre muitas polêmicas entre ocupantes e militância. Nas ocupações originalmente organizadas pela Frente de Luta Popular, a FLP, a prática era rejeitada terminantemente. Os casos, quando ocorreram, foram apresentados em assembleia para serem deliberados, produzindo situações variadas, conforme as ocupações e os ocupantes envolvidos. Num outro contexto, mas envolvendo elementos que dialogam, a prefeitura do Rio de Janeiro mais recentemente proibiu que os moradores reassentados em dois condomínios no bairro de Realengo, zona norte da cidade, negociassem seus apartamentos por um prazo de dez anos, além de não disponibilizar qualquer tipo de registro do imóvel para eles. Esta forma de a governamentalidade minimizar a "especulação por parte dos pobres" (termo utilizado pelo defensor do estado do Rio de Janeiro citado anteriormente) pode ser acompanhada no vídeo *Realengo, aquele desabafo!* de Themis Aragão, Flavia Araújo, Adauto Cardoso, Tainá Barros, Julio Ferretti (IPPUR/ UFRJ, Rio de Janeiro, 2011. Disponível em: http://www.raquelrolnik.wordpress.com/2011/08/01/

tornado como pôde as demandas pela melhoria do prédio que permitiriam a construção dos almejados apartamentos ou quartos individuais.

O desacordo entre os moradores que queriam seus espaços privativos e os militantes que idealizavam a vida em um espaço comum como forma de engendrar um coletivo – sem efetivamente abraçarem as socialidades surgidas durante as semanas iniciais da ocupação, como, por exemplo, as lideranças que despontaram nesse processo ou os anseios mais imediatos dos ocupantes – acentuou a distância entre os diferentes anseios (não que estes dois projetos fossem opacos um ao outro). Nesta direção, cresceram as interpelações a respeito do dormitório compartilhado, decidido também pelo *operativo*, que funcionaria dos primeiros meses da entrada até a melhoria das condições do prédio. Foi feita assim uma vistoria por José e por mim – eu anotava o que ele ia listando (relembremos que José é pedreiro) – nos quatro pavimentos que seriam divididos em apartamentos. Quando chovia, os andares alagavam, tornando emergencial trocar o telhado e alguma parte do encanamento interno, além de pedaços das calhas, que eram de ferro e cobre e tiveram algumas de suas partes roubadas antes da ocupação, bem como outras peças do prédio.

Os ocupantes se tornaram paulatinamente reativos às palavras de ordem: "coletivo", "cozinha comunitária", "assembleia" e "tirar a portaria". Tal situação resultou numa primeira demonstração de que estavam menos dispostos a concordar com os encaminhamentos e as sugestões do *operativo*. A ideia de se separarem os casais na hora de dormir, proposta por alguns membros do *operativo*, por exemplo, resultou controversa, além de gerar uma série de comentários mordazes. Gervásia achou um absurdo tentarem proibir que as pessoas transassem no dormitório compartilhado e se dirigiu a Pato, no hall de entrada, para perguntar o que ele achava. Pato disse ser favorável à proibição e comentou que se as pessoas quisessem transar, deveriam procurar um lugar diferente, afinal, na ocupação estava complicado, pois todos dormiam num mesmo cômodo.

Gervásia contestou o rapaz sobre esta situação: se ele tivesse que ficar meses no salão sem transar com Cíntia [namorada de Pato], "aí é que as coisas iriam andar mal no coletivo!". E exigiu: "A gente tem que ter nosso canto, está na hora, afinal, o prédio tem muito espaço!". E repetia em diferentes entonações a palavra coletivo: "Coletivo, coletivo e tal, coletivo é o escambau!". Tal disputa, uma vez mais, sugeria que o projeto do *operativo*/militância não conseguia dar conta dessa expectativa que podemos considerar como a mais urgente, nem atentar para as micropolíticas que compunham a trama das relações. A maior parte dos ocupantes, como mencionei, vinha de hospedarias ou de outras modalidades de coabitação, também de favelas, morando de favor com parentes ou afins, onde os espaços eram muito disputados[40] e motivo de controle os mais diversos.[41]

Os moradores da Machado de Assis começaram a ver televisão no salão, mas reclamou-se do barulho: são duas ou três TVs ligadas ao mesmo tempo num cômodo amplo e há a possibilidade de curto-circuito, o que já ocorrera noutra ocupação. Aos poucos, os moradores criaram os chamados puxadinhos no dormitório compartilhado: divisórias improvisadas com tapumes e placas trazidas de obras do entorno que, em algum grau, serviam para delimitar os espaços por família. Tais movimentos foram vistos imediatamente pelo *operativo* como "privatistas" e "individualizadores". O argumento desdobra-se na seguinte direção: estes inventos reduziriam a possibilidade de se conseguir um "coletivo forte", pois as pessoas terminariam se "trancando" nos apartamentos, por exemplo, se fossem cozinhar ou comprar comida, teriam necessariamente de retomar seus trabalhos na viração.

> [Fala de José/ operativo:] O cara tá doente, o cara tá com problema, o cara faz isso, faz aquilo, isso acaba gerando um monte de briga e você nem sabe o porquê, se é porque o morador não tá conseguindo arrumar uma comida, por exemplo.

---

40 Entre as capitais brasileiras, o Rio de Janeiro tem, junto com São Paulo, os maiores índices de adensamento excessivo, o que significa mais de três pessoas por cômodo (PASTERNAK, Susana. Box IV: Análise comparativa da questão da habitação nas metrópoles. In: RIBEIRO, Luiz C. Queiroz; SANTOS, Orlando A. (orgs.). *As metrópoles e a questão social brasileira*. Rio de Janeiro: Revan/ Fase, 2007. p. 237).

41 Para um histórico de usurpações, em termos de moradia, e para a discussão do espaço entre as camadas pobres, para além da dicotomia banalizada "público/ privado", apontando tanto para a quase inexistência de espaços não compartidos, o que resulta num cotidiano "concentrado", passível de furtos e assédios diversos, ver KOWARICK, Lúcio. *Viver em Risco*. São Paulo: Ed. 34 Letras, 2009.

> [Em outra situação, tempos depois, o mesmo José voltou ao assunto:] Aconteceu de um morador chegar um dia e jogar uma cama pela janela, foi aquele estouro na rua, de madrugada, acordou todo mundo. Mais importante do que ficar 'Ó, que cara maluco, jogou uma cama pela janela' seria a gente saber o motivo que fez com que ele chegasse a esse ponto: 'Será que a mulher deixou ele?'; 'Está com problema por causa disso?'; 'Precisa de alguma coisa?'.

José dava como exemplo a experiência da ocupação Dandara que, por meses, manteve tanto o dormitório quanto a cozinha funcionando de forma compartilhada. "Para a Dandara ter o coletivo forte que possui hoje, ficamos seis meses acampados num cômodo comum". Pondera, no entanto, que "o endeusamento que fazem por aí da Dandara não significa que ela seja lá essas coisas" (citando a reportagem sobre um prédio ocupado no Rio Comprido, onde uma moradora referia-se à Dandara como um "sonho").

Sobre a questão de se manter ou não o dormitório compartilhado, seguem as seguintes propostas tiradas para votação: 1. deixar a mudança dos moradores no galpão anexo ao prédio; com todos permanecendo no salão-alojamento e sendo mantida a cozinha coletiva (proposta *operativo*/coletivo); 2. cada morador poderia levar suas coisas para o salão-alojamento, podendo colocar as divisórias e instalar fogão, geladeira e televisão (proposta feita por Gervásia). A proposta vencedora, feita pelo *operativo* e encampada especialmente pelo grupo de moradores *pioneiros*, ganhou por uma pequena margem a dos demais ocupantes. Todavia, a vitória da proposta do salão e cozinha coletivos não impediu que os primeiros tapumes começassem a surgir no dormitório, assim como houvesse a instalação de televisões, o que gerou muitas críticas e insinuações por parte do *operativo* de que isto poderia resultar em incêndio, já que a fiação não era segura. Na mesma semana, um militante que era eletricista e próximo do *operativo* apareceu e trocou as fiações principais.

Vinícius, por sua vez, tentou refazer uma ligação elétrica que, posteriormente, veio a dar problema. Janete e Renata esbravejavam perguntando quem afinal havia autorizado Vinícius a trocar um fio do salão, porque se ele não era eletricista, como é que se achava no direito de mexer na fiação? Nosso técnico amador ficou um tanto nervoso, tentou se explicar, o clima não era dos melhores na ocupação. O fato de estar nervoso significava que iria se estender por muitos minutos além do tempo a que tinha direito na reunião, e ele continuou, a despeito da fala de Renato que o interpelou de maneira violenta: "Conclui". Eis que Marcelo, universitário e uma das lideranças do prédio, pega o seu chinelo e, de modo surpreendente, arremessa-o em direção à cabeça de Vinícius. Mas Vinícius consegue se desviar a tempo. Isto tudo gerou uma completa mudança no comportamento de Marcelo, o "reizinho" [termo meu]: na semana seguinte ele emudeceu, ganhou olheiras e estava amuado.

A tensão "coletivo" *versus* "espaço 'privado/íntimo'" não era algo inédito na cena das ocupações do centro. Antunes gostava de contar uma estória que acontecera na Dandara referente à mesma questão, e que teve um desdobramento nada banal, principalmente pelo fato de ter sido instituída em assembleia pelos moradores e com o acordo do operativo:

> O pessoal ia dormir, aí tinha uma galera que estava transando, isso estava incomodando quem estava dormindo, então teve uma assembleia para discutir isso, com duas propostas: a primeira, de só fazer sexo quando a situação estivesse resolvida, que podia ser até hoje... [A segunda] Quando tivesse os quartos... Ou, então, que se dividisse um andar só pra isso... Ganhando a proposta de dividir um andar só pra isso. [...] tinha preservativo na entrada do quarto... [...] era um andar com vários quartos, no 4º andar. A proposta do andar-motel [...] foi radical... o 4º andar... porque lá era um hotel. Aí dava pra ser separado.[42]

Mas a urgência do operativo em constituir um coletivo forte não estava distante dos "dados de realidade". Seu receio quanto à possibilidade de instalação de uma situação de usurpação na Machado de Assis acabou se concretizando e o espaço se tornou um problema. Dois casarões invadidos, na mesma região, pegaram fogo no início de 2009 (já mencionado anteriormente), o que suscitou a transferência – espontânea, num caso; no outro, negociada pela militância – de uma quantidade significativa de pessoas desconhecidas para o prédio da ocupação. Na queixa de uma moradora *pioneira* (citada na primeira parte): "Não está mais dando, a gente

42 Conversa gravada, realizada por Patricia Birman e eu em 02/05/2011.

nem sabe quem mora mais aqui!". O comentário não explicitava o motivo da desqualificação dos novos invasores da Machado de Assis, que era o fato de eles se encontrarem em condições de precariedade piores que a dos moradores ali instalados. Portanto, estavam numa posição, pensando na tal escala da precariedade, mais preocupante: os dois "casarões" eram terrenos com uma ou outra ruína que, por sorte, ainda resistiam, onde pessoas chamadas pejorativamente de "zumbis" "caíam" durante a noite ou durante o dia. Esses escombros, conforme comentado por ocupantes, não tinham mais telhado, piso ou instalação sanitária.

5.4.1 *Carandiru ou a vida em um coletivo não é tranquila*

Outro acontecimento durante a segunda e a terceira semanas da ocupação é também interessante para pensarmos a formação de um *agenciamento coletivo* em oposição aos diferentes grupos presentes na Machado de Assis. Se a heterogeneidade é algo que atravessa as três ocupações referidas, imprimindo um colorido próprio a estas experiências, por outro, ela também produz um encontro ocasional de forças que, afinal, podem "colocar tudo a perder" (como já foi dito numa outra situação e que caberia também nesta).

A cozinha (e o que lhe dizia respeito) mobilizava bastante o prédio da Gamboa: as equipes responsáveis em produzir as refeições, de conseguir os legumes e os mantimentos, também a arrecadação do dinheiro para a sua compra, tinha de ir ao CADEG (Centro de Abastecimento do Estado da Guanabara), no bairro de Benfica, zona norte, para angariar alimentos com preços mais em conta ou gratuitos (quando estavam muito marcados ou amassados). Para isto, assinalavam a causa das ocupações como um motivo para sensibilizar alguns comerciantes. Aguardavam-se sempre com bastante expectativa as quatro refeições servidas pelo menos no primeiro mês da ocupação: café da manhã, almoço, lanche da tarde e jantar. De manhã, havia pão com manteiga, café e leite; no lanche, pão com manteiga e algum suco de garrafa (caju e maracujá) e café; no almoço e jantar, arroz, feijão, macarrão e uma carne, com legumes. Algo notório era a quantidade expressiva de arroz colocada em cada prato (em média, cinco conchas grandes cheias). A carne, desde o início, fora racionada, alternando entre carne vermelha ensopada (do tipo músculo ou picadinho), carne moída, linguiça, salsicha e miúdos. O número de pessoas girava em torno de pelo menos 40, mais os membros do *apoio* e do *operativo,* o que resultava numa média de 50 pratos.

Para compor o caixa da ocupação, obteve-se um dinheiro como doação (junto a sindicatos e a entidades ligadas a movimentos sociais), que foi revertido para a compra dos mantimentos. Para as despesas diárias, cotizava-se entre moradores de modo não obrigatório quanto à periodicidade e ao valor disponibilizado, mas ambos eram anotados pela comissão de finanças, responsável em registrar a entrada e a saída dos recursos.

Nas semanas iniciais da Machado de Assis, um grupo da Flor do Asfalto foi ao CADEG e conseguiu junto aos feirantes caixas de legumes que de outra forma iriam para o lixo. Os *punks* da ocupação Flor do Asfalto, como já sabemos, compõem também o apoio na Machado de Assis, e três ou quatro deles estão interessados em se tornarem moradores da nova ocupação da Gamboa, principalmente por conta do imenso terreno que pertence ao prédio da ocupação, propondo-se a tocar no Nárnia projetos de horta urbana e "agro-floresta". O grupo talvez seja o mais atuante em relação à alimentação, principalmente porque a maior parte deles é vegetariana (este fato, inclusive, gera uma série de comentários). Também instituíram a coleta seletiva do lixo na cozinha: "o lixo orgânico precisa ser separado do inorgânico, as cascas e as sementes vão para a compostagem, para tanto arrumamos caixotes de feira que foram dispostos no baldio". E ainda: "Da mesma forma, estamos colocando pastilhas de cloro para a limpeza dos legumes e da água". Algo louvável, proposto também pelos *punks,* foi a separação de águas para a reutilização na cozinha, já que tínhamos que descer e, na volta subir, três pequenos blocos de escada para transportar o precioso líquido. Essas técnicas, de modo geral, eram bem vindas entre os moradores e, mais ainda, entre os adolescentes.

Contudo, quem estava na escala da cozinha acabava por despender mais tempo tendo que discriminar os ingredientes referentes às refeições veganas e carnívoras. Por exemplo, seguindo a orientação dos veganos, não se deveria refogar o feijão com bacon ou utilizar os caldos em tabletes industrializados de tipo Maggi (que no armário da despensa encontrava-se em grande número). Gustavo, ocupante que tentava se mudar de sua casa, situada em frente a uma boca no morro da Providência, para a ocupação e que trabalhava como cozinheiro num restaurante à noite, além de cozinhar na Machado de Assis, não parecia tão afeito às práticas introduzidas na ocupação pelo grupo da Flor do Asfalto: "Eu não tenho frescura, eu como de tudo, não tenho essa, acho muita besteira isso de não comer carne!".

A situação ganhou novo desfecho depois que "apareceram" refeições temperadas com carne (no feijão e nos legumes). O grupo vegano decidiu ir à cozinha para preparar seus alimentos (legumes, lentilha, tabule etc.) de forma a evitar serem surpreendidos por qualquer resquício de carne vermelha ou associados. Tais acontecimentos cindiram a cozinha da ocupação em vegana e carnívora. Mesmo assim, não cessaram os atritos. Várias vezes Marcelo e outros veganos se queixaram, em tom pedagógico (no mau sentido), de que as pessoas não estavam separando o lixo nos recipientes de "orgânico", "inorgânico", "cascas" e "frutas", tal como tinham proposto. Como não era simples tal discriminação e isto fora explicitado por alguns moradores, o grupo resolveu colocar legendas nos respectivos vasilhames.

Com a cisão da cozinha, o grupo dos carnívoros (ao qual eu pertencia) teve uma perda na qualidade das refeições. Diminuiu principalmente a variedade de legumes, os *punks* interromperam as idas a CADEG [Centro de Abastecimento do Estado da Guanabara], piorando a qualidade das refeições, que acabaram restritas ao par feijão-carboidratos (arroz, farinha e macarrão) e aos acompanhamentos, desde então onipresentes: batata e cenoura. Os almoços, por conta disso, durante a semana, tiveram uma baixa em seu quórum, provocando chamadas por parte do *operativo* que diziam mais o menos o seguinte: "Onde estão os moradores? Se a gente faz uma ocupação é porque as pessoas estão precisando. Porque se chegar a polícia ou quem mais for, vai olhar e perceber o prédio esvaziado, isso é muito complicado" [fala de Gustavo]. Os bordões em relação à polícia – "Se chegar a polícia..." ou "É incrível, mas eu começo a lastimar que a polícia não esteja na nossa porta" [fala de Renato] eram alguns dos motes enunciados pelo *operativo*, que pretendia alertar os moradores sobre as consequências do esvaziamento da ocupação, caso perdurasse. A ideia de tornar a ocupação um *"coletivo forte"* perpassou as falas do *operativo* e foi o principal gerador de conflitos e tensões.

Como Patrícia [orientadora] sintetizou: "Do desejo de uma coletividade até a formação de uma coletividade, há um intervalo enorme".[43]

Se a alimentação deveria ser compartilhada como forma de evitar a privatização dos espaços na ocupação, bem como para tentar aproximar os moradores e produzir afinidade e solidariedade entre eles, buscando-se evitar o "cada um em seu apartamento, cuidando da sua comida, sem contato com outros moradores", "deixando o prédio vazio para ir trabalhar", também era muito complicado restringir a utilização da cozinha. Mas era afinal o que precisava ocorrer, em função da quantidade de pessoas e do número limitado de mantimentos.

> *Trecho do caderno de campo, dez.2008.*
>
> Eu lavava três peças de roupa no hall comum, onde havia a única pia em funcionamento do prédio. Gervásia chegou para pegar água, queria tomar banho, depois de ter almoçado no Garotinho. Contou que estava quieta porque não se sentia bem, sempre com vontade de dormir e cansada. Queixava-se de que gostaria de colocar seu fogão para fazer a comida do filho, João Vitor. Não gostava de ter de depender de outras pessoas para conseguir preparar as refeições e lastimou que sua anemia estivesse piorando. Concordei que realmente era muito ruim não poder cozinhar.

Mariana e eu saímos um pouco antes do almoço, tínhamos compromissos. Comemos um prato econômico ali próximo, na rua Pedro Ernesto. Nos bairros da Gamboa e Saúde perdura a presença de negros (possíveis descendentes de escravos, escravos de ganho, alforriados, ex-escravos), assim como de imigrantes portugueses e espanhóis, de origem pobre. São bairros com botecos que servem almoços tipo refeição ou prato feito ("PF"). Pâmela (ocupante na Machado de Assis e namorada de José) passou do outro lado da calçada enquanto escondíamos nossas cabeças na bancada do boteco. O almoço sairia na ocupação pouco antes de termos partido, mas era preciso dar uma pausa. Este gesto era bastante usual entre moradores: facilmente acontecia de cruzar com um ou outro pelas ruas do entorno, muitas vezes

---

43 BIRMAN, Patricia. *Comunicação pessoal*, março de 2010.

com a justificativa de que se precisava dar uma volta para resolver alguma coisa ou para espairecer.

O ápice dessa atmosfera, que podemos chamar de "concentracionária", foi quando se criou uma tabela – exposta em um quadro pouco adiante da entrada da ocupação – contendo o nome dos ocupantes e os pontos respectivos de cada um relativos às tarefas realizadas na ocupação: "limpeza", "tirar a portaria", "trabalhar na cozinha". A ideia da tabela fora aprovada em assembleia por conta da crescente ausência dos ocupantes nessas atividades. Depois de um dia sem aparecer no prédio, eu retornava quando um grupo de moradores começou a zombar de mim: "Olha, tá sumida hein, cuidado que seu nome vai acabar no paredão" (em alusão ao programa de *reality show* Big Brother, veiculado na TV naquela ocasião). Este "[...] cuidado, seu nome vai acabar no paredão" significava que o tal "sumiço" renderia poucos pontos no quadro de tarefas do dia anterior. A baixa pontuação poderia resultar, no final do mês ou mais adiante em argumentos passíveis de serem utilizados para justificar uma suspensão ou mesmo uma expulsão.

Chegando ao dormitório, Gervásia apareceu perguntando se era verdade o que estavam dizendo: que Mariana e eu estávamos, outro dia, nos beijando no meio do salão... Se todas estas cenas narradas, por um lado, demonstravam a intensificação de um modelo de "tarefismo disciplinador" (de vigília e punitivo) ou "civilizatório"/ controle entre os moradores não militantes, por outro, nos ajudaram (e ajudam) a entender a imagem repetida com escárnio por eles no dia a dia da ocupação: "Ah, não tá dando, vou sair pra dar uma volta, tomar um ar, dar um tempo do Carandiru".[44]

44 A frase alude a um dos maiores presídios de São Paulo, capital, que ficou conhecido após o assassinato de 111 presos (números oficiais) após a entrada da Polícia Militar de São Paulo no local, em 1992 (o Carandiru foi desativado em 2002). A referência foi evocada também na ocupação Quilombo das Guerreiras, situada na zona portuária e organizada nos mesmos moldes que a Machado de Assis. Num voo mais alto, seria interessante conjeturarmos por que a escolha recaiu em Carandiru e não, por exemplo, em Bangu (nome genérico utilizado para se referir aos vários presídios que funcionam no bairro homônimo localizado na zona oeste da cidade do Rio de Janeiro). Sobre a utilização da mesma expressão na Quilombo das Guerreiras, ver a dissertação de MOREIRA, M. *Um Palacete Assobradado: Da reconstrução do lar (materialmente) à*

5.5 Agenciamento afro

Outro agenciamento como tentativa de fortalecimento da ocupação para a barganha quanto ao seu reconhecimento no Judiciário e na rede dos movimentos locais foi anunciado na carta de intenções, divulgada no dia posterior à invasão. Cito um trecho do que nomearam de Ato da Ocupação:

> Camaradas,
>
> Na madrugada do dia 21 de novembro [quer dizer entre o dia 20 e 21, o primeiro sendo Dia da Consciência Negra no Estado do Rio de Janeiro], os trabalhadores sem-teto do Rio de Janeiro deram mais uma resposta ao já conhecido problema de habitação popular do nosso país. Cerca de cem famílias ocuparam [...] o que antes era uma fábrica abandonada há cerca de vinte anos e agora é a Ocupação Machado de Assis. Em mais um passo pela abolição da escravatura que continua disfarçada nos dias atuais na forma do subemprego, do racismo e da criminalização do povo pobre, as trabalhadoras e os trabalhadores sem-teto iniciaram essa luta que não é restrita apenas à conquista da moradia. A Ocupação [...] também pretende ser um instrumento de resgate da cultura da região da Gamboa, berço do samba, do carnaval e de outras manifestações da cultura negra no Rio de Janeiro. Por isso pretendemos desenvolver atividades da cultura afro-brasileira, como capoeira, culinária afro, carnaval de rua, entre ouras, além de atender a uma antiga reivindicação das religiões de matriz africana, que é um espaço que receba as imagens de orixás que estão há décadas retidas no museu da Polícia Militar do Rio de Janeiro. Venha participar do ato de apoio à resistência da ocupação [...] no dia tal, tantas horas, na porta da nossa ocupação [...].

A carta termina com o mote repetido pela militância das ocupações do centro em outras ocasiões e significativo para pensarmos o papel dos agenciamentos (*necessitados, afro, socialização*) neste contexto: "Ocupar Resistir Produzir" [em letras garrafais]. No momento inicial da invasão, o *agencia-*

---

reconstrução da ideia de "lar" em uma ocupação de sem-teto no Rio de Janeiro. Programa de Pós-graduação em Geografia, Universidade Federal do Rio de Janeiro, 2011, p. 86.

mento afro significou promover aulas de capoeira para os ocupantes e, quem sabe, mais adiante, para crianças e jovens do bairro. Para a atividade foi contatado um professor que era conhecido na região e participante do movimento negro. Aroeira visitou o prédio e logo se dispôs a falar na assembleia seguinte. Vários de nós estavam animados com a perspectiva de abertura da ocupação para outros interlocutores e mediadores, quem sabe dessa maneira conseguiríamos minimizar a aura "Carandiru" do lugar. Alguns moradores, no entanto, viam com desconfiança tamanha disponibilidade do professor e sua oferta de aulas de capoeira de forma gratuita. Eis que, num segundo encontro, o caso revelou-se.

O professor contou que estava muito feliz, particularmente naquele dia, porque acabara de ser reconhecida a profissão de capoeirista no país, uma luta árdua e longa até conseguirem tal feito. E que ele estava ali para propor aulas para os ocupantes – "crianças e jovens" – além de também desejar discutir a possibilidade futura de que a ocupação abrisse a atividade para outros moradores do entorno. Segundo ele, desse modo, se poderia começar a cobrar algum tipo de taxa. Outra ideia era construir um "Quilombo Aroeira", onde ele montaria um bar, com música ao vivo, de promoção da cultura afro, que poderia se estabelecer separadamente da ocupação. Mais ainda, que num momento futuro ele poderia ser transformado num Ponto de Cultura.[45]

Aroeira vestia blazer, calça, sapato e chapéu, todos de cor branca, uma camisa vermelha brilhante e estava especialmente perfumado. Sua performance tinha um quê de celebridade suscitado principalmente por Gustavo que, anteriormente à visita de Aroeira, enalteceu o capoeirista repetidas vezes, tanto nas assembleias quanto em conversas informais. Entretanto, esta performance e o anúncio da composição de um "Quilombo Aroeira" [em suas próprias palavras], no baldio do Nárnia, não entusiasmaram os moradores, muito pelo contrário. A ideia de "tomar" uma fração do espaço da ocupação para fins privados funcionou como um banho de água fria, já que a intenção de contatar o professor de capoeira era também de conseguir um aliado, bem como se aproximar de pessoas que já habitavam o bairro. Mesmo

45 Segundo informações no portal do Ministério da Cultura: "Ponto de Cultura é a ação principal de um programa do Ministério da Cultura chamado Cultura Viva, concebido

o militante, antes tão animado com a visita e a proposta do capoeirista, mostrou-se frustrado com os enunciados que escutou.

Na semana após o ocorrido, as aulas iniciadas não foram retomadas, o silêncio a respeito marcou a militância, não se comentando publicamente o fato. Entre os moradores, a estória rendeu críticas e gozações quanto aos arroubos de soberba e de vaidade do capoeirista, e de ser visto como alguém mais interessado em se aproveitar da situação do que exatamente engajado. Tal suspeita ganhou terreno graças à ausência de sua parte de palavras de *apoio* aos ocupantes e à causa da ocupação (uma praxe entre os visitantes).

Outra ação, na tentativa de composição de um *agenciamento afro* na ocupação, aconteceu quando uma mãe de santo conhecida do movimento negro local, bastante próxima de um dos militantes do *operativo*, apareceu nos primeiros dias soprando um "pó das bruxas" por todo o imóvel e enterrando uma galinha morta no Nárnia. Vaticinou então que a ocupação, "embora fosse ter muitos problemas, permaneceria". A ideia do *operativo* era transformar um dos espaços anexos ao prédio principal da ocupação num museu das religiões afro-brasileiras. Para tanto, seriam transferidos objetos e trajes de orixás que estavam retidos no Museu da Polícia desde os anos 1920.[46] Outra parte do patrimônio material (e imaterial) do futuro Museu das Religiões de Matrizes Africanas viria da doação de um adepto que guardava há décadas em sua casa, no morro de São Carlos, objetos e vestimentas

como uma rede orgânica de gestão, agitação e criação cultural. O Ponto de Cultura não é uma criação de projetos, mas a potencialização de iniciativas culturais já existentes. Em alguns pode ser a adequação do espaço físico, em outros, a compra de equipamentos ou, como a maioria, a realização de cursos, oficinas culturais e produção contínua de linguagens artísticas (música, dança, teatro, cinema, capoeira, entre outras). Os projetos selecionados funcionam como instrumento de pulsão e articulação de ações já existentes nas comunidades, contribuindo para a inclusão social e a construção da cidadania, seja por meio da geração de emprego e renda, ou do fortalecimento das identidades culturais". No portal não há a informação do valor monetário que cada Ponto de Cultura selecionado receberá durante o ano. Disponível em: http://www.cultura.gov.br/site/2011/02/03/pontos-de-cultura-12/

46 Sobre o material do Museu da Polícia, ver MAGGIE, Yvonne; CONTINS, Marcia; MONTE-MÓR, Patrícia. *Arte ou magia negra? Uma análise das relações entre a arte dos cultos afro-brasileiros e o Estado*. CNDA/ Funarte, 1979. Mimeo.

de cultos afro-brasileiros. Tentamos trazê-los para a ocupação numa kombi do movimento [Antunes, Leandro, Raimundo e eu], mas o automóvel quebrou alguns quarteirões adiante do prédio da Machado de Assis, impossibilitando que realizássemos o que Antunes chamou de "o resgate dos orixás".

Tudo isso alimentou novas expectativas entre os moradores e a militância. A mãe de santo apareceu um dia na ocupação vestida a caráter: de branco (saia, blusa, pano na cabeça) e colares de contas. Fez uma longa exposição sobre a presença negra na região, com destaque para os orixás que haviam sido presos nos morros da Providência e de São Carlos, e que estariam bravos por terem ficado cativos no Museu da Polícia esses anos todos! A mãe de santo explicou que o movimento negro há muito discutia o destino desse patrimônio, assim como a Secretaria de Segurança do estado desejava, de bom grado e o mais rápido possível, a sua retirada do Museu da Polícia, posto que o lugar se tornara referência para despachos do "pessoal da religião" [termo de um militante que foi apropriado por ocupantes da Machado e que se refere aos adeptos das religiões afro-brasileiras].

O Museu das Religiões de Matrizes Africanas na ocupação da zona portuária não aconteceu efetivamente; alguns moradores em assembleia, num dia em que a yalorixá não estava presente, sugeriram a mudança do nome do museu, justificando: "Se nós somos brasileiros, por que não Museu das Religiões Brasileiras?", o que foi aceito prontamente pela maior parte dos ocupantes (possivelmente pelo peso da influência pentecostal em vários deles). Assim que o restante do *operativo* e a mãe de santo foram informados da mudança apresentaram-se imediatamente à assembleia da noite com o objetivo de revertê-la. O argumento utilizado pela mãe era que seria muito difícil conseguir emplacar um projeto com o nome "religiões brasileiras", repetindo o discurso sobre a importância da região portuária em relação aos negros e escravos, a história dos orixás presos na Providência e no São Carlos – que eles, os orixás, exigiam há muito a sua libertação. A tentativa de retomar o antigo nome, porém, não alcançou êxito. O grupo de militantes propôs então que o caso pudesse ser revisto pela assembleia numa outra ocasião e por um maior número de pessoas. Este fato terminou por frustrar mais uma possibilidade de agenciamento que poderia se conectar com setores do estado, como a Superintendência da Igualdade Racial, na qual a referida mãe de santo trabalhava.

Até alguns meses antes do desalojo dos moradores do prédio da Machado de Assis, o espaço onde se imaginou o museu funcionava como um lugar de triagem de papelão e de outros materiais que, a seguir, eram vendidos nos depósitos existentes no entorno da Central do Brasil.

5.6 Agenciamento cultura

Se o agenciamento afro tentava se instalar a partir do repertório instituído pelo estado conforme as demandas sociais e os jogos políticos do período, o agenciamento "cultura" também foi suscitado dentro desse mesmo contexto. A ideia de que a ocupação poderia ser um espaço de produção ou de fomento de "cultura" apareceu em inúmeras ocasiões.[47] Escolhi algumas passagens para tentar pensar quais os pressupostos envolvidos nesta trama e como eles ganharam novos delineamentos neste cenário e entre os interlocutores destacados.

A impressão era a de que Marcelo nos olhava (Mariana e eu) e nos tratava com ar de desprezo: nunca falava conosco ou nos cumprimentava. "Seriam de qual bando, qual grupo ou orientação política?" – parecia querer dizer. "A ocupação é para quem realmente necessita" – repetia de forma recorrente nas assembleias. "Quem some da ocupação é porque tem casa, lugar pra ficar, não está precisando ocupar nada". Mas notamos que não falava também com os ocupantes "pobres" ou "necessitados", o que lhe rendia, da parte destes, comentários desabonadores: "Esse cara é estranho, não cumprimenta ninguém" – disse Márcia, aguardando a cumplicidade de quem havia escutado seu enunciado.

Diante do avanço de uma única família em direção a um amplo quarto, que não tinha janela, mas uma porta grande que ficava perto da saída do sa-

47 Embora não se trate de mera instrumentalização desse campo. Teresa Caldeira observou (como outros já ressaltaram em distintos países) que após vinte anos de democratização do Brasil é no âmbito da produção cultural, intervenção urbana, vida cotidiana e circulação de signos que novas articulações têm se constituído, ao invés das realizadas no período anterior e principalmente por associação de moradores, sindicatos e comunidades de base católica (CALDEIRA, Teresa. Imprinting and moving around: new visibilities and configurations of public space in São Paulo. *Public Culture*, 24 (2), p. 401.

lão-dormitório (o que permitia a seus ocupantes uma razoável privacidade), Marcelo empenhou-se em contrapor um projeto. A ideia era compor um estúdio para gravação de músicos ou grupos independentes, com o mínimo de custos para ambos (ocupação e músicos). Para tanto, ele havia acordado com algumas bandas próximas que dispusessem no local parte de sua aparelhagem de som. Quem sabe, num futuro próximo, o lugar viria a se tornar um Ponto de Cultura?

O projeto de fazer um estúdio, da mesma forma que outros projetos, poderia realmente ser interessante para o processo que objetivava a permanência da ocupação principalmente em termos jurídicos. Segundo Marcelo, poderiam concorrer a um dinheiro caso inscrevessem o projeto no Ministério da Cultura visando transformar o lugar em um Ponto de Cultura. As bandas tinham uma data certa para trazer os instrumentos – prometera nosso líder. Todavia, alguns ocupantes não viram com bons olhos a perda do espaço. Mas tudo bem. Marcelo tinha algum prestígio e a confiança da maior parte dos moradores que, entretanto, se mantinham céticos quanto à proposta. Gervásia ponderou: "Calma pessoal, vamos ver primeiro o que vai acontecer". Outras pessoas do grupo *operativo*, por sua vez, não pareciam animadas com a transformação do espaço em Ponto de Cultura, haja vista que este possibilitaria a apropriação do local por grupos de fora, dando margem a novas tensões. A exploração e a apropriação de espaços vazios nas ocupações eram sempre tópicos turbulentos. O fato de que pessoas de fora "tomassem" tais espaços poderia tornar a ocupação, com efeito, "incontrolável".

O dia da chegada das bandas não aconteceu e o local manteve-se esvaziado (os ocupantes que haviam se instalado ali tinham se realocado novamente no dormitório compartilhado), até que, dois meses depois, em fevereiro de 2009 (a data inicial seria em dezembro de 2008), as bandas apareceram na Machado de Assis (nessa época, eu não estava mais na ocupação). Marcelo, todavia, já começara a perder em parte sua influência (o gesto de jogar o chinelo em Vinícius já ocorrera e, sem dúvida, foi emblemático nesse sentido).[48] A

48 Reencontrei Marcelo muito tempo depois, no Colóquio Deleuze e Guattari que aconteceu no Rio de Janeiro, em 2011. Havia apresentado uma comunicação na qual ele era um dos personagens, o que me causou certo embaraço. Noutra sessão do Colóquio, con-

estória dos espaços ociosos e o receio de que alguém tanto de fora quanto da ocupação viesse a "tomá-lo" contribuíram significativamente para amplificar as tensões do prédio, e também se transformaram em tema num outro momento.

Entre 2009 e 2010, por cerca de um ano, participei de uma Cooperativa de Educação Autogestionária – a Movemente – juntamente com outros estudantes e profissionais da área de geografia, urbanismo, psicologia, filosofia, seguindo a animação de Gustavo com a organização. Fernando Mamari, por sua vez, uma das lideranças da Cooperativa, havia feito sua monografia de graduação sobre as ocupações organizadas em coletivos autogestionários e tinha acompanhado de perto o processo de composição da Dandara. Por conta disso, tornou-se próximo de Gustavo. A possibilidade de que a Cooperativa viesse a realizar uma ocupação cultural foi um dos motivos que animaram o meu envolvimento e o de Mariana na Movemente. Gustavo repetia de forma recorrente que estava se sentindo "oportunista" em relação à sua participação na Cooperativa, o que significava que, caso ela tivesse um de seus projetos aprovados em algum edital ou conseguisse agregar-se a algum projeto já estabelecido, ele poderia obter um rendimento fixo. Porém, as coisas não eram nada fáceis ou tranquilas neste cenário. Afinal, conseguir decolar um projeto sendo uma organização que acabara de surgir, sem grandes conhecimentos ou contatos no circuito de ONGs, fundações, editais, agentes governamentais, mostrou-se bem mais complicado do que supúnhamos.

Noutro plano, a chance de empreender uma ocupação cultural no centro da cidade pareceu-nos também inviável. No fim de 2009 e por todo o ano de 2010, a zona central transformou-se em palco das transformações e da gentrificação que continuamos a testemunhar. Restou então à Cooperativa fincar pé na Dandara, aceitando o convite de Gustavo. Fazíamos nossos encontros semanalmente no salão de reuniões da ocupação. Eis que um dia, José, que dizia que não iria participar mais de nenhuma nova ocupação porque pensava

tatei-o, e ele me disse que havia saído da Machado de Assis depois que ficara doente e o tráfico o havia ameaçado. Rumores que escutei de outros dois militantes e de um morador replicaram tal versão, dizendo que, na verdade, ele não estaria mais aguentando a vida na ocupação, realmente tinha caído doente e, por fim, inventou que o tráfico o tinha expulsado, o que seria uma forma de ressaltar sua importância na Machado de Assis.

que o movimento [de moradia] deveria tentar garantir as ocupações já existentes (Zumbi dos Palmares, Dandara, Machado de Assis, além de dar apoio ou solidariedade à Quilombo das Guerreiras e à Flor do Asfalto), se fez presente numa reunião da Movemente (as reuniões eram abertas a quem quisesse). José pediu a palavra, sugerindo que nos instalássemos no anexo que havia no prédio da Dandara e pertencente à ocupação, e que nunca havia sido utilizado. Para a ocupação também seria interessante disponibilizar um espaço ocioso que incentivasse projetos ligados à cultura ou à educação. O lugar ficava nos fundos do prédio, num anexo separado dos apartamentos.

Gustavo imediatamente se opôs à proposta de José. Para o primeiro, era completamente estapafúrdio que a Cooperativa fosse pedir o uso do anexo numa reunião de moradores da Dandara. José, por sua vez, argumentou que deveríamos dizer na assembleia que a nossa posição ali seria de propor a utilização de um espaço que se encontrava ocioso. Num momento futuro, quando os moradores quisessem realizar algo no anexo, nós o "devolveríamos ao coletivo" [termos utilizados por membros da Cooperativa]. Dessa feita, endossaríamos que a utilização seria transitória, já que tencionávamos tanto ocupar um imóvel (uma nova ocupação estava se delineando e alguns membros da Cooperativa buscavam agregar-se ao processo) como conseguir um espaço de outra forma (por aluguel ou compartilhar com outro grupo). José nos instruía que deveríamos frisar na assembleia da Dandara que a ocupação não tinha caráter de moradia, mas sim cultural. "Vocês não têm nada a perder, no máximo, irão escutar um não, nada mais. Eu posso até intermediar a proposta na assembleia, se vocês quiserem". O que motivava José a "bancar" a proposta entre os moradores da Dandara era algo não muito altruísta: ele, na verdade, achava que a ocupação andava muito "devagar" e que algo precisava acontecer para "balançar" os seus moradores que, segundo ele, andavam acomodados e pouco envolvidos com a manutenção ou o fortalecimento do coletivo.[49]

49 Na verdade, a preocupação de José e do restante da militância era de que o tráfico poderia se instalar no prédio, o que efetivamente ocorreu em 2013 e numa situação que a princípio nos pareceu completamente *nonsense*. No primeiro semestre de 2013, a ocupação conseguiu que os nomes de seus moradores saíssem publicados no *Diário*

Gustavo, por seu turno, contou a estória de que até para fazer uma cozinha comunitária gerida por moradores da própria Dandara a coisa tinha dado o que o falar. Imagine então um bando de "burguesinhos" [cooperados, fala de Gustavo] querendo se apropriar do espaço. Fernando Mamari contrapôs-lhe que a Cooperativa poderia acordar na assembleia da Dandara que, para cada projeto aprovado, repassaríamos 10% do montante obtido, em termos líquidos, para a ocupação. A "cozinha comunitária ou coletiva" à qual Gustavo se referia foi uma proposta feita por quatro ou cinco pessoas da Dandara (ele incluído) de utilizar o espaço das reuniões, que tinha uma área como se fosse uma cozinha americana, para produzir marmitas ou refeições (almoço ou café da manhã). Neste caso, a cozinha coletiva da Dandara conformou-se em forma de cooperativa, responsável por trabalhar servindo comida em eventos universitários, encontros de movimentos políticos etc. A cozinha deu certo por alguns meses, até que alguns moradores começaram a questionar a apropriação do espaço. Desde aí, a cozinha americana teve sua entrada interditada por um muro de tijolos.

José continuou em sua empresa: talvez, por sermos de fora, a proposta tivesse melhor aceitação do que se sugerida por um morador do prédio. A questão gerou desacordo dentro da Movemente, principalmente porque se entendeu que teríamos que nos submeter às deliberações do coletivo da Dandara, o que não agradou a maior parte dos cooperados, resultando, na sequência, no descarte da ideia.

5.7 Intermezzo: Como se manter no centro

Se as ocupações desejam criar uma rede de solidariedade e de apoio mútuo, da mesma forma que tentam tocar projetos, apropriando-se dos dispositivos da governamentalidade disponíveis como uma forma de empoderamento

Oficial, o que lhes garantiria a utilização do imóvel como habitação social pelo período de 99 anos (lei de concessão por uso especial). Dois meses depois, a ocupação foi invadida pelo tráfico da Providência (fazia poucos meses que uma UPP se instalara no topo deste morro). Embora essa entrada do tráfico no prédio tenha sofrido alguns revezes, a legalidade da moradia não tem significado uma contraposição efetiva a inúmeras usurpações e violências cometidas, em especial por parte do tráfico.

e para evitar o desalojamento para lugares precários, o herói em destaque nesta seção também busca engendrar, através de suas trajetória e militância, modos que garantam a sua permanência no centro da cidade. Gustavo é conhecido na região da Estação Ferroviária Central do Brasil por sua participação em diversos microgrupos políticos e movimentos locais, além de possuir um *saber circulatório*[50] que é fundamental para contornar as ameaças e as usurpações que despontam no cotidiano. No ano de 2004 chegou com a família a uma das ocupações para fins de moradia existentes no centro da cidade, quando a "invasão" completava um mês e, naquele momento, buscava novos ingressantes entre aqueles que tinham algum tipo de engajamento político. Foi em uma reunião da Frente de Luta Popular, realizada na zona oeste, que ele recebeu o convite para se agregar à ocupação que acabara de surgir.

Sua militância começara há cerca de 30 anos, quando, em Mesquita (cidade situada na Baixada Fluminense), distante 65 km da região central, participou de diferentes tipos de "movimentos populares de esquerda".[51] Em tempos de ditadura, discutia a conjuntura política dentro da Igreja Católica, num grupo vinculado à Teologia da Libertação. Também participou de reuniões do Partido dos Trabalhadores, de um grupo ligado ao Partido Comunista Brasileiro, e militou no Partido da Libertação Proletária, Central Única dos Trabalhadores e, finalmente, se engajou na Frente de Luta Popular, que existiu entre 2000 e 2008/2009, responsável por duas ocupações autogestionárias no centro, e de uma terceira, de forma indireta, através de alguns de seus membros (incluído Gustavo), na mesma região.

É na circulação entre esses e outros grupos, ou microgrupos, que o herói tem constituído uma rede de contatos e de interlocuções, composta por trabalhadores, militantes, universitários e alguns funcionários estatais que são ligados, ou estão próximos, aos movimentos sociais. E foi por essa rede

50 TARRIUS, Alain. Economies souterraines, recompositions sociales et dynamiques des "marges" dans une ville moyenne française. *Sociétés Contemporaines*, 36, p. 19-32, 1999. Disponível em: http://www.persee.fr/web/revues/home/prescript/issue/socco_1150-1944_1999_num_36_1.

51 Definição do próprio Gustavo sobre os diferentes movimentos dos quais fez (ou ainda faz) parte.

que ele chegou à ocupação em que mora, e é através dela que tece os dispositivos necessários visando à sua permanência na região. É também este mesmo circuito de relações que o ajuda a transitar pelos micropoderes da área. Por sua vez, este militante e morador tem uma peculiaridade que lhe é cara: está sempre aberto aos mais diversos tipos de pessoas do entorno e às suas histórias, e disposto a participar de algum movimento social ou grupo local de inspiração socialista ou libertária. Atualmente, anda envolvido em reuniões de um coletivo que funciona em prol da luta por moradia, e em encontros na tentativa de fundar um novo grupo de discussões. Recentemente, recebeu convite do Movimento dos Sem Teto de São Paulo para associar-se a uma nova invasão, desta vez em uma cidade do litoral norte do Rio de Janeiro, onde a Petrobrás estaria instalando uma refinaria de petróleo.

No campo do trabalho, seu percurso é marcado pela viabilização de diferentes tipos de "biscates", que podem ser traduzidos como "bicos", "extras", "quebra-galhos" (termos utilizados por Gustavo), realizando inúmeras atividades: já foi engraxate, vendedor de picolé, entregador de quentinha, teve uma barraca de cachorro-quente; também foi eletricista, pedreiro, pintor de parede, carregador de gelo, entregador de panfleto de sindicato, "office boy de estilista de luxo", casada com um político de renome, na época de esquerda, entre tantos outros biscates. Além disso, cozinha e cuida dos filhos num intervalo de tempo significativo (a mãe das crianças, além de estudar no período noturno, tem trabalhado no período diurno de modo intermitente). Neste momento, Gustavo frequenta um cursinho de "pré-vestibular popular", também no centro, em que parte dos professores é composta por estudantes universitários; faz um curso de técnico de máquina de lavar, na tentativa de deixar de vez o trabalho mais recorrente em sua trajetória: bicos como "peão de obra". Mais recentemente, conseguiu emprego "de carteira assinada, com previsão até 2014", nas obras de "replastificação" do estádio do Maracanã.

Antes de localizar o significado da viração do herói num horizonte mais amplo, é preciso ressaltar o fato de que o trabalho precarizado tem sido no Brasil, e em outros países, objeto de uma série de considerações e disputas. Vera Telles, ressoando as observações de Robert Castel, provoca-nos quando diz que precisamos levar a sério as novas configurações do trabalho e que, para entendê-las no interior das cidades, valeria a pena acompanhar, como nos referimos antes, não as relações ou os vetores horizontalizados entre trabalho, cidade e espaço, mas "os agenciamentos sociais em torno dos quais desigualdades, controles e dominações se processam".[52]

E é exatamente isto o que desponta quando nos detemos na trajetória de Gustavo. Afinal, a viração, ou o trabalho informal e precarizado, é uma constante em sua vida (e na de tantos outros ocupantes e moradores de outras cidades). Categorias como direitos sociais, estado, sociedade civil, trabalho, políticas públicas existem de uma maneira que, em grande medida, desconhecemos. Ou, conforme os apontamentos de Vera Telles, mais uma vez, trata-se de nos desvencilharmos dessa ficção "virtuosa" para perscrutar a construção de outro social ou de um social em construção, no qual o que se mostra mais importante é acompanhar os "pontos de fricção, campos de disputa, linhas de fuga [...] etc.".[53]

Dessa maneira, é a viração aliada ao engajamento político e à sua rede de interlocutores o principal componente da estratégia de Gustavo para permanecer no centro do Rio de Janeiro. Nesse sentido, sua trajetória positiva o trabalho precarizado e aponta para a trama de agenciamentos e de mediadores tecida como forma de contornar o *estado de exceção*[54] que constitui o Rio de Janeiro na atualidade.

---

52 TELLES, Vera. Deslocamentos: percursos e experiência urbana. In: ____. *A cidade nas fronteiras do legal e ilegal*. Belo Horizonte: Argvmentvm Ed., 2010. p. 115.

53 YASBEK, Maria Carmelita; RAICHELIS, Raquel. Cidades, trajetórias urbanas, políticas públicas e proteção social. Questões em debate. Entrevista especial com Vera Telles. *Revista Políticas Públicas*, v. 13, nº1, p. 65-76, 2009. http://www.revistapoliticaspublicas.ufma.br/site/capas_detalhes.php?id=2

54 O termo é de Walter Benjamin, embora já o tenhamos citado, assinalo uma vez mais: "A tradição dos oprimidos nos ensina que o 'estado de exceção' no qual vivemos é a regra. Precisamos chegar a um conceito de história que dê conta disso. Então surgirá, diante de nós, nossa tarefa, a de instaurar o real estado de exceção; e, graças a isso, nossa posição na luta contra o fascismo tornar-se-á melhor" (LOWY, Michael. Walter Benjamin: aviso de incêndio. Uma leitura das teses "Sobre o conceito de história" (tese IX), 1940. p. 87). *Estado de exceção* tem sido amplamente utilizado a partir da contribuição do trabalho de Giorgio Agamben, *Homo Sacer*. Grosso modo, para o filósofo italiano, significa situações em que as fronteiras entre a lei e a não lei são incertas, zonas de indeterminação, portanto, nas quais a figura do *homo sacer*, a ideia de uma "vida matável" ou "vida indigna

5.7.1 Engajamento e apropriações

Um dos grandes problemas levantados por Gustavo no cotidiano da ocupação é a tentativa de impedir que "o tráfico" consiga um espaço no interior do prédio. Dois quartos vazios tornaram-se objetos de disputa, seja entre os moradores, seja entre os diferentes atores que transitam pelas ruas: prostitutas, traficantes, policiais, milicianos, entre outros. A ameaça do tráfico de se instalar na ocupação, além de resultar na perda da autonomia dos moradores do prédio autogestionário, é temida devido à criminalização do movimento e de seus moradores, prejudicando o processo judicial com vistas à regularização do prédio.

Certo dia, os garotos que integravam a boca de fumo localizada em frente à ocupação decidiram entrar em um desses quartos vazios para namorar e usar tóxico. Para o quarto levaram algumas prostitutas locais e ali permaneceram. Num cenário de despejos recorrentes na região, Gustavo tenta realizar uma denúncia na expectativa de conseguir aliados para a retomada do espaço. Liga, escreve e se dirige a uma ONG que trabalha com direitos humanos, mas esta não dá nenhum retorno, sequer o atende. O militante sabia que não tinha como fazer essa denúncia à polícia. Recorre, então, à sua rede universitária.

Dessa feita, resolve pedir uma sugestão a alguém dessa rede que sugere que ele tente resolver acionando o contato com o "pessoal do tráfico local", mesmo porque não haveria nada demais nisto, pois, como frisou Gustavo para os superiores do tráfico: "A ocupação é problema dos moradores e o tráfico não tem nada a ver com isso". Ele começa, assim, a pensar numa maneira de chegar até Eliane, a "dona da boca" e, para tanto, recorre em seguida à sua rede de contatos. Lucas, membro de um respeitado movimento de direitos humanos, poderia entregar a carta escrita pelos moradores da ocupação ameaçada a uma mulher, que a repassaria a Eliane. A mulher conhecia Lucas,

---

de ser vivida" pode despontar. Nas palavras do autor: "O sistema político não ordena mais formas de vida e normas jurídicas em um espaço determinado, mas contém em seu interior uma localização deslocante que o excede, na qual toda forma de vida e toda norma podem virtualmente ser capturadas (AGAMBEN, Giorgio. *Homo Sacer: o poder soberano e a vida nua I*. Belo Horizonte: UFMG, 2004. p. 182).

porque seu filho fora assassinado depois que militares do Exército (que então serviam numa ocupação militar em andamento na Providência) o entregaram (ele e mais dois amigos) ao tráfico rival (a facção Amigos dos Amigos), localizado num morro contíguo (da Mineira) ao morro onde moravam.[55] A mãe resolveu, na época, fazer a denúncia do caso e recebeu o apoio e as orientações do movimento em que Lucas milita. Seguindo o raciocínio de Gustavo, a mãe do garoto morto pelo Exército e pelo tráfico, como era grata a Lucas, estaria possivelmente disposta a atender a um pedido trazido por ele.

A carta, redigida por alguns ocupantes, pede que retirem os garotos do tráfico do prédio, explica o sentido da luta por moradia e a história da ocupação. Em seguida, os garotos do tráfico param de entrar no prédio e Gustavo acredita que foi através dessa comunicação que a questão se resolveu. Por outro lado, uma suposta namorada de Eliane teria acesso ao quarto em disputa na ocupação. Até a última conversa, a garota encontrava-se no espaço, o que tem gerado certo incômodo, embora, por outro lado, ela também seja considerada uma possível mediadora em conflitos vindouros.

Se os arranjos extensivos as virações são constituintes da experiência das ocupações e dos ocupantes do centro, essas mesmas virações são peculiares por se situarem nesta região *enxameada* do Rio de Janeiro, local de importante espectro político para a cidade, como antes mencionamos, e elas nos instigam, por sua vez, a perceber as linhas de força presentes nesse maquinário social, a forma de atuação da governamentalidade e os agenciamentos produzidos como modo de contornar a exceção. Mais uma vez, podemos ressaltar que o antigo padrão "centro" *versus* "periferia" embaralha-se de diversas formas, dependendo em qual lugar no centro e em qual lugar na periferia estejamos situados, com diferenciações que muitas vezes se sobrepõem ou agregam componentes que complexificam a trama.

55 Três garotos teriam sido vendidos por um tenente, três sargentos e sete soldados ao tráfico do morro da Mineira, após receberem R$ 60 mil do tráfico local. As mortes geraram uma série de manifestações e queima de ônibus. Disponível em: http://www.anovademocracia.com.br/no-44/1747-exercito-fascista-sequestra-tortura-e-vende-tres-jovens-a-traficantes. Ver também a matéria publicada na *Folha de São Paulo* em 19/06/2008: http://www1.folha.uol.com.br/folha/cotidiano/ ult95u413859.shtml.

6. Despejo ou "a transição"

> Pretendi também que estes personagens [...]. [...] pertencessem àqueles milhões de existências que estão destinadas a não deixar rastro. [...]. Aquilo que as arranca à noite em que elas poderiam, e talvez devessem sempre, ter ficado, é o encontro com o poder.
>
> Michel Foucault, *A vida dos homens infames*, p. 96-97

A ocupação Zumbi dos Palmares aconteceu em 2005, num prédio federal onde funcionou o IAPETEC (Instituto de Aposentadoria e Pensões dos Empregados em Transportes e Cargas)[1] e encontrava-se há muitos anos abandonado. Patricia [professora] e eu participamos de algumas reuniões no prédio, convocada pela Prefeitura do Rio, Ministério das Cidades e moradores, visando ao "acordo" quanto a seu desmanche. O aumento das pressões objetivando o despejo tomou fôlego conforme os megaeventos passaram a pautar a agenda da cidade, consequentemente, a financeirização de várias de suas regiões, aí incluída a zona portuária, com o projeto Porto Maravilha. Neste caso, trata-se de um projeto financiado por uma *parceria público-privado*: "[...] a maior PPP do Brasil". A explicação da urba-

1 O prédio foi construído de acordo com a política getulista de criação do Instituto de Aposentadoria e Pensões – o IAPs – nos anos 30 e, a partir de 1941, funcionou como sede do Iape – Instituto de Aposentadoria e Pensões da Estiva. Nos anos 40, o IAPE foi incorporado ao IAPETEC (que passou a se chamar Instituto de Aposentadorias e Pensões dos Estivadores e Transportes de Cargas). Ver ARAÚJO, Maria Celina. Estado, Classe Trabalhadora e Políticas Sociais. *Anais da XXII ANPUH*, João Pessoa, 2003. Disponível em: http://anpuh.org/anais/wp-content/uploads/mp/pdf/ANPUH.S22.453.pdf. Acesso em: 11/12/2012

nista Raquel Rolnik a respeito de como acontece essa parceira é reveladora da complexa trama que a envolve:

> A partir de hoje, a gestão dos serviços públicos em parte da região portuária do Rio de Janeiro começará a ser feita pelo Consórcio Porto Novo (formado pelas empresas OAS, Odebrecht e Carioca Engenharia). Ao longo de 15 anos, o consórcio receberá R$ 7,6 bilhões da prefeitura para o investimento em obras e para a realização de serviços como coleta de lixo, troca de iluminação e gestão do trânsito na região. Além disso, como parte da operação urbana Porto Maravilha – como é chamado o projeto de revitalização da zona portuária do Rio – a prefeitura realizou hoje o leilão dos CEPACS (certificados de potencial adicional construtivo) da área. O Fundo de Investimento Imobiliário Porto Maravilha, da Caixa Econômica Federal, arrematou todos os títulos por R$ 3,5 bilhões.[2] [...] O curioso é que a maior parte dos terrenos que fazem parte da operação urbana Porto Maravilha, que ocupa uma área de 5 milhões de m^2, é de terras públicas, principalmente do governo federal, que foram 'vendidas' para a Prefeitura do Rio a partir de avaliações feitas por...? Pela própria Caixa que, agora, através do Fundo que ela mesma criou, com recursos do FGTS que ela administra, buscará vender os CEPACS no mercado imobiliário para construtoras interessadas em construir na região. Ou seja, estamos diante de uma operação imobiliária executada por empresas privadas, mas financiada de forma engenhosa, com recursos públicos em terrenos públicos. Continuamos sem saber onde estão os benefícios públicos desta PPP (parceria público-privada).[3]

Por sua vez, em matéria no jornal *O Globo*, o vice-presidente de Gestão de Ativos de Terceiros da Caixa, Marcos Vasconcelos, após o leilão, afirmava

---

2 Ref. BASTOS, Isabela. Consórcio assume responsabilidade por serviços públicos em parte da zona portuária. *O Globo* (*on line*), em 13/06/11. Ver link: http://oglobo.globo.com/rio/consorcio-assume-responsabilidade-por-servicos-publicos-em-parte-da-zona-portuaria-2876146. Acesso em: 27/10/2012.

3 ROLNIK, Raquel. *Porto Maravilha: custos públicos e benefícios privados?* (em 13/06/11). Disponível em: http://www.raquelrolnik.wordpress.com. Acesso em: 27/10/2012.

que o negócio seria excelente para o Fundo, "[...] o cálculo é que o CEPACS renda 12% ao ano". Todavia, em 22/10/2012, o jornal *Valor* (*on line*) veiculava a notícia, postada pelo site "Porto Maravilha – Um sonho que virou realidade", do CDURP (Companhia de Desenvolvimento Urbano da Região do Porto do Rio de Janeiro, criada a partir do projeto Porto Maravilha), que o mercado imobiliário não tinha demonstrado interesse pelos Certificados[4].

Esta notícia, clipada pelo CDURP um ano após o leilão, e logo depois da reeleição de Eduardo Paes como prefeito da cidade, parece ser uma primeira sinalização (um ano após o leilão realizado pela prefeitura), como alertou também Raquel Rolnik, sobre quem arcará com os custos do projeto, caso as CEPACS não consigam atrair as empresas privadas para a região. Trata-se, assim, de um projeto especialmente de financeirização da área, patrocinado com "custos públicos". Uma das falas de um representante da prefeitura na apresentação da maquete do projeto Porto Maravilha, em reunião aberta, exemplificou bem o teor: "Ah, porque a gente tem que pensar mesmo que o bairro tem espaços completamente ociosos, lugares como o Morro da Providência, do Pinto e a Pça. Mauá, onde não se tem nada!"[5] (grifos meus).

A ideia da prefeitura é tornar a região um foco de turismo e de moradia para camadas de classe média, com a retirada do tráfico e da população pobre

4 "O mercado imobiliário não demonstrou grande interesse pelos Certificados de Potencial Adicional de Construção (CEPACS), da região do Porto Maravilha, colocados em leilão hoje, às 12h30, pela BM & FBOVESPA. Dos 100 mil títulos da Operação Urbana Consorciada da Região do Porto do Rio de Janeiro oferecidos, foram negociados 26.086, ao preço de R$ 1,150 mil cada; [cada CEPACS] custou ao Fundo da Caixa R$ 545,00], totalizando R$ 29,998 milhões em [...] dois negócios. O valor pago foi o preço mínimo ofertado pela Caixa Econômica Federal, detentora de todos os títulos da operação, através do Fundo de Investimento Imobiliário Porto Maravilha. Em 13 de junho de 2011, o fundo [da Caixa] arrematou de uma só vez cerca de 6,44 milhões de títulos mobiliários em lote único, pelo valor de R$ 3,5 bilhões [que estão sendo repassados à prefeitura]". Ver em: http://portomaravilha.com.br/web/esq/clipping/pdf/cl_23_10_12_2.pdf.

5 Os três locais são ocupados majoritariamente pela população de baixa renda. Como exemplo, o Morro da Providência tem, segundo o Censo do IBGE de 2010, 4.094 habitantes. Disponível em: http://www.ibge.gov.br/home/estatistica/populacao/censo2010/aglomerados_subnormais/agsn2010.pdf.

– desmonte das ocupações e remoção de favelas da região – para áreas distantes dali. Desse modo, haverá a possibilidade de que empresas de grande porte se interessem em se transferir para o local; e é neste raciocínio que estão inseridas as construções de Museus do Amanhã e do MAR, o Museu de Arte do Rio, projetados sob a tônica, mais uma vez, da "modernidade", entre outras palavras de ordem.[6] Este fato mostra que tipo de gentrificação está se delineando na área, quais modalidades estão se sobressaindo em detrimento de outras, de acordo com a observação de que a gentrificação ou a "revitalização" não é um processo homogêneo, mas consiste em nuances locais e encontra-se associado a fluxos de ordem internacional.

No escopo desta tese, que também se propõe a acompanhar e a entender as práticas do estado no encontro com as ocupações autogestionárias do centro, vale a pena nos determos um pouco mais sobre a questão da "revitalização" da zona portuária, observando os enunciados significativos de dois agentes diretamente envolvidos no projeto Porto Maravilha. A primeira fala é do vice-prefeito do Rio de Janeiro, Carlos Muniz, e aconteceu num dos seminários de apresentação pública do projeto, em 16/01/11. Destacamos:[7]

> Nós estamos desenvolvendo um projeto para integrar a vida da cidade com uma área que está fora da vida da cidade, e é isso que nós estamos discutindo, é integrar isso, é botar isso na vida da cidade. [...]. As pessoas que vivem ali na área, [...] se vivem em prédios ocupados, prédios de patrimônio, prédios que serão revitalizados, elas vão continuar vivendo onde estão, quer dizer, os seus prédios não estão dentro do escopo da área que será... como se diz, parte integrante das novas construções... *Eu não disse que são edifícios de habitação para os habitantes da área, eu disse que são edifícios de habitação que serão colocados no mercado, foi isso que eu disse.* São edifí-

6 Para ter uma ideia geral dos projetos, ver o site http://www.portomaravilha.com.br.

7 Apresentação realizada na mesa "O projeto Porto Maravilha e a cidade do Rio de Janeiro", no Instituto Histórico e Geográfico Brasileiro, em 16/01/11. As falas foram registradas por Camila Pierobon, que esteve presente no Seminário no IGHB e a quem agradeço mais uma vez.

> cios para o mercado. Nós estamos revitalizando a área, *a Prefeitura não é Papai Noel,* ela não é Papai Noel [...][8] (grifos meus).

E, ainda:

> [...] eu queria dizer o seguinte, essa defesa de que não se pode mexer em nenhuma área em que exista população morando da forma mais degradante é uma outra defesa que é o mesmo extremo daquela posição que procura se apresentar como proposição progressista, como posição de defesa da minoria e do menos favorecido. Mas no fundo é do maior imobilismo político-social. O que nós estamos fazendo lá é abrir alternativa de moradia digna, nós estamos ali para fazer intervenção e melhoria. *Para que se urbanizem determinadas áreas da cidade, é fundamental que a gente realoque determinadas pessoas.* (grifos meus).

Chama-nos a atenção nesta fala do vice-prefeito os enunciados que funcionam em tom de aviso em tom de ameaça para os presentes ao seminário. A prefeitura vai continuar suas ações, afinal, ela "[...] não é Papai Noel", e as queixas a respeito da retirada de uma população que vive de modo "degradante" são, na verdade, uma questão de "imobilismo político-social". É uma fala que acena para o endurecimento dos despejos da área portuária. Dessa forma, se fará a "integração" de áreas que estão "fora da cidade".

Em outros momentos de sua comunicação, em tom casuístico e de modo mais uma vez pontual, Carlos Muniz menciona as áreas e os imóveis tombados, que não podem, por isso, ser mexidos, o que também funcionava para inserir um novo elemento paranoide aos que moram na área portuária. Toda esta região tem inúmeros imóveis tombados. Uma parte substantiva do tombamento ocorreu em mandatos anteriores, porém podem ser revogados através de um novo decreto, da prefeitura ou do estado, e os interessados têm direito a questionar judicialmente. E era esta uma das preocupações de Gustavo nesse período, haja vista que a sua rua possui muitos imóveis deste tipo, e rumores sugeriam um possível alargamento da via.

---

8 *Ibidem.*

A segunda fala é do presidente da ADEMI (Associação de Dirigentes de Empresas de Mercado Imobiliário), José Conde Caldas, arquiteto, dono da CONCAL, empresa de construção civil "especializada em imóveis de luxo", surgida em 1971, e hoje envolvida no projeto Porto Maravilha:

> E o Eduardo Paes teve uma felicidade muito grande [...], logo no início do governo... apesar de uma vitória apertada nas urnas, colocou logo nos primeiros três meses de governo uma mensagem à Câmara de Vereadores, que trazia um projeto que foi preparado por um grupo de empresas que ajudaram a Prefeitura a fazer um anteprojeto, aproveitando grande parte dos projetos preexistentes traçados [...], criando uma área [...], que é a maior área de desenvolvimento urbano do Brasil, [...] principalmente para prédios comerciais, saindo num momento em que o Rio estava começando a ter uma demanda bastante grande, em função da bacia de [petróleo] em Campos. [...]. Então, a sacada de aproveitar o Porto Maravilha como o grande vestuário de novos projetos [...] foi a grande possibilidade que efetivamente se fez. [...]. Mas nesse exemplo do Porto Maravilha eu participei diretamente, [...] não tinha nenhum interesse na época de efetivamente construir lá, mas era muito importante pra cidade ter aquela área recuperada com potencial construtivo interessante. [...]. Mas voltando ao Porto Maravilha, como incrementar isso? A grande preocupação em relação ao projeto é, desde o princípio, a importância de se fazer a preservação das comunidades ali existentes, do Morro da... [pergunta o nome do morro para uma pessoa ao lado] Providência, exatamente. [...]. Também eu pude optar um pouco em relação a um estudo que tinha sido feito, e [...] Berlim é um grande exemplo [...]. [...] porque os prédios [...] das empresas que vão ser feitos no Rio são prédios que vão ser "Triple A", de empresas realmente de ponta, [...] e já foram conseguidas as desapropriações da área, junto às Docas [onde se localizava a ocupação Quilombo das Guerreiras e onde também, no final de 2011, foi despejada a Flor do Asfalto] [...]. Então, o Porto Maravilha implantado vai puxar todo o centro do Rio [...]. Isso tudo vai trazer empresas, [...] e o estuário disso vai ser, justamente, o Porto Maravilha. Então nós temos realmente nessa semana o leilão dos CEPACS [...]. Não é o modelo que eu imaginava ser o mais adequado, eu acho que a

> Prefeitura devia ter ficado [...] com a possibilidade de ser ela a reguladora da oferta do valor do terreno [...]. O que se fala é que na realidade tem um [...] consórcio de fundo de pensão que, com recursos antecipados à prefeitura e do fundo de garantia [...] vai permitir que a gente faça com a maior rapidez todo o projeto do grupo [...]. Esse início pelo Porto Maravilha [...] de trazer o projeto do centro de imprensa para ali, [...] são dois hotéis, seria o do gasômetro... já vai potencializar bastante. [...]. Vamos ver o número de possibilidades de hotel na rede e habitação, a faixa de demanda de habitação de classe média nessa área é muito grande, então, se realmente se imagina fazer alguma coisa de 50 mil unidades num bairro, [...] há possibilidade, o mercado está bem interessante, tem financiamento, tem [...] bastante através de dinheiro da caderneta e do fundo de garantia, [...] e o mercado está pronto pra fazer essa oferta [...]. Seria isso, é com confiança que nós estamos no mercado imobiliário, como arquiteto entusiasmado com o projeto Porto Maravilha, que vai ser a guinada da cidade do Rio de Janeiro em termos urbanísticos.

É preciso observar que tais enunciados e especulações destes atores da prefeitura/governamentalidade formam um conjunto maior de enunciados que assinala, por sua vez, quais as forças envolvidas nessas intervenções. Ou seja, eles não são "a gentrificação", mas trata-se de pensá-las como mais um componente que se agrega a tal intervenção e à trama dos micropoderes em disputa. Além disso, caracterizam-se como performativos, o que significa que operam como objeto de barganha em relação ao que cada um dos palestrantes considera interessante no projeto Porto Maravilha.

No caso de José Caldas, empresário da construção civil, como estava diante de uma plateia, em sua maior parte avessa ao projeto Porto Maravilha, ele traçou um extenso e impactante painel de negócios da cidade, como se tudo se encontrasse em franca expansão. Tal efeito, da ideia do Rio de Janeiro como uma cidade para grandes empresas e seus funcionários, ou de uma cidade "apart-hotel", buscava arrefecer os ânimos dos presentes no Seminário.

Assim, relacionou a cidade para além da questão dos megaeventos e do próprio Porto Maravilha e fez uma projeção para trás, associando outros elementos à "guinada" que o Rio de Janeiro estaria vivendo. Da mesma forma, agregou como o motivo para a "sacada" [termo do próprio empreiteiro] da cidade as empresas ligadas ao petróleo ou vinculadas, de algum modo, a seus negócios.

Mencionou o caso da bacia de petróleo em Campos, cidade situada ao norte do Estado, com seus funcionários que não tinham como ficar na cidade porque, primeiro, a Barra da Tijuca não conseguiu suprir esse serviço em função de seu "seríssimo problema viário"; segundo, porque em muitos prédios do centro "não havia como fazer", "já que as grandes empresas estrangeiras, não permitem que seus funcionários trabalhem em prédios que não tenham duas escadas de fuga, que não tenham ambiente". Além de tudo, a cidade não permite que se construa apart-hotel. Neste ponto Caldas se queixou de forma a se passar por bravo: "[...] um absurdo [a cidade] não ter apart-hotel", afinal, ele mesmo fez o primeiro apart-hotel de Salvador, em 85, "[...] e, hoje, Salvador tem 90 apart-hotéis!". Frisou o "potencial turístico" oriundo do projeto e concluiu sobre o período recente: "Então, o Rio ficou como a cidade carente, totalmente carente de prédios [...]".

Até seu esquecimento em relação ao nome do morro da Providência compôs a cena, preocupado em noticiar as "boas novas" que estariam certas de ocorrer, desenhando assim a "sacada" do empreendimento. É claro que Caldas não ignora os percalços promovidos por agentes das esferas pública, política e jurídica em relação ao fato do projeto objetivar *passar o carro* [expressão de Gustavo] na população pobre da área. Mas trata-se de outra "sacada": dar uma concretude ao projeto Porto Maravilha que, até aquele momento, mostrava-se incipiente. Basta retomarmos sua fala a respeito do Moinho Fluminense, área comprada por Eike Batista, que não estaria a princípio incluída na área do Porto Maravilha: "O interessante disso é que ali é fora do Porto Maravilha, mas foi feita uma integração dentro do Porto, [e] a prefeitura está dando também potencial construtivo. Assim como o Walter Torres, no bairro da Cruz Vermelha, próximo da Lapa, onde um prédio de maior proporção começa a alocar um grande número de não funcionários" da Petrobras e que, segundo Caldas, pularão dos iniciais 60.000 funcionários para 140.000 não funcionários, portanto, "[...] estamos num momento muito especial". Mas titubeia e ameaça quando diz que tem 15 projetos [na zona portuária], "[...] inclusive o projeto que já está aprovado", e a compra de terreno e as novas concessões relativas ao gasômetro [área, em parte desativada, próxima à Rodoviária Novo Rio], que a prefeitura "[...] está acertando, vai acertar".

Ao trazermos tais falas e programa, nosso interesse principal é acompanhar o atrito desses enunciados e seus rumores nos desdobramentos que podemos observar na micropolítica das ocupações - e, no caso deste capítulo, no desalojo da Zumbi dos Palmares.

6.1 Subjetividade livre-escolha

Este conjunto de modos de operar do Estado – através de dispositivos administrativos e jurídicos, semelhantes aos de um poder soberano, assim como por meio do controle e da produção de subjetividade, como vimos em seção anterior, via decretos administrativos que, como no caso da criação da SEOP, a Secretaria de Ordem Pública, chamada por moradores e camelôs da Central de "Secretaria do Choque", trabalham para criminalizar as práticas de moradia e as atividades relativas aos trabalhadores precarizados da cidade – é o que possibilita entendermos, e não nos surpreendermos, com os meandros da *excepcionalidade ordinária* acionados na negociação em torno do fim da ocupação Zumbi dos Palmares, ocorrida durante o segundo semestre de 2010.

Da mesma forma, a prefeitura conseguiu transformar a negociação do prédio da Zumbi dos Palmares numa questão de inserção dos ocupantes no mercado, portanto, torná-los seres de "livre-escolha", através das três opções apresentadas em troca do "esvaziamento do prédio" [expressão do agente do município], responsável, conforme as expressões que constam no processo judicial, pela "saída pacífica dos ocupantes do prédio": aluguel social por seis meses, renováveis por mais seis, até a construção de casas ou apartamentos na rua do Livramento, próximo do prédio da Zumbi; indenização de R$ 20.000 por família; ou, uma casa no bairro de Cosmos, situado a cerca de 70 km do centro.

A falta de clareza a respeito dos termos da proposta, no que tange à prefeitura, assim como as mudanças em relação aos valores, lugares dos imóveis oferecidos, prazos, a individualização durante a negociação e as informações trocadas foram consideradas por Orlando dos Santos, professor do IPPUR/UFRJ, a atualização de um padrão de intervenções urbanísticas recorrente no Rio de Janeiro "[...] e que Lúcio Kowarick chamou de espoliação urbana, já na década de 70".[9] Nesse padrão há, primeiramente, a ideia de que "[...] 'não tem propriedade, não tem posse'" [Orlando dos Santos citando uma fala do agente da prefeitura] ou, nas palavras de um funcionário da municipalidade para um morador ameaçado de remoção: "'Tudo bem, a casa pode ser tua, mas o terreno é da prefeitura'". Não há, por sua vez, qualquer informação oficial, pelo poder público, a respeito dos despejos e das remoções: as informações aparecem de modo disperso, sempre truncadas e/ou desencontradas, as negociações são individualizadas, os critérios em relação a quem se encontra ameaçado de despejo e remoção são diferenciados. Isto tudo resulta numa atmosfera de contínua desconfiança entre os moradores de uma mesma área.[10]

9 SANTOS, Orlando. Comunicação apresentada na audiência pública da relatoria da ONU para moradia digna/moradia adequada, mandato Raquel Rolnik, realizada na OAB/RJ, em 20/05/11.

10 Em relação à forma de atuar do estado, ver a ótima dissertação de Elenira Affonso sobre a negociação entre ocupantes do centro e prefeitura. Os desdobramentos e a teia ardilosa por parte dos agentes municipais, a especulação por meio de "requalificação" da área central, as intervenções urbanísticas envolvendo os sem-teto são algo que suspende a ideia de que a governamentalidade atuaria de maneira dispersa e desorganizada (AFFONSO, Elenira Arakilian. *Teia de relações da ocupação do edifício Prestes Maia.* Dissertação de Mestrado – Programa de Pós-Graduação em Arquitetura e Urbanismo, Universidade de São Paulo, 2010). Sobre a opacidade das ações da prefeitura e do Estado durante os preparativos para os megaeventos esportivos, ver os trabalhos de: GUTTERRES, Anelise. O rumor e o terror na construção de territórios de vulnerabilidade na zona portuária do Rio de Janeiro. *Mana* [online], v.22, n.1, p.179-209, 2016; MAGALHÃES, Alexandre. *Transformações no "problema favela" e a reatualização da "remoção" no Rio de Janeiro*. 2013. Tese de doutorado em Sociologia. Instituto de Estudos Sociais e Políticos, Universidade do Estado do Rio de Janeiro, Rio de Janeiro, 2013. Sobre operavam as políticas urbanas no período dos megaeventos, ver, Patricia; FERNANDES, Adriana; PIEROBON, Camila. Um emaranhado de casos: tráfico de drogas, estado e precariedade em moradias populares. *Mana,* v.20, n.3, p.431-460, 2014. Sobre a atuação do estado e/ou governamentalidade na produção e na administração dos diversos tipos de ilegalismos, ver HIRATA, Daniel. *Sobrevivendo na Adversidade. Entre o mercado e a vida.* Tese de Doutorado. Programa de Pós-Graduação em Sociologia, Universidade de São Paulo, 2010. Sobre as resistências nas redes sociais em relação a um caso de remoção que se tornou emblemático em termos de exemplo de luta, a Vila Autódromo, ver o trabalho de PIMENTEL, Ana Cristina. *Vila Autódromo, uma comunidade ordeira e pacífica desde 1967 - a construção da remoção como*

Inúmeras situações de excepcionalidade entram nas formas ordinárias desse padrão: a Defensoria pública denunciou ações da guarda municipal e de agentes da prefeitura em horários nos quais não poderia acontecer qualquer tipo de ação de remoção e despejo; ações pontuais, o que resultou, na prática, na depredação do local de moradia de quem teve sua casa mantida em pé. Na maioria esmagadora das denúncias, os escombros não foram retirados pela prefeitura após a derrubada das casas. Isso aconteceu, durante muitos meses, na comunidade da Estradinha/Ladeira dos Tabajaras, situada entre os bairros de Copacabana e Botafogo, na zona sul da cidade, produzindo, nas palavras de um morador local: "Além de um criadouro para mosquitos da dengue, um [...] cenário de guerra". As pessoas, para chegarem às suas casas, tinham que atravessar um longo caminho de escombros.

Em outro caso, informações incorretas, mas institucionais, foram veiculadas: uma série de casas numa determinada rua localizada no bairro de Madureira,[11] zona norte da cidade, seriam removidas por agentes municipais em visita ao local; aos moradores informaram que a notícia teria sido publicada no Diário Oficial do município. Um destes moradores vai à procura da edição do Diário para checar a informação, e descobre que a numeração auferida de sua rua não estava apenas errada, mas, mais grave ainda, os números dos imóveis indicados na publicação simplesmente não existiam.[12]

---

um problema público. Tese de doutorado. Programa de Pós-Graduação em Ciências Sociais, Universidade do Estado do Rio de Janeiro, 2015; sobre o pós megaeventos ver a dissertação de mestrado de CARVALHO, Ana Priscilla Rezende de. *Etnografando a produção de ruínas em Vila Autódromo (RJ)*: visibilidade e política das imagens desde dentro. Programa de Pós-Graduação em Antropologia Social, Universidade Federal Fluminense, Niterói, 2019.

11 A justificativa se dava por conta das obras do corredor viário Transcarioca, em áreas da zona oeste, no bairro da Ilha do Governador e na zona norte.

12 Relatos desse mesmo teor foram feitos durante a audiência pública da "Relatoria da ONU para moradia digna", mandato Raquel Rolnik, realizada na OAB/RJ, em 20/05/11. Inúmeros casos de usurpação por parte do poder público em relação a despejos e remoções na cidade estão registrados no Dossiê "Megaeventos e violações de direitos humanos no Rio de Janeiro", divulgado em abril de 2011. O Dossiê encontra-se no sítio: http://www.direitoamoradia.org/?p=12942&lang=pt. Acesso em 20/05/2012.

Esse padrão de intervenção em inúmeras áreas populares da zona metropolitana da cidade colaborou de maneira peremptória para o desmanche da ocupação Zumbi dos Palmares e tem funcionado em outras ocupações já desfeitas, assim como na única que ainda resta – a Dandara (entre as cinco mencionadas). Duas moradoras despontaram como as responsáveis pelo estabelecimento de uma listagem com os nomes dos moradores, que seria entregue ao representante da prefeitura, de nome Márcio. Na lista estariam discriminados os moradores arrolados por elas e suas respectivas "escolhas": cheque no valor de R$ 20 mil, casa no bairro de Cosmos, ou aluguel social no valor de R$ 400 por seis meses, renováveis por mais seis.

Jussara era desde o início da Zumbi dos Palmares reconhecida como uma das lideranças do prédio. Lídia era do grupo de moradores pentecostais, mencionados como "cristãos" [termo nativo] e, da mesma forma, uma liderança na ocupação. No decorrer do processo, esta última acabou por se tornar a principal interlocutora de Márcio, depois que Jussara se desentendeu com vários moradores e passou a sofrer uma série de acusações, inclusive de que estava trabalhando "para que os moradores deixassem a Zumbi de mãos abanando" [fala de Tristão e Glória].

Patricia [professora], em conversa com Lídia, escutou que ela finalmente realizaria o sonho de ter uma casa, num condomínio e com portaria. E que estava muito feliz. Alguns ocupantes comentavam que elas estariam "[...] levando um monte [recebendo dinheiro]" da prefeitura ou mesmo "[...] desse tal de Eike Batista [através de negociações de Jussara e Lídia, diretamente com a Secretaria de Habitação, via Márcio]", para "[...] levar a negociação, bem como para convencer os moradores de que não havia jeito de permanecer [falas de Tristão, militante da FLP, morador da Zumbi dos Palmares, mas também de Glória, moradora e, nesse contexto, com opinião contrária a de Tristão, em especial quanto à decisão sobre qual seria o melhor destino para o prédio da ocupação]".

Num segundo momento do processo de transição, após a notícia de que o prédio seria esvaziado, a Defensoria do Estado solicitou ao Ministério das Cidades para que este acompanhasse as negociações entre prefeitura e ocupantes. Afinal, a reintegração do prédio ao INSS apareceu no processo judicial, um ano após a invasão, atrelada ao fato de que a prefeitura havia sinalizado com a informação de que estaria interessada no imóvel. A solicitação aconteceu após a Defensoria ter recebido uma série de queixas de ocupantes que diziam que a transição estava sendo levada por uma ou outra moradora, e que o representante da prefeitura se portava de forma a personalizar o processo, haja vista que conversava com os moradores em separado, algumas vezes trancado durante um extenso período num ou noutro apartamento e, em seguida, se retirava do prédio sem falar com as outras pessoas da ocupação [queixas de Tristão e Glória e de outros moradores]. Alguns diziam que quando procuravam Márcio, na Secretaria de Habitação, no Piranhão (como é chamada a sede da prefeitura), ele pedia para as pessoas o aguardarem no hall do edifício, "[...] não deixando a gente nem entrar na Secretaria [comentários de Glória]".

Outras ocupações de prédios federais no centro, como a Dandara, originalmente pertencente ao INCRA, também na área do projeto Porto Maravilha, a Manoel Congo, na Cinelândia, dirigida pelo movimento MNLM, originalmente um prédio do INSS e, a Quilombo das Guerreiras, na zona portuária, originalmente de propriedade mista, Docas S.A e governo federal, também continuaram sofrendo pressão, especialmente através de rumores os mais diversos que, na Zumbi dos Palmares, ganharam uma dimensão trágica. Embora a Defensoria não apontasse grandes preocupações em relação ao processo e a outras ocupações, como a Machado de Assis, por exemplo, o prédio da av. Venezuela estava sendo negociado entre a União e o governo municipal. Desse modo, quais os elementos que contribuíram para o despejo da Zumbi dos Palmares?

Os trechos mencionados mostram como os conflitos, os rumores e as paranoias ganharam um caráter trágico, agravados pelo maquinário do Estado em prol da desocupação do prédio. Por outro lado, a Zumbi dos Palmares teve uma passagem a meu ver decisiva em seu processo de institucionalização, principalmente para pensarmos a trama tecida entre militantes e ocupantes visando à sua regularização. Em 2006, a Frente de Luta Popular era ainda uma referência na cena das ocupações do centro. Além disso, novas ocupações estavam acontecendo ou sendo gestadas para breve, tanto na região central como em outras regiões.

Militantes da Frente de Luta Popular resolveram produzir um documento, que deveria ser entregue à Defensoria que representava os ocupantes no processo judicial contra o INSS. No documento constaria um cadastro de cada um deles, com seus nomes e outros dados, os apartamentos em que residiam e um termo de compromisso assinado pelos ocupantes listados, comprometendo-se com o prédio como uma posse coletiva, onde os moradores teriam seus apartamentos. No caso de qualquer mudança ou desistência do mesmo, o espaço iria para as "mãos do coletivo" [termos da militância], que então deliberaria a respeito. Em geral, as ocupações têm sempre uma lista com o nome de pessoas interessadas em obter uma vaga no prédio. O documento, entretanto, não foi feito. Segundo Antunes, porque os moradores não queriam se ver atrelados à ocupação e ao projeto coletivo, principalmente porque, desse modo, não teriam o direito de vender o espaço para quem quer que fosse, já que na confecção da listagem com o nome dos moradores cada apartamento teria que ter apenas um responsável, e isto também não era algo, em algumas situações, simples de ser acordado.

São suposições de Antunes. A princípio acreditamos que o maior impedimento tenha sido o fato de que, ao elaborarem um documento que associava seus nomes ao coletivo, eles perderiam a autonomia em relação ao espaço, ou seja, não poderiam negociá-lo futuramente, caso precisassem ou desejassem. Esta resistência também existia porque esse período não era desfavorável às ocupações do centro, como comentou o defensor público: "[...] o INSS acho que também estava meio tapando mosca, [porque] o Ministério da Cidade [...] queria regularizar". Contexto, portanto, que seguia o "vento dos rumores – estão invadindo por lá", o que significava que, se quisessem, poderiam conseguir algum dinheiro "passando o quarto".

Este acontecimento - a recusa dos moradores de se cadastrarem - por sua vez, foi apontado por Antunes como um divisor nas expectativas do movimento ligado a Zumbi dos Palmares. Enquanto conversávamos sobre as pesadas ameaças que existiam à medida que o projeto Porto Maravilha ganhava amplitude, ele repetia que a Zumbi dos Palmares sempre voltava a surpreendê-los. A militância, em momentos variados, retomava a estória que a ocupação iria terminar, principalmente quando aconteciam coisas mais sérias no prédio.

> Porque a Zumbi sempre foi muito caótica, muito precária, muitas brigas, com saída e entrada de novos moradores. Mas, mais adian-

te, a ocupação surpreendia; de repente, ela passava por cima daquilo, foi numa situação dessas que surgiu um bloco de carnaval.

Mas o vaticínio da militância acabou por prevalecer, as forças contra a permanência e organização da ocupação operavam numa escala de moinhos (ou tratores) – em referência a um comentário recorrente de Gustavo sobre as obras e intervenções na região: "o Estado veio e passou o trator". Os moradores da Zumbi deixaram enfim o prédio, a maior parte deles entre os meses de fevereiro e março de 2011. Nas cinco cenas recortadas aqui, que se iniciam em frente à ocupação e depois percorrem outros espaços do prédio, o clima era a princípio de apreensão e de tensão, depois, um misto de cansaço e alívio.

Nesses meses em que as reuniões para o esvaziamento ocorreram, Patricia e eu acabamos associadas a Tristão, e a acusação de moradores direcionada a ele nos incluiu: estaríamos ali para "atrapalhar a negociação". Como Tristão, éramos vistas sob olhar de suspeita principalmente por parte do grupo das mulheres do prédio, afinal, este foi o grupo mais envolvido e empenhado na viabilização da *transição.*[13]

13 Sobre o papel das mulheres nesse processo, ver BIRMAN, Patricia. Ocupações: territórios em disputa, gêneros e a construção de espaços comuns In: LEITE, Márcia; BIRMAN, Patricia; MACHADO, Carly; CARNEIRO, Sandra. *Dispositivos urbanos e trama dos viventes*: ordens e resistências. Rio de Janeiro, Ed. FGV, 2015; ROSA, Thaís. *Cidades Outras: pobreza, moradia e mediações em trajetórias urbanas limiares.* Tese de doutorado em Arquitetura e Urbanismo, PPGAU/USP, 2014; GUTTERRES, Anelise. A resiliência enquanto experiência de dignidade: antropologia das práticas políticas em um contexto de lutas e contestações junto a moradoras ameaçadas de remoção nas cidades-sede da Copa do Mundo (Porto Alegre e Rio de Janeiro). Programa de Pós-Graduação em Antropologia Social, Universidade Federal do Rio Grande do Sul, 2014; PIEROBON, Camila. *Tempos que duram, lutas que não acabam: o cotidiano de Leonor e sua ética de combate.* Tese de doutorado em Ciências Sociais. PPCIS/UERJ, Rio de Janeiro, 2018; FORMAGIO, Cessimar C. *O engajamento político entre o "renomear o vivido" e dispositivos de normatização social*: experiências femininas pelos ativismos e militâncias populares. Tese de Doutorado em Sociologia. PPGS/UFSCAR, São Carlos, 2019.

6.2 Intermezzo: os últimos dias de uma ocupação

6.2.1 Termos do acordo

Ocupação Zumbi dos Palmares, quinta-feira, 18/11/2010, 18h. Reunião com representantes do Ministério das Cidades, do município e moradores para tratar do acordo sobre a transição [termo de Glória]

Mariana e eu chegamos um pouco antes da hora anunciada da reunião, e esperamos na calçada do prédio. Adriana, de 8 anos, moradora da Zumbi, aguardava a mãe que havia levado a irmã mais nova, de 2 anos, ao hospital. Muitos moradores começaram a aparecer e permaneceram em frente ao prédio, as conversas foram lacônicas nesse primeiro momento. Contrastou apenas a conversa de Glória e Célia Ravera, então presidente do ITERJ, Instituto de Terras do Estado do Rio de Janeiro, até 2009, e naquele momento representante do Ministério das Cidades, presente para garantir que os termos do acordo fossem cumpridos. Um gesto de Glória, repetidas vezes, chamou particularmente a atenção: abria uma pasta de elástico, olhava alguns papéis e tornava a fechá-la. Reparei também num homem, morador, ao meu lado, por conta do barulho que produzia com o ato sem trégua de abrir e fechar a ponta de uma caneta.

Glória contou estar muito preocupada com toda a situação. Perguntou se éramos do movimento e se era a primeira vez que aparecíamos. Mariana disse que esperávamos Tristão e apontou na minha direção, explicando que eu tinha feito oficinas na ocupação com as crianças dois anos atrás, e que ela, Mariana, tinha participado de reuniões. "É, o rosto de vocês parece conhecido". As crianças falaram conosco, o clima era de apreensão. Fiz registros fotográficos para tentar distrair a tensão. Glória perguntou de modo afirmativo: "Então, vocês são do movimento? [pesando a dicção quando fala a palavra movimento]". Mariana procurou explicar que não éramos exatamente do movimento, mas conhecíamos algumas pessoas e estávamos ali para apoiar a decisão que fosse. [Glória:] "Ah, vocês são amigas do Tristão! É incrível como ele não desiste".[14]

14 Morador da Zumbi dos Palmares e militante da FLP. Era uma das lideranças na ocupação, mas nos últimos dois anos passou por inúmeros desgastes. Um dos poucos ocu-

Com o passar da hora, a atmosfera condensou mais ainda, novamente era o tal *adensamento de ar*[15] que tomava o local; os moradores na calçada ensaiaram algum assunto mais comezinho enquanto aguardavam a chegada de Márcio, representante da Secretaria Municipal de Habitação na gestão Jorge Bittar (PT). Durante a espera, continuei com Adriana e outras crianças. Mariana recolhia pequeninos bonecos de plástico que alguém jogou pela janela de um dos apartamentos, em nossa direção.

Mariana, Felipe (foi apoio em várias ocupações), e eu estávamos receosos achando que seríamos vetados de ficar no salão, dava para sentir o calor e o nervosismo dos moradores. O Ministério das Cidades estava presente para garantir a execução dos termos do acordo proposto pela Secretaria de Habitação e nossa presença talvez ajudou a endossar a pressão sobre os agentes da prefeitura.

Mal se consegue escutar o que é lido pela moça do Ministério das Cidades, que se mostra constrangida com a situação. Ela realiza a leitura do *termo de compromisso* entre as partes e durante a ação vai ficando com a face rubra. Márcio diz que vão tentar dar as garantias possíveis para que eles fiquem seguros de que as opções realmente acontecerão: aluguel social, com três meses antecipados, com garantia de moradia no centro, especificamente, na rua do Livramento, ou nos prédios que serão construídos após a implosão do presídio da Frei Caneca, no bairro do Estácio, circunvizinho ao centro, ou uma casa no bairro de Cosmos, zona oeste da cidade, ou, ainda, uma indenização no valor de R$ 20.000,00.

A opção salientada pela ex-presidente do ITERJ na reunião, e fora dela, como "[...] a melhor é a que se refere ao [...] aluguel social com moradia no centro". Célia Ravera, por sua vez, inicia sua fala com uma saudação – "Boa noite companheiros" – que aparentemente não agrada ao pessoal da ocupação. Retoma sua intervenção com desenvoltura e discorre sobre a importância de se morar na área central em função do trabalho, das escolas e das creches. Moradores, por seu lado, estão ansiosos para saber em quanto tempo

pantes que se manteve até quase o fim contrário ao "acordo" com a prefeitura sobre o desmanche do prédio.

15 BORGES, Fabiana. *Domínios do Demasiado* (2010, p. 23).

as casas ficarão prontas e é isto o que lhe perguntam. "No máximo em um ano e cinco meses" – diz Célia Ravera. E observa: "Mas se não ficarem prontas, vocês devem imediatamente entrar com um processo pela Defensoria para assegurar que o termo de compromisso seja efetivado". Márcio agrava o clima de apreensão quando sugere que os moradores podem "[...] até pegar o aluguel social e ficar morando com parentes". Segundo esta sugestão, possivelmente uma tentativa de minimizar a entrelinha da observação de Célia que acenavam para o não cumprimento do prazo pela prefeitura, poderiam assim utilizar o dinheiro para outras despesas que surgissem.

Tristão e Divino disseram ao representante do município que gostariam que a prefeitura incluísse no termo de compromisso que os moradores que tivessem optado pelo aluguel social, com casa no centro, poderiam participar da construção das mesmas. Tristão justificou alegando que o salário obtido ali ajudaria a garantir a subsistência do grupo durante as obras. Márcio disse acreditar que a prefeitura julgará de maneira positiva tal sugestão: "Certamente não haverá problema da inclusão deste item no termo de compromisso". Notei que o tom com que se referia aos moradores, de maneira individual, era eloquente e positivo; justo o contrário do utilizado quando mencionava as palavras *coletivo* e *ocupação* – pronunciadas de modo quase inaudível. No início da reunião, Márcio troca a palavra ocupação por assentamento: "Caso o assentamento faça isso....". Pede desculpas pelo erro e justifica dizendo que são tantos os lugares que percorre que algumas vezes acaba por se confundir.

A performance de Márcio, as palavras escolhidas, a forma com que banalizou sua ida em mais um "assentamento" para "negociar" com moradores faz parte, entre outras que se repetem em diferentes momentos e contextos, do conjunto de gestos, enunciados, rumores, que informa um padrão de intervenção desse período dos megaeventos na cidade que se desloca mobilizando elementos da *exceção e da indeterminação.* Na outra ponta, inúmeras lutas e coletivos, também mecanismos governamentais de controle desse padrão despontaram como força de resistência a esse *passar o trator.*

A garota branca, de bochechas rosadas, representante do Ministério das Cidades, leu o termo de compromisso que não estava nada completo. Por exemplo, na opção aluguel social por um ano, não havia menção sobre a construção das casas na rua do Livramento, que deveria estar vinculado ao mesmo. No final da reunião, pedi para olhar o termo, que não possuía o nome de nenhum representante, apenas o cabeçalho da Secretaria Municipal de Habitação e uma linha para a assinatura do representante do Ministério das Cidades. Também não estava explicitado o tempo de construção das casas, caso fosse esta a opção. O aluguel social seria de seis meses, renováveis por igual período. O que aparecia em destaque era que após a assinatura do documento os moradores teriam 30 dias para sair do prédio.

O clima não era dos melhores após este último informe. As pessoas estavam em pé e dispostas em diferentes círculos. A impressão era a de que os representantes estatais tentaram se agrupar no fundo da sala, no espaço que funcionava para oficinas, atividades das crianças, festas, além das reuniões. Uma senhora repetiu a pergunta se eu era do "movimento". Disse que não. Ela alegou que não estava aguentando mais aquela situação, queria se mudar o quanto antes, suas coisas estavam embaladas desde o início de agosto.

Outro rapaz saiu da sala dizendo: "Ah, é melhor Cosmos [bairro na zona oeste], pelo menos lá tem uma casa, melhor do que viver de promessa". Os moradores circundam Célia Ravera e Márcio, disparando mais perguntas. Há um tumulto em consequência de um bate-boca, a situação torna-se mais ruidosa. Alguns moradores pedem silêncio. Márcio grita e bate palmas pedindo o mesmo. Célia Ravera fala alto e solicita que os moradores se aquietem. A reunião desanda de tal forma que muitos dos presentes começam a evadir do salão. Uma das moradoras empenhada na *transição* circunda a representante para perguntar coisas e Célia lhe responde individualmente, o que amplia a atmosfera caótica. "Na quinta próxima, haverá outro encontro para quem quiser entregar o termo ou marcar de entregá-lo com a documentação solicitada na prefeitura" – conclui Márcio, em voz empostada e audível.

Glória comentou que eram 20 pessoas que não queriam sair, agora eram 10: "A vontade da maioria vai prevalecer" – ela disse, em alto volume, para quem estivesse no recinto. Letícia, mulher de Tristão, interpela Célia Ravera a respeito do aluguel social, pois ela tem escutado vários comentários contrários a esta opção e, assim, se sente muito insegura para escolhê-la. A representante do Ministério das Cidades endossa mais uma vez que, sem dúvida, o aluguel social é a melhor opção entre as quem foram apresentadas, porque possibilitará que eles prossigam no centro.

Em seguida, os representantes estatais esfumaçam dali. Os moradores continuam como baratas tontas, agora com a novidade de que haverá uma boa dose de pressão para que aceitem o aluguel social, via Ministério das Cidades. Todavia, o nome oficial que aparece no termo de compromisso é *auxílio-moradia*, como mencionado, no valor de R$ 400. Quanto à indenização, não havia discriminação sobre prazos e o valor.

Glória disse que não ficou bem com a leitura, porque estava contando com os R$ 20 mil. Ressaltou que, na verdade, tinha pedido R$ 40 mil, mas quase fora linchada numa reunião pelos moradores porque estaria "ameaçando o negócio". Perguntei onde ela compraria algo com esse dinheiro. "Ah, tem uma casa sem laje, por 12 mil depois de Benfica, no Alemão [Complexo do Alemão, zona norte da cidade], mas que, pelo menos, fica próxima do metrô". José [pedreiro, morador da Dandara e militante da FLP] desdenha da ideia, dizendo que ela terá de gastar mais de 8 mil "[...] só para fazer a laje e o restante da casa".

Estou ao lado de uma senhora que pela estética das roupas e cabelo parecia ser evangélica e repetia: "Não dá mais, não dá mais". O clima de tensão se estendeu após a reunião. Divino, na contramão, nos convidou para o lançamento do samba do bloco Zumbi dos Palmares, no sábado, e largou de cantarolar o samba do ano anterior, transpassando de maneira frenética os moradores do salão.

Glória retomou a conversa dizendo que estava chateada desde que percebeu que a prefeitura não os desejava no centro. Contei sobre o caso da Estradinha, na Ladeira dos Tabajaras, que soube a respeito em uma reunião do Conselho Popular, através do relato de um morador do local. Eram 400 casas que a prefeitura queria tirar, 300 famílias aceitaram negociar um *acordo*. Restaram 100 imóveis. Em seguida, estas que permaneceram conseguiram iniciar o processo de regularização através da Defensoria do Estado. Comentei com Glória: "Imagina quanto é que as casas estão valendo hoje?. Ela refutou a minha provocação: Eles mereceram, lutaram, mas agora tem muito menos gente lá". E comparou: "É como a Manoel Congo [ocupação localizada no centro, organizada pelo MNLM, o Movimento Nacional de Luta por Moradia], ela continua e eles conseguiram que o governo reforme o prédio [em 2019 a ocupação obteve a regularização do imóvel]".

Tentei provocá-la mais uma vez, perguntando se achava realmente que o governo ia deixar o pessoal da Manoel Congo, que é pobre e sem teto, morar na Cinelândia, no coração da cidade, num prédio ao lado da Assembleia Legislativa. "Você acha que não?" – me devolveu a pergunta. Eu disse algo assim: "E por que vocês não podem continuar no prédio da Zumbi até as casas da Livramento ficarem prontas?". Ela argumentou que era porque iriam construir um shopping ali, colado ao prédio da esquina.

Um morador que eu conhecia desde as oficinas com crianças da Zumbi dos Palmares achava que a melhor opção era o aluguel social e depois esperar as casas da rua do Livramento. "E por que você não quer mais a ocupação?. Ah, não dá mais, muita sujeira, muita briga, não dá mais. As pessoas jogando cocô pela janela" – justifica. José contrapõe: "Por que num prédio da zona sul não tem isso? O que você acha?. Ah, as pessoas são mais educadas. Não é, é porque lá tem um faxineiro, um escravo pra pegar a guimba de cigarro que o cara joga pela janela". Glória, que acompanhou a conversa, aproveitou a deixa de José e disse: "É, inclusive eu fico com medo de morar em Cosmos por causa disso, a casa é muito boa mesmo. Mas é como um condomínio fechado e eu fico preocupada de acontecer de encher de rato por causa da sujeira, lá tem mato e assim imagina o que pode acontecer, fico preocupada de encher de lixo e de doença depois de um tempo". E completou: "Como estão mostrando nos condomínios inaugurados, o pessoal vai destruindo e quebrando tudo".

José conversava com moradores da Zumbi dos Palmares. Quando saí para esperá-lo, moradoras do primeiro andar sentadas na porta de um apartamento cantavam, batiam palmas e comentavam, olhando-nos: "Graças a Deus, vamos sair, vai acabar!". E silenciaram logo que chegamos ao térreo.

O que percebi desse dia, a partir de comentários gerais e difusos, foi que o aluguel social não significava uma opção preferencial, muitos ocupantes estavam céticos quanto à construção das casas na rua do Livramento, e assim estavam inclinados pela indenização. Vários moradores comentam que pelo menos desta forma estariam garantindo, no mínimo, R$ 20 mil. José faz troça, dizendo que a primeira coisa que o morador vai fazer depois que meter a mão no dinheiro é chegar nas Casas Bahia e fazer uma prestação a perder de vista.

Sentei com José e outros moradores e militantes, cerca de 10 pessoas, em um bar próximo dali. No meio da noite apareceu quatro militantes ligados a Zumbi dos Palmares e ao movimento das ocupações do centro, e queriam saber sobre a reunião com o representante da prefeitura. Tristão contou que uma pessoa, que ele não vai identificar e que seria ligada ao tráfico de drogas da região, porque era uma pessoa próxima e iriam logo descobrir que ele, Tristão, havia nos contado a respeito, lhe oferecera meses atrás uma arma de fogo para que seu grupo "pudesse mandar na ocupação". Essa oferta, prontamente recusada por Tristão, sinalizou, em alguma medida, para o cotidiano de brigas e disputas vivido nos meses seguintes.

Glória ganhava a vida com a venda da revista *Ocas*.[16] Contou-nos que a *Ocas* estava sendo entregue agora pelo editor do Rio em sua casa. Antes eles tinham uma sala e tomavam café e biscoito, conversavam todos: "Era uma festa. O lance é que a Ocas – continua Glória – começou a falar mal do novo Papa [Ratzinger, o Bento XVI] e, por conta disso, [...] acabamos perdendo o cafezinho". Ela explicou que "a igreja, os comunistas davam uma força à revista", mas que depois dessa estória, a situação nunca mais voltou a ser como era.

Quanto às opções após a reunião, Glória comentou dirigindo-se especialmente a José. Narrou mais uma vez a respeito da casa sem laje, que custava R$ 12 mil, no Complexo do Alemão. Outra opção seria construir no Sul, Glória é oriunda do interior do Paraná, ela construiria em cima da casa da filha, com uma entrada independente, mas não sabia se acostumaria com a cidade, uma cidade pequena e, ainda por cima, morar com a filha. Ela veio para o Rio de Janeiro depois que se separou, foi para o morro, perdeu a pensão, foi parar na rua, no abrigo, nesse ínterim teve um AVC, se recompôs e ficou bem. Fazia tempo que vivia da venda da *Ocas*. Comentou com José que o movimento abandonou a ocupação. Ele a interpelou: "Que movimento? O movimento escafedeu, acabou já faz um tempão. Vocês é que têm que cuidar do prédio, é a hora". "Ah, não dá, não dá. As pessoas estão jogando cocô pela janela. Fiquei numa situação danada, esgoto no meu apartamento, um monte de tempo". Gloria acreditava que o problema na Zumbi dos Palmares

16 Revista editada pela Organização Civil de Ação Social (OCAS) desde 2001, produzida por voluntários e vendida por "pessoas em situação de risco social". Os vendedores compram a revista a preço de custo, R$ 1 e vendem pelo preço de capa, R$ 4.

era interno, que as pessoas não conseguiam organizar a ocupação, se unir, as pessoas eram sujas, não tinham educação. E, ainda por cima, "o movimento abandonou o prédio".

Glória havia dito para Mariana que fora ver uma casa no Vidigal, morro situado na zona sul da cidade, mas tinha achado muito cara. Ela pretendia conseguir uma casa em comunidade pacificada e retomou a ideia de procurar no Alemão. "Mas o Complexo do Alemão não está pacificado" – contrapus. Ela justificou dizendo que logo pacificariam o Alemão. Vale registrar que a invasão da polícia no Alemão aconteceu dez dias após esta conversa.

Na área comum interna da ocupação encontravam-se inúmeros sacos com lixo que perduravam no local há tempos, pedaços de móveis, colchões, cobertas, roupas, lembrando um cenário de saque ou de guerra. Tristão contou que um apartamento onde morava um senhor começou a exalar um cheiro ruim e, quando foram ver, o senhor estava gravemente doente. Tristão afirmou: "Isso sim é ser um coletivo, você conseguir ter um mínimo de solidariedade, se ligar nas pessoas".

Após escutar pelo salão a máxima "Vou sair da ocupação", eu perguntava sobre qual seria a opção escolhida. Uma das respostas era: "Daqui do centro é apenas uma passagem de ônibus para Cosmos, mas é mais de uma hora e meia só para chegar na entrada do bairro...".

6.2.2 Querem passar o carro

Quarta-feira, dia 13/12/2010, ida à Zumbi dos Palmares

Patricia e eu nos deparamos com pouca gente em frente ao prédio e paramos para conversar com Davi, irmão de Tristão, num papo que tomou a tarde toda. Contou que propôs uma atividade para as crianças, com pintura, "[...] que é o que ele sabe e gosta de fazer, mas não apareceu ninguém. Achou aquilo muito esquisito. Se fosse na Baixada [Fluminense], era só dizer que vai fazer alguma coisa que chove gente, criança então nem se fala". Patricia comentou que deve ter influenciado o fato de ele ser irmão de Tristão, porque haveria, nesse momento, uma animosidade explícita de forças na Zumbi: Dona Lídia e Jussara *versus* Tristão.

Ele então nos contou que um dia saía com seus trabalhos de pintura na mão, para vendê-los próximo dali, no bairro da Lapa e dois moradores perguntaram do que se tratava; ele explicou que eram pinturas e que saia para tentar vendê-las e arrumar um dinheiro. Mostrou rapidamente algumas delas, os moradores elogiaram. Em seguida, aproveitou para inquiri-los a respeito da oficina, sem sucesso, com as crianças. A justificativa dos moradores: "Ah, então é você que está propondo a atividade". Aproveitou para comentar com eles sobre o material que havia comprado para a oficina. "Porque é mesmo uma pena que os moradores não tenham consciência do prédio, do lugar, de como eles o conquistaram...". "Porque consertar um esgoto ou algo do tipo é possível, bastaria que as pessoas se unissem um pouco...". "Por outro lado..." – já começando a discorrer sobre Tristão, que se tornou *una persona non grata* durante as negociações para a *transição* do prédio. Conforme a Defensoria orientou os moradores da Zumbi dos Palmares, se apenas uma família não aceitasse deixar o prédio, a prefeitura não poderia exigir o esvaziamento do imóvel, a não ser através de um mandato de reintegração expedido pelo Judiciário.

A discordância entre os moradores sobre o destino da ocupação e as inúmeras dúvidas suscitadas pela forma com que a prefeitura conduzia o processo fizeram com que as condições do espaço piorassem, especialmente após a intensificação de uma série de obras na av. Venezuela. A via teve seu trânsito interditado por mais de um ano, intensificando o clima de abandono, destruição e saques na area e no imóvel.

Mas Davi contemporiza em relação à disputa de Tristão com os moradores interessados no despejo e, principalmente, na indenização, dizendo que o irmão também é um problema: "Leva tudo a sério demais, e para o lado pessoal". Ele conversava sempre com Tristão, procurando relativizar um pouco, porque as pessoas não têm noção daquilo ali, não estiveram no início da ocupação. Também relembrou que nos primeiros dias de entrada no imóvel ele foi procurar Tristão, porque o irmão havia sumido e alguém o tinha visto na televisão, quando deram a notícia da entrada de um grupo de sem-teto num prédio na Praça Mauá. Assim, ele foi perguntando na rua, tinha até portaria na época, ficava tudo fechado e ele pediu para ver o irmão. No início, os moradores ocupantes acharam que ele queria também um apartamento, e o desencorajaram: "Ah, se você está achando que vai conseguir um apartamento porque é irmão do Tristão, está enganado".

Davi acredita que, atualmente, o problema da Zumbi dos Palmares é a falta de liderança: "Liderança de uma pessoa para juntar todo mundo. Acha que, desse modo, os ocupantes não ficariam [...] caindo em conversa de prefeitura, como é que as pessoas caem nessa conversa ainda?!". Nesta última temporada no prédio, Davi ressalta que está por lá para dar uma força ao irmão, mas também para, quem sabe, participar de uma nova ocupação. Para tanto, estava começando "a se juntar" ao Reunindo Retalhos – grupo que organizou três ocupações no período entre 2009 e 2011, mas que acabaram despejadas.

Num outro dia, Davi comentou que Tristão "andava meio paranoico" e lhe pediu para que ele não saísse do apartamento, mas ele não aguentou e foi dar uma volta. Um dia desses passou um policial por eles na rua e ele [Tristão] lhe pediu para apressar o passo, porque acreditou que estavam sendo seguidos. E é também o termo paranoia que Davi utiliza para justificar o pedido feito pelo irmão para que ele não saísse da Zumbi dos Palmares, porque, caso acontecesse alguma coisa, Tristão poderia ser contatado imediatamente e teria que deixar o prédio desprotegido.

Teresa, moradora desde o início da ocupação, num outro dia se queixou do fato de não estar conseguindo dormir direito: fazia mais de ano que tinha o sono entrecortado e agora se sente mais sobressaltada ainda. Um assassinato ocorrido há poucas semanas no prédio intensificou o temor de que algo neste sentido poderia se repetir.

O ateliê das camisetas de Tristão, localizado num andar alto, é bastante agradável. Tristão, a mulher Letícia e as duas filhas moram num apartamento no terceiro pavimento, o prédio tem sete andares. E assim como outros ocupantes, Davi, pega dali do ateliê do irmão, em seu notebook, o sinal da internet do porto. Patricia, nessa mesma conversa com o irmão de Tristão, apontou algo que achava ser importante e nos permitiu depois entender muito da dinâmica e da heterogeneidade presente na Zumbi dos Palmares, e que ela considerava que a militância não dava muito conta: a grande disparidade de condições da vida material entre as pessoas da ocupação, se compararmos, por exemplo, os próprios Tristão e Davi com Glória e Lídia - estas se colocavam, de maneira veemente, pelo desmantelamento da Zumbi dos Palmares.

A última havia dito e repetido a Patricia que estava realizando um sonho ao ir morar num condomínio fechado, de casas, em Cosmos: "com portaria e tudo". E Glória, por sua vez, lhe contara que não aguentava mais a ocupação e queria os R$ 20 mil "[...] para sair correndo dali".

6.2.3 Zona cinzenta, zona de indeterminação

> Uma coisa diabólica, a vida, não? Você soube disso um dia, [...], quando quiseram botar você na rua com sua faixa e o cara o agrediu sem que você lhe houvesse feito qualquer coisa. E pensei, o mundo é calmo, existe ordem nele, mas algo nele não está em ordem; eles estão parados lá do outro lado de maneira tão terrível. Foi coisa de instante, clarividente.
>
> Alfred Doblin. *Berlin AlexanderPlatz*, 2009, p. 271

Quinta-feira, 14/12/10, dia em que ocorreria uma outra reunião com a prefeitura

Enquanto caminhávamos, Patricia e eu, na av. Rio Branco, centro da cidade, encontramos Glória que ia com seu carrinho, do tipo que transporta pequenas malas, em direção à Zumbi dos Palmares. Contou-nos que não haveria mais reunião, só na sexta-feira. Como pensa em optar pela indenização, tem rodado vários lugares procurando casa para se mudar. Nas últimas semanas visitou a Mangueira, Benfica e, mais uma vez, Cosmos.

Conversamos sobre a chance de a ocupação permanecer, mas Glória acredita ser remota esta possibilidade, especialmente por conta das pressões que estão acontecendo por toda a zona portuária e na Av. Venezuela, em especial.

No dia seguinte, retornamos à ocupação para a reunião que não havia acontecido. Permanecemos na calçada conversando com Glória. Ela verbalizou mais uma vez sua desconfiança quanto à prefeitura, porque achou "muito incompleto" os termos que eles trouxeram na semana anterior. Não havia especificação sobre o montante da indenização, o lugar onde seriam construídas as casas, os nomes das partes envolvidas. E ela não sabe o que fazer, se vai mesmo para o Sul, conhecer a neta que nasceu e mal viu. Também repensa a ideia de comprar uma posse num local em que não conhece as pessoas, e não sabe "quem manda ali". Talvez Cosmos seja a melhor opção: "[...] ao menos vai ter todo mundo novo, de lugares diferentes, e então as pessoas terão de se conhecer". Poderia assentar na casa por um tempo e, depois, pensaria em vendê-la. Se a opção for esta, a prefeitura impede, por até três anos após a assinatura da escritura. Esta informação havia sido passada por Márcio, mas o defensor comentara que pode chegar a cinco anos. Todavia, tanto aconteceu de mencionarem formas de ultrapassar este impedimento, quanto a cláusula não pareceu inibir nossos interlocutores. Patricia assinala que o mesmo acontece na França, mas de modo geral, como uma maneira de coibir efetivamente a especulação ou, nas palavras do defensor público que entrevistamos, comentando ironicamente ser uma preocupação frequente dos mandatários atuais tentar "[...] evitar uma suposta [...] especulação por parte dos pobres".

A reunião foi um tanto "bizarra" – como disse Felipe, *apoio* – como podemos observar pelas fotos na próxima seção. O representante da prefeitura, Márcio, lia no caderno de *Dona Lídia* a *opção* de cada morador: "Dona Lídia: Cosmos"; "Fulano de tal: aluguel social e casa na [rua do] Livramento"; "Sicrano de tal: indenização". Dona Lídia comentou que Márcio lhe indagara sobre a nossa participação na reunião.

Antes havíamos conversado com Tristão e Letícia, que esperavam o início do encontro no corredor. Levamos uma sugestão escrita sobre as propostas apresentadas pela prefeitura e o Ministério das Cidades, e a importância de garantir legalmente qualquer tipo de acordo. Hugo [ocupante] sugeriu que fosse incluído no termo de compromisso o item "[...] após a casa no Livramento estiver construída". Ele pondera que, se ficou dois anos na Zumbi, poderia aguentar mais um ano. Um homem, também morador, que está na reunião, é apontado por ser ex-policial e corre boato, segundo militantes, de que seria "X9" [alcagoete] (nesse caso, aquele que vaza informações para a prefeitura). Ele gritou comigo subitamente: "Aquilo ali é um inferno, lugar de bicho". Um outro morador e Patricia intercederam pedindo para ele não gritar, ele se desculpou. Reafirmamos, mais uma vez, a ideia de que cada morador do prédio teria o direito de fazer sua opção, inclusive quem desejasse permanecer, e este foi o ponto disparador da irritação do suposto ex-policial e "X9". Essa opção, presente na sugestão escrita que apresentamos aos moradores, era a mais difícil de entrar. A ideia de que alguns moradores poderiam ficar no prédio, por outro lado, apontava também, a partir de algumas reações, para o fato de que nem todos queriam sair imediatamente. Vários disseram que prefeririam esperar até que as casas da rua do Livramento ficassem prontas, a despeito das condições do prédio.

Beth afirmou que estava tomando várias medicações, e a temporada na Zumbi as teria aumentado. Não conseguira incluir seu nome na lista de Jussara e Lídia, segundo ela, "[...] nem como agregada", o que lhe poderia garantir uma parcela da indenização. Ela aparecia apenas como "dependente", morava com o marido, que conseguiu o apartamento logo no início da ocupação, em 2005. Contou-nos que era "infernal" o que Lídia fazia: "[...] a mulher sobe quase que diariamente os andares, bate na porta dos apartamentos até as pessoas abrirem, e quase que obrigando a fazerem o cadastro e decidirem por alguma das opções". Ressoando o comentário de Patricia de que a ocupação era muito heterogênea e que as pessoas tinham uma condição material bastante desigual, Beth acredita que a confusão na Zumbi tinha forte relação com o fato de que "[...] muitos dos moradores, durante suas vidas, nunca nem viram ou pegaram uma nota de R$ 100 em suas mãos", o que para ela servia como explicação sobre a maior parte das dificuldades de um possível acordo entre eles. Combinei de visitá-la, ela marcou de me mostrar os cosméticos e bijuterias que vende.

No final da reunião apareceu uma garota chamada Elaine, moradora da ocupação. Comentou sobre a decisão judicial a respeito da Zumbi dos Palmares, que estaria na mesa do juiz, e até quinta-feira, provavelmente, eles poderiam obter alguma resposta sobre o imóvel. Elaine trabalhava num escritório de advocacia e, por isso, tinha acesso ao processo. A decisão, conforme ela assinala, dizia respeito à reintegração da ocupação: "Vale a pena esperarmos a decisão" - ela falou. Patricia lembrou que Glória tinha tido acesso ao processo, e que destacara que o juiz havia usado termos bastante pejorativos quando se referia aos ocupantes e à ocupação.

Algumas observações soltas sobre este dia: aspecto teatral/dramático dos encontros no hall comum e nos apartamentos. Enquanto estávamos no apartamento de Tristão e Letícia, várias pessoas foram olhar quem estaria conversando com Tristão, da area comum do andar é possível ver uma parte da sala do apartamento deles. São inúmeras as arenas, as diversas perspectivas e as expectativas quanto à *transição*.

Nesse dia, conversei um pouco mais com Matamba, e ele me mostrou seu apartamento. Sua preocupação, naquele momento, era conseguir casa para os dois filhos que, embora não estivessem morando mais com ele, dormiam dois dias por semana na ocupação. "É tudo muito confuso" – notou Vera Telles – referindo-se a pessoas atravessadas por situações de *indeterminação*, e viver numa ocupação, se concordarmos com Giorgio Agamben e Veena Das, é viver nas *margens*, numa *zona de indeterminação*.

Outros moradores, entretanto, ressaltaram que Matemba mal via os filhos e tinha uma vida muito solitária. Ele pediu para que eu o ajudasse, caso eu achasse ser mesmo possível incluir seus rebentos na lista de Lídia. Disse que é oriundo de Joanesburgo, embora num cadastro da ocupação ele conste como angolano, fala um português a princípio incompreensível. No decorrer da conversa esta dificuldade diminuiu. Sua casa encontrava-se impecavelmente arrumada, parecia que ninguém a habitava, com vários colchões para dormir e mobília: fogão, geladeira, televisão, cama, mesa e algumas cadeiras. Indago a respeito de sua vinda para o Brasil, e ele conta que fazia muitos anos, e que havia feito família por aqui, todos já crescidos. Na ocupação, ele era conhecido como "Macumba". Justificou: "O som do meu nome parece com a palavra macumba, então o pessoal me conhece dessa forma".

Em seguida, vou ao apartamento de Sandra, Patricia está lá, onde acontece a comemoração do aniversário da filha. Sandra disse estar "puta" com Lídia e Jussara, porque negaram a inclusão do nome de uma amiga que ela estava abrigando em seu quarto. Márcio, da prefeitura, justificou dizendo para ela: "Ah, isso quem tem que decidir é o coletivo". Sandra repete a estória de que, quando Seu Tarciso morreu, logo apareceu um rapaz para morar no apartamento dele sem qualquer consulta ao coletivo. Além disso, "por que Márcio fez uma reunião no apartamento de Lídia, antes da reunião geral?", insinuando assim que estariam combinando os nomes que entrariam na lista. Ela então iria se juntar aos outros que não querem sair da ocupação. Ao final, bradando contra as duas mulheres, acabou ferindo-se no pé ao quebrar um espelho pousado numa cadeira. O espelho fazia parte da mobília da amiga:

"Uma cama desmontada, inclusive, porque ela precisa! E é muita sacanagem. Não vê que a pessoa está precisando, que é só botar o nome como agregada para a mulher tentar depois conseguir uma indenização da prefeitura, por menor que seja, mas já é alguma coisa!".

Essas gradações a respeito da indenização formam o motivo principal das brigas atuais no prédio. Uma série de rumores apontava que as indenizações seriam cuidadas "caso a caso". Para os moradores considerados em boa conta por Lídia e Jussara, haveria a chance de conseguir pelo menos o dobro da indenização base, que era de R$ 20 mil. Para muitos dos casais que moravam num mesmo apartamento e encontravam-se nesta situação, parecia bastante provável que iriam conseguir a "dobra", o que, na época, poderia garantir uma casa no morro da Providência, por exemplo, ou em morros circunvizinhos.

Sandra rememora que a Zumbi dos Palmares era muito diferente em seus primórdios. Havia mesmo as assembleias, nas quais se decidia tudo. Ela até fora uma vez suspensa do coletivo por 15 dias, aceitando "[...] numa boa". Nesse momento, uma senhora que é vizinha de Sandra, tenta arrumar um dinheiro para pegarem um táxi até o Hospital dos Servidores, que fica próximo ao prédio da ocupação. Sandra reclamava das dores, o corte fora bem longo, talvez algum caco de vidro tenha entrado, será preciso se dirigir ao hospital. O filho carregou-a até a portaria e um homem, que visitava um outro morador de quem era parente, se dispôs a levá-la.

Foi muito difícil escrever no diário de campo o que se passou nesses dias. Tudo estava muito imbricado: situações de usurpação, desigualdade e miséria – situações absurdas, situações trágicas.

Ao sair, reencontrei Rafael, conhecido na ocupação como "Negão" [comentarei sobre ele no capítulo dos agenciamentos]. Rafael vinha da Pça. Mauá em direção à ocupação. Entreolhamo-nos e nos reconhecemos. Mas me confundi e chamei-o pelo nome de seu pai. Este havia morrido eletrocutado porque entrara num bueiro para pegar cobre. Ele me corrigiu, repetindo seu nome de forma serena. Rafael chupava um sacolé, nas costas uma mochila enorme, onde possivelmente levava sua caixa de engraxate. Manteve-se sério, era agora um garoto, muito diferente de quando o conheci há cerca de quatro anos. Contou que estava vindo da Machado de Assis. Confirmou que continuava engraxando sapatos pela cidade.

Mais adiante, ainda na Av. Venezuela, um homem me interpelou de modo súbito. Fiz outra confusão, achando-o parecido com um militante da CONLUTAS, amigo de Beth, que havia visitado e apoiado a Machado de Assis, ao menos em seus meses iniciais. Tratava-se na verdade de um outro ocupante da própria Machado. Ele, poucos meses após começar a namorar uma moradora da Zumbi dos Palmares transferiu-se para o apartamento da mulher. Agora, ali conosco, o tom era de queixa. Com gestos largos e a fala enérgica, reclamou: "Poxa, vocês nunca mais apareceram, estamos lá na Machado sem ninguém, a gente está vendo a hora de encostar um caminhão pra levar tudo da gente". [pausa]. "Liguei para Antunes e ele nunca mais apareceu!".

Refutei que ele, num outro dia em que nos esbarramos, havia dito que estava morando com uma mulher no prédio da Zumbi dos Palmares. E ele: "Mas não deu, a mulher era paraibana, muito braba, eu agora estou dividindo um quarto com um colega também na Zumbi, mas minhas coisas ainda estão na Machado". E continuou em outro tom: "A gente está precisando de uma força, ninguém apareceu mais".

Trocamos telefones e prometi contatar Antunes e marcaríamos de encontrá-lo para conversar.

Figura 11. Placa na entrada do prédio do Iapetec: "Instituto de Aposentadoria e Pensões da Estiva. Construído no período de 1940-41. Presidente da República: Dr. Getúlio Dornelles Vargas. Ministro do Trabalho, Indústria e Comércio – Dr. Waldemar Cromwell do Rego Falcão. Ministro Interino do Trabalho, Indústria e Comércio – Dr. Dulphe Pinheiro Machado. Presidente do Instituto – Sr. Antonio Ferreira Filho

Figura 12. Parte interna da ocupação. (Foto de Marc Piault)

Figura 13. Reunião com representante da prefeitura e do Ministério das Cidades na Zumbi dos Palmares (I)

6.2.4 Vida nua

A partir de anotações do caderno de campo, 16/12/2010, ocupação Zumbi dos Palmares

Tudo estava aparentemente calmo quando voltamos ao prédio. Soubemos outros detalhes da estória do assassinato que tinha acontecido. Um homem, que é irmão de Carla – "drogadito" ou "dependente químico" [termos locais], como Gustavo gosta de frisar - havia roubado o fogão de uma moradora. Alguém descobriu e dedurou-o. Quando ele chegou à ocupação, começaram a agredi-lo. O clima esteve por um fio, por conta dos conflitos em torno da *transição* e da ameaça de despejo.

Carla entrou na briga para tentar salvar o irmão, a situação piorou, o irmão foi então jogado pela janela e morreu ao colidir com a laje do edifício. O marido de Carla, que é açougueiro, chegou à ocupação e, para defendê-la, partiu com a peixeira e feriu quatro moradores. Marcas de sangue permaneciam ainda em alguns lugares do prédio. Outros moradores ligaram para a polícia, mas a polícia não pode aparecer na ocupação porque, conforme explicou a atendente, estavam todos envolvidos na operação policial espetaculosa do Complexo do Alemão.[17] Por fim, chegou a ambulância do Samu, o Serviço de Atendimento Móvel de Urgência.

Alguns moradores expulsaram Carla e o marido, depois quebraram todo o apartamento, deixando as carnes que tiraram do freezer apodrecer no chão, durante dias. A notícia não saiu nos jornais: "[...] felizmente" – como comentaram. Era a cena que faltava para emudecer qualquer outra possibilidade que não fosse a *transição* da Zumbi dos Palmares para as mãos da prefeitura. Na semana seguinte, saiu a sentença de reintegração do prédio para o INSS, que havia acordado de passar o imóvel para a prefeitura. Em contrapartida, a prefeitura assentaria os moradores ou algo do tipo.

No prédio havia água pelos corredores, mas não senti mais cheiro de esgoto. No dia anterior havia chovido bastante na cidade. Um cartaz afixado por Lídia, na entrada do prédio, continha os dizeres: "Por favor, não falte porque já deu certo." Também informava sobre a próxima reunião: "Para saber o encaminhamento da prefeitura."

Tentamos encontrar Juan, camelô que fazia ponto na Praça Mauá, mas ele não estava. Eis que deparamos com Glória pelo caminho, perfumada, de branco, indo trabalhar. Nos disse que estava com muita pressa e parecia querer se livrar da gente, o que conseguiu. Acabamos no ateliê de Tristão, enquanto fazia bolsas para um encontro da ANF, a Agência Nacional de Favelas, aproveitamos para nos atualizar sobre os recentes acontecimentos.

Tristão nos contou algumas estórias do início da ocupação. Há um tempo, um cara chegou ao prédio bêbado e jogou sua cama pela janela. Era madrugada. Um estrondo absurdo invadiu o entorno. Muita gente acordou. Durante a assembleia da semana trataram do assunto. Propuseram a "expulsão" e Tristão tomou também esta posição. "Isso foi bem no início da ocupação, quando o clima é sempre mais tenso, e é necessário evitar qualquer tipo de ocorrência policial". Jussara, liderança na Zumbi, sugeriu, porém, que se repensasse o caso, porque o cara tem problema com bebida, mas também

17 https://www.bbc.com/portuguese/noticias/2010/11/101128_rio_invasao_fn; ht-

tem família, filho. A assembleia retrocedeu, e suspendeu o homem, que teve que ficar sem aparecer na ocupação por 30 dias.

Com este exemplo, Tristão alimentou a ideia, que irá se desdobrar em outras narrativas, de que Jussara estaria, desde o início da ocupação, procurando criar problemas. Foi também por isso que com um ano ou dois de existência da ocupação propôs que cada morador tivesse chaves do portão de entrada e que a portaria fosse desfeita, proposta apoiada pelo coletivo em assembleia. Num outro acontecido, bem recente, Tristão e outros fizeram uma obra para o esgoto, colocaram um encanamento que minimizou o problema, mas, numa determinada madrugada, alguém apareceu e "quebrou tudo". Insinua ter sido o que chama, nesta situação e noutras vezes, de "forças ocultas".

Tristão teceu o seguinte discurso neste momento crítico: tentava cuidar da vida dele, porque nunca ficou sem trabalho e, de repente, nos últimos meses, não conseguiu produzir nada, nem uma camiseta. Até de peão trabalhou outro dia com Gustavo. Daí apareceu a encomenda das bolsas e ele estava tentando confeccioná-las. Lamentou que Letícia "abrira" com ele, e que estavam passando por um momento difícil em sua relação. A mulher aventava a possibilidade de retornar ao Ceará, seu lugar de origem e onde tinha família. Havia, inclusive, chamado Jussara para perguntar quando sairia o dinheiro. Letícia optara pela indenização. Contou que a situação não estava bem há algum tempo, e que não escondia mais. Mas que ele ficava pensando nas filhas, o que elas iriam pensar dele no futuro. Tristão sinalizava, entretanto, que não acreditava que Letícia iria se separar dele, no entanto, parecia abalado com essa possibilidade.

Um de seus irmãos, que era do Exército, fora na semana anterior chamá-lo para sair dali, segundo ele, era a segunda vez que Tristão tinha essa atitude. A primeira aconteceu quando morava no Borel [morro na zona norte da cidade] e o irmão lhe dissera que ali não era lugar para ele. Tristão respondera: "Então você tem que arrumar lugar para mais 10 mil pessoas [população residente no Borel na época], se você quiser que eu saia daqui!". O mesmo ele repetira para o irmão agora: "Eu estou aqui para conseguir uma condição melhor para todos, porque é nisso que eu acredito".

---

tps://internacional.estadao.com.br/blogs/olhar-sobre-o-mundo/tensao-no-rio/

Seu outro irmão, Davi, porém, saíra da Zumbi dos Palmares nessa mesma semana em que o irmão militar baixara na ocupação. Tiveram, segundo Tristão, "[...] umas discordâncias". Contou sobre os problemas no relacionamento com Letícia, que lhe cobrava muito o fato de não terem uma casa onde pudessem receber amigos e parentes, para fazer um almoço ou outra coisa, "a despeito do material de construção que eles compraram" [apontando para o material no corredor do prédio]. Mas esta era uma situação que Letícia sempre colocou e foi piorando, principalmente porque não valia a pena fazer obra no apartamento naquele momento, já que não sabiam o que poderia acontecer. A solução era mesmo esperar.

Os moradores encontravam-se ainda mais ansiosos e com razão: a prefeitura adiara, mais uma vez, o início do pagamento da indenização. Eles esperariam até segunda-feira, dia em que combinaram ir até a prefeitura para pegar o cheque, ou para ver quando começará a sair o aluguel social, ou ainda, como dizem: "[...] o social". Tristão contou que os moradores começaram a aparecer, achando que ele iria se mudar, e desconfiados sobre quem estaria levando o quê, no caso, um valor dobrado da indenização, ou mais de uma casa. Isto porque Tristão havia recebido uma ordem do oficial de justiça, após Lídia não ter concordado em recebê-la.

Esta sempre foi uma estratégia usual entre os moradores: tentava-se adiar a entrega da ordem de justiça trazida pelo oficial, com a justificativa de que não havia responsável pela ocupação, afinal, a ocupação era um coletivo autogestionário. O oficial de justiça tinha então de retornar com o documento e comunicar o ocorrido ao juiz do processo. Em termos jurídicos, o atraso na entrega da intimação ou algo do timpo era positivo para a ocupação, no sentido de que se ganhava tempo para procurar advogados, agentes do estado favoráveis a ocupação, mídia, etc. O tempo de permanência no imóvel, tanto o período em que o imóvel permaneceu em desuso, "abandonado", quanto o da invasão, são citados nos processos que acompanhamos.[18]

Nesta última fase das negociações com a prefeitura, os ocupantes verbalizaram, com alguma frequência, a desconfiança em relação à Jussara e à Lídia, principalmente se elas receberiam "algo a mais", enquanto o restante

18 O processo referente a essa ocupação tem poucas informações e é mais curto, se com-

dos moradores acabaria a "ver navios". Lídia havia assinado o cartaz, que colocara na entrada da ocupação, com a recomendação: "Não falte porque já deu certo". Havia intensa movimentação de mulheres pelos corredores e área comum. Tristão explicou que estavam recadastrando para o Bolsa Família, tinham passado na ocupação Dandara na semana passada, e agora faziam o mesmo na Zumbi dos Palmares.

Desde que a prefeitura não cumpriu com o combinado, os moradores da Zumbi voltaram a procurar Tristão, o que o deixou animado e envaidecido, pois retomava, em alguma proporção, seu papel como uma das lideranças do prédio. Diante dos apelos de Patricia e meus sobre novos conflitos no prédio, e uma iminente e nova tragédia, respondeu-nos que não estava muito preocupado. Isto sugeria, e ele próprio insinuou, que estaria apostando numa expulsão de Jussara e Lídia, depois da segunda-feira, caso o agente da prefeitura não "baixasse" no prédio. Patricia ponderou para que atentassem para o prazo do sistema judiciário quanto a entrarem com algum pedido como forma de reverter o processo. O Judiciário estava para começar o seu recesso de fim de ano e, portanto, se os moradores quisessem suster a reintegração, poderia ser tarde. Tristão disse que não pretendia mais se envolver, porque tinha feito tudo o que dera para fazer. Como muita gente havia lhe dito: "Não vale a pena lutar para ficar no prédio se ninguém quer ou se a maioria não quer".

Em relação às suspeitas que recaíam sobre Jussara, Lídia e o ex-policial serem "X9" [caguetes], reafirmou-as, acrescentando a estória de que a ocupação, uma época atrás, havia recebido uma doação de computadores e Jussara guardou as máquinas em seu apartamento. Os moradores, depois de um tempo, foram cobrar as máquinas. Jussara "[...] fez a maior cena e, no fim das contas, jogou o material pela janela".

Tristão narrou uma história que remete à intensa presença do empresário Eike Batista no processo de gentrificação da zona portuária, e que, a meu

---

paramos com o processo da Zumbi dos Palmares, especialmente no que concerne às disputas entre órgãos estatais, agentes governamentais e membros da sociedade civil. O juiz responsável por analisar o caso entendeu que a UNILEVER, responsável pela ação contra os invasores da rua da Gamboa, não era mais a proprietária do imóvel. Como comentamos, ele havia sido desapropriado pela prefeitura em 2006, para se tornar "habitação social" (Processo nº 2008.001.391007-8).

ver, é significativa quanto ao caráter privatista e paranoide que marca essa série de intervenções urbanísticas. Tristão atravessava uma rua próxima à ocupação quando ouviu e viu um homem tecendo considerações sobre a humanidade. Pelas roupas e jeito de falar este lhe pareceu evangélico. Tristão retornou o caminho e alcançou o homem-profeta, interpelando-o se ele sabia quem estava comprando todos os prédios da zona portuária, "inclusive comprando as pessoas também". E ele próprio respondeu: "É o Eike Batista! Você sabe, ele faz isso, não é porque é bonzinho não, mas porque é o Eike Batista!".

Sobre a Machado de Assis, Tristão comentou, enquanto ponderava sobre o refluxo do movimento das ocupações do centro, que valeria a pena reunir umas 20 famílias de lá com outras pessoas para tentar uma nova ocupação. Mas, segundo ele, as pessoas da ocupação estavam demonstrando uma "atitude destrutiva" em relação a tudo o que dizia respeito ao prédio. Certamente, era visível um "desejo de destruição" que envolvia ocupantes e o prédio da Zumbi, em seus momentos finais. Mas nossa aposta é de que se tratava não exatamente de um caráter destrutivo, num sentido literal e negativo, mas sim do temor em face de uma vida custosa, mais difícil, uma *vida nua*, e o clima de tensão gerado por conta disso, que voltaria a preponderar. Dessa forma, os ocupantes da Zumbi dos Palmares encontravam-se muito mobilizados no sentido dos cálculos e arranjos que precisavam fazer diante da iminente reintegração de posse e do subsequente despejo.

Entre os cálculos, arranjos e suas variáveis podemos reunir os já citados: quais as possibilidades de trabalhos na viração nesse novo local; como seria o acesso a equipamentos urbanos fundamentais como escola, creche, mercado, hospital/postos, transporte; haveria oferta de projetos sociais/atividades esportivas para os filhos; quais as chances de obter cestas básicas; quem "mandava" no espaço, seria melhor viver numa região de milícia ou continuar convivendo com o tráfico e qual era a facção; como seriam as condições de higiene no novo local, haveria coleta regular de lixo?

Figura 14. Cartaz na entrada do prédio da Zumbi

6.2.5 Arte do contornamento

Prédio da Zumbi, 24/01/11, fim de tarde

Encontro Patricia no centro da cidade, alguns quarteirões antes da ocupação. Ela sugere que eu tente marcar várias entrevistas de uma vez, para não esmorecer. Ando mesmo desanimada após os últimos acontecimentos na ocupação, além das usurpações referentes à série de remoções anunciadas pela prefeitura e o papel restrito dos movimentos sociais e políticos nesse contexto. São *afetos tristes*, no campo e na vida. Segundo o filósofo Baruch Spinoza: os *afetos tristes* são aqueles que tolhem a ação, resultando em desalento e amofinando os envolvidos, em maior ou menor escala de intensidade, de uma ou outra maneira (ver nota 49).

Uma poeirada de matar na av. Venezuela. Obras pesadas em frente ao prédio da Zumbi. Alguns tratores encontram-se na via, o asfalto foi todo retirado, estão colocando três canos enormes para cabeamento digital – explica-nos Divino. Os moradores da Zumbi tiveram que aguentar por mais de um ano as obras promovidas pela prefeitura, que autorizou que quebrassem por inteiro a avenida.

Também a ocupação Quilombo das Guerreiras sofreu entre o segundo semestre de 2012 e o primeiro de 2013 intervenções externas graves. Uma destas resultou na interrupção da ligação de água do prédio. Em janeiro último, toda a parte da calçada em frente à ocupação foi retirada. De novo, muita poeira, tratores, trabalhadores e dificuldade em conseguir entrar no prédio compõem as estratégias da governamentalidade para pressionar os moradores para que saiam do imóvel de forma "pacífica" [termo utilizado por um juiz no processo da Zumbi dos Palmares].

Um pequeno caminhão de mudança encontra-se diante do prédio, dois homens embalam, de maneira muito parcimoniosa, os pertences e a mobília de uma família. Na lateral do caminhão sobressai a pintura com o anúncio de que realiza mudanças para a região Serrana, Costa Verde e região dos Lagos. Divino, em outro momento, diz que a estória do fim da ocupação não significou uma derrota, que ele não estava vendo assim, que os moradores estavam podendo tirar as coisas, pagar um frete, comprar uma casa, longe que seja. Mas para quem não tinha nada era alguma coisa.

Mas não é isso que acha Taís, que tem no máximo 15 anos. Ela diz que está triste porque a avó dela não sabe se vai conseguir casa por ali com o dinheiro do aluguel social, mas que para o futuro a avó tinha se inscrito nas casas da rua do Livramento, que sairão por sorteio, então, tinham de esperar. Perguntei por que ela estava triste, "[...] por causa dos amigos daqui do prédio, das minhas duas melhores amigas, e da minha escola. Minha avó falou que se a gente se mudar daqui do centro, vamos ter de procurar uma escola perto de casa". E ainda: "Uma amiga que foi embora ontem foi com a mãe para a Machado de Assis. Falei que não daria para eu ir nem visitá-la, porque não dá. A Machado parece que é bastante suja, falam um monte de coisas que acontece por lá, que está com muita gente".

Em outra cena, Patricia conversou com um morador presente no prédio desde o início da ocupação, em 2005. Ele resolveu que iria ficar por ali mesmo, para tentar um quarto nos arredores da Central ou na rua do Livramento. Perguntei se ia para a Providência, e ele comentou "não gostar de morro", por isto estava tentando algo no asfalto. Pegara a indenização de R$ 20 mil. Em sua fala fazia questão de pontuar a aversão a morar nas favelas da cidade, mesmo que o dinheiro da indenização nem dê para uma casa razoável na Providência ou no morro da Mangueira, lugares próximos ao centro e sempre mencionados.

Mas será essa aversão meramente retórica? Ou os ocupantes tentam de todas as formas não ir morar em alguma favela onde o tráfico e a polícia são atores constantes e atuam como forças coercitivas, das quais os moradores das ocupações buscam escapar? Neste caso, conforme acompanhamos, as duas respostas parecem funcionar.

O que percebemos a partir do desmanche da Zumbi dos Palmares é que muitos moradores não tinham como comprar uma casa em lugares com condições razoáveis para viver ou próximo ao centro, com algum tipo de privacidade, de equipamento sanitário - água e esgoto - e também sem a intervenção do tráfico e da polícia. Assim, a opção pela indenização propiciava essa possibilidade embora estivesse localizada nas franjas da cidade. O que aconteceu, em muitos casos, foi que se comprou um imóvel em São João de Meriti, Queimados, Bangu e em outras regiões metropolitanas, ainda em construção, ou em estado de habitabilidade precário: faltavam instalações sanitárias, uma ou outra parede, laje, por exemplo, ou seja, com muita coisa para fazer no imóvel e com infraestrutura mínima. Desta forma, tentava-se não empenhar toda a indenização na compra da casa.

Em outros diálogos era mencionado que, se não se acostumassem com o lugar, buscariam vender o imóvel um ou dois anos depois e tentariam voltar para o centro ou para algum bairro próximo à área central.

À minha volta estão algumas crianças, todas com ar tristonho. Pergunto o que acham da mudança: "Você está gostando de se mudar ou gostaria de ficar?". Respondem laconicamente: *de* "ficar". Taís repete que quer permanecer no centro. Pergunto-lhe sobre Juvenal. Ela diz: "Ah, o Juvenal foi embora faz um tempão".

Juvenal era uma dessas crianças singulares que marcam o cotidiano das ocupações. Chamava a atenção porque era um tanto encorpado para a idade que tinha, cerca de 4 anos. Antunes mantinha-se constantemente preocupado com Juvenal, porque ele era tão pequeno e andava, com muita frequência, comendo biscoitos e outras guloseimas "criminosas", com alto teor de gordura hidrogenada, de sódio e muitos conservantes. Eu também me preocupava nesse sentido, mas seu jeito de corpo era da ordem de uma vitalidade contagiante e inesquecível: circulava em alta velocidade no velotrol e na bicicleta, ou andando na ponta dos pés, sempre sem camisa, vestido com uma bermuda em azul ou amarelo cintilante que saltava aos olhos porque Juvenal era negro, a bermuda ultrapassando os joelhos, recordando os jogadores de futebol da seleção brasileira. Durante um passeio no CCBB, uma das primeiras coisas que fez foi se deitar no chão do *foyer* do Centro Cultural para apreciar a rotunda localizada no alto. Tinha também uma voz muito fina, o que corroborava sua singularidade. Seu pai, por sua vez, ganhava a vida em sinais de trânsito ou em praças do centro da cidade fazendo embaixadinhas. Segundo contaram, quando jovem, havia sido jogador profissional num time da segunda divisão.

Taís tece considerações que ecoam possivelmente as considerações de outros moradores e talvez de sua avó, com quem divide o apartamento na Zumbi: "Acho que o grande problema da ocupação é que entrou muita gente e as pessoas não tinham acompanhado desde o início tudo, e aí também não estavam se importando muito de ficar ou não, ou mesmo de melhorar a ocupação". E continua: "Pior é na Machado. Essa minha amiga está na Machado porque a mãe dela saiu da Zumbi, pegou a indenização e disse que iria esperar para pegar outra indenização. Mas acho que ela não vai conseguir, você acha?". E perguntou: "Lá na Machado tem quantos banheiros?". Eu respondi: "Quando morei por lá, havia apenas um que funcionava, quer dizer, que a gente jogava água e funcionava". Ela replicou: "Como assim, um banheiro pra todo mundo?!!". "Não, tinham outros banheiros, mas estavam entupidos e aí não dava pra usar por conta do mau cheiro. Talvez tenham consertado depois". "Ah, é, não tem só um banheiro não" - concluiu. Comentei que havia um terreno enorme, "[...] quem sabe eles fizeram depois uma fossa no terreno, não sei". Taís continuou interessada em conseguir informações sobre o terreno. Perguntou o seu tamanho e completou: "Então é capaz de ser nesse terreno que irão construir as casas que eles falaram, na rua do Livramento!".

Eu quis tirar uma foto da frente do prédio. Taís tirou da árvore que cresceu no último andar. Ficamos reparando no edifício. De repente, um guarda do Instituto de Ciência e Tecnologia na calçada do outro lado da Zumbi chama Taís, que leva alguns poucos minutos conversando com ele, e eu observo. Ela comenta em seguida: "Às vezes, quando falta água no prédio, os guardas deixam a gente pegar ali. Então ele me perguntou se o prédio vai sair. Disse que sim, que as pessoas já estão saindo. Ele me perguntou se eu iria sair também". [Ela:] "Ué, claro! Se os moradores estão saindo, eu também sou moradora, eu também vou sair!". E ele: "Ah, que pena". Sem me conter, comento com Taís: "Pode! O cara está mais para teu avô". Ela, mais que rapidamente, me convoca: "Vamos tirar agora fotos de dentro do prédio" – numa atitude que faz parte da tal *arte do contornamento* que nos propomos a explorar nesta tese e que se caracteriza pela perspicácia e a sagacidade, além de operar por evitações, no sentido de que estas buscam esquivar-se da *morte matada* e de outras situações relacionadas à *vida difícil.*

Um cheiro nauseabundo saía da entrada do imóvel. Cheiro que foi comentado por Divino, momentos depois, quando já nos encontrávamos num botequim, no Largo da Prainha. Contou rindo para Tristão e para todos que estavam na mesa: "Eu escutei um cara da guarda municipal que entrou no prédio falando com alguém no telefone: 'Não dá pra ficar aqui não, tá um mau cheiro danado!'". Ao que Teresa, casada com Divino, contrapôs: "A gente tenta limpar, mas não consegue". Divino, amigo de Tristão e motorista de ônibus, sempre se destacou pelos comentários inusitados: "Vamos arrepiar moçada, vamos fazer um churrasco pra gente fechar o prédio, lembrar as estórias e tudo". Tamanha animação, por sua vez, não apagou o cansaço instalado ali, nem o tom melancólico que permeou as estórias e personagens que eles rememoraram naquela tarde, no Largo da Prainha, a um quarteirão da ocupação.

Taís e Divino falavam coisas parecidas a respeito do prédio: irão derrubá-lo para construir outra coisa. Adriana achava que fariam uma reforma para reaproveitar o lugar. Taís acreditava também que derrubariam tudo: "Vai cair tudo aqui" [apontando a rua]. "Inclusive esse prédio da frente [onde ficava o Instituto de Ciência e Tecnologia]". Divino: "Vão derrubar e construir outro negócio aí". Hugo concordou com Divino: "Se bobear, vão juntar com o prédio da esquina, para subir uma outra coisa".

Divino e Hugo não pensavam em ir para a Providência ou para outro morro. Mas a mãe de Divino morava na Providência, portanto, esta era uma possibilidade plausível, em algumas ocasiões, eles aventaram a respeito. Na saída para o bar, um carro da guarda municipal estacionou em frente à ocupação e três agentes ficaram parados diante do prédio. Um deles entrou na ocupação, Tristão comentou alto que a guarda não poderia entrar no prédio.

Começou a perguntar para outros moradores que estavam à tarde na ocupação se os guardas já tinham aparecido antes. Divino assinala que eles chegaram àquela hora mesmo. Na mesa, comentou-se que Lídia teria dito que chamariam a guarda municipal e a COMLURB para limpar o hall interno do prédio. Tal espaço estava cheio de coisas e lixo, mais as partes da mobília e objetos atirados através do hall interno conforme se deixava a ocupação. Eram apetrechos os mais variados: pertences, pedaços de eletrodomésticos, roupas, lixo doméstico, pedaços de móveis arremessados.

Maria, outra ocupante, comenta: "Lídia está podendo... Ela e Jussara devem ter levado uma grana boa, já que estão liderando o negócio e disseram que só podem sair depois que todos os moradores não estiverem mais no imóvel!". Juan e seu filho referem-se à Lídia, de maneira jocosa, como "Dra. Lídia". Outros moradores aludem a ela da mesma forma. Havia muito falatório, anteriormente, de que Tristão seria cúmplice das manobras da prefeitura, tentando fazer com que a ocupação desmanchasse sem que os moradores levassem "um qualquer". Seguindo tais rumores, tanto Tristão quanto Jussara e Lídia estariam do mesmo lado: em prol do despejo, mas o primeiro trabalhando para que os moradores não levassem nada, e as duas últimas buscavam garantir alguma contrapartida pelo lado do governo. De qualquer maneira, estas falas naturalizavam o fato de que Jussara e Lídia possivelmente receberiam um quinhão maior na indenização proposta pela prefeitura se comparado ao restante dos ocupantes. Isso tudo compunha um caldeirão no qual paranoia, rumores, fofocas, bem como "dados de realidade" - notícias desencontradas, urgências, mudanças repentinas a respeito da *transição* - funcionavam como ingredientes fundamentais para o estado de *indeterminação* e *opacidade* que dominou o esvaziamento da ocupação e caracterizou o padrão de intervenção vigente.

A ideia de uma *arte do contornamento* foi apontada por Vera Telles a partir da pesquisa de Marion Fresia sobre imigrantes ilegais mauritanos residentes no Senegal.[19] Fresia tematiza como os imigrantes mauritanos no Senegal

19 O termo foi apropriado por FRESIA, Marion de SALEM, Zekeria Ould Ahmed em "Tcheb-tchib" et compagnie. Lexique de survie et figures de la réussite en Mauritanie.

vivenciam sua condição de ilegalidade. O que há de singular, segundo a autora, na situação desses trabalhadores é que é muito mais conveniente que eles permaneçam como ilegais. Tanto o seu *status* quanto as modalidades para circularem entre fronteiras e ganharem a vida dependem desta condição, o que, por sua vez, lhes possibilita um cotidiano, materialmente falando, menos custoso, e em certos aspectos até vantajoso.

De alguma forma, a ideia de uma *arte do contornamento* nos parece interessante para compreendermos as situações que acompanhamos no contexto das ocupações autogestionárias do centro do Rio de Janeiro, embora associemos aqui esta arte às ideias de *estado de exceção* e de *exceção ordinária*, algo que Fresia não menciona em seu artigo, e que não parece ser a sua perspectiva. Ao invés de pensarmos que ocupações e ocupantes buscam "[...] contornar as ameaças que se colocam em suas vidas", propomos refletir que, na verdade, se trata de uma *arte do contornamento*: na qual as ameaças e as usurpações compõem o cotidiano, não sendo, portanto, algo extemporâneo a tal contexto. Assim, a ideia é perceber, acompanhar e entender como nossos interlocutores – ocupantes e ocupações – transitam neste plano de usurpações, criando modalidades para contornar a *exceção/vida nua*. Estas modalidades ou formas de conduta são, afinal, aquilo que nos pode ajudar a entender a cena das ocupações, assim como a perseguir suas linhas de contornamento.

Seguindo tais observações, não consideramos o envolvimento numa ocupação como uma necessidade ou uma forma de sobreviver na precariedade (o que, de qualquer modo, não é pouco), mas pensá-lo como uma positivação dos modos de circular e de se deslocar na cidade. Nesse sentido, a perspectiva aqui é de compreender tal envolvimento menos como uma questão de *luta por moradia* e mais como um agenciamento, entre outros, disponível às modalidades da viração no Rio de Janeiro. E *viração* pensada como um modo de existência e de subjetividade que não se constitui com referência ao trabalho fabril, mas que positiviza elementos da informalidade

Politique africaine, n° 82, p. 78-100, juin 2001. Ver FRESIA, Marion. "Frauder" lorsqu'on est réfugié. *Politique Africaine*. Dossier "Globalisation et illicite en Afrique", n. 93, p. 59, 2004. A indicação do trabalho de Fresia aparece em TELLES, Vera. *A cidade nas fronteiras do legal e ilegal*. Belo Horizonte: Argumentum, 2010. p. 169.

e da ordem dos ilegalismos, traçando um espaço que consiste e opera a partir do embaralhamento destas fronteiras. Ou, conforme assinala Vera Telles, para tentar perceber nas "[...] dobras e redefinições do 'mundo fordista', a [...] pulsação do mundo social [através de seus] [...] campos de força, [...] pontos de tensão, resistências [...]".[20]

6.2.6 É preciso se virar

Em 29/01/2011, sexta-feira, Zumbi dos Palmares

São ao todo cerca de 20 moradores ainda no prédio. Quatro deles, segundo Juan, não teriam recebido o dinheiro ou a chave da casa em Cosmos e, portanto, havia uma situação *"complicada"*, porque Lídia e Jussara não teriam colocado o nome deles na lista, embora tenham preenchido o cadastro e entregue os documentos.

Tristão parece ter recebido uma indenização e Letícia [que estava se separando dele], outra. Divino e Teresa idem. Matemba só conseguiu garantir uma indenização, não obtendo a parte como agregado que tentou para os filhos. Estes não teriam aparecido para ajudá-lo. Divino e Teresa combinaram de "[...] dar uma força", já que Matemba não sabe como pegar o cheque para trocá-lo. "Macumba está todo enrolado" [fala de Divino]. Ronaldo recebeu a indenização e foi para Realengo; reencontrei-o, tempos depois, no bairro da Glória, onde trabalhava numa pequena oficina de marcenaria, mas reclamou que não estava gostando porque o trânsito era muito complicado e andava sempre muito cansado.

Tristão também optou pela indenização e foi para Nova Iguaçu, para a casa que era do pai, falecido há algum tempo, e onde continua morando Davi, seu irmão, aquele que vende pinturas na Lapa. Nosso militante desejava, na verdade, permanecer no centro, com o aluguel social, e aguardando a casa da rua do Livramento, o que, conforme supõe Patricia, acabaria por vinculá-lo a Jussara, que escolheu a mesma opção. Isto significaria para ele uma situação embaraçosa, posto que num período adiante o fato demandaria, por

20 TELLES, Vera. *A cidade nas fronteiras do legal e ilegal* (2010, p. 115).

parte dos ocupantes que optassem por ficar no centro, esperando a casa na rua do Livramento, o cultivo de laços de proximidade e de pertencimento, no sentido de exigirem as casas prometidas.

Maria conta-nos sobre três mulheres que moravam na Zumbi dos Palmares. Com o dinheiro da indenização, elas tinham comprado ferramentas para abrir um sobrado de três andares no Catete. Como forma de viabilizar a invasão, tinham contratado um homem para fazer o serviço e já estavam há uma semana no imóvel. A ideia da mulher – segundo Maria – é depois dividir o casarão em cômodos, com a intenção de alugá-los. Disse Maria: "Ela [sobre a mulher que liderou a invasão], não tem nada de boba não, já arrumou o carnê do IPTU para segurar o imóvel, fez o pedido para ligarem a luz e deu entrada na Defensoria".

Juan, "o peruano", morador da Zumbi, decidiu mudar-se para Queimados, município localizado na Baixada Fluminense. Havia conseguido uma casa por lá, mas precisava de obras. "Estou sempre na Pça. Mauá, em frente ao ponto de ônibus, podem me procurar por ali". Um de seus filhos pergunta para mim o que vai ser o prédio, ele acredita que será um hotel ou um edifício de salas comerciais.

Um homem sem chinelos, apenas com um short, cabelos crescidos e desgrenhados, com partes pretas de sujeira pelo corpo, passou pela avenida, próximo a nós, e seguiu para pegar a mesa de plástico redonda que estava desmontada e pareceu que havia sido esquecida por alguma mudança. Despedi-me de Juan, ele falou que quando eu quisesse poderia procurá-lo em sua barraca, no ponto de ônibus para Queimados, na Praça Mauá, a um quarteirão do prédio, e frisou: "Vou vir sempre de Queimados para trabalhar e quero participar das reuniões". Pelo tom resoluto do final da frase, as "reuniões" teriam por objetivo a promoção de uma nova ocupação no centro, e essa foi uma mensagem não tão subliminar que surgiu em várias conversas dessa fase de esvaziamento do prédio.

Um carro da polícia civil encontra-se parado, um pouco adiante da entrada da Zumbi. Outro veículo, da guarda municipal, permanece ao lado. Um segurança particular, segundo Juan, com botas pretas e bem jovem, descansa num sofá abandonado no portão de entrada do prédio. O segurança vai dormir no imóvel como forma de evitar que outros invasores entrem no local. A menção a esta possibilidade é algo que chama a atenção nas sentenças judiciais às quais tivemos acesso: "Presume-se que os agentes da prefeitura se responsabilizem pela diligência e que lacrem o prédio de modo a evitar novas invasões".[21]

Taís apareceu e estava menos angustiada porque já sabia que iria para a casa da avó em Belfort Roxo e porque "sempre havia muita gente por lá". Adriana brincava com um celular sem bateria falando baixinho e sentada num pequeno banco de plástico, que pareceu ter sido esquecido pelos homens que fizeram a mudança de Juan.

Divino narrou estórias sobre o cotidiano, os conflitos e a singularidade dos moradores, e que Antunes chamava de "clássicas", significando que seriam recontadas em inúmeras situações, ora enfatizando o viés jocoso, outras, o viés de surpresa ou do extraordinário, por militantes e moradores. Walmir recebeu o dinheiro da indenização, instalou-se em um hotel/motel perto do prédio da Zumbi dos Palmares. Durante os três dias em que ele e a família permaneceram no local, alimentaram-se através de pedidos feitos por telefone a restaurantes e bares do entorno. Um dia, Divino estava passando na Pça. Mauá e Walmir convidou-o a acompanhá-lo numa refeição, e que ele pagaria. Walmir esteve na praia do Flamengo no domingo e começou a dar em cima da mulher de alguém do prédio, o que resultou em briga, nessa ocasião, encontrava-se "mamadão" [alto teor alcóolico]. Walmir também se tornou motivo de gozação na rua, porque vivia a caminhar pela Pça. Mauá com uma quantidade de dinheiro enfiado na bermuda, conforme ele andava, o dinheiro saltava da roupa. No decorrer da narrativa, Divino esboçou certa preocupação quanto a Walmir terminar gastando o que recebera em pouco tempo, em seguida, retomou o tom galhofeiro. Mas há uma outra estória, tragicômica, envolvendo os diferentes destinos que a verba indenizatória tomou.

Uma moradora da Zumbi dos Palmares passou próximo da mesa onde alguns moradores da Zumbi, Patricia e eu bebíamos, no Largo da Prainha, e Divino pôs-se a contar o que ela fez quando recebeu o cheque indeniza-

21 Folha nº 44, de 02/05/05" no Processo 2005.51.01.007798-0, 2ª Região da Seção Judiciária do Rio de Janeiro, Justiça Federal (referente à Zumbi dos Palmares).

tório pelo apartamento. Flora foi até o Piranhão, sede da prefeitura, como os outros ocupantes para pegar o dinheiro. Após olhar o valor, entretanto, começou a se queixar e a fazer escândalo na entrada do edifício. Protestou que aquele valor não dava nem para pagar as compras que fazia para o filho no mercadinho do bairro e, em seguida, rasgou sem titubear o cheque indenizatório que estava em seu nome. Alguém da prefeitura acudiu, mas já era tarde. O grupo de ocupantes que estava no bar explicou que, na verdade, Flora não sabia ver que o cheque era de R$ 20 mil e o que isto significava realmente. Depois deste acontecido, alguns moradores resolveram contatar o irmão dela, para que este remediasse a estória e recuperasse o dinheiro.

Ainda enquanto estávamos no bar, Flora passou pela rua com seu filho, o garoto estava espremido dentro de um carrinho de supermercado, devia ter entre 10 a 12 anos. Contaram que ele tinha maltrado a mãe algumas vezes e que tentou bater nela outro dia. Na mesa, ressaltam que Flora é "sozinha" [não era casada], veio de outra cidade, do Norte fluminense, e que seria "maluca de pedra".

Quanto às ponderações sobre o fim da ocupação, Tristão acredita que o *[...]* "movimento perdeu o controle do prédio" desde quando não conseguiu trazer as pessoas "para a luta". Ele hoje varre a entrada do imóvel, lembrando-se do que uma moradora sempre gostava de repetir "'que nunca iriam vê-la varrer qualquer espaço do prédio'" [pesando a emissão quando diz "varrer"]. Tristão contou que se lembrou dela naquele dia, exatamente quando varria a entrada. Porque ele queria que ela entendesse, e essa era uma queixa recorrente de moradores-miltantes homens, que "as pessoas não conseguiam entender", que varrer o corredor comum não significava "estar fazendo algo para o coletivo", mas era uma forma de "salvaguardar os próprios filhos de pegarem uma doença, uma virose, uma infecção". Desse modo, "não estava fazendo nada para os outros, embora os outros também se beneficiassem com aquilo".

Como observou uma interlocutora, este exemplo, porém, não incomodaria tanto a Tristão caso o gênero envolvido não fosse feminino. O machismo operante na cena das ocupações do centro não é algo menor, sendo um elemento que ajuda a intensificar os conflitos no prédio.

Por sua vez, os objetos deixados pelas áreas comuns, jogados e abandonados no térreo, no hall interno, eram os destroços que ficariam e que, provavelmente, continuam até hoje no local. Nos relatos sobre os primeiros dias de invasão de um imóvel se reiteraram observações a respeito da grande quantidade de lixo e de materiais os mais diversos com os quais os ocupantes se defrontavam. E é o que também reitera, num cuidadoso registro, a oficial da justiça federal, Carmem Lúcia Diniz dos Santos, no processo judicial, quando do início da Zumbi dos Palmares:

> A partir do primeiro andar a situação é de abandono e sujeira. Uma grossa camada de poeira não permite que se veja o piso e a quantidade de entulho é impressionante. Restos de tudo: telefones, de ventiladores, de geladeira, de papéis, tudo muito antigo, quebrado e abandonado aparentemente há muito tempo. Ninho de pombos, vãos sem janelas e objetos empoeirados. É bem difícil caminhar no local. No vão central do imóvel há vegetação nas paredes (samambaia) e no terraço do prédio constatei a existência de uma árvore de cerca de dois metros de altura que brota do cimento.[22]

O espaço é composto de inúmeras lembranças. A ideia que sobrevêm imediatamente é a de que as pessoas, nessa ocasião, tiveram que sair dali de modo precipitado, foram forçadas a sair ou fugiam de algo. Marcas, vestígios e inscrições da ordem da exceção, do sofrimento e dos vínculos que, ao se repetirem, colocam a experiência histórica do presente numa dimensão de extemporaneidade, incluindo as lutas do passado e as seguintes. Se os destroços reunidos na Zumbi ressoam por um lado a máxima de Walter Benjamin: "[...] mesmo que o inimigo não tenha cessado de vencer",[23] possibilita também supor que os que ali viveram continuarão tecendo outras narrativas, outras histórias, não deixando de marcar os espaços, num movimento de reterritorialização, resistência e (re)criação.

---

22 "Folha nº 63, de 02/05/05", no Processo 2005.51.01.007798-0, 2ª Região da Seção Judiciária do Rio de Janeiro, Justiça Federal.

23 BENJAMIN, Walter. Sobre o conceito de história (Tese VI). Trad. Jeanne-Marie Gagnebin e Marco Lutz Muller. In: LOWY, Michael. *Walter Benjamin: aviso de incêndio. Uma leitura das teses "Sobre o conceito de história"* (2005 p. 65).

7. Biografema Dora[1]

Setembro, 2009

Chego ao prédio da ocupação Quilombo das Guerreiras, na av. Francisco Bicalho, zona portuária, próximo das 11h da manhã. Uma mulher na entrada me cumprimenta de maneira empática: "Quanto tempo!" (reiteradamente me confundem com uma militante da cena das ocupações do centro); dou um sorriso um pouco sem graça e retomo a perguntar por Dora a três crianças que brincam no segundo andar, mas logo a encontro na escada, vai ao térreo colocar o lixo. Na volta, nós nos instalamos na sala da biblioteca. Antes, cumprimenta um homem que se encontra com o dorso todo enfaixado. "O que aconteceu?" – pergunto a Dora, enquanto subimos a escada.

> Foi uma tragédia. Ele estava trabalhando em seu carrinho, fazendo pipoca e o botijão estourou. A mulher, que estava junto, ao tentar salvá-lo, se jogou por cima dele e acabou que morreu. Agora ele fica sentado na portaria do prédio o dia todo.

As crianças continuam no salão, querem entrar na biblioteca. Dora lhes para diz para regressarem mais tarde. Ela cuida do espaço há algum tempo. Explico a respeito da pesquisa, peço para gravar e começamos. A entrevista foi arrastada, talvez porque eu insistisse em puxar por sua trajetória. Perguntei-lhe duas vezes sobre de qual cidade provinha. Não me respondeu.

1 Cf. Roland Barthes: "Do mesmo modo, gosto de certos traços biográficos que, na vida de um escritor, me encantam tanto quanto certas fotografias; chamei esses traços de 'biografemas' [...]" (BARTHES, Roland. *A Câmara Clara*. Rio de Janeiro: Nova Fronteira, 1980. p. 50-51).

Mais adiante, quis saber a respeito das condições do prédio e sobre as partes envolvidas na disputa.

O prédio é de propriedade mista, segundo Dora, 49% pertencentes à empresa Docas, com capital majoritário da família Guinle, que entrara em decadência muito tempo atrás e, 51%, pertencentes à União. São imensos galpões localizados atrás da ocupação, que, por conta da segurança da ocupação, tiveram o acesso interditado. Na época em que a empresa funcionava, tais espaços serviam para reparar navios; apenas a edificação que tem a frente voltada para a av. Francisco Bicalho tem sido utilizada para fins de moradia. Em 2010, a prefeitura fechou um acordo com os ocupantes visando ao esvaziamento da área: os termos do pacto baseiam-se na transferência dos moradores para uma nova edificação planejada para começar a ser construída em 2013, situada na região da ocupação ou em algum bairro adjacente. O projeto ganhou o nome de "Quilombo da Gamboa" e estaria sendo tocado através de reuniões entre moradores e representantes da Docas, com a intermediação da CMP (Central dos Movimentos Populares).[2]

O embaçamento que marcou algumas passagens da entrevista talvez fosse uma pista para que eu desligasse o gravador, já que, depois que o fiz, a conversa fluiu. "Muita gente não gosta de mim nas Guerreiras, e eu tento entender isso" – referindo-se a uma mulher que, numa assembleia, falou que seu apartamento fedia. Ela, Dora, estava com sinusite e não havia notado que na entrada do apartamento, bem na porta, algum garoto fizera xixi. Chamou fulano para mostrar, foi lá e limpou, mas mostrou antes.

Relatos de usurpações as mais variadas se misturam em sua narrativa. Conta o caso de um marido que agredia a mulher na Quilombo, mas "[...] o coletivo não tinha como se meter, porque acontecia no apartamento deles e a mulher não comentava a respeito". São estórias confusas e de teor preconceituoso. É incrível como Dora verbaliza com tranquilidade esses marcadores disciplinares, higienistas e carregados de racismo. Escutando sua trajetória,

---

2 No final do ano de 2012, porém, foi anunciada a construção das Torres Trump (cinco edificações de até 50 andares) exatamente no endereço da ocupação, av. Francisco Bicalho, nº 49. Em http://g1.globo.com/rio-de-janeiro/noticia/2012/12/trump-escolhe-zona-portuaria-do-rio-para-instalar-centro-corporativo.html

entretanto, é possível compreender que tais palavras de ordem foram gestadas através de um longo processo comum às mulheres pobres, numa tentativa de não se deixar "contagiar" pelas moralidades "degeneradas", dos negros e das mulheres que ameaçam a "boa educação" e a formação da nação.[3]

Sobre o percurso vivido até chegar à ocupação, Dora alude ao fato de que veio de uma família na qual o pai era comunista – "do partido comunista mesmo". E que seu marido, Ângelo, tinha 45 anos e ela 14 "quando o conheci e quis casar". O pai não queria deixar. Ângelo era escocês e bebia muito: "Mas não me agredia". Havia perdido a esposa há oito meses e tinha três filhos. Dora então aceitou cuidar dos filhos dele. "Ele foi o único homem que tive". Aos 22 anos nasceu sua filha. "Mas perdi tudo porque tentei tirá-lo da bebida". No entanto, acredita que um bom tratamento teria dado jeito: "Mas um bom tratamento é muito caro". Seu pai era português: "Meu pai me dizia desde pequena: 'Se não trabalha, não come', então com 8 anos, eu lavava calcinhas, depois lavava roupas, já ganhava um dinheirinho". Mais uma vez, me pergunta sobre o significado da pesquisa. Suponho que esteja falando em termos profissionais ou algo nesse sentido, mas ela replica: "Não, não, para a tua vida, o que você acha?".

Dora tinha me dito no início de nosso encontro que teria compromisso no final da tarde. Já em direção ao centro felicitou duas pessoas, primeiro um senhor da ocupação, comentando após deixá-lo: "Esse aí está com câncer"; depois, uma gari que varria a avenida e interrompeu sua tarefa para papear com Dora. O assunto versou sobre o fato de a gari ter voltado a trabalhar na av. Francisco Bicalho e arredores. Ela disse: "Eu estava no Jacarezinho, mas achei muito perigoso". [Dora:] "E a fulana?". "Ah, ela teve que ir para outro lugar mesmo, porque o ex andava na cola dela". Um senhor adiante também cumprimentou a gari: "Está sumida!".

É sem dúvida significativo que este tipo de diálogo, notadamente associado a cidades pequenas ou a bairros do "subúrbio", possa ocorrer numa via como a Francisco Bicalho, às 2 horas da tarde, uma das vias principais de fluxo de entrada e saída da cidade a areas metropolitanas e outras cidades.

3 Ver o trabalho de COSTA, Jurandir Freire. *Ordem médica e norma familiar.* Rio de Janeiro: Graal, 1979.

Nela, inúmeros ônibus e veículos se distribuem por oito pistas, produzindo barulho e fumaça em excesso.

Retomamos o passo em direção à Presidente Vargas. Dora "quebrará" [termo seu] dois quilômetros adiante, no sentido da Praça da Bandeira, na zona norte.

7.1 G de Garimpagem

Se Dora morasse em Madri, é bastante provável que se agregasse à chamada "marcha ou movimento dos indignados"[4]. O que não quer dizer muita coisa. Talvez vários de nós também o fizéssemos. No entanto, o envolvimento de Dora pode ser caracterizado como um engajamento assíduo, presenciando atos, *ocuppies*, manifestações, debates, comemorações, etc. Em 2009, quando aconteceu a entrevista, tinha 54 anos, embora aparentasse mais idade por não ter nada na dentição. Vivia com uma aposentadoria de professora primária – "Que não dá para nada". E comentou sobre uma de suas virações:

> Eu pego meu triciclo e saio para garimpar por aí. Você sai pedindo coisas e catando no lixo também. Por incrível que pareça, as pessoas jogam tudo no lixo. É incrível isso! [risos]. [...]. Você encontra roupas boas pra uso, ainda. As pessoas fazem o quê? Jogam no lixo. Quem quiser que pegue. Então você vai lá e pega! Você acha liquidificador em lixo e funcionando. Porque hoje em dia um liquidificador custa 20 e poucos reais. Então eles acham que... Quebrou aquele copo, pega tudo e joga fora. Você pega aquilo, compra um copo e você tem um liquidificador. [Garimpo] pelo centro, Botafogo, Glória. Tijuca também. Tijuca tem um nível financeiro bem grande. São Cristóvão, algumas pessoas também têm um bom nível. No centro também. Aqui mesmo, na Gamboa, você consegue pegar algumas coisas que interessam. É geral. As pessoas jogam fora realmente. Existem muitas instituições que pedem ajuda. Dá muito trabalho [em tom de ironia] você pegar e ligar pra uma pessoa e dizer: 'Olha, vocês da instituição, vêm aqui

4 https://www.geledes.org.br/marcha-dos-indignados-toma-a-espanha-e-ameaca-se-alastrar-pela-europa/

> pegar, eu tenho roupa e isso pra dar'. A maioria não, a maioria joga fora. Livros inclusive. Muitos livros daqui da biblioteca são de doações, mas muitos são pegos na rua. Acabou o ano escolar, pegam os livros e jogam no lixo. A maior parte do que se vende é coisa que se acha no lixo mesmo. Porque existe muito garimpador. Existem muitas pessoas que vendem as coisas para conseguir outras coisas. E existem livros bons, livros raros que vão parar no lixo. Eu já achei uma coleção, que está numa outra biblioteca, de 1902, uma enciclopédia em alemão gótico de 1902, com 30 volumes. Jogados na rua, colocados na rua, ao lado de uma lixeira. São livros grandes, deu muito trabalho pra pegar esses livros, pra levar. Nesse tempo eu não tinha esse triciclo. Então eu consegui um pedaço de madeira, consegui duas cordas e arrumei os livros ali pra tentar puxar.

Além do trabalho na garimpagem, Dora, assim como Gustavo, transforma seu triciclo numa carrocinha para vender roupas usadas e objetos, e o chama de "brechó". Quando consegue juntar um dinheiro com esse negócio: "Eu compro uma cerveja, um refrigerante, uma água e vendo também. Uma bala". Seu ponto localiza-se numa parada de ônibus um pouco adiante do prédio da ocupação e também na Praça da Bandeira, mas alerta: "Olha, não tem um ponto que eu gosto. Eu tenho [um ponto] onde tem pessoas que querem comprar. Porque eu estou inscrita [na prefeitura] como ambulante, mas até o momento não saiu nenhuma regulamentação. [...]. Então você vai vivendo como pode".

Como já comentamos, desde 2007, com a repressão aos ambulantes justificada pelos Jogos Pan-americanos e depois com o mandato de Eduardo Paes e a instituição de uma secretaria do "Choque de ordem", a vida nas ruas tornou-se complicada, como acrescenta Dora: "Com a guarda municipal em cima". Em 2009, seu triciclo e mercadorias foram apreendidos duas vezes, fazendo-a procurar outros endereços onde se instalar. Para Dora, entretanto, seu viver em condições de precariedade estaria ligado, "[...] antes de qualquer coisa", à vida como militante: "[...] é uma trajetória muito mais política", constituindo um fazer/*saber de circulação* que busca conjugar – do mesmo modo que outros moradores/militantes (Gustavo e Ismael, por exemplo) – viver em condições de precariedade e engajamento. Dora vive de forma intensa a cena das ocupações e dos movimentos urbanos locais: é fácil encontrá-la em manifestações as mais variadas, atos de solidariedade, almoços comemorativos, participação em grupos políticos etc.

7.2 M de Militância

Logo que correu a notícia a respeito da Machado de Assis, Dora apareceu no prédio para manifestar sua solidariedade. Em seguida, começou a pleitear discretamente uma vaga na recente ocupação. Alguns militantes não estavam tão receptivos à ideia, e justificaram isto dizendo que nossa heroína não era exatamente uma pessoa das mais conscienciosas. Mas Dora parecia realmente entusiasmada com a Machado de Assis. Assim como vários outros ocupantes, o ingrediente de tamanha animação era a existência do baldio nos fundos, nomeado de Nárnia: "Porque era um monte de terra, já tinham algumas árvores frutíferas e ali você tinha a oportunidade de plantar".

Dormiu alguns dias no prédio e participou das reuniões diárias da nova ocupação. Numa ocasião, mediou o apoio de um grupo ligado ao MST, que desejava fazer uma visita ao prédio da Gamboa. Tal combinação apresentava-se como um trunfo de Dora, pois ela desejava melhorar sua imagem entre a militância e os moradores da Machado de Assis, pois, afinal, o MST é visto em bastante conta na cena das ocupações do centro. A notícia trazida por Dora era de que o grupo pretendia passar uns dias no prédio. A visita causou certa excitação entre ocupantes e militância. Seria uma substantiva manifestação de apoio, sem dúvida porque "os sem-terra formam o maior movimento social da América Latina" – proferiu Dora numa assembleia. Mas a visita acabou não acontecendo.

Militantes do MST apareceram na ocupação, ficaram cerca de meia hora e se retiraram justificando que, da mesma forma, teriam que "correr outros movimentos" para manifestar sua solidariedade. Nada disseram a respeito de que se instalariam na Machado de Assis por um período mínimo que fosse, o que gerou grande frustração. Beth era uma das mais chateadas, comentando em assembleia que as pessoas do MST tinham percebido as condições de acomodação na Machado de Assis e, por conta disso, teriam buscado um lugar melhor para passar a noite. Esta atitude foi julgada como uma grande desfeita e despertou comentários os mais diversos, ao menos por duas semanas. O acontecido fez com que, por sua vez, Dora desse um tempo da ocupação. Quando relembrei o fato de ela ter desejado se mudar para a Machado de Assis, justificou dizendo que seria apenas para apoiar o prédio naquele momento inicial:

> Porque algumas pessoas vieram pra cá e ficaram aqui também [na Quilombo das Guerreiras] para trocar experiência. E quando você entra numa ocupação, eu não sabia nada de ocupação, não sabia como era, não sabia como me comportar, como haver interação e integração entre as pessoas.

Também lhe indaguei sobre como conhecera as ocupações do centro, e ela observou: "Na realidade, nós temos diversas trajetórias na vida" – e este enunciado foi a própria demonstração do clima (ou do anticlímax) em que transcorreu a entrevista (particularmente durante o período no qual o gravador esteve ligado). Nossa heroína se esmerou em traçar a conjuntura do momento, demonstrando que possuía um autêntico envolvimento em formações e discussões políticas; seus enunciados soaram característicos, ao mesmo tempo em que sustentavam um estilo e um timbre imperativos.

Depois de alguma insistência, comentou, finalmente, do despejo sofrido antes de sua chegada à "Guerreiras". A história repercutiu, uma vez mais, de maneira nublada. Dora contou que morava num apartamento no morro da Mineira (assim como Vera), no Catumbi, bairro contíguo à região central, "Até que o ex-proprietário perdeu o imóvel num leilão". Desta feita "Eu fui para a rua, leiloaram meu apartamento, entrei na Justiça e estou na Justiça até hoje". A narrativa me confunde entre o apartamento do ex-proprietário e o seu, essas "confusões" entre estórias e pessoas despontaram não poucas vezes em campo. Quase sempre quando eu tentava mapear os percursos relacionados à moradia ou os lugares pelos quais se tinha passado até chegar às ocupações.

Em seguida, Dora relacionou o momento do despejo ao evento Rio Eco-92, no qual despontaram, na cena política brasileira, inúmeros movimentos de caráter minoritário, de afirmação dos direitos das minorias, ligados a questões ambientalistas, ao movimento dos sem-teto, etc. E é nesse contexto que Dora "vai se envolvendo e conhecendo pessoas, indo a reuniões", no caso, a reuniões ligadas aos movimentos sociais e aos agentes governamentais do Fórum do Plano Diretor.

Em 2005, envolveu-se numa primeira ocupação: uma invasão ocorrida no Rio Comprido, outro bairro circunvizinho ao centro (esta ocupação sofreu um despejo no dia seguinte ao de seu início). Fizeram uma segunda ocupação e foram despejados novamente. Finalmente, em 2006, aconteceu a Quilombo das Guerreiras, na zona portuária:

> Porque você, infelizmente, tem que fazer alguma coisa, mas você não vê como fazer. Você não vê onde se segurar. [...] às vezes o bicho pega, e pega realmente! Independente do seu nível social, independente do seu nível cultural [...]. [...]. Porque Quilombo vem de união. E você, infelizmente, tem que se unir quando você é pequeno tem que se unir aos outros. Você vê os corais, você vê que os mais pequenos, os menores, se unem para serem fortes. Um bambuzinho, qualquer um, quebra, mas a união de muitos [...] é difícil de quebrar. Então você tem que se unir e ver o melhor pra todos. E você precisa, todos nós precisamos de uma moradia. Quem não gosta de roubar, quem não gosta de traficar e tem somente seu próprio corpo tem que ter um lugar pra descansar a cabeça.

Nossa militante é consciente de que pela Carta Magna brasileira todo brasileiro teria direito à moradia e que "Se existe uma Constituição que diz que você tem direito, você tem direito". Entretanto, é fundamental distinguir quais as condições para que a invasão conte com uma menor possibilidade de depejo; para tanto, o mais pertinente será achar prédios: "[...] com dez, quinze anos sem uso nenhum, prédios abandonados, sujos, cheios de bichos – baratas, ratos, escorpião, lacraias, pulgas – e assim ocupá-los". Ou seja, para se conseguir não ser despejado ou sofrer reintegração de posse é preciso achar um edifício tenebroso, que "[...] ninguém quer". Mas não se trata de ameaçar a ordem da cidade ou de invadir a propriedade alheia:

> Nós nunca pretendemos tirar os direitos dos outros. Porque se nós queremos os nossos direitos, nós devemos respeitar os direitos dos outros. Mas é uma maneira de mostrar para o governo o absurdo que existe, havendo tantos terrenos e casas vazias para especulação imobiliária, e o povo está na rua.

A ideia de ocupar apresentava-se para Dora, naquele momento, como uma maneira de barganhar com o Estado – em contrapartida a um possível despejo pacífico – tanto um outro imóvel quanto uma compensação indenizatória. Antes de chegar à Quilombo das Guerreiras, conta que tinham encontrado um prédio do INSS abandonado há muitos anos, ao lado a Câmara dos Vereadores (onde, hoje, está situada a ocupação Manoel Congo) e foram para lá.

Um dos vizinhos ligou para o dono, o prédio era privado, e ele entrou com um mandato de segurança imediatamente e, assim, tiveram que sair.[5] Mas o prédio, completa Dora: "Continua desocupado até hoje! É simplesmente especulação imobiliária". Após essas experiências, Dora chegou finalmente à Quilombo das Guerreiras, em 2006:

> Esse prédio é um prédio enorme, muitos galpões aqui, tudo abandonado. Nós entramos [...] e quilos, quilos e quilos de sujeira, mais ratos, mais baratas, ratazanas imensas criadas no lixo, lacraia, escorpião, pulgas. E foi muito interessante porque não havia luz. Não havia nada. E nós chegamos aqui e a única coisa que havia no prédio eram cachorros. Havia 11 cachorros e nós entramos. [...]. Os cachorros é que eram a segurança! [risos]. Porque os guardas de Docas passavam, viam se estava tudo bem e iam embora. Porque esse prédio já foi invadido muitas vezes. Esse prédio já foi um prédio belíssimo, mas com o fechamento do porto, o departamento de engenharia saiu daqui e isso ficou. E foi roubado, foi saqueado, quando nós chegamos já não havia nada, só coisas quebradas e porcarias mesmo. E foi muito interessante: era muito escuro, muita sujeira e nós achamos algumas coisas brancas que nós achamos que era isopor. E falamos: 'Bem, vamos dormir aqui!'. No escuro ninguém via nada. E no dia seguinte foi um Deus nos acuda. E nós descobrimos que tínhamos deitado em cima de lã de vidro! Então foi uma coceira danada, uma coisa horrorosa.

5 Sobre esta ocupação, ver a dissertação de VANZAN, Luciana: *Tramas urbanas de uma cidade ocupada: análise possível de uma experiência com ocupações no Rio de Janeiro*. Programa de Pós-Graduação em Psicologia, Universidade Federal Fluminense (UFF), 2006.

7.3 C de Conversão, Convivência e Coletivo

E nossa heroína, como mencionamos, diz ter mudado muito desde que conheceu as ocupações, que "[...] não sabia nada de ocupação, não sabia como se comportar". E não é à toa que Dora ressalta 2006 como o ano em que foi viver na Quilombo das Guerreiras e se tornou budista. Tais fatos e práticas lhe trouxeram, segundo ela, um novo entendimento sobre a imensa disparidade e desigualdade socioeconômica presente no país:

> Eu acho que o budismo me deu um equilíbrio emocional. Eu tive um monte de religiões, já frequentei um monte de coisas. Mas sempre naquilo que: 'Ah, eu vou esperar em Deus, que Deus vai me dar'. E eu cheguei à conclusão que Deus pode me proteger sim. Mas quem tem que fazer por mim sou eu mesma. Todos nós temos que fazer por nós mesmos. E não adianta eu ficar olhando e pensando no outro que ganha 100 mil. Eu ficar: 'Ah, porcaria! Esse cara tem que morrer porque ganha muito'. Não é isso! Não é por aí. Eu tenho que ver por mim mesmo. E se o outro ganha muito, que Deus o proteja. Se ele tem uma roupa melhor, ótimo, muito bom. Eu tenho que também querer ter. Não é que eu vá competir, não é que eu vá fazer alguma coisa pra tirar dele. Eu é que tenho que ter por mim. E quando alguém começa a fazer alguma coisa por mim, eu peço que ele tenha pena dele mesmo. Porque quem prejudica demais os outros acaba se prejudicando. Eu procuro não fazer mal a ninguém.

Tal "conversão" irá desdobrar-se, conforme acompanhamos o seu depoimento, na superposição budismo/projeto ético e político da ocupação da Francisco Bicalho.

> E dentro de uma família existem conflitos, assim como dentro de uma firma em que você trabalha. Existe conflito na rua com transeunte: você esbarra em alguém sem querer e, se a pessoa não está bem com a vida naquele dia, ela vai agredir você; se ela achou que você olhou errado para ela, também. Então você tem que aprender a conviver com o seu lado negativo, com o lado negativo dos outros e relevar algumas coisas. Na realidade, você tem que relevar sempre! [...]. E aprender a dividir as coisas também. Porque hoje o outro pode precisar, e amanhã você pode precisar. Isso não é em

> ocupação. Isso é na vida [...]. E nós temos que aprender a conviver, aprender a dividir as coisas, aprender a somar. Porque é na divisão que se aprende a somar. Você divide um pouquinho do que você tem com o outro, e esse pouquinho talvez seja a salvação da vida dela. Você dá um copo d'água pra uma pessoa, às vezes você está dando a salvação dessa pessoa, quando não existe água.

Mencionei certos acontecimentos que perpassavam a convivência e tidos como problemáticos por ocupantes, como as brigas entre parceiros. Em uma dessas, a mulher quis queimar o marido com uma panela com gordura quente e o líquido pegou, felizmente, num pano que cobria a janela do quarto. Na assembleia depois do acidente, o casal tinha feito as pazes e negou a desavença. Um outro evento também mencionado foi sobre uma moradora que ligou uma máquina de lavar no verão gerando um princípio de incêndio.

Tal convivência, porém, observa Dora, tornou-a muito mais tolerante: "Porque você só se conhece melhor quando está na adversidade". E aponta esse aprendizado como um dos méritos da vida na ocupação. Todavia, há pessoas que "[...] não sabem e não querem aprender, [...]. [...] não pensam que poderiam ter posto a vida em risco de todo mundo aqui dentro. São pessoas que não pensam".

Mas nem sempre os conflitos na ocupação eram resolvidos sem ruptura. Como foi comentado, a Quilombo das Guerreiras era uma ocupação considerada austera por outros ocupantes do centro. Alguns elementos presentes nessa composição podem nos ajudar a contextualizar tal traço. Nos primeiros meses da ocupação, a repressão por parte da Docas foi intensa:

> De início nós ficamos presos aqui sem poder sair, sem água. Cada pessoa tinha direito a uma garrafinha de 2 litros de água e você tinha que ver o que era melhor pra você. Eu fiquei uma semana sem tomar banho, e trabalhando! Trabalhando pra limpar. E eu preferia usar a água pra limpar, lavar o rosto, higiene mínima, mas banho nenhum. E pra beber! Tinha cisterna, mas vazia e que não era usada há mais de 15 anos. Até nós conseguirmos uma pipa d'água foi uma negociação muito grande. Que nós tivemos que negociar pra liberar. E nós estamos negociando até hoje, três anos depois!

Tentando fortalecer a ocupação e contra o inimigo comum, mantiveram durante um ano e meio a realização das refeições e o funcionamento da cozinha de maneira coletivizada. Nesse sentido, em um ano, por exemplo, chegaram a expulsar 20 pessoas do prédio. Segundo Dora, porque "Quando você faz uma ocupação, você tem reuniões preliminares para você ensinar a pessoa a viver no coletivo. Nós temos regras, nós temos regimento interno. Porque isso aqui não é bagunça, não é a casa da mãe Joana. Você não pode usar droga...". E era preciso mostrar para quem passava na rua que ali era um "lugar limpo". Mais: "Não é um pardieiro, não é um ajuntamento". Afinal, "Aqui é um lar, um lar coletivo! Aqui não tem espaço". E este "não ter espaço" pressupunha um "monitoramento" constante sobre como andavam as coisas na ocupação, de forma a tentar evitar roubos, uso de drogas, "[...] agressões físicas e morais", além da ameaça à autonomia do coletivo, algo caro ao projeto político deste tipo de ocupação:

> Existem pessoas que são usuárias e tentam colocar bocas de fumo dentro dessas ocupações. Mas quando você descobre, o coletivo expulsa, porque não há a possibilidade de você ter uma boca de fumo aqui dentro. Não há possibilidade de você guardar coisas, não há a possibilidade de você roubar e guardar coisas aqui dentro. Isso aqui não é depósito, nem de arma, nem de drogas, nem de nada roubado. Não há possibilidade porque nós temos crianças aqui dentro [...]. Não há possibilidade de você ter pessoas que aliciem jovens para a prostituição, para o tráfico. Então, essas pessoas, quando se descobre que existe uma dentro da ocupação, ela é expulsa. O coletivo bota pra fora! Porque existe um coletivo, uma equipe, uma hierarquia. E as pessoas fazem votação. A pessoa pode se defender, mas quando ela é culpada, ela vai embora mesmo. E eu acho que o usuário de drogas tem direito ao tratamento. O traficante, não! Porque existem pessoas que vendem as drogas e não usam. Então, elas causam malefícios a outras pessoas, e não a elas mesmas. Você não pode deixar aliciar crianças, jovens. Porque o nosso futuro está nas crianças e nos jovens. E eu já tenho 54 anos. Vai ser difícil alguém me aliciar. Eu tenho cabeça feita. Se eu fizer alguma coisa, eu estou sabendo o que estou fazendo. Mas as crianças, não. [...]. Porque cada um tem uma índole. Você não vai ensinar ninguém a ser honesto ou desonesto. E em ocupações o

> grupo maior resolve e não pode haver roubo, não pode haver prevaricação, não pode haver briga, nem agressão física ou moral, não pode haver uso de drogas, não pode haver uso irrestrito de bebida, porque você quando bebe demais, acaba perdendo o controle e fazendo coisas que não deve. [...] quando você é um grupo pequeno e você compartilha o ambiente, não pode haver isso! Não pode haver uma mulher dando em cima do marido da outra, ou o marido dando em cima da filha ou da mulher do outro, porque isso torna o ambiente muito ruim. Não pode haver ninguém roubando as coisas do companheiro, porque o companheiro já trabalha muito.

Esta forma de tocar a ocupação, segundo nossa ativista, tem possibilitado às pessoas quererem "ser mais alguma coisa". Cerca de cinco ocupantes estariam terminando o supletivo e "aspiram a entrar numa faculdade". Dessa maneira, "você tendo um nível melhor, você pode aspirar a um emprego melhor, você pode aspirar a ser um autônomo, um profissional liberal autônomo. Então, são coisas em que você tem que progredir. Todos nós almejamos alguma meta". Seguindo tal raciocínio, podemos concluir que Dora reúne, de um modo peculiar (e talvez seja esta uma marca desses heróis "sem destino",[6] a capacidade de agregar diferentes facetas e "[...] diversas trajetórias na vida".

No caso de Dora, budismo, militância e o viver num coletivo autogestionário, numa tessitura que conjuga elementos pinçados do individualismo, do liberalismo, bem como um repertório de direitos sociais. "E aí vai passando a vida, você vai conseguindo alguma coisa. Algumas pessoas já conseguiram emprego fixo aqui dentro, e já foram embora". [....]. "Porque isso aqui não é pra vida inteira! Isso aqui é um estágio na sua vida quando você não tem realmente como se manter". Tal tessitura fez com que ela se engajasse em projetos alternativos, como os levados a cabo pelo pessoal da Flor do

---

6 "Homem sem destino" é uma alusão ao termo utilizado por Walter Benjamin como forma de se referir ao personagem principal Franz Biberkopt, do romance *Berlin AlexanderPlatz,* de Alfred Doblin: "No fim, Franz Biberkopf se converte num homem sem destino, 'esperto', como dizem os berlinenses" (BENJAMIN, W. A crise do romance. Sobre AlexanderPlatz de Doblin. *Obras escolhidas I: Magia e técnica, arte e política.* Trad. Sergio P. Rouanet. São Paulo: Editora Brasiliense, 1987. p. 59).

Asfalto, assim como fez com que desejasse se transferir para a Machado de Assis, especialmente por conta do baldio Nárnia:

> Eu fiquei animada porque era um monte de terra, já tinha algumas árvores frutíferas e ali você tinha oportunidade de plantar. Plantar coisas que você não tinha necessidade de comprar. São verduras, são legumes, são frutas que quando você utiliza sem agrotóxico, é muito melhor para a saúde e é economia para o bolso. [...]. Existe uma outra ocupação aqui [a Flor do Asfalto] em que eles têm uma horta boa. Algumas pessoas cuidam. Mas preferem mais as ervas aromáticas e ervas curativas. Existem muitas ervas que servem para dor de barriga, dor de cabeça. [...]. E você tem o remédio caseiro que serve pra esse tipo de doença.

Entre outras vezes, em 2010, reencontrei Dora em dois momentos especialmente delicados. O primeiro aconteceu numa manifestação contra as remoções que despontavam na cidade (o ato fora bastante tenso, inclusive com a tentativa de vários homens que se diziam policiais de levarem um militante num camburão branco, sem identificação). Nessa ocasião, ela deu a notícia de que havia retomado os estudos desde o início do ano, após ter sido aprovada no vestibular em Recursos Humanos, da Universidade Estácio de Sá, destacando que eram os estudos que agora lhe traziam "[...] muito ânimo".

O segundo encontro ocorreu na ocupação Flor do Asfalto, durante a comemoração da sua existência (por cinco anos) e de seu fim (seria esvaziada antes de um possível despejo). Nessa ocasião, perguntei a ela sobre as desocupações e as remoções que estavam acontecendo, sobre o provável desmanche da Zumbi dos Palmares, as ameaças à Dandara, as obras da zona portuária e a quantas andava a construção do prédio intitulado Quilombo da Gamboa (e, consequentemente, a transferência do prédio da Quilombo das Guerreiras para este). Dora, esquivando-se de minhas provocações, replicou com a máxima: "Em boca fechada não entra mosca". Demonstrava, assim, um discernimento perspicaz sobre os ecos que poderiam gerar qualquer novo rumor, algo que possivelmente botaria mais lenha no clima paranoide que atravessava ocupantes e ocupações naquele período (estávamos no segundo semestre de 2011).

8. Conclusão

8.1 Ocupação como viração

> Porque ele exige da vida mais que um sanduíche.
>
> Alfred Doblin *apud* Walter Benjamin, 1987 [1930], p. 59

Nestas páginas finais retomarei observações sugeridas ou apresentadas durante a tese, explicitando-as de maneira a afirmar nosso argumento principal: de que ocupantes e ocupações autogestionárias do centro do Rio de Janeiro engajam-se numa invasão não especialmente como uma forma de "luta por moradia", embora este seja um componente que marca as invasões não partidárias ou "espontâneas", tão frequentes na cidade. Sabemos que as ocupações ou as invasões não contêm nenhuma novidade, afinal, se fazem presentes na história do Rio de Janeiro desde a segunda metade do século XIX. E continuam atuantes na região central, entre outras.

Também entendemos, seguindo as pistas preciosas de vários estudos sobre o tema, que as ocupações são parte do maquinário estatal que privilegia a precarização das populações pobres como um mecanismo de domínio sobre elas, dentro de uma sociedade pós-salarial ou "pós-social", e de controle, em que o filantropismo da pobreza é constituinte deste contexto. Buscamos durante o nosso estudo privilegiar a ideia de que as ocupações autogestionárias do centro do Rio de Janeiro consistem num modo de se *contornar o estado de exceção,* as *exceções ordinárias* vigentes, compondo assim um tipo de viração que transita entre um maquinário de forças neoliberais, forças de usurpação (escapar da morte matada ou de se tornar um trapo) e forças relacionadas ao viver em condições precárias.

Interessou-nos, principalmente, acompanhar a viração associada a este último grupo de forças. As ocupações se constituem em condições de precariedade porque, majoritariamente e grosso modo, não são consideradas como lugares que serão habitados de maneira permanente: o horizonte do despejo ou de transferência para outro espaço é sempre algo factível de ocorrer (o que, como acompanhamos, tem sido algo ordinário). E, mais ainda: na maioria dos casos, é isto que os ocupantes ensejam, desde que o desalojamento contenha algum tipo de contrapartida.

Como vimos na Zumbi dos Palmares, isto foi marcante. Tanto os enunciados de seus moradores banalizando o fim da ocupação, na época, com cinco anos de existência, quanto a manutenção das condições precárias do prédio da Av. Venezuela nº 53, foram componentes que sinalizavam para a ideia de que seus habitantes não acreditavam nem na "requalificação" do imóvel para fins de moradia, tampouco em sua permanência, em especial quando as obras do Porto Maravilha começaram a despontar na região.

Este fato marcou uma outra fase do trabalho de campo, trazendo novas indagações para a pesquisa, o que produziu tanto um distanciamento quanto um deslocamento do pressuposto da ocupação como "luta por moradia", assim como fez com que acompanhássemos as ameaças de desalojo, as várias modalidades de viração por parte de alguns interlocutores e os diversos arranjos que objetivavam a sua permanência.

Tais arranjos e virações, por sua vez, não eliminavam completamente a possibilidade de transferência para alguma região distante da cidade. Ou ainda, se aceitaria a remoção sem necessariamente largar de mão, em definitivo, de viver no centro (portanto, constituindo dois lugares para ficar), ou de pelo menos conseguir um espaço na área central para passar a semana: um lugar precário que fosse (invasão ou hosperadorias de baixo custo com quartos coletivos), quem sabe "descolar" um outro endereço "na cidade" graças a um novo romance, ou ainda, a divisão do espaço com um "colega".

"Passar", "cair", "chegar", "ficar" são os verbos mais utilizados para falar sobre tais experimentos, e bem menos os vocábulos: "morar", "lar", "casa", "habitar". Em geral, ouvi menos "apartamento" e mais "quarto" para se referir aos espaços que os ocupantes tinham ou nos quais estavam. "Eu agora estou dividindo um quarto com Fulano" – fala de um morador da Machado de

Assis. Este ocupante, depois da ocupação da Gamboa, havia namorado uma mulher com quem passara a dividir um quarto na Zumbi dos Palmares, até que se desentenderam e ele então se transferiu para um outro local no mesmo prédio, passando a dividi-lo com um colega de trabalho.

Sua última novidade é de que insistira com a namorada (ou ex, em outros momentos) para que ela entrasse na lista dos moradores da Quilombo das Guerreiras, afinal, talvez conseguissem um remanejamento para o conjunto nomeado (numa reunião com moradores, Central de Movimentos Populares [CMP] e agentes da prefeitura) de Quilombo da Gamboa (prometido para ser levantado na area do centro). O interlocutor em destaque vem acompanhando tais reuniões com vistas a obter um apartamento para as filhas, porque, segundo ele, elas têm vontade de cursar uma faculdade, e facilitaria muito se residissem na região central (a família mora atualmente em Paciência, zona oeste, cerca de 70 kms do centro). Mas a namorada com a qual havia se desentendido não quis escutá-lo e acabou por perder a chance.

Foi este mesmo interlocutor, que chamo aqui de Ismael, quem emplacou o nome do escritor Machado de Assis na invasão da rua da Gamboa, 111. Em geral, nas três ocupações "da FLP", os nomes foram criados antes de se entrar nos prédios. Ismael contou-nos que os militantes pediram que cada proposta fosse acompanhada de uma justificativa. Os futuros ocupantes escolheriam a partir daí, em assembleia, o nome que achassem melhor. E ele então deu a sua:

> Eu sugeri Machado de Assis pela sua história. Ele foi de família pobre. Foi um rapaz que não tinha como estudar, ele estudou por aquela força de vontade, aquele gosto. Ele ia muito lá na Prainha, antes se falava Prainha, ali, para estudar. Enquanto os meninos estavam jogando bola, Machado de Assis já estava com os livrinhos dele lá, estudando. Os senhores passando, vendo aquilo. Então, quer dizer, viram que ele tinha capacidade, aí o ajudaram. Foi onde ele cresceu na vida, entrou na Academia de Letras e assim a vida dele foi. Ele soube aproveitar, entendeu? Ele perdeu a mãe dele ainda novo, ainda jovem, mas ele não desistiu. Foi criado por uma que não era a mãe dele e foi ela que educou ele. Sendo que a mãe dele era escurinha... E a mãe dele era a governanta, sendo sempre

> humilde. Ele perdeu o pai também novo. E assim ele prometeu a ele mesmo que iria subir na vida, contar as histórias. Então, quer dizer, isso me estimulou... (grifos meus).[1]

Nessa escolha e nos enunciados de vários ocupantes, a ideia "de aproveitar", de "não desistir" e de "ter aquela força de vontade" são ingredientes importantes, que podem se unir à ideia de um *saber circulatório* ou de uma *arte do contornamento*, como continuamos a assinalar. A justificativa de Ismael sobre o importante escritor brasileiro, nascido exatamente num cortiço localizado na rua do Livramento (o imóvel continua funcionando como casa de cômodos), apropria-se de componentes oriundos da ideologia liberal, mas que, por sua vez, se aproximam do "proceder" na "vida loka", conforme destacam alguns pesquisadores.[2]

Trata-se de entender e perceber quais os mecanismos manejados para contornar a *exceção* ou a *vida nua*. Quais os modos de se "proceder" tanto para escapar da morte matada quanto para evitar tornar-se um trapo, ao mesmo tempo em que se almejam condições razoáveis de existência. É tudo muito frágil e que se transforma rapidamente, mas o fato é que é em tal terreno que estes heróis se deslocam e tocam a existência. Não se trata, por outro lado, de romantizar esta vida atravessada pela *indeterminação*, mas sim de positivar a vida em condições de precariedade, a vida como viração, a vida em habitações transitórias, a tentativa de barganhar uma ou outra coisa a partir da aproximação com os movimentos políticos e sociais inscritos na cena. Isto tudo é, afinal, a meu ver, o que acaba por traçar um rico e potente painel no sentido da noção *comum*, tal como mencionamos no início, a partir da discussão realizada pelo filósofo Antonio Negri.

---

1 Entrevista realizada em um bar na Praça Tiradentes, em nov. 2011.

2 Sobre o "proceder" ver o trabalho de MARQUES, Adalton. *Crime, proceder convívio-seguro: Um experimento antropológico a partir de relações entre ladrões*. Dissertação (Mestrado) - Programa de Pós-Graduação em Antropologia Social da Universidade de São Paulo, 2009. Para algumas discussões sobre a vida loka e também o proceder ver HIRATA, Daniel. *Sobreviver na adversidade. Entre o mercado e a vida*. Tese (Doutorado) – Programa de Pós-Graduação em Sociologia da Universidade de São Paulo, 2010.

De qualquer forma, pensar que o *comum* está sendo constituído a partir de dos saberes (num sentido amplo) e formas de proceder que resultam e alimentam isto que destaquei como uma *arte de contornar a vida nua*, dia após dia. Esta *arte* surgiu, em especial, naquele segundo momento da pesquisa, quando começou a derrocada das ocupações por conta do processo de gentrificação, possibilitando que revíssemos o pressuposto de que os movimentos políticos locais encenavam algo como Davi diante de Golias (este incorporavam os agentes do Capital Internacional, junto aos agentes da governamentalidade nativa). Ou de que um novo processo avassalador de expulsão dos pobres do centro estava se reatualizando na história da cidade. Ou ainda, mais do que isto, que os ocupantes – "pobrezinhos" – eram vítimas de algo terrível.

Todavia, as notícias de que moradores da Zumbi dos Palmares, da Machado de Assis e da Dandara começaram a ventilar a possibilidade de conseguir uma indenização, um apartamento em algum lugar numa área periférica ou periurbana, ou mesmo um aluguel social, e quem sabe depois um apartamento no centro foram interpretadas como um componente distópico ou *estrangeiro*.[3] Isto serviu também de matéria acusatória por parte da militância, no sentido de que os moradores estariam aceitando o plano do governo de transferi-los para áreas precárias e, ainda por cima, com rumores de que milicianos já teriam se instalado em tais locais. E o pior: que eles eram muito "otários" [termo de um militante com bastante trânsito nas ocupações] de entregar de "bandeja" um prédio como o da Zumbi dos Palmares. Como era possível que "caíssem" nessa estória toda!?

Custou para entendermos que nossos interlocutores procuravam, mais uma vez, contornar a *vida nua*, a morte matada e a vida como trapo ou zumbi. A "transação" sobre o desalojo ou a transferência do prédio e da moradia para outros locais só estava sendo colocada porque tais interlocutores sabiam que o horizonte, caso eles não aceitassem "negociar", se tornaria opaco.

3 Semelhante a uma estória presente no trabalho de Miagusko a respeito de uma interlocutora que escolheu morar na parte mais precarizada da ocupação (com inúmeros conflitos, uma boca de fumo) em vez de instalar-se no espaço mantido por um movimento social (com uma rotina mais dura em termos de conduta, horário etc.).

Kiko, morador da Flor do Asfalto, por exemplo, justificou sua saída da ocupação dizendo que não tinha como ficar, porque chegou um momento em que ele não conseguia mais dormir. Qualquer barulho que escutasse, ele pensava que era alguém ou um trator ou um caminhão vindo para despejar a ocupação. Da mesma forma que aconteceu na Zumbi dos Palmares que, em seus momentos finais, a frase mais recorrente era: "Não está dando mais!". Ricardo explicou sua saída da Dandara em função de sua namorada estar começando a pirar, achando que todo mundo a perseguia, o que em parte era verdade, haja vista que Ricardo era uma das pessoas no prédio da Dandara que efetivamente se opunham à invasão de um quarto pelo tráfico, que naquela época se encontrava vago.

Foram esses "encontros" e vários outros com pessoas que participaram ou participam do circuito das ocupações do centro, no caso, Machado de Assis, Zumbi dos Palmares, Dandara, Flor do Asfalto e Quilombo das Guerreiras, num período diferente daquele em que passei na ocupação da Gamboa, que fizeram com que o desânimo com o desmantelamento das ocupações pudesse aos poucos se transformar num deslocamento da questão. "Encontros", portanto, num sentido amplo, muitas vezes casuais, outras vezes ocorridos em algum evento político, como atos e manifestações, ou em alguma data festiva referente a tal cena.

8.2 Se é para invadir, a gente invade

Numa reunião, em outubro de 2010, tendo em vista a organização de uma nova ocupação,[4] uma mulher apresenta sua estória como justificativa para ser aceita no futuro imóvel: morava em Acari e descobriu que o marido tinha uma amante há anos, que residia no outro lado da favela. Depois de

4 Ocorrida em 01/11/2010 (após a eleição de Dilma Rousseff como presidente da República), na rua Sara, 85, Santo Cristo, zona portuária, num prédio público abandonado, também do INSS (como foi o caso da Zumbi dos Palmares). A ocupação foi despejada no mesmo dia por policiais federais sem identificação que, dizem, jogaram um camburão em cima dos estudantes sem que eles saíssem da frente do imóvel. Eis que os policiais saem e um deles com o trabuco apontado diz: "Não sai por bem, sai por mal". No final, um militante e um ocupante angolano acabaram presos.

uma série de discussões e brigas, ela resolve ir embora e acaba "conhecendo uma colega que é ambulante na Central", e é com ela que atualmente divide um espaço próximo de onde trabalham. Mas o dinheiro que tira na banca dá para muito pouco. Após este preâmbulo, enuncia as máximas:

> Eu estou aqui porque preciso mesmo de um lugar para morar, e eu só estou esperando vocês falarem, mostrarem o lugar. Porque se é para invadir, a gente invade, podem contar comigo. [...] É a primeira vez que eu participo de invasão, aliás, como é mais certo a gente falar: 'de ocupação'.

8.3 Viagem a Brasília

Gustavo me ligou chamando para aparecer na Dandara no domingo seguinte, para "chegar" na reunião que estava preparando uma nova ocupação. Encontro Vinícius, grata surpresa. Não sabia até então que ele estava participando de mais esta empreitada. A última vez em que o vi foi na av. Presidente Vargas. Era um daqueles dias de calor escaldante e ele vendia garrafas de água mineral num sinal de trânsito. Rapidamente nos reconhecemos, ele no asfalto, eu no ônibus. Perguntei se ele estava ainda na Machado de Assis: "Eu não, saí daquele muquifo tem um tempinho. Estou morando numa hospedaria, na Central".

Nesse dia em que o reencontrei na Dandara conversamos um tanto. Ele me contou que estava animado com a ocupação e se controlando para não falar muito nas reuniões, para ver se conseguia permanecer (como já mencionado, havia morado na Quilombo das Guerreiras e na Machado de Assis e fora expulso das duas). Falei com ele sobre Giane [lembremos que haviam tido um turbulento romance durante um curto período quando viviam na Machado de Assis], de que ela também estava querendo entrar na nova ocupação. Ele se altera e conta que agora só a cumprimenta dizendo "bom dia, boa tarde e tal". E diz: "Ela falava um monte no meu ouvido. A gente tinha um compasso que não deu certo". Segundo Vinícius, "as noias e a insegurança" de Giane pesaram nesse descompasso. Por fim, Giane o acusou de molestar a filha. Chegou até a dar queixa dele, que teve que se explicar na delegacia, frisando ter sido liberado em seguida. Pede então meu telefone e completa:

> Vou anotar num papel avulso, depois em casa eu passo para a Bíblia, desta forma eu não perco. Há pouco tempo tive essa ideia de anotar os telefones e as oportunidades de emprego nas folhas. Ela está toda anotada.

Comenta que irá me ligar para a gente bater um papo e tomar um café no final da tarde. "Em Santa Teresa? É perto, agora eu estou com o Riocard". Mas nota que eu só preciso aguardar o seu telefonema a partir da outra semana, porque "pintou" uma chance de ele conhecer Brasília, e não vai perdê-la.

No final da reunião, um militante passa o recado que uma associação de servidores federais confirmou os ônibus para a manifestação que ocorrerá na capital federal. Quem for receberá mesmo uma diária de R$ 80, além de passar uma noite na cidade, com lugar para dormir. É só procurar Nilda, na segunda, no sindicato, e deixar o nome. No outro dia, pela manhã, os ônibus sairiam do Aterro do Flamengo, no clube que fica perto do [aeroporto] Santos Dumont. O clima, que a princípio era circunspecto, tornou-se um alvoroço só. A reunião foi encerrada. Vários dos presentes repetem que não conhecem Brasília e será uma oportunidade única, com diária e lugar para dormir assegurados.

Luís e Isabel encontram-se na mesma reunião, também estão inscritos como moradores da próxima ocupação. Luís começa a se animar com a viagem ao Planalto. "Agora estou na Providência, numa casa muito boa, até vista tem para a Central" [mas a casa é alugada].

O irmão de Tristão, que ganha a vida vendendo pinturas pelo bairro da Lapa, está na reunião. Indago se está inscrito como morador na nova ocupação e se vai a Brasília também. Comenta que está pensando em não deixar a casa de Nova Iguaçu, mas conseguir um lugar para dormir durante a semana no centro, assim seria mais tranquilo para vender suas pinturas. Por hora, Brasília não está em seus planos.

8.4 Giane I

Trecho do caderno de campo.19/06/09

Perto da Praça Tiradentes, centro da cidade, Mariana avista Giane e filhas, corremos em direção a elas. Giane continua com o seu carrinho de bebê sem que Emily esteja nele (ela estava por volta de 1 ano e meio). Havia muito tempo que não nos víamos. Já no final da ocupação, Giane andava sumida. Ela comenta agora que a Machado de Assis está uma bagunça e que não havia mais ninguém conhecido da gente. Está com pressa, pergunto se tem compromisso, ela diz que vão tomar um sopão no Largo [Largo de São Francisco, no centro da cidade] e que está preocupada em perder a hora.

8.5 Giane II

Trecho do caderno de campo. 18/01/2010

Segunda-feira, eu e Mariana encontramos na rua Tadeu Kosciusco, no bairro de Fátima, circunvizinho à Central, Giane e as filhas: Emily e Larissa. Levava seu carrinho de bebê com panos e uma bolsa dessas que se penduram no ombro, mas que parecia vazia. Escutei, finalmente, as primeiras falas de Emily: "xixi" e "coito" [biscoito]. Aproveitando o embalo, fez xixi no batente rente à calçada. Acima, uma placa azul-marinho com a inscrição "Johrei". Um homem da igreja apareceu, eu aceno para ele (numa tentativa de que ele não nos peça para sairmos). As garotas, por sua vez, brincavam de adentrar o portal da messiânica, subindo e descendo alguns lances da escada. O xixi começou a escorrer pela perna de Emily, resultando numa pequena poça no batente da Johrei. Larissa encostou-se à poça e levantou-se em seguida. Giane segurou Emiliy e colocou-a na calçada onde estávamos sentadas todas, mas a pequena desistiu da tarefa e retornou a brincar.

Giane ficou conversando comigo, mas prestando atenção no que Larissa estava dizendo (a primeira estava com os braços e o rosto sujos). Com os olhos arregalados, conta-nos que vão despejar a Machado de Assis em março. "Um homem deu o prazo e vai pagar entre 5 e 7 mil para cada quarto". Pergunta se a gente sabia alguma coisa sobre a nova ocupação que está para acontecer. Encontrara Kiko [morador da Flor do Asfalto] noutro dia, e ele falou que não sabia. Giane observa que talvez a Flor do Asfalto também seja removida por conta das obras na avenida em frente, conforme contou o próprio Kiko, em outra ocasião, foram infindáveis as investidas por parte de diferentes agentes estatais, paraestatais e da governamentalidade objetivando o esvaziamento dessa ocupação.

Alguns meses antes havíamos encontrado Giane e Emily perto do túnel da Central, ela pareceu bem, iam pegar Larissa na escola. Giane levava Emily nos braços e não estava com o carrinho de bebê, objeto "transicional" ou "transacional",[5] como pontua Mariana, porque comumente "quinquilhado" de acessórios: bolsa, panos, brinquedos, sapato etc., possivelmente recolhidos em seu circular diário.[6] Reclama que está com muito sono, que não havia dormido direito para conseguir uma vaga para Emily na creche do Sambódromo. A mulher da creche não lhe deu resposta, não sabe se "Lóri" [Larissa] continuará na escola, embora diz acreditar que sim. Indaga-nos sobre o fato de não termos aparecido na Machado de Assis como tínhamos combinado. Comentou que na quarta-feira está sempre no prédio.

Nesse dia, as filhas estavam bem agitadas. Larissa calçava uma sandália coquete de cor branca, fazendo questão de mostrá-la, embora em seguida a tenha retirado dos pés para percorrer melhor e mais rapidamente os degraus da Johrei. Gustavo contou-nos, dias atrás, que Larissa dissera para ele que Giane estava esperando outro filho: "Sabia que ela tem outra na barriga?!". Despedimo-nos de Giane: "Nos vemos em breve, vamos ao Gustavo, quem sabe ele nos diz sobre uma nova ocupação que esteja pintando por aí". Giane continuava a reclamar do sono, eu disse: "Procura descansar, Giane, um abraço".

---

5 A importância das mais diferentes e variadas transações/ negociações para a chamada "população de rua", envolvendo escalas e planos diversos, de forma a desconstruir a associação entre pobreza e escassez, é apontada e explorada de forma muito interessante na pesquisa de EPELE, Maria. *Sujetar por la herida. Una etnografía sobre drogas, pobreza y salud.* Buenos Aires: Paidós, 2010 (Nota pós-defesa).

6 Mariana nota que o fato de Giane andar pela cidade sempre com o tal carrinho (embora nunca tenhamos visto Emily nele) permite que seja recebida em diferentes locais e situações, em geral, de maneira cortês.

Como uma jamanta rompesse a segunda-feira que prometia comezinha, eram por volta de 6 horas da tarde, baixou o tal desânimo/desalento. Sem moradia, sem vaga na creche para a filha e "É a segunda vez que serei despejada".

Na mesma rua, poucos metros adiante, colada à paróquia de Crispim e Crispiniano, havia uma casa em ruínas (sua fachada desmoronara recentemente). É possível que por conta das implosões no terreno onde, nessa época, começavam a construir um prédio de 20 andares da empresa W TORRES Engenharia, na rua da Relação. Tais implosões foram as prováveis responsáveis por rachar 11 imóveis do entorno e por sua interdição. No prédio da rua dos Inválidos, 22, seus moradores ficaram impedidos de entrar. A Igreja de Santo Antônio dos Pobres, também na Inválidos, terminou na mesma situação. Algumas ruas continuavam interditadas. De repente, na casa que teve sua fachada destruída, ao lado da igreja, comecei a notar inúmeras fotos coladas nas paredes que ainda restavam. Fotos dispostas do chão até o teto do cômodo. Num primeiro relance, as páginas amareladas pareciam imagens de santos (a visão embaçara após o encontro com Giane e as meninas), depois me pareceram fotografias com travestis, aos poucos, vi que os santos, as travestis eram mulheres que estavam com pernas abertas, em posições variadas.

Esta cena inusitada ou este componente *estrangeiro* que interpelou a história que tanto conhecemos, ou seja, relatos de abandono, desigualdade, *exceção ordinária*, injustiça, sofrimento, acabou esvanecendo o "clima de desalento", transformando-o em algo que casava entre o bufo e o grotesco. Afinal, e isso era sem dúvida positivo, Giane e as filhas já procuravam um outro lugar, como nômades que eram da cidade. Nossa *infame* parecia aliviada pelo montante que receberia, estando também estava ligada nos rumores a respeito de que aconteceria uma nova ocupação pelo centro.

Perguntei a ela, noutro dia, o que ia fazer com os 5 mil que receberia como indenização pelo quarto na Machado de Assis: "Você vai comprar mesmo um barraco no alto da Mangueira [ela tinha aventado antes essa possibilidade]?". E ela: "Não, eu não vou não. Na Mangueira eu consegui com um pessoal de lá que eu poderia ficar numa casa na parte alta o tempo que precisasse, até eu arrumar um outro lugar". Quanto ao "pessoal de lá", podemos deduzir quem seja [trabalhadores do tráfico de drogas]: "Porque na Machado está muito ruim, muito ruim mesmo". [Adriana:] "É, me contaram...". Não, não é isso não, é que não está mais dando porque eu estou brigando muito com meu companheiro, a gente não está se entendendo mais, acho que vou ter que sair por causa disso. *Mas a situação da Machado está como sempre foi, não tem nada muito diferente não.*

Por outro lado, a condição de possível despejada avivou com maior intensidade tanto sua rede de contatos quanto o ato de circular pela cidade, e também no sentido de arrumar uma vaga na ocupação que estaria na iminência de acontecer, recompondo, mais uma vez, uma *arte do contornamento* no que concerne ao *estado de exceção* ou em relação à *exceção ordinária.*

Entretanto, não se trata de retomarmos a posição de Antonio Candido, que vê "as formas espontâneas da sociabilidade" nacional como algo que abranda "os choques entre a norma e a conduta", e a transgressão como "um matiz na gama que vem da norma e vai ao crime". Deste ângulo, a *arte do contornamento* poderia ser confundida como um elemento da "flexibilidade" ou da "neutralidade moral" pertencente a uma identidade nacional incompleta. Trata-se, porém, de explorarmos uma outra faceta nesta composição: a de que tais traços, "flexibilidade" e "neutralidade moral", ou sua "abertura", nas palavras do autor de *Os Parceiros do Rio Bonito,* são parte também dos dispositivos que os precarizados da metrópole manejam cotidianamente para reafirmar uma *arte de contornar a exceção ordinária.* Nisto e por tudo isto, sua transgressão: as inúmeras modalidades urdidas como forma de escapar de situações de usurpação e, em última instância, para conseguir não se "ferrar" completamente.

8.6 Eu agradeço demais a vocês

Comecei a participar de alguns encontros do Conselho Popular a partir de 2011. Havia muitas denúncias e ameaças a várias favelas ou "comunidades" da cidade, e as ocupações do centro (Machado de Assis, Zumbi dos Palmares, Dandara, Quilombo das Guerreiras e também Manoel Congo) entravam na lista de lugares ameaçados, fosse por conta de obra de um ou outro evento, ou da "revitalização" da área portuária.

Conseguiu-se após inúmeras reclamações enviadas à relatora da ONU para moradia adequada, Raquel Rolnik, que ela viesse ao Rio para acompanhar as denúncias. Durante uma semana a urbanista visitou diferentes comunidades e, no último dia, aconteceu uma audiência com os respectivos moradores. Chamou minha atenção um grupo que se sentou separado do restante, e que depois se identificou como pertencente à "comunidade Machado de Assis".

Raquel Rolnik explicou-nos inicialmente os objetivos de uma relatoria para moradia da ONU e o que se poderia esperar de sua visita. Ressaltou várias vezes que aquele era um momento especial em relação à história da habitação e dos despejos no país, porque era a chance de mostrar, de "maneira definitiva", não ser mais possível que os governantes, tanto municipais quanto estaduais, continuassem a achar que podiam tirar as pessoas de suas casas de uma hora para a outra. E que, a partir das pressões por parte de organizações externas, poderíamos pensar outros parâmetros de negociação.

Tal mudança significava que qualquer remoção teria que ser acompanhada de negociação, diálogo e opções para os moradores ameaçados, inclusive a de não aceitarem uma dessas opções, algo certamente legítimo. Ou, mesmo se a aceitassem, ela apenas poderia acontecer num raio de até 10 quilômetros de onde residiam anteriormente. E, ainda, que pelo menos uma indenização financeira ou bolsa social/aluguel social teria que ser disponibilizado, até que as casas ou os apartamentos ficassem prontos.

Não podemos negar que após a visita de Raquel Rolnik os termos das remoções e dos despejos ganharam outros delineamentos. As garantias de aluguel social, indenização e casa ou apartamento em lugares distantes do centro são desde então condutas usuais por parte da prefeitura e do estado. Todavia, continuam acompanhadas de ações de maior opacidade por parte dos agentes governamentais. Mas esta é uma outra estória. O que nos interessa é uma rápida passagem ocorrida durante a visita da Relatoria na sede da OAB-RJ.

> *Trecho do caderno de campo.* Uma senhora com trajes modestos, óculos fundo de garrafa, de cor que podemos imaginar, pede a palavra após vários outros moradores terem falado. Trataram de destacar as mais diferentes modalidades usurpadoras tocadas majoritariamente por atores da prefeitura. A mulher se identifica como moradora da "OMA, a comunidade Machado de Assis", e diz algo na seguinte direção: que ela está ali para agradecer imensamente

> a todos os que ajudaram para que ela realizasse um sonho que ela nunca pensou que conseguiria. O sonho ao qual se referia era ter finalmente conseguido uma casa para morar, e será uma casa num bairro novo, o bairro de Cosmos. Ela não tem palavras para dizer aos militantes e à relatora e, de antemão, se prontifica a ajudar no que for preciso na causa dos moradores que estão ali, e que precisam resolver sua situação também.
>
> Raquel Rolnik parece também tocada com a fala da senhora. Seu olhar e sua atenção ganharam outro traço. [Clima desalento, clima desânimo, clima bufo]. Era preciso refazer novamente a perspectiva. Para nossa moradora da "comunidade OMA, a ocupação Machado de Assis", a chance de conseguir uma casa em Cosmos lhe caiu como uma "luva", algo pelo qual se sentirá eternamente grata.
>
> E foi esta mesma reação que teve Lino quando encontrou Antunes nas ruas do centro, em um dia qualquer, e lhe deu um abraço forte e duradouro. Nosso militante a princípio mostrou-se desconfiado, não conseguindo juntar os fios, já que andava cabisbaixo com a derrocada das ocupações do centro. Lino lhe falou que agradecia muito a ele e ao pessoal todo, porque estava muito feliz com a casa em Cosmos, para dar lembranças ao pessoal todo, e que queria muito que Antunes o visitasse. Trocaram celulares, o convite estava valendo.

Foi talvez este fio, com outros mais, que nos levou (nos levaram) a entender porque os moradores da Zumbi dos Palmares, após o primeiro ano no "53 da Venezuela", não aceitaram a proposta da militância, conforme as orientações da Defensoria pública, de registrarem, em algum cartório, os cadastros com os seus nomes e os números de seus documentos (contamos a respeito no capítulo "Desalojamento").

Relembremos que tal registro serviria primeiro como forma de atrelar os moradores ao prédio. Apenas um membro da família apareceria como o responsável pelo apartamento. Caso ele se mudasse ou quisesse passar o quarto, não poderia. Teria que devolver ao coletivo para que este fizesse a distribuição conforme uma lista de espera acordada em assembleia. Segundo Antunes, foi a partir daí que a militância começou a "deixar de mão" a Zumbi dos Palmares. Mas neste caso tudo parece ambíguo, tudo parece contraditório. Foi também no aniversário de um ou dois anos da ocupação que os moradores colocaram uma faixa saudando Lucas e família. E foram também alguns moradores que não quiseram registrar o cadastro no cartório que acusaram o mesmo militante de ter "abandonado a ocupação" um pouco antes da desocupação do imóvel.

Trata-se de pensarmos que a ocupação aparece como *arte do contornamento* de uma série de usurpações, mas quando ela entra num movimento de destruição ou não consegue desfazer a *praga emocional* (conforme as pistas de W. Reich) que perpassa o espaço, resta ponderar sobre os possíveis caminhos que despontam da cena, ou seja, retomar a circulação e a viração como modalidades para escapar da *vida difícil*, tendo o cuidado de não achar que nossos heróis são heróis porque vivem na *indeterminação*. O que todos esses interlocutores parecem endossar, entre outras coisas, é que as modalidades de viração são formas encontradas para se escapar ou para contornar situações de usurpação.

Não se trata de idealizar ou romantizar o fato de as populações pobres viverem cada dia como um tempo de *indeterminação* (o que retomaria a máxima surgida nos anos 60, "Seja herói, seja marginal"), mas de pensar que a vida, em condições de precariedade, consiste na maior parte do tempo em um cotidiano de indeterminações e usurpações, e que as ocupações enquanto "luta por moradia" inscrevem-se como uma viração capaz de minimizar a *vida difícil*. E ainda, que esses interlocutores se encontram nessa condição porque as linhas de força neoliberais, as linhas de força da *vida digna ou vida decente*, as linhas de força da *vida infame*, as linhas de força da *vida difícil* compõem mesmo este maquinário.

Por outro lado, retomemos a ideia de *simpatia* que faz parte das ocupações que se inserem no contexto de "luta por moradia". O que foi criado a partir deste encontro entre precarizados, universitários e militância? O que pode ser criado, agenciado neste tipo de encontro sem que o desalento e o ar cabisbaixo dominem a cena? Porque se consideramos que Gilles Deleuze analisou corretamente, o capitalismo terá que dar conta de cerca de 2/3 da população de precarizados ou miseráveis que tomam as metrópoles principalmente do Terceiro Mundo. Guetos, campos ou prisões são as soluções que têm sido colocadas em prática como forma de conter a multidão de "indesejáveis" inscrita nesses espaços.

Mas a estória que escutei de um membro do operativo da Machado de Assis, na porta da ocupação Guerreiros Urbanos, ocorrida em novembro de 2011, no bairro de Santa Teresa, sugere outras construções para o *comum*.

Trecho retirado do caderno de campo/nov. de 2011. Ocupação Guerreiros Urbanos, Ladeira de Santa Teresa, Santa Teresa

Um militante que conheci da época da Machado de Assis tinha ido um dia antes até a Cinelândia observar o chamado Ocupa Rio, que se instalou nessa praça muito importante em termos de acontecimentos políticos e resistências na cidade. Reparou que havia bastante "população de rua" interagindo com os colegiais, universitários e ativistas presentes. Comentando sobre o assunto com um participante que estava há dias acampado no local, soube de outras coisas. No início, parece que a manifestação estava restrita aos universitários. Aos poucos o pessoal da rua começou a aparecer, mantendo-se durante a noite, participando dos sopões, shows e performances.

A polícia que se mantinha na praça não atentou para o fato de que uma multidão de pessoas que estavam em situação de rua começaram a se deslocar no início da noite e que, em seguida, passaram a instalar-se por lá mesmo. A notícia do Ocupa Rio fora veiculada pelas mídias alternativas, atraindo um número cada vez maior de pessoas à Cinelândia. E continuavam a atrair, mais ainda, pessoas em "situação de rua". O fato de os universitários e os ativistas terem se instalado no local resultou em certa proteção ao "pessoal da rua" que, desta maneira, não seria molestado pela *"municipal"* (guarda municipal), pela polícia ou por outros grupos. Assim, a situação ganhou novo desdobramento. Houve um aumento do contingente de policiais no local que, a partir de um determinado momento, começaram a intervir na situação. Brigas e fatos mais tensos passaram a acontecer, ajudando a gorar o movimento.

Por que esta estória nos ajuda a pensar sobre a construção do *comum*? Porque o encontro entre precarizados e universitários constituindo a cidade de outra maneira nos ajuda a retomar a inspiração benjaminiana sobre a história de que se os vencedores não cessam de vencer, trata-se de recontá-la, "[...] só que [de maneira] um pouco diferente".[7] Velha viração, nova viração.

Concordamos, todavia, com a observação de Francisco Foot-Hardman de que a história não é linear, "[...] é bem mais parabólica".[8] Portanto, quais os sinais que podem ser recolhidos de tudo isso? Que enxameamentos serão possíveis? A metrópole será composta majoritariamente de guetos e prisões? Com arranha-céus comerciais e enclaves de classe média e alta ao lado de favelas miseráveis, com o mínimo de contato entre si? Com engarrafamentos homéricos e homens imóveis? Quais as formas a contrapelo que saltam desse desenho?

Não contei ainda como se deu o esvaziamento da Machado de Assis, acontecido em maio de 2012. Nessa data, a Machado de Assis foi finalmente "lacrada". Segundo uma moradora de uma casa de cômodos localizada ao lado da ocupação, no dia em que aconteceu a desocupação do prédio havia inúmeros carros estacionados na rua Pedro Ernesto. Que ela devia ter entrado na lista para conseguir um apartamento nos bairros de Senador Camará ou em Bangu, na zona oeste. Gustavo ponderou que ela devia ter entrado mesmo: "Por que não entrou?". Ela então reorganizou a sua fala, dizendo saber que havia pessoas que "[...] precisavam mais do que ela" (esta mesma justificativa eu escutei outras vezes, em situações semelhantes, de pessoas "de fora", que também se encontravam em condição de precariedade em termos de moradia). Mas era certo que não daria para ela morar em Bangu não, porque achava o bairro muito distante do centro da cidade.

---

7 "É bem conhecida a parábola sobre o reino messiânico que Benjamin contou uma noite a Bloch [Ernest] [...]: 'Os chassidim contam uma história sobre o mundo por vir que diz o seguinte: lá, tudo será precisamente como é aqui; como é agora o nosso quarto, assim será no mundo que há de vir; onde agora dorme o nosso filho, é onde dormirá também no outro mundo. E aquilo que trazemos vestido neste mundo é o que vestiremos também lá. Tudo será como é agora, só que um pouco diferente" (BENJAMIN, W. *apud* AGAMBEN, G. Auréolas. In: *A comunidade que vem*. Lisboa: Ed. Presença, 1990. p. 44) (grifos meus).

8 FOOT-HARDMAN, Francisco. Troia de taipa: Canudos e os irracionais. In: ___ (org.). *Morte e Progresso. Cultura Brasileira como apagamento de rastros*. São Paulo: Fundação Editora da Unesp, 1998, p. 129.

Como poderia trabalhar e cuidar do filho? Afinal, ela é sozinha. No máximo tem a mãe ali perto, que fica vez ou outra com o garoto. Mas o apartamento em Senador Camará o "pessoal" havia lhe dito que era muito bom: "Apartamento em condomínio fechado, bonito mesmo". Mas que muita gente teria permanecido por ali também, na rua do Livramento. Era o "pessoal" que havia pego o dinheiro da indenização ou o aluguel social: "Era bastante gente mesmo". "Dizem que quem comprou tudo foi a Xuxa [e rimos todos]". Segundo contou sua amiga (que tem a lojinha de balas grudada ao prédio da Machado de Assis), estaria com medo de ter de sair. Então, o que ela resolveu fazer? Decidiu escrever uma carta, colocou as fotos das filhas e desejava enviá-la à empresa UNILEVER que, como contaram os agentes da prefeitura, "[...] era a dona realmente do lugar". Considerou sua amiga "muito boba", por achar que alguém iria ler ou olhar as fotos: "Porque ela queria fazer uma 'bombonière' no local, ampliar um pouco, mas está um tanto receosa".

Em dezembro do mesmo ano, passando pela rua do Livramento numa tarde de domingo, reparei que um pedaço do muro, da parte de trás da (ex) ocupação, havia sido derrubado e pessoas circulavam no local.

Post-Scriptum

Apenas duas das ocupações referidas no livro se mantêm até o presente, a Dandara e a Manoel Congo. As duas conseguiram na justiça o *direito a uso por concessão especial*.

Uma presença do tráfico muito extensiva nas ruas da Central não aparecia na versão de tese; hoje, os conflitos entre a polícia e o tráfico pioraram e têm se espalhado pelo entorno. Há rumores de que um outro ator, os milicianos, presentes em áreas periféricas, começaram a disputar negócios e territórios no centro.

Prédios ou casarões vazios nessa mesma região são atualmente escassos, muitos foram vendidos durante o processo de financeirização pelo qual passou a cidade; segundo relatos de moradores uma invasão, a maior parte de imóveis em desuso foram tomados por pessoas que se dizem ligados a milícia ou ao tráfico de drogas.

No coração da Central o teleférico trambolhão, um dos objetos celebrados pelos ventos dos megaeventos, encontra-se parado desde o final de 2016; o restaurante popular Garotinho não tem data para retornar, o hotel popular foi reaberto, mas alguns interlocutores disseram estar mais restrito ("elitizado") por conta das condições estabelecidas para conseguir a vaga para um período do dia ou da noite.

Já a avenida Marechal Floriano, importante via de acesso para a Central, segue interditada para obras do VLT. Este talvez se torne também ruína por conta da ameaça do rompimento de contrato por parte da empresa responsável[1]. No meio disso tudo, cerca de 15 ossadas, possivelmente de membros da

1 https://g1.globo.com/rj/rio-de-janeiro/noticia/2019/03/21/vlt-corre-risco-de--parar-de-funcionar-por-conta-de-dividas-da-prefeitura.ghtml;https://blogs.oglobo.

Irmandade de Santa Rita,[2] foram encontrados em frente a igreja homônima, e o IPHAN conseguiu paralisar as obras até que o material fosse recolhido.

Em 1 de maio de 2018, um prédio ocupado pelo Movimento Social de Luta por Moradia (MSLM), o "prédio da Paissandu", desabou em São Paulo,[3] nove militantes foram indiciados.[4] O desabamento do prédio da Paissandu justificou a publicação, duas semanas depois, do decreto 44557/2018, pelo prefeito Marcelo Crivella. Por esse decreto se autorizava o reassentamento de qualquer imóvel julgado, por órgãos competentes, em condições precárias de segurança habitacional e saúde pública.[5]

Nesse mesmo período, em 13 de maio, reportagens foram veiculadas na mídia corporativa denunciando a região da Dandara, a Central do Brasil, como tomada de "casarões do tráfico".[6] Um grupo de moradores da ocupação resolveu agir e ir até o CRAS situado próximo para denunciar a situação e sensibilizar de alguma forma. Houve também a notícia de que um morador teria sido assassinado dentro do prédio após a acusação por pedofilia. O NUTH da Defensoria em conjunto com um servidor do ITERJ e, conheci-

globo.com/ancelmo/post/justica-nega-liminar-ao-vlt-carioca-para-rescisao-do-contrato-com-prefeitura-do-rio.html; https://odia.ig.com.br/rio-de-janeiro/2019/07/5660604-prefeitura-diz-que-pode-fazer-nova-licitacao-para-o-vlt-caso-haja-acordo-com-consorcio.html

2 http://portal.iphan.gov.br/rj/noticias/detalhes/4789/sitio-arqueologico-no-vlt-carioca-recebe-projeto-de-educacao-patrimonialhttps://www.jb.com.br/rio/2018/09/2717-vlt-em-meio-a-polemica-e-a-historia.html

3 https://www1.folha.uol.com.br/cotidiano/2018/05/incendio-de-grandes-proporcoes-atinge-um-edificio-no-largo-do-paissandu.shtmlhttps://g1.globo.com/sp/sao-paulo/noticia/2019/10/01/mp-denuncia-seis-pessoas-por-desabamento-de-predio-no-largo-do-paissandu.ghtml

4 https://g1.globo.com/sp/sao-paulo/noticia/2019/06/24/lideres-de-movimentos-de-moradia-sao-presos-em-investigacao-sobre-desabamento-de-predio-no-largo-do-paissandu.ghtml

5 https://leismunicipais.com.br/a1/rj/r/rio-de-janeiro/decreto/2018/4456/44557/decreto-n-44557-2018-institui-grupo-de-trabalho-para-tratar-dos-assuntos-relacionados-a-ocupacao-irregular-e-da-outras-providencias

6 https://oglobo.globo.com/rio/casaroes-do-trafico-um-reflexo-do-abandono-no-centro-do-rio-22678305

do dos moradores desde muito tempo, foi então até o prédio para conversar com o coletivo, em seguida, até o comandante de policía do batalhão responsável pela área para negociar a presença de policiais dentro e em frente ao imóvel (lembremos que o Rio de Janeiro passava por intervenção militar). E assim foi feito.

A ocupação Dandara segue com a presença da polícia dentro do edifício de forma a evitar que o tráfico retorne e também continua acompanhada de perto pelo ITERJ e o NUTH, da Defensoria Pública do Estado. No início de 2019, antes do carnaval, a nova presidenta do ITERJ e a Defesa Civil fizeram uma vistoria na infraestrutura da Dandara e anunciou que o prédio sofreria interdição. Surgiram boatos de que a conta de luz não seria mais paga pelo ITERJ, mas pelos moradores. Novamente o NUTH acudiu, desde então tem acontecido reuniões e mobilização para reorganizar a ocupação.

A notícia mais recente é de que obras prometidas desde antes dos megaeventos serão realizadas andar por andar, seus moradores serão instalados no térreo de forma a acompanhar cada etapa, ao mesmo tempo, impedir que ele fique vazio. Por tudo o que assinalei antes, é fácil supor que a saída dos moradores poderia propiciar tanto novas invasões (pelo tráfico, milicia ou outros moradores), quanto uma ação do governo tendo como fim lacrá-lo.

Referências Bibliográficas

AFFONSO, Elenira Arakilian. *Teia de relações da ocupação do edifício Prestes Maia.* Dissertação (Mestrado em Arquitetura e Urbanismo) – Universidade de São Paulo, São Paulo, 2010.

AGAMBEN, Giorgio. *Homo Sacer:* o poder soberano e a vida nua I. Trad. Henrique Burigo. Belo Horizonte: Ed. UFMG, 2004.

_____. *Estado de Exceção.* Tradução de Iraci D. Poleti. São Paulo: Boitempo, 2004a.

_____. Notas sobre o gesto. *Revista Artefilosofia,* Ouro Preto, n. 4, p. 9-14, jan. 2008. Disponível em: <http://www.raf.ifac.ufop.br/pdf/artefilosofia_04/artefilosofia_04_00_ iniciais_sumario_editorial_notas.pdf>. Acesso em: maio de 2012.

_____. Auréolas. In: _____. *A comunidade que vem.* Lisboa: Ed. Presença, 1990. p. 42-46.

AGIER, Michel. *Gérer les indesirables*: des camps de refugiés au gouvernement humanitaire. Paris: Editions Flammarion, 2008.

_____. Le camp comme limite et comme espace politique. In: KOBELINKSKY, Carolina; MAKAREMI, Chowra. *Enfermés dehors*: enquêtes sur le confinement dês étrangers. Broissieux/ Bellecombe-en-Beuges: Ed. du Croquant, 2009.

_____. From refuge the guetto is born: contemporary figures of heterotopias. In: HUTCHISON, Ray; HAYNES, Bruce. *The Guetto*: contemporary Global Issues and controversies. Boulder, Colorado: Westview Press, 2012, p. 265-292.

ALMEIDA, Rafael. *A microfísica do poder instituinte e sua espacialidade*: campos, territórios e redes. Dissertação (Mestrado em Geografia) – Universidade Federal do Rio de Janeiro, Rio de Janeiro, 2011.

ALVES, Eliane. Territórios em disputa: a produção do espaço em ato. In: TELLES, Vera; CABANES, Robert. (orgs.). *Nas tramas da cidade: trajetórias urbanas e seus territórios*. São Paulo: Humanitas, 2006.

ANDRADE, Inácio Carvalho Dias de. *Movimento social, cotidiano e política:* uma etnografia da questão identitária dos sem-teto. Dissertação. Universidade de São Paulo, São Paulo, 2010.

ANT, Clara; KOWARICK, Lucio. Cenas de Promiscuidade: o cortiço na cidade de São Paulo. In: KOWARICK, L. (org.). *As lutas urbanas e a cidade*. Rio de Janeiro: Paz e Terra, 1994 [1988].

AQUINO, Carlos. *A coletivização como processo de construção de um movimento de moradia*: uma etnografia do Movimento Sem-teto no centro. Dissertação (Mestrado em Antropologia) – Universidade de São Paulo, São Paulo, 2009.

ARAÚJO, Fábio. *Das consequências da arte macabra de fazer desaparecer corpos*. Violência, sofrimento e política entre familiares de vítima de desaparecimento forçado. Tese (Doutorado em Sociologia e Antropologia) – Universidade Federal do Rio de Janeiro, Rio de Janeiro, 2012.

ARAÚJO, Maria Celina. Estado, Classe Trabalhadora e Políticas Sociais. In: *SIMPÓSIO NACIONAL DE HISTÓRIA – ANPUH* 22, 2003, João Pessoa. Anais... João Pessoa, 2003. Disponível em: <http://anpuh.org/anais/wp-content/uploads/mp/pdf/ ANPUH.S22.453.pdf>. Acesso em: 20/09/12.

BAPTISTA, Luís Antonio. *A cidade dos sábios*. São Paulo: Summus Editorial, 1999.

BAPTISTA, Luís Antonio; FERREIRA, Marcelo Santana. *Por que a cidade?* Escritos sobre experiência urbana e subjetividade. Niterói: Eduff, 2012.

BARBOSA, Antonio Rafael. *Prender e dar fuga:* Biopolítica, sistema penitenciário e tráfico de drogas no Rio de Janeiro. Tese (Doutorado em Antropologia Social) – Museu Nacional, Universidade Federal do Rio de Janeiro, Rio de Janeiro, 2005.

_______. O baile e a prisão – onde se juntam as pontas dos segmentos locais que respondem pela dinâmica do tráfico de drogas no Rio de Janeiro. Cadernos de Ciências Humanas. Especiaria, v. 9, n. 15, p. 119-135, 2006.

BARTHES, Roland. *A Câmara Clara*. Rio de Janeiro: Nova Fronteira, 1984.

BASTOS, Isabela. Consórcio assume responsabilidade por serviços públicos em parte da zona portuária. Jornal *O Globo* (on line), Rio de Janeiro, 13 jun. 2011. Disponível em:<http://oglobo.globo.com/rio/consorcio-assume-responsabilidade-por-servicos-publicos-em-parte-da-zona-portuaria-2876146>. Acesso em: 27/10/2012.

BENJAMIN, Walter. *Passagens*. Ed. de Rolf Tiedemann; org. ed. brasileira Willi Bolle e Olgária Chain Matos; trad. do alemão Irene Aron; trad. do francês Cleonice P. Barreto Mourão. Belo Horizonte / São Paulo: Ed. UFMG, Imprensa Oficial do Estado de São Paulo, 2006.

_____. *Origem do drama trágico alemão*. Trad. João Barrento. Belo Horizonte: Autêntica Editora, 2011.

_____. Franz Kafka: a propósito do décimo aniversário de sua morte. In: *Obras escolhidas,* vol. 1: magia e técnica, arte e política. São Paulo: Ed. Brasiliense, 1987. p. 137-164.

_____. A crise do romance: sobre AlexanderPlatz de Doblin. In: *Obras Escolhidas,* vol. 1. Trad. Sérgio Paulo Rouanet. São Paulo: Ed. Brasiliense, 1987.

_____. Sobre alguns temas em Baudelaire. In: *Obras Escolhidas,* vol. 3. São Paulo: Ed. Brasiliense, 1989.

_____. Experiência e Pobreza. In: *Obras Escolhidas,* vol. 1. Trad. Sérgio Paulo Rouanet. São Paulo: Ed. Brasiliense, 1987. p. 114-119.

_____. O Narrador: considerações sobre a obra de Nikolai Leskov. In: *Obras Escolhidas,* vol. 1. Trad. Sérgio Paulo Rouanet. São Paulo: Ed. Brasiliense, 1987. p. 197-221.

_____. The Destructive Character. In: BENJAMIN, Walter; DEMETZ, Peter (eds.). *Reflections: essays, aphorisms, autobiographical writings.* Transl. Edmund Jephcott. New York: A Harvest/ HBJ Book, 1979. p. 301-303.

_____. Sobre o conceito de história. Trad. Jeanne-Marie Gagnebin e Marcos Lutz Müller. In: LOWY, Michael. *Walter Benjamin*: aviso de incêndio: uma leitura das teses "Sobre o conceito de história". São Paulo: Boitempo, 2005.

_____; LACIS, Asja. Nápoles. In: *Obras escolhidas*, vol. 2. Trad. de Rubens Rodrigues Torres Filho e José Carlos Martins Barbosa. São Paulo: Ed. Brasiliense, 1997. p. 148-150.

BIRMAN, Patricia. *Comunicação pessoal*. Rio de Janeiro, dez./ 2012.

_____. *Cruzadas pela paz*: práticas religiosas e projetos seculares relacionados à questão da violência no Rio de Janeiro. Religião e Sociedade, v. 32, n. 1, 2012. Disponível em:< http://www.scielo.br/pdf/rs/v32n1/a10v32n1.pdf. >. Acesso em: 08/08/2012.

_____. Feitiçarias, territórios e resistências marginais. *Mana*, Rio de Janeiro, v. 15, n. 2, oct. 2009. Disponível em: <http://www.scielo.br/scielo.php?script=sci_arttext&pid =S0104-93132009000200001.>. Acesso em: 05/02/2011.

BIRMAN, Patricia. Ocupações: territórios em disputa, gêneros e a construção de espaços comuns In: LEITE, Márcia; BIRMAN, Patricia; MACHADO, Carly; CARNEIRO, Sandra. *Dispositivos urbanos e trama dos viventes*: ordens e resistências. Rio de Janeiro, Ed. FGV, 2015.

BIRMAN, Patricia; MACHADO, Carly. A Violência dos Justos: evangélicos, mídia e periferias da metrópole. *Revista Brasileira de Ciências Sociais*, v. 27, n. 80, out. 2012. Disponível em:<http://www.scielo.br/pdf/rbcsoc/v27n80/v27n80a04.pdf.>. Acesso em: 02/12/2012.

BIRMAN, Patricia; FERNANDES, Adriana. 2011. Os sem-teto nos projetos de ordem do Rio de Janeiro: exceção e resistência na metrópole (uma análise preliminar). In: REUNIÃO DE ANTROPOLOGIA DO MERCOSUL, 10, Curitiba, PR, jul. 2013. *Anais*... Disponível em:<http://www.starlinetecnologia.com.br/ram/arquivos/ram_GT40_Patricia_Birman.pdf.>. Acesso em: 15/07/2011.

BIRMAN, Patricia; FERNANDES, Adriana; PIEROBON, Camila. Um emaranhado de casos: tráfico de drogas, estado e precariedade em moradias populares. Mana, v.20, n.3, p.431-460, 2014.

BITENCOURT, Gabriela Siqueira. *Fraturas da Metrópole*: objetividade e crise do romance em Berlin AlexanderPlatz. Dissertação (Mestrado em Teoria Literária e Lit. Comparada) – Universidade de São Paulo, 2010.

BORGES, Fabiane. *Domínios do demasiado*. São Paulo: Hucitec, 2010.

BOUILLON, Florence. *Squats, un autre point de vue sur les migrants*. Paris: Ed. Alternatives, 2009.

BOURGOIS, Philippe. Un "apartheid intime": Dimensions ethniques de l'habitus chez les toxicomanes sans-abri de San Francisco. *Actes de la recherche en sciences sociales,* 160, p. 32-45, 2005.

BRASIL. *MPV 2.220/2001* (MEDIDA PROVISÓRIA) 04/09/2001. Dispõe sobre a concessão de uso especial de que trata o par. 1º do art. 183 da Constituição, cria o Conselho Nacional de Desenvolvimento Urbano – CNDU e dá outras providências. *Diário Oficial* eletrônico de 05/09/2001, p. 12, edição extra.

_____. Justiça Federal. 2ª Região da Seção Judiciária do Rio de Janeiro. *Processo nº 2005.51.01.007798-0*.

_____. Presidência da República. Casa Civil. Subchefia para Assuntos Jurídicos. *Constituição da República Federativa do Brasil de 1988*. Disponível em: <http://www.planalto.gov.br/ccivil_03/constituicao/Constituicao.htm#art6>. Acesso em: nov. 2012.

_____. Ministério da Cultura. *Sítio na Web*: pontos de Cultura. Disponível em: <http://www.cultura.gov.br/site/2011/02/03/pontos-de-cultura-12/>. Acesso em: out. 2012.

BRESCIANI, Maria Stella. *Londres e Paris no séc. XIX*. Coleção Tudo é História. São Paulo: Brasiliense, 1994.

BRITTO, Adriana; MENDES, Alexandre. A Defensoria pública e o direito à moradia no contexto dos megaeventos esportivos (Comunicação). In: SEMINÁRIO DE DIREITO URBANÍSTICO, 1, out. 2011, Campos, RJ. *Anais*... Disponível em: <http://www.sfdu.com.br/oficinas/A_

Defensoria_publica_e_o_direito_a_moradia_no_contexto.pdf.>. Acesso em: 05/11/2011.

CABANES, R.; GEORGES, Isabel; RIZEK, Cibele; TELLES, Vera. (orgs.). *Saídas de Emergência:* ganhar e perder a vida na periferia de São Paulo. São Paulo: Boitempo, 2011.

CAIAFA, Janice. *Aventura das cidades:* ensaios e etnografia. Rio de Janeiro: Ed. FGV, 2007.

_____. Três palavras. In: *Trópico* (on line). Disponível em: <http://pphp.uol.com.br/tropico/html/textos/2621.shl.>. Acesso em: 03/01/2009.

_____. Uma cidade, uma cena e alguns suvenirs. *SaúdeLoucura 6. Subjetividade. Questões Contemporâneas.* São Paulo: Ed. Hucitec, 1997. p. 155-169.

CALDEIRA, Teresa. Enclaves fortificados: a nova segregação urbana. *Novos Estudos Cebrap,* n.47, 1997, p.155-176. Disponível em: <http://www.novosestudos.com.br/v1/contents/view/750#.URJ8sx1X2NA>. Acesso em: 03 ago. 2011.

_____. Imprinting and moving around: new visibilities and configurations of public space in São Paulo. *Public Culture,* v. 24, n. 2, p. 404-405, 2012. Disponível em: < http://www.publicculture.org/articles/view/24/2/imprinting-and-moving-around-new-visibilities-and-configurations-of-public-space-in-sao-paulo.> Acesso em: 15/10/2012.

CAMPOS, Haroldo. *O Sequestro do barroco na formação da literatura brasileira:* o caso Gregório de Mattos. Salvador: Fundação Casa de Jorge Amado, 1989.

CANDIDO, Antonio. Dialética da Malandragem. In: ____. *O discurso e a cidade.* São Paulo: Duas Cidades, 1993.

CANTANHEDE, Eliane; TORRES, Sérgio. *Militares dizem ter entregue jovens a traficantes no Rio.* Disponível em: http://www1.folha.uol.com.br/ fsp/cotidian/ff1706200801.htm

CARNEIRO, Sandra de Sá; SANT'ANNA, Maria Josefina Gabriel (orgs.). *Cidade:* olhares e trajetórias. Rio de Janeiro: Garamond, 2009.

CARRICONDE, Raquel. *Nas subidas e descidas da Escadaria Selaron, Lapa/RJ*: uma etnografia da construção social do espaço. Dissertação

(Mestrado em Ciências Sociais) – Universidade Estadual do Rio de Janeiro, Rio de Janeiro, 2012.

CARVALHO, Lia de Aquino. *Habitações Populares:* contribuição ao estudo das habitações populares: Rio de Janeiro 1886-1906. 2. ed. Rio de Janeiro: Secretaria Municipal de Cultura, 1995.

CARVALHO, Ana Priscilla Rezende de. Etnografando a produção de ruínas em Vila Autódromo (RJ): visibilidade e política das imagens desde dentro. Dissertação de mestrado. Programa de Pós-Graduação em Antropologia Social, Universidade Federal Fluminense, Niterói, 2019.

CASCAIS, Antonio; CORDEIRO, Edmundo. Prefácio. In: FOUCAULT, M. *O que é um autor?* Trad. Antonio Cascais e Edmundo Cordeiro. Lisboa: Passagens e Vega, 1992. p. 23-24.

CASSIN, Barbara (ed.). *Dictionary of Untranslatables.* A Philosophical Lexicon. New Jersey: Princinton University, 2014 (versão e-book).

CHALHOUB, Sidney. *Cidade Febril:* cortiços e epidemias na corte imperial. São Paulo: Companhia das Letras, 1996.

COMITÊ POPULAR DA COPA E OLIMPÍADAS DO RIO DE JANEIRO. Megaeventos e violações dos direitos humanos no Rio de Janeiro: dossiê do comitê popular da copa e olimpíadas do Rio de Janeiro. Disponível em: http://www.direitoamoradia.org/?p=12942&lang=pt. Acesso em: 20/05/2012.

COMPANHIA DE DESENVOLVIMENTO URBANO DA REGIÃO DO PORTO DO RIO DE JANEIRO. *Sítio na WEB.* Disponível em:<http://portomaravilha.com.br/>. Acesso em: 09/08/2012.

COSTA, Jurandir Freire. Ordem médica e norma familiar. Rio de Janeiro, Graal, 1979.

CUNHA, Christina Vital da. *Evangélicos em ação nas favelas cariocas*: um estudo socioantropológico sobre redes de proteção, tráfico de drogas e religião no Complexo de Acari. Tese (Doutorado em Ciências Sociais) – Universidade do Estado do Rio de Janeiro, Rio de Janeiro, 2009.

DADOUN, Roger. *Cem Flores para Wilhelm Reich.* Trad.: Rubens Frias. São Paulo: Editora Moraes, 1991.

DAS, Veena & POOLE, Deborah. The State and its margins. *Anthropology in the margins of the state.* New Mexico: Santa Fe, 2004.

_____. *Anthropology in the margins of the state.* New Mexico: Santa Fe, 2004.

DAWSEY, John. Por uma antropologia benjaminiana: repensando paradigmas do teatro dramático. *Mana,* v. 15, n. 2, p. 349-376, 2009. Disponível em: < http://www.scielo.br/scielo.php?pid=S0104-93132009000200002&script=sci_arttext>. Acesso em: 24/09/2011.

DELEUZE, Gilles. *A ilha deserta e outros textos.* Ed., org. e rev. téc.: David Lapoujade; Luiz Orlandi. São Paulo: Illuminuras, 2006.

_____. Cinco proposições sobre a psicanálise. (trad. Cíntia Vieira da Silva). In: *A ilha deserta e outros textos.* Ed., org. e rev. téc.: David Lapoujade; Luiz Orlandi. São Paulo: Illuminuras, 2006. p.199-206.

_____. Post-scriptum sobre as sociedades de controle. In: ____. *Conversações, 1972-1990.* Trad. Peter Pal Perbart. Rio de Janeiro: Ed.34, 1992. p. 219-226.

_____. *Conversações, 1972-1990.* Trad. Peter Pál Pelbart. Rio de Janeiro: Ed. 34, 1992.

_____. *Crítica e Clínica.* Trad. Peter Pál Pelbart. São Paulo: Ed. 34, 1997.

_____. *Kafka:* para uma literatura menor. Trad. Júlio Castañon Guimarães. Rio de Janeiro: Editora Imago, 1977.

_____. Rachar as coisas, rachar as palavras. In: ____. *Conversações, 1972-1990.* Trad. Peter Pál Pelbart. Rio de Janeiro: Ed. 34, 1992.

DELEUZE, G. Um retrato de Foucault. In: _____. *Conversações,* 1972-1990. Trad. Peter Pál Pelbart. Rio de Janeiro: Ed. 34, 1992.

_____. Um manifesto a menos (sobre a obra de Carmelo Bene). In: _____. *Sobre teatro.* Trad. Fátima Saad. Rio de Janeiro: Jorge Zahar, 2010. p. 63-64.

DELEUZE, Gilles; GUATTARI, Felix. Postulados da Linguística. In: _____. *Mil Platôs, vol. 2.* Trad. Ana L. Oliveira e Lúcia C. Leão. São Paulo: Ed. 34, 1995. p. 11-59.

_____. 1837 – Acerca do Ritornelo. In: _____. *Mil Platôs, vol. 4.* Trad. Suely Rolnik. São Paulo: Ed. 34, 1997. p. 120-123.

_____. 1875 – Três novelas ou o que se passou? In: _____. *Mil Platôs, vol. 3*. Trad. Ana Lúcia de Oliveira e Lúcia C. Leão. Rio de Janeiro: Ed.34, 1996. p. 63-81.

_____. 1730 – Devir-Intenso, Devir-Animal, Devir-Imperceptível. In: _____. *Mil Platôs, vol. 4*. Trad. Suely Rolnik. São Paulo: Ed. 34, 1997.

_____. *Mil Platôs* - Capitalismo e Esquizofrenia, vol. 4. Trad. Suely Rolnik. São Paulo: Ed. 34, 1997.

_____. *Mil Platôs* - Capitalismo e Esquizofrenia, vol. 5. Trad. Janice Caiafa e Pal Pelbart. São Paulo: Ed. 34, 1997.

_____. 1227. Tratado de Nomadologia. A máquina de Guerra. *Mil Platôs* - Capitalismo e Esquizofrenia, vol. 5. Trad. Pal Pelbart. São Paulo: Ed. 34, 1997. p.11-110.

_____. D de Desejo. In: _____. *O Abcdário de Deleuze*. Trad. anônima (1996). Transcrição disponível em: <www.oestrangeiro.net/esquizoanalise/67-o-abecedário-de-gilles-deleuze> Acesso em: 03/05/2011. Audio com legendas em português disponível em: <www.youtube.com/watch?v=7tG4fceymmY>. Acesso em: 25/05/2011.

DELEUZE, Gilles; PARNET, Claire. Da superioridade da literatura anglo-americana. In: _____. *Diálogos*. Trad. Eloísa Araújo Ribeiro. São Paulo: Editora Escuta, 1998.

_____. *Diálogos*. Trad. Eloisa A. Ribeiro. São Paulo: Escuta, 1998a.

DIAS, Amanda. *Du moukhhayam à la favela*: une étude comparative entre un camp des réfugiés palestiens au Liban et une favela carioca. Tese (Doutorado em Ciências Sociais) – École des Hautes Études, Universidade do Estado do Rio de Janeiro, Rio de Janeiro, 2009.

DOBLIN, Alfred. *Berlin AlexanderPlatz*. Trad. Irene Aron. São Paulo: Martins, 2009.

_____. Meu livro Berlin AlexanderPlatz. In: _____. *Berlin AlexanderPlatz*. Trad. Irene Aron. São Paulo: Martins, 2009a [1932]. p. 523-525.

DONZELOT, Jacques (dir.). *Face à l'exclusion, le modèle français*. Paris: Esprit, 1991.

DURANTAYE, Leland de la. Animal [verbete] (box 1: *bare live*; box 2: *homo sacer*) In: CASSIN, Barbara (Ed.). *Dictionary of Untranslatables*. A Philosophical Lexicon. New Jersey: Princeton University Press, 2014 (e-book).

EPELE, Maria. *Sujetar por la herida:* una etnografía sobre drogas, pobreza y salud. Buenos Aires: Paidós, 2010.

FARIAS, Juliana. Da atualização dos mecanismos de controle: a transformação dos favelados em população "matável". *Os urbanitas*: Revista de Antropologia Urbana (*on line*), ano 5, v. 5, 2008.

FARIAS, Juliana. Governo das Mortes: uma etnografia da gestão de populações de favelas no Rio de Janeiro. Programa de Pós-Graduação em Sociologia e Antropologia/UFRJ, 2014.

FELTRAN, Gabriel. "Trabalhadores e bandidos: categorias de nomeação, significados políticos". *Temáticas* (Unicamp), ano15, p. 11-50, 2007

FERNANDES, Adriana. Cidade da Cidade: ocupação e gesto na zona portuária carioca. *Revista Polêmica (on line)*, v. 11, n. 1, 2012. Disponível em: < http://www.e-publicacoes.uerj.br/index.php/polemica/article /view/2993/2168#_ftnref17.> Acesso em: 13/11/2012.

_____. Segregação e invenção na cidade: uma entrevista com Barba nos jardins do Museu de Arte Moderna – MAM/ RJ. *Revista RUA/ UNICAMP*, [*on line*], v. 2, n. 16, p. 150-170, 2010. Disponível em:< http://www.labeurb.unicamp.br.> Acesso em: 03/10/2011.

FERNANDES, Edésio. Cidade ilegal x legal. Colóquio com Edésio Fernandes in VALENÇA, Márcio (org.). *Cidade (I)legal.* Rio de Janeiro, Editora Mauad, 2008.

______. Do código civil ao estatuto da cidade: algumas notas sobre o direito urbanístico no Brasil In VALENÇA, Márcio (org.). *Cidade (I)legal.* Rio de Janeiro, Editora Mauad, 2008.

______. Reformando a ordem jurídico-urbanística no Brasil In VALENÇA, Márcio (org.). *Cidade (I)legal.* Rio de Janeiro, Editora Mauad, 2008.

FERREIRA, Mariana. A sensibilidade é hoje o campo de batalha político (Wilhelm Reich entre o contato e a compaixão). mimeo. In: IV Congresso do ULAPSI, Montevideo. Construyendo la Identidad Latinoamericana de la Psicología, 2012.

FOOT-HARDMAN, Francisco. Pontos extremos: ruínas invisíveis nas fronteiras de um país. *The Lilas Visiting Resource Professors Papers*, Austin, Texas, v. 1, n. 1, p. 15, 2003. Disponível em: <http://lanic.utexas.edu/project/etext/llilas/ vrp/FootHardman. pdf.>. Acesso em: 14/06/2011.

_____. Troia de taipa: Canudos e os irracionais. In: _____ (org.). *Morte e Progresso:* Cultura Brasileira como apagamento de rastros. São Paulo: Fundação Editora da Unesp, 1998.

FORMAGIO, Cessimar C. O engajamento político entre o "renomear o vivido" e dispositivos de normatização social: experiências femininas pelos ativismos e militâncias populares. Tese de Doutorado em Sociologia. PPGS/UFSCAR, São Carlos, 2019.

FOUCAULT, Michel. Des espaces autres. In: _____. *Dits et Ecrits IV* (1980-1988). Paris: Gallimard, 1994. p. 752-762.

_____. A vida dos homens infames. In: _____. *O que é um autor?* Trad. Antonio Cascais e Edmundo Cordeiro. Lisboa: Passagens e Vega, s/d. p. 96-97.

_____. *História da Sexualidade I:* a vontade de Saber. Trad. Thereza Albuquerque e J. Guillon Albuquerque. Rio de Janeiro: Graal, 1985.

_____. Les hétérotopies. In: *Le corps utopique, les hétérotopies*. Daniel Defert (Dir.). Paris: Nouvelles Éditions Lignes, 2009. p. 7-21.

_____. *Segurança, território e população.* Alessandro Fontana e François Ewald (eds.). Trad. Eduardo Brandão. São Paulo: Martins Fontes, 2008.

_____. *Ordem do discurso*. São Paulo: Edições Loyola, 1996.

FRESIA, Marion. "Frauder" lorsqu'on est réfugié. *Politique Africaine.* Dossier Globalisation et illicite en Afrique, n. 93, p. 42-62, 2004. Disponível em: <http://www.cairn.info/article.php?ID_ARTICLE=POLAF_093_0042.> Acesso em: 25/09/2011.

GAGNEBIN, Jeanne-Marie. Entre a vida e a morte. In: OTTE, George; SEDLMAYER, Sabrina; CORNELSEN, Elcio. *Limiares e Passagens em Walter Benjamin.* Belo Horizonte: Ed. UFMG, 2010. p. 12-26.

_____. *História e Narração em Walter Benjamin*. São Paulo: Editora Perspectiva, 1999.

_____. Memória, história e testemunho. In: _____. *Lembrar, escrever, esquecer*. São Paulo: Ed. 34, 2006. p. 54.

_____. Não contar mais? In: _____. *História e Narração em Walter Benjamin*. São Paulo: Editora Perspectiva, 1999. p. 55-72

GALVÃO, Walnice Nogueira. *O Império de Belo Monte, Vida e morte de Canudos*. São Paulo: Fundação Perseu Abramo, 2002.

GODOY, Ana. *A menor das ecologias*. São Paulo: Ed. USP, 2008.

GRANDI, Matheus. Espacialidade cotidiana e processos de negociação no movimento dos sem-teto carioca: Reflexões sobre um caso da variante por coletivo. *Revista Território Autônomo*, n. 1, 2012. Disponível em: < http://files.rekro.net/200000060-3121933158/TA1_Artigo_GRANDI.pdf.>. Acesso em: 09/11/2012.

GUATTARI, Felix. *Caosmose:* um novo paradigma estético. Trad. Ana L. de Oliveira e Lúcia C. Leão. Rio de Janeiro: Ed. 34 Letras, 1992.

GUATTARI, Felix; ROLNIK, Suely. *Cartografias do desejo*. Petrópolis, RJ: Vozes, 2007.

GUIMARÃES, Roberta. *A Utopia da Pequena África*: os espaços do patrimônio na zona portuária carioca. Tese (Doutorado em Sociologia e Antropologia) – Universidade Federal do Rio de Janeiro, Rio de Janeiro, 2011.

GUTTERRES, Anelise. O rumor e o terror na construção de territórios de vulnerabilidade na zona portuária do Rio de Janeiro. *Mana* [online], v.22, n.1, p.179-209, 2016.

_______. *A resiliência enquanto experiência de dignidade:* antropologia das práticas políticas em um contexto de lutas e contestações junto a moradoras ameaçadas de remoção nas cidades-sede da Copa do Mundo (Porto Alegre e Rio de Janeiro). Programa de Pós-Graduação em Antropologia Social, Universidade Federal do Rio Grande do Sul, 2014.

HIRATA, Daniel. *Sobreviver na adversidade*: entre o mercado e a vida. Tese (Doutorado em Sociologia) – Universidade de São Paulo, São Paulo, 2010.

HOLANDA, Aurélio. *Dicionário Aurélio Eletrônico, século XXI* (versão 3.0). Rio de Janeiro: Nova Fronteira, 1999.

HOLSTON, James. Legalizando o Ilegal: propriedade e usurpação no Brasil. *Comparative Studies in Society and History*, 33 (4), p. 695-725, 1991. Disponível em: <http://www.anpocs.org.br/portal/publicacoes/rbcs_00_21/rbcs21_07.htm>. Acesso em: 02/02/2010. (Originalmente publicado como "The misrule of law: land and usurpation in Brazil").

HOUAISS, Antonio. *Grande Dicionário Houaiss* [versão *on line*], 2001: http://www.houaiss.uol.com.br

INSTITUTO BRASILEIRO DE GEOGRAFIA E ESTATÍSTICA. Censo de 2010. Disponível em: <http://www.ibge.gov.br/home/estatistica/populacao/censo2010/ aglomerados_subnormais/agsn2010.> Acesso em: 20/07/2012.

INSTITUTO PEREIRA PASSOS. Armazém de dados (Censo do IBGE de 2010). Disponível em: <http://www.armazemdedados.rio.rj.gov.br>. Acesso em: 28/01/2011.

KAFKA, Franz. *Narrativas do Espólio*. Trad. Modesto Carone. São Paulo: Companhia das Letras, 2008.

KASPER, Christian. Habitar a rua. Tese (Doutorado em Ciências Sociais) – Universidade Estadual de Campinas, Campinas, 2006.

KOWARICK, Lucio. *Viver em Risco*. São Paulo: Ed. 34 Letras, 2009. ciana Corrêa do. / Fase, 2000.

LAGO, Luciana Corrêa do. *Desigualdades e segregação na Metrópole:* o Rio de Janeiro em tempo de crise. Rio de Janeiro: Revan / Fase, 2000.

LEITE, Márcia da Silva Pereira. Entre individualismo e solidariedade: dilemas da política e da solidariedade no Rio de Janeiro. *Revista Brasileira de Ciências Sociais*, v. 15, n. 44, 2000, p. 73-90.

LEITE, J. F. Marques; JORDÃO, A. J. Novaes. *Dicionário Latino Vernáculo*. Rio de Janeiro: Editora Henrique Velho / Empresa "A Noite", 1944. p. 381.

L'ESTOILE, Benoit de. Quand la pluie enterre les pauvres: faut-il déplacer les favelas de Rio de Janeiro? *La Vie des idées*, 07/05/2010. Disponível em:

<http://www.laviedesidees.fr/Quand-la-pluie-enterre-les-pauvres.html>. Acesso em: 15/06/2010.

LIMA, Evelyn Furkim. *Avenida Presidente Vargas:* uma drástica cirurgia. Col. Biblioteca Carioca, v. 12. Rio de Janeiro: Secretaria Municipal de Cultura, Turismo e Esportes, 1990.

LOPES, Myriam Bahia. *O Rio em Movimento:* quadros médicos e(m) história 1890-1920. Rio de Janeiro: Ed. Fiocruz, 2000.

LOPES, Natânia Pinheiro de Oliveira. Os bandidos da cidade: formas de criminalização da pobreza e processo de criminalização dos pobres. Dissertação (Mestrado em Ciências Sociais) – Universidade do Estado do Rio de Janeiro, Rio de Janeiro, 2011.

LOURENÇO, Ana Cristina de Mello Pimentel. *Daqui nós não saímos, daqui ninguém nos tira*: Direito e ação coletiva no caso de remoção no Canal do Anil. Dissertação (Mestrado em Sociologia e Direito) – Universidade Federal Fluminense, Niterói, RJ, 2008.

LUCCA, Lilian. Entrevista com Alba Zaluar. *Revista Eletrônica Ponto Urbe,* São Paulo, n. 5, dez. 2009. Disponível em: <http://www.pontourbe.net/edicao5-entrevista>. Acesso em: 22/06/2012.

MAGALHÃES, Alexandre. A gramática da ordem na cidade: a reatualização da remoção de favelas no Rio de Janeiro. *E-metropolis: revista de estudos urbanos e regionais,* ano 3, n. 8, p. 44-51, mar. 2008. Disponível em: <http://www.emetropolis.net/index.php?option=com_edicoes&task=artigos&id=23&lang=pt.>. Acesso em: 08/06/2010.

_____. Para além da lei: a remoção de favelas no Rio de Janeiro enquanto prática de exceção (comunicação). In: SEMINÁRIO DE DIREITO URBANÍSTICO, 1, 2011, Campos, Rio de Janeiro. *Anais*... Disponível em: <http://www.sfdu.com.br/oficinas/Para_alem_da_lei_a_remocao_de_favelas_no_rio_de_janeiro_enquanto_pratica_de_excecao.pdf.>. Acesso em: 06/06/2012.

MAGALHÃES, Alexandre. *Transformações no "problema favela" e a reatualização da "remoção" no Rio de Janeiro*. 2013. Tese de doutorado em Sociologia. Instituto de Estudos Sociais e Políticos, Universidade do Estado do Rio de Janeiro, Rio de Janeiro, 2013.

MAGALHÃES, Luiz Ernesto. TCM questiona a licitação dos ônibus no Rio. Jornal *O Globo* (on line), Rio de Janeiro, 13/07/2012. Disponível em: <http://oglobo.globo.com/rio/tcm-questiona-licitacao-dos-onibus-do-rio-5463290.> Acesso em: 20/09/2012.

MAGGIE, Yvonne; CONTINS, Marcia; MONTE-MÓR, Patrícia. *Arte ou magia negra?* Uma análise das relações entre a arte dos cultos afro-brasileiros e o Estado. Rio de Janeiro: CNDA/ Funarte, 1979. Mimeo.

MAGNI, Cláudia Turra. Nova pobreza e paradoxos da política de inclusão social francesa: considerações a partir de uma oficina de cerâmica no Socorro Católico. *Antropolítica,* n. 29, 2010. Disponível em: <http://www.revistas.uff.br/index.php/ antropolitica/article/viewArticle/38.> Acesso em: 24/08/2011.

MARQUES, Adalton. *Crime, proceder convívio-seguro: Um experimento antropológico a partir de relações entre ladrões.* Dissertação (Mestrado) - Programa de Pós-Graduação em Antropologia Social da Universidade de São Paulo, 2009.

MAMARI, Fernando. *Se morar é um direito, ocupar é um dever*: as ocupações de sem-teto na metrópole do Rio de Janeiro. Monografia (Bacharelado em Geografia) – Instituto de Geociências, Universidade Federal do Rio de Janeiro, Rio de Janeiro, 2008.

MARTINS, Rodrigo; VIEIRA, William. Os retirantes das favelas. *Carta Capital (on line)*, 31/10/2012. Disponível em: <http://www.cartacapital.com.br/sociedade/os-retirantes-das-favelas-2/. >Acesso em: 02/11/2012.

MATTOS, Rômulo Costa. *Pelos pobres!* As campanhas pela construção de habitações populares e o discurso sobre as favelas na Primeira República. Tese (Doutorado em História) – Universidade Federal Fluminense, Niterói, 2008.

MELLO, Edir Figueiredo. *Luz, Câmera, ação*: Cidade de Deus entre histórias e memórias. Tese (Doutorado em Ciências Sociais) – Universidade do Estado do Rio de Janeiro, 2010.

MIAGUSKO, Edson. Movimentos de moradia e sem-teto em São Paulo: experiências no contexto do desmanche. Tese (Doutorado em Sociologia) – Universidade de São Paulo, São Paulo, 2008.

MOREIRA, Marianna F. *Um "palacete assobradado"*: da reconstrução do lar (materialmente) à reconstrução da ideia de "lar" em uma ocupação de sem-teto no Rio de Janeiro. Dissertação (Mestrado em Geografia) – UFRJ, Rio de Janeiro, 2011.

NACIF, C.; ANTUNES, G. Centro funcional de Campo Grande no início do século XXI: centralidade renovada ou periférica? *Cadernos Metrópole*. v. 12, n. 23, p. 105-123, 2010. Disponível em: <http://revistas.pucsp.br/index.php/metropole/ article/view/ 5926>. Acesso em: 08/01/2011

NACIF, Cristina; CARDOSO, Diego; RIBEIRO, Maria Baldo. Estado de Choque: legislação e conflitos no espaço público da cidade do Rio de Janeiro (1993-2010). In: ENCONTRO NACIONAL DA ANPUR 14, Rio de Janeiro, 2011. *Anais*... Disponível em: < http://www.anpur.org.br/site/anais/ena14/ARQUIVOS/GT2-808-395-2011010623 0359.pdf>. Acesso em: 07/01/2011.

NEGRI, Antonio. *Império*. Trad. Berilo Vargas. Rio de Janeiro: Record, 2001.

_____. Dispositivo Metrópole: a multidão e a metrópole. *Lugar Comum*, n. 25-26, 2008.

NEVES, José. Marxismo, anticolonialismo e nacionalismo: Amílcar Cabral. A imaginação "a partir de baixo". In: COLÓQUIO CEMARX, 3, Campinas, nov. 2005. *Anais*. Disponível em: <http://www.unicamp.br/cemarx/ANAIS%20IV% 20COLOQUIO/comunica%E7%F5es/GT4/gt4m1c1.PDF>. Acesso em: 13/02/2012.

NEUHOLD, Roberta dos Reis. *Os movimentos de moradia e sem-teto e as ocupações de imóveis ociosos*: a luta por políticas públicas na área central da cidade de São Paulo. Dissertação (Mestrado em Sociologia) – Universidade de São Paulo, São Paulo, 2009.

NIETZSCHE, Friedrich. O andarilho. In: _____. *Assim falou Zaratustra*. Um livro para todos e para ninguém. Trad. Paulo César de Souza. São Paulo: Companhia das Letras, 2011.

OLIVEIRA, Elaine. *Revitalização dos centros urbanos*: A luta pelo direito à cidade. Dissertação (Mestrado em Políticas Públicas e Formação Humana) – Universidade do Rio de Janeiro, Rio de Janeiro, 2009.

OLIVEIRA, Francisco de; RIZEK, Cibele (orgs.). *A era da indeterminação*. São Paulo: Boitempo, 2007.

OSTROWER, Isabel. *Cuidar da "casa" e lutar pela "moradia"*: a política vivida em uma ocupação urbana. Tese (Doutorado em Antropologia) – Museu Nacional, Universidade Federal do Rio de Janeiro, Rio de Janeiro, 2012.

PASTERNAK, Susana. Box IV: análise comparativa da questão da habitação nas metrópoles. In: RIBEIRO, Luiz César de Queiroz; SANTOS Jr., Orlando (orgs.). *As metrópoles e a questão social brasileira*. Rio de Janeiro: Revan / Fase, 2007.

PENNA, Mariana Affonso. *Socialistas libertários e lutas sociais no Rio de Janeiro:* Memórias, trajetórias e práticas (1985-2009). Comunicação. Dissertação (Mestrado em História) – Universidade Federal Fluminense, Niterói, 2010. Disponível em: <http://www.historia.uff.br/stricto/td/1394.pdf>.

PEDROSA, Israel. *O Universo da Cor*. Rio de Janeiro: Ed. Senac Nacional, 2004.

PIMENTEL, Ana Cristina. *Vila Autódromo, uma comunidade ordeira e pacífica desde 1967*: a construção da remoção como um problema público. Tese de doutorado. Programa de Pós-Graduação em Ciências Sociais, Universidade do Estado do Rio de Janeiro, Rio de Janeiro, 2015.

PIEROBON, Camila. *Tempos que duram, lutas que não acabam*: o cotidiano de Leonor e sua ética de combate. Tese de doutorado em Ciências Sociais. PPCIS/UERJ, Rio de Janeiro, 2018.

RAGO, Margareth. *Do cabaré ao lar:* A utopia da cidade disciplinar (1890-1930). Rio de Janeiro: Paz e Terra, 1997 [1985].

RAMOS, Diane Helene. *A Guerra dos lugares nas ocupações de edifícios abandonados do centro.* Dissertação (Mestrado em Arquitetura e Urbanismo) – Universidade de São Paulo, São Paulo, 2009.

RIBEIRO, Luiz César de Queiroz. Cidade desigual ou cidade partida? Tendências da metrópole do Rio de Janeiro, 2000. In: *Observatório das Metrópoles.* Disponível em: <http://www.observatoriodasmetropoles.ufrj.br/download/CIDADE_DESIGUAL_OU_CIDADE_PARTIDA.PDF>. Acesso em: 09/05/2012.

RIBEIRO, Luiz C. de Queiroz; SANTOS, Orlando A. (orgs.). *As metrópoles e a questão social brasileira.* Rio de Janeiro: Revan / Fase, 2007.

ROCHA, Lia Mattos. *Uma favela "diferente das outras"?* Rotina, silenciamento e ação coletiva na favela do Pereirão, Rio de Janeiro. Tese (Doutorado em Sociologia) – Instituto Universitário de Pesquisas do Rio de Janeiro, Rio de Janeiro, 2009.

ROLNIK, Raquel. Audiência pública. Auditório da Ordem dos Advogados do Brasil, Rio de Janeiro, 20/05/2011 (transcrição pessoal).

_____. *Porto Maravilha*: custos públicos e benefícios privados? Postado no blog da autora em 13/06/2011. Disponível em: http://www.raquelrolnik.wordpress.com. Acesso em: 27/10/2011.

ROLNIK, Suely. Geopolítica da cafetinagem. *Ide,* São Paulo, v. 29, p. 123-129, 2006.

ROSA, Thaís. *Cidades Outras: pobreza, moradia e mediações em trajetórias urbanas limiares.* Tese de doutorado em Arquitetura e Urbanismo, PPGAU/USP, 2014.

ROY, Ananya. Urban Informality. Toward an Epistemology of Planning. *Journal of American Planning Association* [*on line*], Spring, 71, 2, p. 147-158, 2005. Disponível em: < http://weblaw.haifa.ac.il/he/Faculty/Kedar/lecdb/general/353.pdf>. Acesso em: 17/03/2011.

RUDY, Cleber. Urbana subversão: a prática squatter no Brasil. *O Olho da História,* Salvador, n. 17, p. 1-7, dez. 2011.

SÁ, Eduardo. Déficit habitacional no Rio não se limita às favelas. *Jornal Fazendo Media (on line).* Disponível em: <http://www.fazendomedia.com/deficit-habitacional-no-rio-nao-se-limita-as-favelas/>.Acesso em: 23/10/2012.

SÁ, Fátima. Vivendo no abandono. *Revista de O Globo,* Rio de Janeiro, 23/11/2008.

SALEM, Z. Ould Ahmed "Tcheb-tchib" et compagnie: Lexique de survie et figures de la réussite en Mauritanie. *Politique africaine*, n. 82, p. 78-100, jun. 2001.

SANTOS, Orlando. Comunicação pública. Sede da OAB/ RJ, em 20/05/11.

SEVCENKO, Nicolau. *Literatura como missão*: tensões sociais. São Paulo: Companhia das Letras, 2003.

_____. *A Revolta da Vacina*. São Paulo: Cosac Naify, 2010.

SILVA, Eliane Alves da. Nas tramas da cidade ilegal: atores e conflitos em ocupações de terra urbana. Dissertação (Mestrado em Sociologia) – Universidade de São Paulo, São Paulo, 2006.

_____. Ocupação irregular e disputas pelo espaço na periferia de São Paulo. In: CABANES, R.; GEORGES, Isabel; RIZEK, Cibele; TELLES, Vera (orgs.). *Saídas de Emergência:* ganhar e perder a vida na periferia de São Paulo. São Paulo: Boitempo, 2011. p. 359-376.

SIMMEL, Georg. O estrangeiro. In: MORAES FILHO, Evaristo de (org.). *Georg Simmel: Sociologia*. Trad. Carlos Alberto Pavanelli et al. São Paulo: Ática, 1983. (Col. Grandes Cientistas Sociais 34). p.182-189.

SOUTY, Jerome. O quilombo como metáfora. Espaços sociais de resistência na região portuária carioca. In: BIRMAN, Patricia; MACHADO, Carly (orgs.). *Dispositivos urbanos e tramas dos viventes:* ordens e resistências (no prelo).

SOUZA, Angela Gordilho. Favelas, invasões e ocupações coletivas nas grandes cidades brasileiras: (Re)Qualificando a questão para Salvador/BA. *Cadernos Metrópole*, n. 1. São Paulo: Educ, 1999.

SOUZA, Luiz Alberto. *A função social da propriedade e da cidade*: entre a cidade do direito e o direito à cidade. Tese (Doutorado em Planejamento Urbano e Regional) – Universidade Federal do Rio de Janeiro, Rio de Janeiro, 2005.

SPINOZA, Baruch. *Ética*. 4.ed. Trad. Lívio Xavier. São Paulo: Atena Editora, 1960.

TARDÁGUILLA, Cristina. O exército, o político, o morto e a morte. Das manchetes ao esquecimento: o caso Providência faz dois anos. *Revista*

Piauí, ed. 46, junho 2010. Disponível em: http://revistapiaui.estadao.com.br/edicao-46/questoes-de-seguranca/o-exercito-o-politico-o-morro-e-a-morte.

TARRIUS, Alain. Economies souterraines, recompositions sociales et dynamiques des "marges" dans une ville moyenne française. *Sociétés Contemporaines* n.36, 1999, pp.19-32.

TATAGIBA, Luciana. Desafios da relação entre movimentos sociais e instituições políticas: o caso do movimento de moradia da cidade de São Paulo: Primeiras Reflexões. *Colômbia Internacional*, n. 71, p. 63-83, enero-junio 2010.

TELLES, Vera da Silva. Direitos sociais: afinal do que se trata? In: ___. *Direitos Sociais – afinal do que se trata?* Belo Horizonte: Ed. UFMG, 1999.

_____. Transitando na linha de sombra, tecendo as tramas da cidade (anotações inconclusas de uma pesquisa). In: OLIVEIRA, Francisco; RIZEK, Cibele (orgs.) *A era da indeterminação*. Rio de Janeiro: Editora Boitempo, 2007. p. 195-218.

_____. Cidades, trajetórias urbanas, políticas públicas e proteção social: questões em debate (Entrevista com Vera Telles por M. Carmelita Yazbek e Rachel Raichelis). *Serviço Social e Sociedade (on line)*, n. 104, p. 773-793, 2010. Disponível em:< http://dx.doi.org/10.1590/S0101-66282010000400011>. Acesso em: 12/10/2011.

_____. *A Cidade nas fronteiras do legal e ilegal*. Belo Horizonte: Argumentum, 2010.

TELLES, Vera; CABANES, Robert (orgs.). *Nas tramas da cidade:* trajetórias urbanas e seus territórios. São Paulo: Humanitas, 2006.

TELLES, Vera. *Cidade*: tramas, dobras e percurso. Tese (Livre docência em Sociologia) – Universidade de São Paulo, São Paulo, 2010.

TOMIMURA, Patricia. *Ocupações de Sem-Tetos e psicologia do Trabalho*: como construir origamis interventivos? Dissertação (Mestrado em Psicologia) – Universidade Federal Fluminense, Niterói, 2007.

VALLADARES, Lícia. *A invenção da favela*. Do mito de origem a favela.com. Rio de Janeiro: Ed. FGV, 2005.

VALOR ECONÔMICO (*on line*). *Mercado demonstra pouco interesse nos Cepacs de Porto Maravilha* (matéria sem assinatura). Disponível em: <http://www.valor.com.br/empresas/2875182/mercado-demonstra--pouco-interesse-nos-cepacs-de-porto-maravilha > e em: <http://portomaravilha.com.br/web/esq/clipping/ pdf/cl_23_10_12_2.pdf>. Acesso em: 25/10/2012.

VANZAN, Luciana. *Tramas urbanas de uma cidade ocupada*: análise possível de uma experiência com ocupações no Rio de Janeiro. Dissertação (Mestrado em Psicologia) – Instituto de Ciências Humanas e Filosofia, Universidade Federal Fluminense, Niterói, 2006.

VIANNA, Adriana de R. Barreto; FARIAS, Juliana. A guerra das mães: dor e política em situações de violência institucional. *Cadernos Pagu*, Campinas, v. 37, p. 79-116, 2011.

VIRILIO, Paul. *Velocidade e Política*. 2. ed. Trad. Celso M. Paciornik. São Paulo: Estação Liberdade, 1996.

_____. *O Espaço Crítico*. Trad. Paulo Roberto Pires. Rio de Janeiro: Ed. 34, 1993.

YASBEK, Maria Carmelita; RAICHELIS, Raquel. Cidades, trajetórias urbanas, políticas públicas e proteção social: questões em debate: entrevista especial com Vera Telles. *Revista Políticas Públicas*, p. 70, 2009. http://www.revistapoliticaspublicas.ufma.br/site/capas_detalhes.php?id=2

ZALUAR, Alba; CONCEIÇÃO, Isabel. Favelas sob o controle da milícia no Rio de Janeiro: Que Paz? *São Paulo em Perspectiva*, v. 21, n. 2, p. 89-101, jul./dez. 2007. Disponível em: <http://www.seade.gov.br/produtos/spp/v21n02/v21n02_08.pdf.>. Acesso em: 13/12/2012.

Referências Fonográficas, videográficas e links

ARAGÃO, Themis; ARAÚJO, Flavia; CARDOSO, Adauto; BARROS, Tainá; FERRETTI, Julio (direção). *Realengo, aquele desabafo!* Rio de Janeiro: IPPUR/ UFRJ, 2011. Disponível em: < http://www.raquelrolnik.wordpress.com/2011/08/01>. Acesso em: 24/04/2012.

CONSUELO, Baby; GOMES, Pepeu; GOMES, Riroca. Barrados na Disneylândia. In: *Krishna Baby* (LP), 1984.

DURAS, Marguerite (direção e roteiro). *Indian Song*. França, 1974, 111 minutos.

RIBAS, Walbercy (direção). *O Grilo feliz* (desenho animado). Brasil, 2001, 80 minutos.

SEIXAS, Vladimir (direção). *Hiato* (documentário). Rio de Janeiro, 2008. Disponível em: < http://portacurtas.org.br/filme/?name=hiato>. Acesso em: 13/03/2012.

LEGIÃO URBANA. Pais e filhos. In: *As quatro Estações* (LP), 1989.

www.raquelrolnik.wordpress.com (blog)

Agradecimentos

Esse livro é uma versão modificada de minha tese de doutorado apresentada em 2013 ao Programa de Pós-Graduação em Ciências Sociais (PPCIS) da Universidade do Estado do Rio de Janeiro (UERJ), cuja pesquisa contou com o financiamento de uma bolsa FAPERJ. Para esta edição suprimi partes pensando num público não acadêmico, modifiquei trechos que me incomodavam, mudei a ordem dos capítulos e fiz acréscimos bibliográficos. Essa edição ganhou um breve *post-scriptum* com informações atualizadas sobre a região onde a etnografia se concentrou. O intervalo de tempo entre a defesa da tese e esta publicação, somado à criminalização de ocupações e movimentos me fizeram rever passagens, os nomes continuam fictícios, alguns endereços foram suprimidos.

Agradeço aos interlocutores de campo e a todos os moradores e apoiadores de ocupações com quem pude conversar ou conviver algum período de tempo. A luta por moradia vem de longe, e continua interpeladora das estruturas de dominação do país, o pessoal que acompanhei sabe no corpo o que isso tudo significa. Assim, agradeço a todos com quem conversei e convivi nas ocupações. Agradecimento especial a João Barbosa, Jobson Lopes, Patricia Tomimura e Irene Alvino. Agradecimento aos que aceitaram muito gentilmente em dar entrevista. Agradeço ao Barba, morador do Aterro do Flamengo, cujo depoimento trouxe tantas ideias. Sou grata aos colegas da cooperativa de educação Movemente bem como, ao grupo de estudantes que topou ir naquela primeira reunião na Zumbi dos Palmares.

Nesse percurso tive a sorte de ser orientada por Patricia Birman, agradeço imensamente todo o apoio, por sua atenção, humor e sensibilidade, por sugerir questões, acolher indefinições e dificuldades. Agradeço por nossa amizade.

Participei neste período da criação do grupo de pesquisa Distúrbio (UERJ/UFRRJ). Contar com a interlocução e a amizade de pesquisadores como Carly Machado, Patricia Birman, Márcia Leite, Edson Miagusko, Joana Barros e Camila Pierobon não cabe em palavras, apenas a minha gratidão muito feliz pelas inúmeras trocas e o estar junto.

Agradeço ao Wagner, Sônia, Alice, Daniel, Fernando, servidores da UERJ, pela atenção em vários momentos. Gratidão às professoras: Myrian Sepúlveda dos Santos, Cecília Mariz, Clarice Peixoto, Rosane Prado, Sandra de Sá Carneiro, Patricia Monte-Mór. À professora Márcia Contins, por disponibilizar a monografia sobre o Museu da Polícia. A Janice Caiafa que comentou um primeiro rascunho lá atrás e pelos cursos que fiz com ela como ouvinte.

A Márcia Leite pelos muitos comentários em diferentes ocasiões e também na qualificação, pela amizade e lutas compartilhadas; agradeço ao querido Luís Antonio Baptista dos Santos, pelas aulas e indicações de leitura e sugestões. Os dois estiveram juntamente com Adriana Vianna e Edson Miagusko naquela manhã para a defesa de tese: aos quatro meu muito obrigada pela leitura cuidadosa e falas instigantes.

A Marc Piault e a Carlos Latuff agradeço por gentilmente cederem a reprodução de suas imagens para este trabalho. Agradecimentos a Malu Resende pela revisão do texto em sua versão tese.

Na vida pós tese o incentivo de Adriana Vianna foi decisivo, a ela minha gratidão mais afetuosa.

Mais recente ainda, tenho tido a sorte de contar com a interlocução de Cibele Rizek, que, por sua vez, aceitou publicar o trabalho na coleção da Alameda; o agradecimento é extenso a Isabel Georges e ao LMI-SAGEMM (Laboratório de Migração Internacional/Latin America), por viabilizarem essa edição.

Durante o doutorado e, no pós-doutorado, tive o privilégio de escutar e conviver com muitos colegas e amigxs pesquisadorxs universitárixs, num tempo em que ataques às universidades públicas, à antropologia e à UERJ, em particular, foram frequentes. Essa convivência, de muitos momentos dramáticos, confirma a importância de apostarmos na universidade e na pesquisa como empreitadas coletivas e espaço de luta por justiça social. Desse modo, sou muito grata a Camila Pierobon, Raquel Carriconde, José Carlos Matos Pereira,

Natânia Lopes, Camila Sampaio, Geisa Bordenave, Vinicius Gonçalves, Cleiton Maia, Thamires Lima, Felipe Lins, Heloísa Lobo, Jerôme Souty, Jorge Santana, Monique Carvalho, Suellen Guariento, Lia Rocha, Lívia Abdalla, Lívia Reis, Frank Davies e Ana Carolina Correia. A oportunidade de acompanhar e escutar pesquisas realizadas com muita dedicação, na época, ainda em andamento, de colegas e amigxs de outros programas, foi muito precioso, assim, agradeço a Silvia Aguião, Paula Lacerda, Juliana Farias, Fábio Araújo, Anelise Guterres, Alexandre Magalhães, Natália Padovani, Letícia Ferreira e Tomás Melo.

Esse escrito é também uma caixa de ressonância de conversas e inquietações tecidas com amigxs de outros tempos e paragens, aqui não tenho como mencionar a todxs, mas gostaria de citar os que acompanharam ou compartilharam em algum momento ou mais de perto, o longo processo de pesquisa e da escrita de tese: Tânia Medeiros, Bruno Campos, Hugo Bellucco, Isabela Zyro, Ana Cristina Pimentel, Patricia Azevedo, Daniela Fusaro, Jorge Carvalho, João Martins, Flávia Pamplona, Laura Mostafa, Simon Prado, Beth Pacheco, Mariana Peixoto, Poly e Alice Peixoto. Nesse percurso tive a sorte de contar com o apoio de Glorinha de Oxóssi e de Pedro Honório, terapeuta.

Agradeço a meu pai, Raimundo, pelo carinho e com quem continuo aprendendo e me surpreendendo; a minha mãe, Marina, em memória, nossos corações sintonizados no cosmos; a meu irmão Mário, por dias melhores; a minha tia Darci, José e Fabrício; a Maria e a Dimas, pelas trocas todas; a Valdecir e Valéria, amadas, por onde estiverem. Agradeço a meus gatos de ontem, Chica, Sofia, Raul, Dora e Bola-preta; e aos de hoje, Carlitos, Winnie, Rose, Chinoca, por encherem a vida doméstica de leveza e, como disse Nise da Silveira, pelo aprendizado do amor.

Com Mariana Ferreira estive junto na Machado de Assis, várias das ideias que estão no livro foram fruto de nossas conversas ou de suas observações; para ela, meu agradecimento imenso, por compartilharmos a vida e a "praia dos mundos sem fim".

Alameda nas redes sociais:
Site: www.alamedaeditorial.com.br
Facebook.com/alamedaeditorial/
Twitter.com/editoraalameda
Instagram.com/editora_alameda/

Esta obra foi impressa em São Paulo na primavera de 2020. No texto foi utilizada a fonte Arno Pro em corpo 11,5 e entrelinha de 15,5 pontos.